明清旅游活动研究

以长江三角洲为中心

陈建勤 著

中国社会科学出版社

图书在版编目（CIP）数据

明清旅游活动研究:以长江三角洲为中心/陈建勤著．—北京：中国
社会科学出版社，2008.9
ISBN 978-7-5004-7189-9

Ⅰ．明…　Ⅱ．陈…　Ⅲ．旅游业－经济史－研究－中国－明清时代
Ⅳ．F592.9

中国版本图书馆 CIP 数据核字（2008）第 136182 号

选题策划　黄燕生
责任编辑　立　早
责任校对　王雪梅
封面设计　彩多设计
版式设计　戴　宽

出版发行　**中国社会科学出版社**
社　　址　北京鼓楼西大街甲 158 号　　邮　编　100720
电　　话　010－84029450（邮购）
网　　址　http://www.csspw.cn
经　　销　新华书店
印　　刷　新魏印刷厂　　　　　　　装　订　广增装订厂
版　　次　2008 年 9 月第 1 版　　　印　次　2008 年 9 月第 1 次印刷
开　　本　710×1000　1/16
印　　张　21
字　　数　385 千字
定　　价　32.00 元

陈建勤

　　1962年2月生。南京大学历史学博士，教授。自20世纪90年代初托身旅游学，从事旅游管理、旅游文化、旅游规划开发的教学与研究，发表论作数十篇(部)，主持承担国家级、省部级及来自市县地方政府与企业的旅游课题、规划开发项目50余项。先后任中国旅游管理干部学院华东分部常务副主任、扬州大学旅游管理系主任、上海大学旅游管理系副主任、旅游管理硕士点学科负责人、上海大学旅游规划与发展研究中心执行主任等职。

国家社科基金后期资助项目

出 版 说 明

后期资助项目是国家社科基金新设立的一类重要项目，它是经过严格评审，从接近完成的优秀科研成果中遴选立项的。为扩大后期资助项目的影响，更好地推动学术发展，促进成果转化，全国哲学社会科学规划办公室按照"统一标识、统一版式、符合主题、封面各异"的总体要求，委托商务印书馆、中华书局、中国社会科学出版社、社会科学文献出版社和人民文学出版社，陆续出版国家社科基金后期资助项目成果。

全国哲学社会科学规划办公室

2006 年 6 月

目　录

绪　论

近几年来，我国学界讨论古代社会生活问题的兴趣有增无减，有关衣、食、住、行诸问题的研究取得了较大进展。但是，随着研究内容的不断深入与拓展，不少新课题尚待人们去做拓荒性的耕耘，包括明清在内的古代旅游活动便是其中之一。

旅游活动自古有之。当人类步入文明社会，在物质需求得到基本保障以后，便开始了追求感官刺激、心理愉悦的精神需求。这就是林语堂所说的："人类的一切快乐都是生物学上的快乐。"不仅如此，林语堂还特别强调："人类的一切快乐都是感官的快乐。"① 旅游，即属于感官快乐的范畴。我国最早的旅游活动可以上溯到三皇五帝的远古时代，证之《尚书·舜典》、《史记·封禅书》等典籍可知，黄帝"常游""中国"之"五山"，虞舜游"四岳"，他们开创了旅游的先例。尔后，他们的儿子也承其父好游传统而漫游天下。据应劭《风俗通义》等文献记载，尧子傲、天神共工之子修等，都是传说时代著名的旅行家。其中，修好远游，"舟车所至，足迹所达，靡不穷览"，被祀为祖神（行神）。

历史时期的旅游活动，当远较传说时代发达。我们可以把历史时期的旅游活动划分为先秦秦汉、魏晋、隋唐、宋元、明清五个时期，不同时期的旅游活动呈现出不同的风格特色。先秦秦汉时期，周穆王、秦始皇、汉武帝诸天子多次巡狩天下，封禅泰山，士子、食客穿梭于诸侯贵族之间，是为早期的旅游活动。这种旅游活动带有显明的政治动机与功利色彩，并不是纯一的游览观光，可以称之为"社会活动"或"社交活动"，观赏风景古迹多为上述活动的派生物。这个时期乃至以后的所谓"游学"、"商游"等都属这种

---

① 林语堂：《生活的需求》，民国丛书本。

情况。主题目的十分明确的寻山访水，昉于魏晋。当时，天下纷争，许多知识分子因无以用志当世而遁迹山水，娱情适意，这种清游、清赏，尽管有着浓厚的愤世隐逸思想，但毕竟是在真正体味山水的自然美。隋唐时期迎来了历史上第一个旅游高峰。其主要原因在于科举以诗文取士，文士们为博取功名，纷纷于山水中采风搜集素材，提高写作技巧。而新科进士远离家乡就职，于沿途、任所有了欣赏异地风光的机会，故这个时期的旅游核心群体由秦汉时期的帝王贵族、魏晋时期的隐士演变成文人士子及士大夫。宋元时期的旅游活动进一步发展，宋代积贫积弱的现实，使得文人士大夫醉心游观，范仲淹、苏轼、陆游、杨万里、范成大等都是两宋时期著名旅行家。蒙元时期的大一统局面，为东西方跨国旅游创造了条件，出现了像马可波罗这样著名的境外旅游者。这时的江南，文人士子们因不能寄身官场而专心游事，观游之风有增无减。到了明清两代，伴随社会经济的发展，城市文化的繁荣，旅游活动之盛前所未有。主要表现在：旅游之风吹遍全国，不要说京都江南地区，就是一些边城小邑，也是游风时兴；旅游者队伍结构发生了很大的变化，不仅官绅文人，甚至许多普通市镇居民也纷纷出门旅游。旅游活动所造成的社会影响，远远超出历史上任何一个时期。旅游已成为当时一股不可忽视的社会文化现象。

　　然而，对历史时期旅游活动的研究并未引起历史学界、旅游学界的高度重视。旅游这种被前人误解或忽略了的"古生活、古制度"①，虽然在20世纪30年代左右，已有部分学人产生了兴趣，有了诸如《中国古代旅行之研究》等著作，但毕竟寥若晨星。而即便是《中国古代旅行之研究》，也仅写了第一分册（作者原计划写六个分册），且内容侧重于法术和宗教方面，未能涉及古代旅游活动的核心问题。林语堂的《生活的艺术》也成书于30年代，其中专设"旅行的享受"一章，分两部分内容，一是"论游览"，二是"冥寥之游"。前者讲了作者的游览观，后者仅辑录明人屠隆的旅游理论，未加深究。80年代以后，伴随着现代旅游业的蓬勃发展，旅游学研究也渐趋繁荣。但在旅游史方面，研究历史时期旅游文化的较多，探讨旅游行为的偏少。有关研究明清旅游的作品主要有：郑祖安《徐霞客旅行方法研究》（1988），专门研究徐霞客旅行中选择"导游"、交通工具及其"游术"诸

---

① 江绍原：《中国古代旅行之研究·导言》。

问题；陈宝良的《明代旅游文化初识》（1992），概述了明代宦游、游学、冶游及北京、南京、苏州、杭州的旅游情况；滕新才在《明朝中后期旅游热初探》（1997）中，对明代中后期旅游活动空前的普及化、大众化作了探讨，并分析旅游热形成的原因及其作用；许周鹣的《清代吴地旅游消费与旅游业的勃兴》（1995），首次从社会经济史角度阐述了清代吴中一地旅游消费及其产生的社会经济影响；周振鹤在《从明人文集看晚明旅游风气及其地理学的关系》（2005）一文中，以明人游记为切入口，对晚明的旅游风气、文人旅游观点等一系列旅游史实、旅游理论作了探讨；魏向东的《时间禁忌与旅游空间——晚明旅游时间分析与研究》（2007），专题研究了明人旅游行为的季节性、反季节性及出游奉行择日而游之俗。此外，主要还有：王雪梅的《论清代成都地区的旅游休闲活动及其影响》（2002）、陈宝良的《明代民间的节日旅游》（2006）、宋立中的《论明清江南旅馆业的经营实态及其变迁》（2006）等。作者在完成博士学位论文《明清游记与旅游活动研究》的前后，陆续发表了其中的部分研究成果，包括：《明清时期徽商与扬州园林》（1998）、《论明清长江三角洲旅游活动及其社会意义》（1999）、《明清时期的旅游消费及其支出——以长江三角洲地区为例》（2000）、《明清时期的江南文人游风》（2000）、《论“游道”——明清文士旅游观研究之一》（2000）、《风尚·环境·文士——明清江南游风炽盛原因初探》（2003）、《议景观——明清文士旅游观研究之二》（2003）、《明清节令游俗与江南社会》（2006）、《非商业性旅游接待的历史考察——以15—19世纪长江三角洲为例》（2007）等。另外，在论述社会生活史、文化史方面的文章中，也有一些涉及明清旅游活动、旅游消费内容的，如王卫平的《明清时期太湖地区的奢侈风气及其评价》（1994）、王家范的《明清江南消费风气与消费结构描述》（1988）、王翔的《明清商品经济与江南市民生活》（1993）、牛建强的《明代江南地区的早期社会变迁》（1995）、夏咸淳的《明人山水趣尚》（1997）、马学强的《明清上海人文民风》（1997）、皋于厚的《明清小说风俗描写的人文意蕴》（2003）、赵建群的《明清福建地区奢侈性消费风尚透析》（2006）、朱绍华、王翔的《“僭礼逾制”：明清江南市民生活的潜流》（2006）、方立红的《明清时期京畿地区文体娱乐风俗变迁》（2006）、马友平的《论明清小说中的休闲文化》（2006）等。除了上述专文，喻学才的专著《中国旅游文化传统》（1995），以及章必功的《中国旅游史》（1992）、王淑良的《中国旅游史（古代部分）》（1998）、沈祖祥的《旅游文化学导论》（2006）等著作，也均涉及明清旅游。然而，以上研究要么是从历史角度，或者文化角度展开的，至多抓住了明清旅游的一个侧面，不能表明旅游活动开展的具体细节与内涵本质；而零星的涉及旅游活动实质的文章，因篇幅有限，许多问题未能展开，也就无法系统、全面地反映明清旅游情况。由此可见，学界目前对明清旅游活动的研究还十分薄弱，已有的研究，难以勾勒明清旅游活动的全部面貌，更不能揭示旅游活动的发展规律，因而需加大研究力度。尤其要从旅游学角度审视明清旅游活动，弄清这个时期旅游活动的全部内容，包括旅游形式、旅游组织、旅游接待与消费、景观建设等问题。

　　基于上述现状，本书拟对明清旅游活动作一系统研究，并将长江三角洲地区作为重点研究对象。选择这样的空间范围，理由有四：

　　首先，明清时属于长江三角洲地域范围内的松江、苏州、常州、镇江、江宁、扬州六府，有着亲密的地缘关系，其经济与文化发展水平基本同处一个层面，社会风俗差异也较小，因而具有整体研究的可行性。

　　其次，本地域水绿山青，文物灿烂，最堪游观，自古以来即为旅游兴盛之地，具有良好的旅游传统。尤其历唐宋元三朝，该地区社会经济的进一步发展，使这里成为举世瞩目的人间天堂，游风长盛不衰。

　　再次，明清时本地区的旅游活动在传统基础上得到长足的发展，主要表现在：一、农业经济、商品经济的发达，为旅游活动开展奠定了较好的物质基础与社会环境，不仅官绅商家，就是一般市镇居民也有了从事游赏的能力。旅游者结构较以前有了很大的变化，有贵族缙绅，有文人雅士，有富商大贾，也有普通百姓，男男女女，老老少少，群集于风景地。尽管他们的身份不同，兴趣也不尽一致，但嬉笑游乐没有区别。如八月十八夜吴人游石湖，文士看的是串月幻趣，而"群人第知灯船泛湖之乐，不复赏及幻趣"。①旅游者由唐宋时期的文人游客进一步扩大为士农工商，说明社会经济发展后，人们在生活消费内容与消费观念上的变化。而且，许多外地游客慕名来游，孕育了现代旅游学中所谓的远程旅游市场。二、旅游活动在城乡普遍掀起。明清长江三角洲地区的旅游活动不仅局限于苏州、南京、扬州、无锡、

① 陈去病：《五石脂》。

镇江等几个中心城市，一些市镇乡村，也游风渐兴。陈去病《五石脂》就说："据父老说，第就松陵下邑论，则垂虹桥畔，歌台舞榭相望焉。……而松陵水乡，士大夫家，咸置一舟，每值嘉会，辄鼓棹起之，瞬息百里，不以风波为苦也。"三、从旅游活动的时间来说，传统的季节性旅游逐渐淡化。在虎丘、惠山、金山、秦淮河、平山堂等名胜地，游客四时不断，游况空前；四、旅游规模较大。当时，文人好群游，他们"集良朋"① 出游，以十人左右的团体最为普遍，也不乏几十人、上百人的团体旅游。至于时令游，更是万人空巷，摩肩连衽。

复次，旅游活动产生了一系列较大的社会影响。明清时本地区人的出游，特别是豪民富室出游，不再是魏晋隐士那种苦行僧式的精神旅游，而是实实在在的吃喝玩乐，"酒炙纷陈，管弦竞奏"。② 因而在风景地，围绕游人饮食购物需求，常常是"游踪成市"。③ 以接待游人为主的"旅游商店"、"旅游酒店"的出现，为一些"小民"提供了就业机会，增加了经济收入。此外，普通市民百姓与富贵人家一同出入风景游乐场所，本身就是对传统礼制社会的冲击，这种越礼逾制现象，是明清社会风尚嬗变的表现之一，有着深刻的历史意义。

总之，长江三角洲得天下风气之先，研究这个地区的旅游活动，有助于窥视明清全国旅游活动之一斑。

关于本书研究的确切时空界限，在时间范围上，拟选定明代与清中期前（1368—1840 年）这一段，时间跨度达 472 年，但重点则是明中后期与清前期；在空间范围上，截取长江三角洲中通扬运河以南、南京以东、太湖以北地区，相当于今天上海、苏州、无锡、常州、镇江、南京、扬州、南通等市及其辖地。应该说，这里所指的时空概念与通行的界说略有出入，但为表述方便，文中通常情况下仍以"明清"、"长江三角洲"相称。

本书作为对明清长江三角洲地区旅游活动的全面系统研究，作者依据大批可信史料，从旅游学角度，运用现代旅游理论及历史学、地理学的相关研究方法，对长江三角洲旅游活动进行多层面、多视角的探讨。其中，既有量的统计，又作定性分析，从而基本上厘清了当时的旅游活动情状，建立了区

---

① 袁衮：《胥台先生集》卷四《修禊石湖引》。
② 顾禄：《清嘉录》卷六。
③ 王士性：《游虎丘以望后五日》。

域旅游史的基本框架。全书分七章，主要内容如下：

第一章：旅游大观。全景式展示明清长江三角洲地区的旅游活动。本章将纷繁复杂的旅游活动按出游动机分为节令游、观光游、采风游、赏花游及狎妓游诸种，鲜活地展现丰富多彩的旅游活动盛况。其中，节令游中无论是岁时节令游抑或宗教节令游，皆为大众性旅游活动，人数众多，节令活动极具观赏性、娱乐性；观光游是传统的狭义旅游活动之一，参加者大多为文人士大夫，包括在任官员于"公退"之暇或公务途中的登眺览胜，致仕乡绅归田后的徜徉山水，"山林之士"的山泽之游等。研究表明，明清旅游活动具有较强的时间与空间地理特征。"游事"勃兴于明中后期及清康乾时期，且旅游活动在保持固有的季节特性的同时，许多风景名胜地游客四时不断，季节性旅游逐渐淡化；除了苏州、南京、扬州、无锡等旅游重镇外，一些市镇乡村也游风渐兴，形成了颇为壮观的城乡旅游新局面。

第二章：旅游组织、接待与交通。旨在探究明清时人们外出旅游有关出游策划、出游组织、旅游接待及旅游交通等细节，勾出近代旅游业产生之前的旅游接待系统。当时，除独游外，人们邀集友伴，于出游之前"商略游事"，确定浏览时间、地点等相关事项；文人好群游，以十人左右的团体旅游最为普遍；时令游的规模更是空前。

在缺少旅游服务中介机构的明清时期，除了商业食住设施提供经营性旅游服务外，官府、寺观及商人文士家庭具礼邀款，承担了大量的非商业性旅游接待工作，所谓士大夫旅游"成了当地百姓的祸害"之说不能成立。而游客受接待的热情程度，与其本人的身份地位密切相关，官僚、名人在旅游中备受厚待。当时，自然山水、寺观听人游玩。除了苏州私家园林沿袭"春月放园"故事外，其他地方大多数园林并不向社会完全开放，至多接纳一些同好友朋赏景。一些国家机构所在地、帝王陵墓等也不向游客开放。明清时的导游工作由舟子、轿夫、僧人等人兼任，称为"导人"、"导僧"。

明清长江三角洲地区完备的水陆交通网络，为人们出游提供了较好的交通条件，形成了以船游为主、水陆交通并用的旅游交通方式。本章对长江三角洲主要城镇、风景地的水陆交通线路、交通方式、交通工具等作了较深入的研究，从而基本上摸清了当时的旅游交通情况。

第三章：旅游消费。由于商业性旅游服务的存在，旅游这种文化活动自古就表现出一定的经济属性，食宿消费、交通消费、赏景消费、娱乐消费、购物消费、祀神消费等消费项目贯穿于旅游活动始终。其中，食宿、交通、祀神等刚性消费金额最大，尤其是祀神消费，包括迎神赛会、祭神用品、游客酒食等方面，所费极大，一些宗教场所成了"肉山"、"酒海"。花钱赏景仅是少数现象，苏州的一些私家园林园丁向游客索取"扫花钱"，类似于"小费"，不能成为园林的正常稳定的经济收入。事实上普遍存在的文人以书画代资获得游赏资格现象，可看成是出资赏景的异类形式。

本章还讨论了旅游资费承担人，即旅游消费由谁"埋单"的问题，我们发现，除了百姓节令游自掏腰包外，官员、文人的旅游资费承担者因人而异，官员出游所费皆由当地官署、门人承担，"豪士"出游花的是自己的钱，"布衣"或"因人之游"，或"做客之游"，或"独往之游"，大多也由为官的门人、亲戚、友人承担，或者以卖文润笔为游资。

第四章：景观迁变。系统研究明清长江三角洲旅游客体——旅游景观，其中，对我国私家园林两朵奇葩——苏州、扬州园林研究尤为深入。对苏扬二地园林所作定量研究表明，两地园林园主身份、营造目的等皆有区别。苏州园林多为文人园，是在任官员、乡绅及普通文士的家园，园林是他们悦目愉情之所，交友结朋之地，并不存在所谓的"商业化倾向"；扬州园林多为盐商筑于乾隆年间的商人园林，这是这座城市盐业经济发达的体现，园林是盐商以园馆士、"上交天子"的重要手段。本章还讨论了造园花费及园林特色诸问题，以为，以苏扬园林为代表的江南园林，"小巧玲珑，典雅质朴"是其风格的一方面，实际上，江南园林还有宏大华丽风格的另一面，许多士大夫、商人之家，斥巨资，竟造数十亩甚至百亩以上的大型园林，富丽堂皇，穷巧极妍。而扬州盐商园林的异域色彩，更是清代江南园林"离经叛道"的一种表现。

僧道在景观建设与保护方面做了大量工作，他们为营造优质环境以吸引更多游人朝山进香，着力开发旅游景观，留意寺观内部环境的优化，建设景观建筑，添加游览设施，并植树造林，竭力经营、保护寺观所在的山水环境，因而在环境保护方面多有贡献。

景观兴废不常，景观废兴与社会变迁如出一辙，为"时局"使然。总结明清景观的损毁，除了自然因素之外，主要还有源于生计、军政、家道中落等方面的原因。

第五章：旅游的社会经济与文化效应。旅游消费促进了饮食业、运输业等服务业的繁荣，并由此带动相关手工业的发展，给许多无业城乡"闲民"提供了新的衣食之源，这对封建经济结构的改造、社会就业岗位的增加有着不可小视的作用。

旅游活动本身固有的文化属性，使其产生的文化意义尤为显著。旅游开拓了人们的视野，更新了人们的思想观念；旅游是人们交往的重要途径，是建立友谊的重要平台；旅游对于旅游景观内涵充实并显名于天下至关重要，景观是旅游产生的客观诱因，而旅游则是景观扬名的催化剂，名人们所留下的诗赋足迹成为景观不可或缺的旅游资源。

对旅游活动的重要产物——游记的研究，是本书的又一重中之重。结合序跋、碑铭、笔记及地方志，对有关长江三角洲467篇游记作品进行系统整理，包括检索所记内容、考订记游时间等。并从地理学、历史学角度研究游记作品及其游记作者。经分析，游记的地理分布严重不均，表现在：苏州一地游记作品占长江三角洲游记总数的37%，山水游记约占游记总数的59%，这些都说明游记是山水文化的结晶。通过考察游记内容我们发现，游记所记主要是山水植物诸景观，其次是游览活动，也不乏记载社会经济与民风民俗的，但有关政治时局的不多。与此同时，通过对181位游记作者游览作记时的身份、游记篇数的分析可知，游山作记者多为仕不通显的一般官僚、归田乡绅，或高士山人，其中又多散文作家。

第六章：文士的旅游观。旅游活动引发明清文士的广泛关注，他们就"游道"纷纷发表看法，一方面，推出了"天游"、"神游"等子虚乌有式的精神之游，另一方面提出了切合实际的"形游"，包括远离烟火的隐士式之游与大众式之游；同时，文士们对"游地"、"游具"、"游时"、"游伴"的选择，对"游术"的探讨等都发表了许多富有建设性的高论。

景观是文士们谈论的另一重要话题。文士们倡导自然与人文因素复合而成的景观，山水景观具备了历史故事、民俗风情、诗词文赋等"山水之眼"，因而显名天下。单纯的自然景观也应是各自然物的有机集合，山水、花草、虫鱼缺一不可。此外，文士们还探讨了自然山水的自然美表现、文化意蕴等。对于人造景观，文士们以为人工所为不能损"天成"，他们谴责在山体上凿佛像、题诗名之行为，对于造园之道，也忌讳"花树故故"、"特特为园"，倡导质朴自然。

在文士的眼里，"游人"是旅游者中的特殊人群体。他们以为，能称得上"游人"者，首先应该是"闲人"，他们有时间，能专心"游事"；能搜索万事万物之情状，找出规律，发现变化，否则就是"贾人邮卒"；能割断世缘，摒弃浮靡的生活；能吃苦，不畏艰险；还要"游必有作"，用笔墨摹写风景，如此才是有游名又有游实。

此外，直面日益勃兴的大众旅游活动，文士们又各自从政治、社会经济角度，评头论足，或以为市民旅游伤风败俗，造成工商废业，理当禁绝；或认为士女游观富民安邦，应把生产与消费作为一个整体来看待，消费促进生产，旅游造成"贫富相资"，有利社会稳定，因而不能实施禁游政策。

第七章：旅游炽盛原由。明清长江三角洲地区旅游活动炽盛不是偶然的，它是诸多外因、内因合力下的产物。首先，旅游炽盛于一定时空范围内，是当时特定社会环境的产物，是城镇商品经济繁荣的结果，江南地区发达的工商经济奠定了旅游兴盛的经济条件，使得人们有了从事旅游消费的经济能力；"豪门贵室，导奢导淫"，上层社会刮起的一股股奢侈享乐之风，从饮食起居到游山玩水，成为社会之时尚。普通市民百姓越礼逾制，追逐效仿；而较少兵戈之扰，相对安逸的环境，也使人们能有心娱玩；长江三角洲地区一流的风景资源、服务资源，为本地人游本地、外地人游本地提供了极为优质的旅游环境；同时，也不能忽视以文人士大夫为核心的一批旅游精英分子，他们热衷旅游的先锋模范行为起到了兴波助澜的作用；文化的传承性则表明，本地区明清游风浓厚与历史时期的旅游传统习尚不无关联，吴王阖闾夫差父子在苏州开天下宴游风气之先，此后的白居易游宿太湖，范成大钓游石湖，韩琦、欧阳修、苏东坡游燕扬州平山堂等等旅游传统，均产生了深远的影响。所以，明清长江三角洲旅游之炽盛，实际上是该地区旅游传统的延续与光大。

复原明清长江三角洲旅游活动全貌是本书的主要宗旨，作者对明清吃喝玩乐等种种"游冶"之事的述考，并非为了导欲宣奢，而是愿借此补社会生活史、江南区域史研究之缺，有益于旅游史、旅游理论学科的建立，有助于今天的旅游资源开发与旅游业发展。

　　由于本课题是在前人用力不多情况下进行的，难度可想而知，对一些问题的更为深入细致的研究，尚有待今后与同仁共同努力。总之，筚路蓝缕，无有依傍。虽含笔腐毫，研精殚思，然窃愧才绵识昧，笔削无方，讹谬阙略，在在有之，拙朴幼稚还望大家批评指正。

第一章　旅游大观

明清时的长江三角洲地区，旅游活动异常炽盛，"凡生于斯，宦于斯，寓于斯，商于斯，径行于斯者"，[①] 不分寒暑，盘桓于山水名胜之间，终岁无虚日。其旅游动机因人而异，如杨士奇说苏州虎丘，有耆老壮少于岁时闲暇而出游者，有士大夫在此宴饯宾客者，又"四方贵人名流之过苏者，必不以事而废游于此也"。[②] 宏观考察明清"游事"活动，按旅游行为的主题目的细分，形成了节令游、观光游、采风游、赏花游和狎妓游诸种旅游类型，旅游活动有着显明的主题特色与时空特色，从而呈现出一幅幅鲜活生动、多姿多彩的旅游图景。

一　"得逢佳节须行乐"：节令游

我国的传统节令繁多，不同时期、不同地区、不同民族的节令并不完全一致。但就汉族地区而言，不外乎春节、立春、元宵节、社日、上巳节、清明节、浴佛节、端午节、夏至节、七夕节、中元节、中秋节、重阳节、冬至节、腊八节、除夕等。各地节令的表现形式及内涵节物差别不大。长江三角洲因地缘、人缘的关系，作为一个相对自成一统的区域，其民俗民风更是共性大于个性，反映在节令旅游上也是如此。

---

① 谈修：《惠山古今考》卷一。
② 杨士奇：《虎丘云岩寺重修记》，见《明文汇·叙记》。

1. 岁时节令游

　　"得逢佳节须行乐，莫待萧萧两鬓催"①。古人行乐及时。所谓节令游，就是指在岁时节日期间，人们至闹市、风景地，围绕某个主题，以各种"节物"、多种仪式进行欢度，是项具有特定含义的群体性游赏活动。如苏州虎丘，"吴人岁时节令，里社醵饮，士女杂沓，殆无虚日"②；石湖每年的清明、上巳、重阳三节，游者倾城而出，云集蚁聚，"舟舆之相接，食货之相竞，鼓吹之相闻，欢声动地以乐太平"。③无锡惠山的清明、中秋、重九日，游人"蚁附而上，弥崖遍谷"；④自二月至四月，凡清明、三月三日、三月八日等日，无锡乡村"必有会，或于山，或于庙，或赛神，或传经，男女杂沓，喧哗扰攘"。⑤在众多传统节令中，尤以春节、上巳、清明、端午、中秋、重阳几大节日的游风最盛。

　　春节是我国传统节令中的第一个节日，除旧迎新，自然有一番热闹的节庆活动，包括往来拜年祝颂、庙会娱乐、元宵观灯及游览名胜。常州的新年，据康熙《常州府志》卷三十八载：元旦放纸炮，互相拜贺，"士女竞趋各庙，烧年香也；各相宴会，饮年酒也"。十五盛放花灯，"闹元宵"。妇女结队而出，名曰"走三桥"。乾隆时的上海县正月，也是举爆竹，交贺岁，观灯市，"游人往来达曙"。⑥在苏州，"诸丛林各建岁醮，士女游玩琳宫梵宇，或烧香答愿。自此翩翩征逐，无论远近，随意所之"。玄妙观的春节庙会，来自四方的杂要诸戏，各献所长，"以娱游客之目"，因而游人填溢。⑦

　　三月三日上巳节，旧俗为临水祓除不祥之日，后演变为水边饮宴、郊外赏春的节日。承王羲之兰亭修禊之传统，明清时本地区盛行修禊之风。届

---

①　彭谦：《重游茭山》，见嘉庆《溧阳县志》卷一。

②　李维桢：《大泌山房集》卷一二七《虎丘僧募修塔疏》。

③　莫震：《石湖志》卷二《总叙》。

④　王永积：《锡山景物略》卷一。

⑤　黄印：《锡金识小录》卷一《备参·补正节序》。

⑥　乾隆《上海县志》卷一二。

⑦　顾禄：《清嘉录》卷一。

时，吴人倾城而出，游于石湖山水间，"饮博、交易、闲视者不下万人"。①
隆庆元年（1567）上巳日，宜兴石步亭徐氏园内，游人"蚁集"，人们沿涧
流，袒跣坐于石礨上，为流觞饮。扬州士女祓禊者，咸泛舟北郊的红桥
（亦称"虹桥"），以至桥下之水，有不胜载之势。康熙二十七年（1688）
的上巳日，治水扬州、好文喜燕游的孔尚任，自然也卷入了红桥修禊的人潮
之中，孔氏与吴绮、邓汉仪、查士标等二十四名文人买醉虹桥，"看两陌之
芳草桃柳，新鲜弄色，禽鱼蜂蝶"，修禊赋诗，"畅遂自得"。②

寒食清明，人们上坟祭扫先人。其时正值明媚春光，蜷缩了一冬的人
们，急于迈出庭室走进自然。所以，展墓者于拜埽哭罢，也不急于归程，
而是轻车骏马，箫鼓画船，就近处，"趋芳树，择园圃，游庵堂、寺院及
旧家亭榭，列座尽醉，杯盘酬劝"，以至梵宇钟磬不断，园墅笙歌阵阵，
"哀往而乐回"。③ 所谓"寒食山塘路，游人队队偕"，④ "缘此为踏青
游"⑤ 了。如长洲人顾沔从潭山扫墓后，即理楫泛太湖，登缥缈峰，眺消
夏湾，探石公山，窥林屋洞，访毛坛遗址。康熙十八年（1679）三月，
在侍讲任上因父艰归乡的苏州人缪彤，前往太湖西洞庭山，举行通籍以来
的第一次展墓大礼，"具冠服往展祖墓，得游名胜"。⑥ 缪彤借此游览了西
洞庭山的名胜。常熟虞山，踏青士女联袂接衽，摩肩促步，循月堤，穿水
阁，笑呼喧阗，游尘合沓。清明前后三五日，扬州城中男女毕出，家家展
墓，转而游集名胜地，踏青泛湖，西郊蜀冈道上，挈壶榼者络绎不绝，踵
趾相错。实际上，这样的踏青游已由扫墓者扩大为所有的"好事之徒"，
其活动由展墓→赏景→娱乐。对此，张岱《陶庵梦忆》卷五就对扬州清
明游乐活动作了精细描摹：

> 是日，四方流寓及徽商西贾、曲中名妓、一切好事之徒，无不咸
> 集。长塘丰草，走马放鹰。高阜平冈，斗鸡蹴鞠。茂林清越，劈阮弹

---

① 乾隆《吴江县志》卷三九《风俗》。
② 孔尚任：《湖海集》卷九《红桥修禊序》。
③ 袁景澜：《吴郡岁华纪丽》卷三。
④ 朱彝尊：《曝书亭集》卷二一《山塘纪事二首》。
⑤ 嘉靖《六合县志》卷二《人事志·风俗》。
⑥ 缪彤：《游洞庭西山记》。

筝。浪子相扑，童稚纸鸢。老僧因果，瞽者说书。立者林林，蹲者蛰
蛰。日暮霞生，车马纷沓。宦门淑秀，车幕尽开。婢媵倦归，山花斜
插。臻臻簇簇，夺门而入。

　　端午节衍生出来的竞渡游①，是我国古代盛行的一项场面壮观、极具动
感的体育旅游活动。其时，长江三角洲各地均择较大水面举行龙舟竞渡壮
举。松江龙舟竞渡在龙潭。镇江、瓜洲等滨江城市则在江中进行。苏州每年
四月杪，龙舟赛分别在阊门、胥门、南北壕及枫桥西路水滨等地开演，各占
一色。届时，贵贱长幼，画船箫鼓，陆续相聚，观赏竞渡，所谓"五月胥
江怒，水嬉噀竞渡"。② 竞渡游的旅游吸引有二：
　　一是观竞渡。杨光辅《淞南乐府》曰："淞南好，重五闹龙舟，破浪快
船夸技勇，凌风画舫斗歌喉，樯火照江楼。"当时的浦中竞渡，少年驾快船
阗入龙舟队里，更番奏技，往来如织，富人所坐沙飞船③则清曲阵阵，"龙
舟绕船游戏，以博酒粽之犒，或放鸭波心，弄潮儿泅水取之"。清初人何桀
《江上观竞渡记》记镇江江上龙舟赛盛况：

　　　　舟尾各系彩帛，悬一童，衣锦衣朱袴，演秋千盘舞，舟首演元坛神
　　传。……舟上立层楼飞阁，丹楹碧槛，掩映云霞。……诸仕宦贵官豪
　　室，张幕鼓棹，纵鹅鸭落水，群舟相攫逐。惊涛怒立，山崩雷吼。群舟
　　出没飞棹，望之目炫。

太湖上举行的竞渡活动，水面大，场面也大，竞技更精彩。吴曾《太湖竞
渡》道：

　　　　人汹汹，鼓逢逢，风生水面云行空，湖中夭矫来群龙。黄头绝叫龙
　　争怒，撒浪翻波爪牙舞。初时散若鹅鹳翔，忽张两翼环如堵。银涛堆里

---

　　① 竞渡之戏，据乾隆《吴江县志·风俗》载，吴中地区也曾在清明进行，此时正
当农务未急，少壮驾龙舟往来如飞，观者空里，但至嘉靖间，此俗"已久废"。
　　② 邵长蘅：《冶游》，见乾隆《元和县志》卷三五《艺文》。
　　③ 盛行于扬州、苏州等地供游客租赁的宴席船，因最早由扬州沙氏发明建造，故
名"沙飞船"。是船船体甚宽，艄舱设灶，舱中设席，大者可容三席。

一声钲，掉尾归来荡桨轻。一龙前导后鱼贯，红黄碧绿旗分明，奇哉！
疾徐进退仿佛如军行。

二是赏龙舟。龙舟竞渡者，都把龙舟作为炫耀实力的重要方面，因而
龙舟制作极为工巧，讲究外形与陈设。如上述所记镇江龙舟"凡十有七，
穷极工巧，天下莫能加焉"。与镇江一江之隔的瓜洲，龙舟制作也毫不
逊色：

> 瓜洲龙船一二十尺，刻画龙头尾，取其怒；旁坐二十人，持大楫，
> 取其悍；中用彩篷，前后旌幢绣伞，取其绚；撞钲挝鼓，取其节；艄后
> 列军器一架，取其锷；龙头上一人足倒竖，敁敪其上，取其危；龙尾挂
> 一小儿，取其险。①

年年端午，南京士女"竞看灯船"。明时的秦淮河，集结一百多只挂有羊
角灯的小篷船，灯船皆十多艘首尾相衔，屈曲连蜷，如同"烛龙火蜃，水
火激射"，场面异常壮观。② 钟惺在《秦淮灯船赋序》中也说，秦淮河的
"小舫"（即灯船），周以雕槛，覆以翠幕，船体两旁悬羊角灯。每舫载二
十多名习鼓吹的少年人。"火举伎作，如烛龙焉"，盛况"直得一赋"。竞
渡活动的热闹与惊险，龙舟制作的巧夺天工，自然吸引众多游人，因而士
女填溢，人声鼎沸。据彭宗孟《京江纪游》记载，镇江万历二十四年
（1596）的竞渡，"士庶女妇，俱袨服倾国出游，绿扬万树中，红紫若织，
映水尽作绛霞，与云物相装叠，康庄间填委几不能步"。苏州龙船会，男
女耆稚倾城出游，七里山塘"几无驻足之地，河中画楫，楫比如鱼鳞，亦
无行舟之路，欢呼笑语之声遝迤振动"。③ 南京操五色龙舟者，尤多美少
年，从桃叶渡口上下五六里，"士女相邀观渡"，箫鼓若沸，歌笑欢呼声
震天动地。④

中秋时节，人人思赏清辉。中秋之夜本应静赏月光，明清时人却演绎为

---

① 张岱：《陶庵梦忆》卷五《金山竞渡》。
② 张岱：《陶庵梦忆》卷四《秦淮河房》。
③ 顾禄：《吴趋风土录》。
④ 袁中道：《珂雪斋集》卷一三《记二十五》。

场面热烈的中秋夜游。中秋夜游之盛，以虎丘一年一度的中秋吴歌会为最。① 时苏州士女倾城而往，凡土著流寓、士夫眷属、女乐声伎、名妓戏婆、民间少妇、崽子娈童及游冶恶少、清客帮闲、奚僮走宫之辈，莫不靓妆丽服，汇集到虎丘山听歌。归庄《虎丘山三首》记道，这天，人们早早来到虎丘，"坐待明月上"，"徘徊林壑间"，稠人广众，听者如堵，"游者何啻万"，从生公台、千人石、剑池、申文定祠，到试剑石、二山门，"皆铺毡席地坐，登高望之，如雁落平沙，霞铺江上"。② 这是一场场面宏大的露天音乐会，"明月吐山颠，有技无不献。冈头箫鼓喧，树底清歌曼"。③ 袁宏道的《虎丘》对歌咏比赛描写最传神：

> 布席之初，唱者千百，声若聚蚊，不可辨识。分曹部署，竞以歌喉相斗，雅俗暨陈，妍媸自别。未几而摇头顿足者，得数十人而已。已而明月浮空，石光如练，一切瓦釜，寂然停声，属而和者，才三四辈。

在赛歌、听歌者中，有不少来自外地的。如名医出身的虞山周似虞，游于昆山腔创始人魏良辅门下，"曲尽其妙"。这位昆腔演唱家，"中秋必泛舟虎丘，晴雨无间"。中秋的虎丘，歌伎负墙，人声箫管，喧呶不可辨。而当"翁一发声，林木飘香，广场寂寂无一人"。④ 苏州中秋另一热闹地为石湖，八月十八夜，有上方观"串月"之俗。是夜，游人竞登楞枷山（即上方山），望宝带桥下月影环连洞中。届时，嘉兴、湖州拳术船也来石湖献技，"城乡男女无不往观"。⑤ 无锡中秋类吴门，短桡轻舸，"日在西崦，而笙歌入闉阇矣"。⑥ 王永积《锡山景物略》卷一说惠山，当时"竞作一片笙歌海矣"。而扬州中秋则为另一番光景，据康熙《扬州府志》卷七载：扬州"好事者"多制灯船，水嬉自初一至十五日，活动区域主

① 韩国学者郑元社在《明清时期苏州"虎丘曲会"演剧史的考察》一文中，称虎丘吴歌会为"虎丘曲会"。见《中华戏曲》2005年第33期。
② 张岱：《陶庵梦忆》卷五。
③ 《归庄集》卷一。
④ 钱谦益：《牧斋初学集》卷三七《似虞周翁八十序》。
⑤ 《木渎小志》卷五《风俗》。
⑥ 王稚登：《中秋毗陵看月记》。

要在小秦淮和保障湖①，尤以小秦淮最盛，舟随湾转，临水开轩，士女围饮，弦管竞作。

农历九月九日重阳节的登高习俗形成于东汉，魏晋南北朝时风行大江南北，其主题也由最初的祛邪避灾发展为以登高游赏为主的秋日游乐活动。此日，逸趣者，登高把酒，赏菊赋诗。苏州登高地在吴山，"何许更登高，吴山黄花节"。② 申时行《吴山行》诗描写了吴人于吴山登高之盛况：

九月九日风色嘉，吴山胜事俗相夸。阊闾城中十万户，争门出郭纷如林。拍手齐歌太平曲，满头争插茱萸花。③

重阳吴山还有精彩的斗羊博彩表演。惠周惕有《九日吴山即事》诗云："斜阳细草吴山路，低帽簪花看赌羊。"松江人登高游览，因境内少山，皆就近楼阁一登。有超果寺一览楼，远离市嚣，即成为群聚登高佳地。④ 这天，宜兴也少长登高游览，南山等风景地皆为土著寓公登高之所。

2. 宗教节令游

宗教节令，常年不断。寺庙宫观作为维系人们精神寄托的所在，逢佛教神、道教神诞辰、成道祭日，都要举行声势浩大的法会、香会，以此招引天下信徒香客，成为极具大众性的旅游节会。

佛教有农历二月初八的佛出家日法会、二月十五日的佛涅槃法会、四月初八释迦牟尼诞生的"浴佛节"（也称佛诞节）、十二月初八的成道节（亦称"成道会"、"腊八节"）等节会。节会期间，各地善男信女成群结队前往寺庙烧香跪拜，或祈子嗣福寿，或求功名显贵，或为财源滚滚，或为去病消灾，是谓"朝山进香游"。如，四月初八浴佛节这天，无锡青山

---

① 保障湖又叫保障河、炮山河、长春湖，因乾隆时杭州人汪沆"也是销金一锅子，故应唤作瘦西湖"句，后又称瘦西湖。今习称为瘦西湖。
② 邵长蘅：《冶游》，见乾隆《元和县志》卷三五。
③ 见崇祯《吴县志》卷一〇《风俗》。
④ 陈金浩：《松江衢歌》小字注。

华藏寺举办传经会，"村姬野媪以与会为幸，近数里，远数十里，八面奔赴，厓谷为满"。① 二月十九日观音生日，六月十九日观音成道日，九月十九日观音涅槃日，扬州四乡八邻及街巷坊铺民众，率至北郊观音山"朝山进香"。嘉庆二年（1797），吴锡麒由北京南归杭州，途经扬州时，恰逢六月十九日观音会，他在《南归记》中道：六月十八日，"晚来朝山进香，灯火甚盛"。观音成道日这天，南京城东石观音庵香火繁盛，"都人士瞻礼不绝，至十八日，则竟夜喧阗矣，习以为例"。② 据载，苏州男女于观音纪念日进香支硎山观音殿。归庄二月十九日游此山，适逢连阴初霁，游女如云。吴敬梓在《儒林外史》第四十一回中，为我们展示了清时南京地藏会的盛况：

> 那秦淮河另是一番景致。满城的人都叫了船，请了大和尚在船上悬挂佛像，铺设经坛，从西水关起，一路施食到进香河，十里之内，降真香烧的有如烟雾溟蒙。那鼓钹梵呗之声，不绝于耳。到晚，做得极精致的莲花灯，点起来浮在水面上。又有极大的法船，依照佛家中元地狱赦罪之说，超度这些孤魂升天，把一个南京秦淮河变作西域天竺国。到七月二十九日，清凉山地藏胜会，人都说地藏菩萨一年到头都把眼闭着，只有这一夜才睁开眼，若见满城都摆的香花、灯烛，他就只当是一年到头都是如此，就欢喜这些人好善，就肯保佑人。所以这一夜，南京人各家门户都搭起两张桌子来，两枝通宵风烛，一座香斗，从大中桥到清凉山，一条街有七八里路，点得像一条银龙，一夜的亮，香烟不绝，大风也吹不熄。倾城士女，都出来烧香、看会。

位于句容境内的道教"第八洞天"茅山，每年三月的香会，四方"进香赛社者，摩肩接趾"。③ 三月二十八日为东岳帝生辰，吴江震泽镇"前后十余日，士女拈香，阗塞塘路，楼船野舫，充满溪河"。④ 四月下旬的宜兴城隍会，仪从极盛，妆饰故事极为精巧，场面喧闹。七月十五中元节、十月

---

① 王永积：《锡山景物略》卷五。
② 捧花生：《画舫余谭》。
③ 彭定求：《茅山游记》。
④ 乾隆《震泽县志》卷二六《风俗二》。

十五下元节，扬州城隍行宫，羽士奏章，香火烛天，"簿书皂隶，男妇耆稚，填街塞巷"。① 吴地还立有岱庙，三月二十八日俗称"岱诞"，届期"各乡之神朝于岱庙"，水陆赛地，热闹非凡。②

江南自古信巫祝，崇鬼神，好淫祀。王稚登《吴社编》曰："吴风淫靡，喜讹尚怪，轻人道而重鬼神，舍医药而学巫觋，毁宗庙而建淫祠，黜祖祢而遵野厉。"除了上述常规节令外，吴中地区盛行各种巫鬼神的纪念活动，其中尤以"五圣"为最。明初，江南地区家立尺五小庙，祀明代开国阵亡士卒。对于这种迷惑人心、骗人钱财的摆设，明人陆粲在《庚巳编》卷五中说："家家置庙庄严，设五人冠服如王者，夫人为后妃饰。贫者绘像于板事之，曰'圣板'"，"每一举则击牲设乐，巫者叹歌，辞皆道神之出处，云神听之则乐，谓之'茶筵'。尤盛者曰'烧纸'。虽士大夫家皆然，小民竭产以从事，至称贷为之。"后演变为娶妇贷钱、妖诡百出之淫祠，如五圣庙、五通庙之类，香火极为旺盛。③

明清时，围绕祀神的香会，名目繁多。如"松花会"、"猛将会"、"关王会"、"观音会"、"五方贤圣会"等。其中，"松花会"、"猛将会"仅在旱蝗灾年举行，"关王会"独盛行于昆山一地，"观音会"亦间或举行，只有"五方贤圣会"每年五月都举办，规模也最盛。凡"会"期，皆在神之栖舍进行各种萧鼓杂戏活动，"优伶伎乐粉墨绮缟，角抵鱼龙之属缤纷陆离，靡不毕陈"，祀神也娱己。④ 龚炜有《赛会奇观》记吴地之迎神赛会，"创新奇于台阁，采故典于诗草"，赛会巡游相当壮观：

> 整齐执事，对对成行；装束官弁，翩翩连骑。金鼓管弦之迭奏，响遍行云；旌旗幢盖之飞扬，辉生皎日。执戈扬盾，还存大傩之风；走狗臂鹰，或寓田猎之意。集金珠以饰阁，结绮彩而为亭。执香者拜稽于

---

① 李斗：《扬州画舫录》卷六。
② 龚炜：《巢林笔谈》卷四。
③ 关于五圣之名及神祇，自古说法不一，有说是五行之神，或五湖之神，或五龙之神，或司主民间疾疫之神。明人莫震《石湖志》卷三说："五显神祠，在上方山顶，隋大业四年，吴郡太守李显建。五显即五通，又号五圣，婺源土神也。"又云："五神，历代累封王爵，南京鸡鸣山有庙，盖亦祀典之神也。既登祀典，岂不知所谓非所当祭而祭之为淫祀者乎？今吴人登山之祭既如此，而又各立小庙于门，则亵渎甚矣！"
④ 王稚登：《吴社编》。

途，带杻者匍匐于道。虽或因俗而各异，莫不穷侈而极观。①

凡法会、香会期间，或以农历固定日期，在寺庙道观周边有生活、生产类商品买卖交易之设者，称之为"庙会"。庙会实际上就是"庙市"，参会人员是名副其实的购物旅游者，加上一些娱乐类项目的加入，因而庙会的娱乐性又要大于单一的法会、香会，从而表现出更为强烈的民众性与世俗性。

3. 节令游特点

综观节令游，具有以下几大特点：

一是民众性。节令游是由广大民众参与的群体旅游活动，参加者不分男女老少，尊卑长幼。凡花时令节，无论丰豫之族，还是细民百姓，皆趁时出游，延览湖山之胜，山舆水舫，倾城空巷。袁宏道在《楞伽》一文中，明载了二三月间苏州楞伽山游客的各种身份，包括"朱楼复阁之女，骚人逸士之流，狭斜平康之伎，社南社北之儿"。在节令游的队伍中，村民占有很大的比例，逢迎神赛会，四乡八邻的村民，不论富家，还是穷户，抑或作客雇工，皆群集于宫观寺院，求神烧香，吃喝游玩。袁景澜《吴郡岁华纪丽》卷三记有三月二十八日东岳帝生辰这天，吴中"村农"集为香会，尽出游玩的事迹：

> 是日，村农尽出游邀，看会烧香，摇双橹出跳快船，翱翔市镇，或观戏春台。其有荒村僻堡，民贫无资财，亦复摇小艇，载童冠妇女六七人，赴闹市，赶春场，或探亲朋谋醉饱，熙熙攘攘，以了一年游愿。田家雇工，客作之夫，亦俱舍业以嬉。香会到处，观者林林总总，山填海咽。俄顷会过，桑柘影斜，绿云遍野，酒人满路，日夕乃归。

在此，我们有必要讨论一下明清妇女出游的问题。在古代，妇女是男子的附庸与奴仆，地位低下。《女诫》、《女论语》等对妇女的行为作了极

---

① 龚炜：《巢林笔谈》卷二。

为严格的规定，妇女应"莫窥外壁，莫出外庭"。所谓"为人妇者，举止安详，敛容缓步，不出厅堂，不窥门户，语莫高声，笑莫露齿，耳无余听，目无余视"。① 妇女没有资格，也几乎没有机会外出参加各种社会活动。但到了明清时期，这种情况有了很大程度上的改变，表现之一，就是妇女甚至家庭主妇突破闺阁之限，出门旅游成为较普遍的现象。"姑苏三月虎丘道，家家女儿蹋青草"。② "走三桥"、元宵观灯、清明踏青、端午观龙船等应时节令，随处可见广大妇女的身影。张岱在《绍兴灯景》中说绍兴元宵节，城中妇女多至闹市看灯，"看往来士女，午夜方散"；乡村妇女随夫白日进城，"乔乔画画，东穿西走，曰'钻灯棚'，曰'走灯桥'"。苏州端午龙船竞渡，"小户妇女，多雇小快船，自备肴馔，载以俱往"。③ 当中秋夜，苏州妇女又率盛妆出游虎丘，青裙游女，随风弱步，联袂踏歌。明清苏州妇女游园之风很盛，据袁景澜《春日游吴郡诸家园林记》载，每当春日"开园"，园林内外，"游女如云"，"粉舆数百，雁翼鱼贯以进，喧声潮沸，粉黛若妍若媸目不给辨，延颈鹤望，不见其后"。据载，清乾隆末南京的一些大家闺秀，皆乘秦淮画舫以作清游。扬州画舫中有堂客船，专供妇女游保障湖用，该船四面重帘，船顶上又置女舆，"一年中，帷龙船市，堂客船最多"。④ 届时，堂客船挤满湖中，观赏龙舟竞赛。妇女出游最多的地方，莫过于寺院宫观，凡佛道纪念日，妇女靓妆艳服，群聚寺观烧香游玩，因而有"妇女好为冶游之习"⑤ 之叹。明末清初短篇小说《照世杯》中就说：

> ……吴越的妇女，终日游山玩水，入寺拜僧，倚门立户，看戏赴社。把一个花容粉面，任你千人看，万人瞧。他还要批评男人的长短，谈笑过路的美丑，再不晓得爱惜自家头脸。⑥

①　程春宇：《士商类要》卷四，见杨正泰：《明代驿站考》（增订本），上海古籍出版社 2006 年版。

②　王懋麟：《百尺梧桐阁诗集》卷一《姑苏行》。

③　顾禄：《桐桥倚棹录》卷一二。

④　李斗：《扬州画舫录》卷一一。

⑤　汤斌：《奏毁淫祠疏》，见乾隆《长洲县志》卷三一。

⑥　酌元亭主人：《照世杯》卷三《走安南玉马换猩绒》，见墨浪子等：《西湖佳话等三种》。

文献中也不乏妇女游山购物的记载。如每年春天佘山的城隍会，"村女狡童之买离乡草、不倒翁者，交错于道"。① 《松江衢歌》中就记载了一对姐妹作购物游的事："姊妹同登放鸭船，柏枝棚下记山前。村妆不羡衔珠凤，只买荆钗数布钱。"

二是人数众多。作为群体活动，几乎所有的节令游都有人山人海之患。苏州石湖当山水会处，山水环绕，又有上方寺、五显神祠踞其间，景色不减杭州西湖。每当清明、上巳、重阳三节，人无贵贱贤否，"弥满于山谷浦溆之间，不下万人。舟者、舆者、骑者、步者、贸易者、挼塞者、剧戏者、吹弹歌舞者、□而饮者、谑而笑者、醉而狂酗而争者、祭于神祷于佛哭于墓者、放棹而鸣锣击鼓者、张盖而前呵后拥者、吊古而寻基觅址者、挟妓而招摇过市者，累累然肩摩踵接至阻塞不可行，喧盛不减都邑"。② 吴中地区以六月廿四日为荷花生日，城中士女竞游荷花荡观荷纳凉，以鞋跋不至为耻。③ 查慎行有《六月廿三归舟过荷花荡口戏作》诗曰："绿水红蕖连夜开，明朝多少画舫来。归人合被游人咲，拣取花前一日回。"荷花荡以大船为经，小船为纬，游冶子弟，轻舟鼓吹，往来如梭，"靡沸终日"。④ 袁宏道也说"苏人游冶之盛，至是日极矣"，他在《荷花荡》中这样描述荷花荡游人之态：

> 其男女之杂，灿烂之景，不可名状。大约露帏则千花竞笑，举袂则乱云出峡，挥扇则星流月映，闻歌则雷辀涛趋。

南通狼山，春天上山进香者"往来如蚁"，"乘车者，跨马者，控卫者，坐肩舆者，徒行者"，相属于道。清人钱兆鹏叹道："世俗之好媚佛有如是。"⑤ 甚至在孟冬季节，苏州虎丘东山庙内外，也是"游人如蚁，男女混淆，望而却步"。⑥

---

① 诸晦香：《明斋小识》卷九。
② 莫震：《石湖志》卷五《风俗》。
③ 据《吴趋风土录》，清代，观荷习俗移至虎丘，"游客皆舣舟至虎阜山浜，以应观荷节气"。
④ 张岱：《陶庵梦忆》卷一。
⑤ 钱兆鹏：《游狼山记》。
⑥ 钱兆鹏：《游虎丘记》。

三是节令内容由单一的纪念或祭祀，发展为集各种竞技、文艺表演与娱乐于一体，娱乐活动贯穿节令始终，成为节令的浓墨重彩。如，明代吴中地区农村的正月初一，各村皆要举行热烈的庆新年活动。莫震《石湖志》卷五载道：

> 于正月初一呼集少壮，以眉目俊秀者为神仙、为公子，则羽扇纶巾，锦衣花帽；以年纪强壮者为猎人、为战士，则竹弓泥弹，纸枪竹马。回回则凹鼻而深目，妓女则倩妆而云鬟，装扮古人节义或忠孝故事，其余弱冠少年皆衣锦绣，头插花朵，手执幡幢旗鼓杂物，遍走村落，歌颂太平，富家皆劳以酒食。或两村之会相遇于途，则歌舞趋走，自成行列，歌唱应答，应自有情。观者如堵，欢声动地。

宗教节令，既有严肃虔诚场景，又有生动活泼一面。如每逢社日，"吴人惊信若狂，箫鼓画船，报赛者相属于道"。[1] 乡人群聚观社鼓吹，祀神与迎神赛会相结合，神秘热闹，极具观赏力。所谓"每逢报赛之期，必极巡游之盛"。[2] 据张大复《梅花草堂集笔谈》卷五载：吴郡社日，"鼓吹近远，士女云集"，从十三开始，至十六结束，喧填三日，"一国之人若狂"。在庙会、香会期间，百技杂陈，诸如蹴鞠、斗鸡、吞刀吐火、击弹、侏儒、秋千、象人、骑马等等，加上戏曲表演、迎神诸活动，寺观俨然成了一个综合性的市井文化场所，一个民间游艺大世界，因而士女骈阗，车服烛路。常熟支溪镇褒亲寺浴佛节，村妇参加传经会，晚张灯彩，高台演剧，男女杂遝。有记载，乾隆二十年（1755）的浴佛节，"有女弄械船头，飞棹往来"，游人拥挤，以致"长寿桥石栏挤堕"。[3] 又据《清嘉录》卷三载，东岳生日这天，苏州娄门外各村人赛会于庙，"张灯演剧，百戏竞陈，游观若狂"。再如，镇江中泠泉名闻天下，每逢节令，到这里烧香拜佛者，又都坐下品茗休闲，摩肩连衽，日不下数万人，以致"茶坊满不纳客"。清人潘介前去品

---

[1]　钮琇：《觚剩》卷一《吴觚上》。
[2]　龚炜：《巢林笔谈》卷二。
[3]　乾隆《支溪小志》卷五《杂志三·轶事》。

茶，"凡三往，得伺便饮数瓯"。① 这也就是袁景澜所说的，游人进香寺院，名为崇佛，实为"借佛游春"，是冲着人多热闹、景致漂亮而往，所谓"我游非佞佛，览胜向钱塘"。②

苏州人进香武当山，耐不住遥远路途之寂寞，途经无锡挑引无锡人斗艺取乐事值得一提。据文献载，每年二月某一日，百十艘"巨舰"的苏州进香船队，浩浩荡荡，一路上鸣锣不息，驶向拟集合的无锡北塘。无锡人闻声空城而出。进香船挂香灯于桅杆之上，进香者一人一灯，灯灯相续，如贯珠，如星桥。进香船悬灯伴以花炮四发，烟花入水，上下一色。"香船百计，看香灯之船千计"，香船之灯悬于船首，看香灯船之灯悬于船窗。香灯全用纸灯，看香灯船之灯则间以纱灯、珠灯、水晶羊角灯。香船纯以锣声或木鱼声，看香灯之船佐以歌声、箫鼓声、吹弹丝竹声、笑语声，"人烟如沸，水面通红，至宵分始散"。③ 宗教旅游的娱乐性也由此可见一斑。

四是节令游的时间与地点固定。自古以来，由时事节气及民风民俗形成的节令活动，都固定在一个时间段内进行，其中又以岁时闲暇期间举办的为最多。不只是节令的起讫时间，节令中各节目活动，也是按时日编排，有头有尾。如重节物的苏州，每年的灯节是十三日试灯，十八日收灯，行游共五天；中秋节期间，八月十五日于虎丘赏月听曲，十八日又群往石湖看串月；等等。

节令游的活动地点均在城镇或近郊风景地，旅游者多为当地及附近居民，异地旅游的现象并不普遍。但宗教圣地，不乏远道进香者。如明清时期的泰山、武当山，其香客几近半个中国。道教圣地茅山，也多中远程善男信女来此朝觐。如扬州船民，就于每年三月进香茅山。王士禛有《茅山进香曲》道："家住茱萸湾复湾，年年三月上茅山……但祝茅君赐安稳，年年不怕石尤风。"按当时的活动空间，扬州船民算是茅山的中程旅游者了。

---

① 潘介：《中泠泉记》，见光绪《丹徒县志》卷五六。
② 袁景澜：《吴郡岁华纪丽》卷三。
③ 王永积：《锡山景物略》卷四。

二 登眺览胜观光游

"历历得奇观，行行事攀跻"。① 如果说节令游的本意不主要是山水风景，而在于寻欢取乐的旧俗传统，那么，观光旅游者的注意力则多聚焦风景名胜。观光游因时因地，随兴而游，选择游览物较自由。游山，游水，游寺，游泉，游园，或独取其一，或几者兼游。如徐汧《灵岩寺重修大殿疏》中所说："今之登山者，酌清泉，闻松风，观苔藓筱荡之静密、云霞日月之高明、山色湖光之奇丽。"② 游览地可远可近，凡有能力到达的，均可一游。一般说来，能作远游者，"大抵非仕宦则商贾，或作游客"。一般乡绅文士因无上述三类人的机遇或专心，甚或游资缺乏，通常仅作近距离旅游，"于一二百里之内，一丘一壑，随处登临挥洒也"。③ 普通百姓无心于探岩览胜，他们勤苦耕作，"不知登眺，亦且不暇"④，所谓"樵者日入山而不知山之美，渔者日游水而不知水之美。非山水不能悦愉其心，彼其中本无丘壑川泽故耳"。⑤ 所以，视观光主体身份的不同，主要有宦游、士游之分。

宦游者，指政府官员，任职他乡，有章绶之荣，不忘山水之乐，藉公车辎轩，于公差或迁谪途中，顺道搜览一地名胜，游赏流连。如明安亭人张意，性乐山水，在司空郎任上，因建九庙奉使治木荆湖地区，"日登黄鹤楼，赋诗馀酒"；庙成覃恩晋为副山东臬政，在山东，他"谒孔林，登岱宗，观沧海日出之处"。这是官员利用工作之便游览一方名胜的典型事迹。⑥南京、扬州、镇江、苏州等地，要么据交通孔道，要么为繁华之区，来往途经或由外地特意造访的官员不计其数。乾隆《元和县志》卷一〇就说，虎丘山塘，无论春秋冬夏，花晨月夕，"四方宦游之辈，靡不毕集"于此，赏

---

① 周用：《周恭肃公集》卷一《旅游》。
② 见崇祯《吴县志》卷二五《僧坊》。
③ 《归庄集》卷三《山游诗自序》。
④ 吕柟：《游高座记》。
⑤ 赵釴：《爱山堂记》，见《明文海》卷三三三。
⑥ 《安亭志》卷一三《古迹》。

爱泉石，移暑忘倦。

明清时期，本地区除了常设府州县各级军政机构外，还有诸如江宁织造、苏州织造、两淮盐运等中央派出机构，供职于这些衙门的各级官员数以百计。如明迁都以后的南京，号为陪京，宫阙不改，台省如故，"大小九卿衙门堂属官几二百余员"①。这些官员虽然也有案牍之劳，"其力有不暇"于游事者②，但均属"散官"，实际性事务工作毕竟有限，因而有暇浏览名胜古迹。他们于政事之余，吊金粉故迹，访王谢风流，引山水自娱。如顾大典在南京吏部郎中任上，"暇即呼同曹郎载酒游赏，遇佳山水，辄图之，或晨夜忘返，而曹事亦无废"。③有刘公龙者，官南京，遇官暇，"则与翰林宦南都者，不问品秩崇卑……登览游宴"，以期"修复瀛洲胜会"。④最有意思的是，嘉靖初，时在南京吏部考功郎中任上的吕柟，与潘颖、秦仪、李清、胡廷禄、顾雍里、况维垣等七位司属级同僚，皆于"公退"之暇，甚至趁"堂上行，不坐部"⑤之机，溜出官署一游。燕子矶、灵谷寺、鸡鸣寺、牛首山、献花岩等皆留下了他们的足迹。他们于这些"胜地"作"饮会"，设席饮酒，论心观物，听僧讲经，观览景象。文学家王士禛，顺治时任扬州府推官，公暇之时，"江淮山水无不搜"。因爱"旧京"多古迹，公余辄作金陵游，"燕子矶边每停棹，凤凰台上几多眺。雨花木末恣扶筇，桃叶青溪仍垂钓"。顺治十七年（1660）秋冬之际，王士禛游遍了与扬州一江之隔的镇江山水，"登浮玉，入焦岩，东望海，上三神山"，又"循江岸，道象山，振衣北固之多景楼，报萝扪石，吊海岳净名于崩崖败壁中，低徊不能去，复折而访黄鹤、招隐诸山，与高僧野老执佛挥尘，考山中逸事"。⑥又清临漳人李梦沙"榷关"苏州浒墅，职事之暇，也"数偕四方贤士大夫，肆情山水……淋漓笔墨，遍于山颠水涯"。⑦

与上述稍有区别的是，本地不少官员游访风景是在公务过程中进行的。

① 周晖：《二续金陵琐事》下卷。

② 汪琬：《钝翁类稿》卷二九《江南游草序》。

③ 乾隆《震泽县志》卷一九《人物七·文学》。

④ 焦竑：《玉堂丛话》卷七《游览》。

⑤ 据吕柟《游白鹤道院记》："南都故事，司属出游，多因堂上行而诸堂上，或送客，或他往，司属乃得借一日之暇以游览。"

⑥ 张九征：《过江集序》，见《丹徒县志摭余》卷二一。

⑦ 汪琬：《钝翁类稿》卷二九《江南游草序》。

他们乘公事之便，登陟川谷，搜览古迹。永乐二年（1404）大理丞朱逢吉奉诏到苏州治理水患，在察看农田、督促农事、检查水利设施过程中，顺便游览了石湖附近的山水风光。万历二十三年（1595），袁宏道就任吴县知县，在任上两年时间内，他曾借勘灾，放舟五湖，信宿缥缈峰顶，览七十二峰之胜；观馆娃故址，寻西施履迹。可见官员们工作赏景两不误，属典型的公务旅游了。

罢官致仕的乡士，或称乡宦、乡绅。他们谢事归休后，靡所拘系，得以肆情登陟，踏遍家乡山山水水，一来了却青壮年忙于奔走仕途，汩没尘辙，无暇顾及家乡古迹之愿，二来也是以山水告慰寂寞之心，寄情于此。曾助明英宗复辟的徐有贞，因与石亨内讧，被削职为民，自称"天全居士"。归乡后的徐有贞，"放迹湖山，纵情烟霞之赏，姣乐歌啸，风趣超逸，辉照岩谷，望之若真仙下游，古贤复出然"。① 天顺八年（1464）五月，释归闲住的这位大学士游览镇江焦山，并于浮玉岩刻石留名：

　　　　天顺甲申夏五甲寅，前武功伯兼华盖殿大学士东吴徐有贞，同镇江府知府四明姚堂来游。②

无锡有华尚古者，此人性好古，家有尚古楼，蓄书法名画鼎彝之属无数，成化弘治间，与沈周并为东南好古博雅之士。后卒业太学，选授光禄寺太官署署丞。"尚古仕虽晚，而辄知止足，又乐闲旷，既家居，率以良时胜日，领客燕游，南舫钱塘，北尽京江，数百里中名山胜境，靡不践历"。③ 苏州人袁袠虽起高科，但首忤权臣，为官不顺，于广西提学佥事任上致仕归里，筑室横塘，艺秫树桑，"暇则邀昆季友朋登陟游玩，任意为适，每值令节、园花杂开，举觞浮白，留连竟晷，盖与世益落落也"。④ 清太仓人宋静溪，仕宦通显之人，性好山水，"既罢官，益超然，有纵游名山之志"，其友沈受宏在《宋静溪游黄山诗序》中是这样记载他的旅游事迹的：

　① 祝允明：《成化间苏材小纂》，见杨循吉等：《吴中小志丛刊》。
　② 乾隆《焦山志》卷二《碑刻》。
　③ 文征明：《甫田集》卷二七《华尚古小传》。
　④ 吴维岳：《衡藩重刻胥台先生传》，见袁袠：《胥台先生集》卷首。

　　（宋静溪）尝以时游邓尉，虎阜诸山，每一登眺，辄留连浃日。所游必携壶觞核，兼歌童六七人，箫管筝琴，音声之物皆具。君往往酒酣叫啸，自放于层岩绝壑之间。①

　　自称"好味"、"好色"、"好游"、"好友"、"好花竹泉石"的著名诗人袁枚，绝意仕进，年甫四十，即解组归田，寓居南京筑随园，足迹遍造东南佳山水，最常去的莫过于苏州，有"年年吴下往来频"②、"七十年来几度游"③句记此事。

　　探幽胜，嗜吟咏，"此山林之士所擅而乐也"。④明清本地区人文蔚起，土著侨寓的文人众多，指不胜屈。他们中，有的有济世之愿，却未能就举子业，有的则孤傲清淡，不谙世事，不乐仕进，但大多专心探奇选胜，登陟游衍，悠然自适。如汪琬《江南游草序》所说：这些人"无禄位以萦其心，无文牒簿书以分其时日，故能盘桓倚徙，尽得其所谓山水之乐焉"。像沈周、史鉴、朱存理、王宠、王稚登、宋懋澄、俞允文等皆常作山水客。他们每到一地，访池台亭榭之旧事，搜金石遗文，征歌选舞，乐极胜情。如，明无锡人华应象，性孤僻，家贫不营衣食，却好游山水，人皆目为"华高人"。万历时人费元禄，曾假吴娃双桨至虎丘，"啜茗，观生公点头石、清远碑记，想象夜泊寒山、江枫渔火"。⑤如皋名士冒辟疆，"其生平踪迹，于金陵，于吴郡"，大江南北名胜遍览殆尽。⑥清丹徒人杨铸，精文选，长于诗，"好作山泽游"，曾遍游铜官、离墨、支硎、天平、灵岩、莫厘、缥缈诸峰，"动辄经旬，穷探幽胜"。虽家饶于赀，然终"以好游好诗贫其家"。⑦

　　本地风物景观为海内人士所惊羡，能到江南一游，是异地文人日夜所思

①　沈受宏：《白漊先生文集》卷一。
②　袁枚：《小仓山房诗文集》卷二四《留别南溪太守》。
③　袁枚：《小仓山房诗文集》卷三二《留别苏州故人兼寄汪砚香太守》。
④　邵长蘅：《弹山吾家山游记》。
⑤　费元禄：《鼂采馆清课》。
⑥　吴伟业：《吴梅村全集》卷三六《冒辟疆五十寿序》。
⑦　光绪《丹徒县志》卷三三《文苑》。

之愿。如袁中道说的："了却吴越游，亦一大债。"① 因而有不少文人不远千里，慕名来游。这里举两位福建人为例，一位是侯官人陈遁，其人家贫，贷金远游，在观泰山日出、拜阙里圣门后，拟遍览江南美景，遂"抵陪京，览故宫……过桃叶渡，遇曲中诸姬……流连宿昔，囊中装尽矣"，后得故人相助百金，"遣游锡山"，途中又遭同舟人偷盗，致大困病倒。② 另一位莆田人宋珏，不能就举子业，但志意高广，不屑与乡里衣冠为伴，斗鸡走狗，灭没里巷间。遂侨寓武林、吴门、金陵，"以文章为心腑，以朋友为骨肉，以都会为第宅，以山水为园林，以诗酒为职业，以翰墨为娱戏"，最后客死苏州。③

一些商人于经商途中顺道观光览景，也是平常事。明休宁盐商汪福坚承父业，业盐淮越，因而得以游江湖数年，凡所历江淮、吴越等地，"遇名胜则停舟驻节，于蜂园蝶径，不一跬步"。④ 清黟县商人孙廷焘，客游宜兴，爱其地山水清嘉，徘徊不忍离去。又如绩溪商人章必泰，本性嗜学，喜吟咏，往来吴越间，"凡名山胜迹无不游览，兴至辄吟诗以纪其事"。⑤

需指出的是，常有人把"商游"说成是商人外出旅游，这是不确切的。文献中常见的"商游江浙"、"商游洞庭"、"商游淮扬"等词语，其本义不是指商人出门旅游，而是经商贸易。经商途中的游览活动，属于顺便派生之事，非为"商游"本意。"游学"之意也是这样，诸如此类的派生性观光游，在明清时期相当普遍。如丹阳人姜宝，自嘉靖三十五年（1556）至万历十二年（1584）的28年时间内，因赴宜兴展墓、送子应童子试、送相国徐存斋灵柩归葬长兴等活动，宜兴风景得以"获游而遍"。但姜氏自认为，游宜兴"非放浪山水之游"，"因兹游予得以奉师训、送师终、造师门，又拜祖墓，拜外氏墓，睦族展亲，敦交谊，亲仁贤，皆亦于此乎有焉"。⑥ 顺治春，锡山人王永积闻得东亭侯澹泉作水车，不用人力可溉田数十亩，且改作水碓后，又能日碓麦七十石，"愈为奇巧"。五月末，他偕友往观。"徘徊

① 袁中道：《珂雪斋集》卷二三《答长石》。
② 钱谦益：《牧斋初学集》卷三二《陈鸿节诗集叙》。
③ 钱谦益：《牧斋初学集》卷六六《宋比玉墓表》。
④ 《休宁西门汪氏宗谱》卷六《处士福坚公行状》，见张海鹏：《明清徽商资料选编》。
⑤ 《绩溪西关章氏族谱》卷二四《家传》，见张海鹏：《明清徽商资料选编》。
⑥ 姜宝：《阳羡诸山游记》。

顾瞻"完毕，"游兴未阑"，遂入东亭园游赏。① 明人彭宗孟因迎父亲至镇江，逗留期间，游览了京口江山风光。又如嘉定人朱玮在昆山应试完毕，因"旅邸无聊"，遂偕同好至马鞍山一游。②

此外，明清帝王巡游本地也值得一提。这主要指的是明武宗、清康熙与乾隆三位皇帝。其中，武宗南巡，完全在于寻欢作乐，乾隆帝六下江南也是迷恋江南秀色，唯有康熙帝南巡以治河察访为主，但仍兼及游览。如在扬州，康熙帝登观音阁，临栖灵寺、平山堂，入张氏园亭，访天宁寺、上坐方丈；在镇江，上金山，题"江山一览"四字等；在苏州，康熙帝六次南巡中，依次浏览了瑞光寺、盘门、拙政园、虎丘、东洞庭山、邓尉山等名胜。与此同时，还去了昆山马鞍山、无锡惠山寄畅园等。有关明清帝王巡游江南，前人已多有著述，此处不作细表。

三　"采烟霞入诗囊"：采风游

"采烟霞入诗囊"，于"会心处，或为图，或为诗"③ 也。与观光游相比，采风游不是停留在风光表象的一般性浏览，而是于山水胜处、名胜古迹中，上下俯仰，寻找写作灵感，搜览字句色彩，发为诗文水墨。

明太仆少卿都穆，与诸友登虎丘作采风游，刚入山，便讲吟事，拟韵定格，格韵定，"即冥搜穷览"④，山川风物成为他们的诗画之本。明画家、嘉定人李流芳，风流儒雅，"恣情逐烟水"，游迹所至，常题画走笔数篇，为的是"平生爱山心"。他的画源于山水，来之生活，不见湖山，也就"无从发画"⑤。黄鼎，字尊古，常熟唐市人，画师从王原祁，名噪艺林，"生平好游，凡历览名胜，一一寄之于画"，曾绘《长江万里图》卷轴，画面多名流题跋。⑥ 文学家厉鹗常年盘桓于江南山水间，遇一胜境，必鼓棹而登，"足

---

① 王永积：《游东亭园小记》。
② 朱玮：《游马鞍山记》。
③ 岳岱：《阳山新录后序》，见《游名山记》卷四。
④ 祝允明：《怀星堂集》卷一三《与都穆论却饭书》。
⑤ 李流芳：《檀园集》卷一二《题画册》。
⑥ 乾隆《唐市志》卷一《艺士》。

之所涉，必寓诸目，目之所睹，必识诸心……诗可盈箧矣"。① 全祖望为厉鹗所作墓志铭中，也说厉鹗"最长于游山之什，冥搜万象，流连光景，毕业以觅句自得"②。孔尚任治水扬州，羁留四载而不能莅事，他饮食宴息于天宁寺之待漏馆，昏旦启闭，听于僧人；往来眺览，听之游客，不知身在庙堂还在江湖，以为是宦海中之幻海。遂屡招客高会，多次组织文人采风游，或登高梅花岭，或怀吊平山堂。康熙二十七年八月十八日，孔尚任与邓汉仪、吴绮、宗元鼎等32人于舟中观潮，分较旗鼓，极一时之乐。第二年六月，孔氏又率30位同仁大集平山堂，览平山胜景，读欧苏壁间词，各感所感，第次吐露。时虽正值酷暑，炎热异常，然"暑则暑矣，畅谈快饮，依然清凉世界"。③

明清文人盛行聚会结社。长江三角洲多风雅之士，"所在结社"④。各种文社数不胜数，如明初以高启为首的北郭社，嘉靖中何良俊、盛时泰等人参加的南京青溪社，归有光与邑人所结的南社、北社，万历间茅元议在南京发起的午日秦淮之社，等等。它们大多是以诗人、致仕官僚为主的文学会社。文人们常聚一起切磋文笔，以诗文作为交朋会友的良媒、弄才炫采的工具。活动地点通常在风景名胜地，于风色和畅、如画景致中，边宴赏观景，边分题拈韵，收佳景入诗囊，品诗评文，感时怀古。如词曲家梁辰鱼，好任侠，不屑于举子业，曾构华屋，招天下名士与之酬唱。隆庆元年，他与莫云卿、孙七成、殷都、张献翼、王稚登等四十多位江南名士，结社金陵鹭峰寺，度曲填词，饮酒作乐。隆庆四年（1570）夏秋之际，梁氏又与高嵚、曹大章诸擅长才调者"结客秦淮"，为"莲台之会"，他们在一起品藻诸姬，恣情欢娱。崇祯十四年（1641），常熟人钱方明就虞山拂水岩举行春社，文学家、戏曲家尤侗等十二人参加，"衔杯酬答，赋诗相赠，极欢而罢"⑤。当时也有像复社这样兼有政治、义学双重性质的文人团体。崇祯六年（1633），张溥、张采在苏州虎丘首倡成立的复社，合并江南几十个社团，成员多为青年士子，先后共计两千多人，声势遍及海内。他们频频聚会，于切磋学问的

① 厉鹗：《樊榭山房集·轶事》。
② 全祖望：《厉樊榭墓志铭》，见厉鹗：《樊榭山房集》。
③ 孔尚任：《湖海集》卷一三《与梁药亭庶常》。
④ 《归庄集》卷三《吴门唱和诗序》。
⑤ 尤侗：《游虞山记》。

同时，关心政治，关注社会，同情民生疾苦，揭露权奸当政。逢大集时，四方之士乘舟赴会，动以千计，苏州山塘河为之堵塞。会散后，复社士子们寻张乐欢饮，连流风景。

于实景中吟诗绘景，其作品当非俗物。《江南通志》总裁黄之隽在《题研旅画册》中，对诗人家研旅的记游诗给予了肯定，说家研旅"游迹无不至，皆自为诗记之，而诗以游奇，游以诗奇"①。又如清嘉定人张观，于山水中摹写图轴，尝以轻舟载卷轴，往还吴越，遇佳山水辄画，留数日，甚至两三月不去。这种得之于自然真韵的作品，皆可评为上乘之作。故时人评张观作品：其"笔墨所成，或千岩万壑，或角山，或陂塘，平远皆入神诣"。②

四　"吴俗好花"：赏花游

明清长江三角洲盛种花卉，桃柳阴浓，红翠间错。其中，作为纯观赏的，多植于私人花园之中，洞庭山翁园、席园、昆山马氏郊园、徐氏山园、叶比部之茧园、太仓王奉常园、吴司成园等皆植有名桂，为园景增色。明吴江人史鉴在《菊花记》中，记述其友邻居顾氏家艺菊独盛，计有赤金盘、佛面金、黄木香球、金球莹、黄鹤顶、金带围等近五十个菊花品种，它们"有以形言，有以蕊言，有以香言，有以色言，有以风神言，有以韵度言，有以标格言"，各领风骚，章缝之士争相一睹为快。③

大面积栽花，则多为产业。苏州邓尉西行至元墓一带，"山家以鬻花为业"④，多植梅种桂，尤以梅最盛，"花时香雪三十里"⑤，为吴中胜景。当然，作为产业性质的花田，也兼有观赏功能，且更具规模效应与开放意义。漫山遍野的梅花、桂花，红葩绿萼，玲珑璀璨，清芬四溢，弥望不绝，自然引来无数喜好赏花的文人士女。崇祯时人顾天叙在《五云洞天

① 黄之隽：《唐堂集》卷二三。
② 乾隆《元和县志》卷二六《流寓》。
③ 史鉴：《西村集》卷七。
④ 归庄：《看桂花记》。
⑤ 袁宏道：《光福》。

记》中就说：

> 吴中诸山，环具区而峙者百余里，无一家不栽花，而梅独盛。余三十年寓山中，无日不看花，而最与梅花共酣适也。春日敷荣，香风四达，必择其尤盛处而盘礴焉。

因而"吴人之俗，岁于山中探梅信，倾城出游"①。二三月间的邓尉山一带，若吾家山、青芝山、钱家崦，皆为赏梅闹地。届时画船箫鼓，妖童丽人，不减虎林，且喧阗成市。不仅如此，清代苏州还有赏菜花游春之习。在南园、北园故址上，"春时菜花极盛，暖风烂漫，一望黄金。到处酒炉茶幔，款留游客。寻芳选胜之子，招邀步屧，于于来前，莫不流连忘返"。②尤侗作《南园菜花》道："菜色惊看布地黄，春风习习更吹香。东边吃酒西边唱，三月田家作戏场。"

南京、扬州、镇江等地也时行赏花游。南京郊坛侧神乐观傍，多种梅花，《金陵览古》说："每花时，游冶纷沓。"扬州法海寺附近水面，每逢盛夏莲开，"士女游眺瞻礼不绝"③。入秋后，傍花村菊花盛开，冶游男女，又纷纷出郭，前来赏菊，以为游观之乐。清初，镇江临江庵牡丹"玉楼春"芳艳可喜，"市人伧父观者如绎不绝"④。

一般说来，山民村夫不习赏花。明末吴郡徐大复在《梅花草堂集·老桂》中举例道：

> 苕溪施水庵，有老桂，本可合抱，枝覆兼之，其高十仞，周广三十丈许。每秋盛花，香雨缤纷，黄金满界。庵僧编帚攀蔂忙忙作扫，花便数日乃已，顾莫知其胜也。而溪上人亦绝无赏之者。

清人诸晦香率同友十四人、歌伶五人，赏花青浦城外慧日教寺，他们散坐于梅下，听歌吟诗，其吟哦声，笑语声，筝笛声，歌唱声，拇战声，响彻

---

① 吴伟业：《吴梅村全集》卷四七《太学张君季繁墓志铭》。
② 袁景澜：《吴郡岁华纪丽》卷三。
③ 魏禧：《扬州法海寺记》，见康熙《扬州府志》卷三八。
④ 王曰高：《游焦山记》。

云霄，"村中人咸掣女褓儿伫而凝望"①。这些"村中人"仅以看客身份从中分享一丝欢乐，而自己不能真正领受到赏花之快。可见，能有雅兴赏花者，除市镇居民外，多为达官贵人、文人学士。姚希孟三游玄墓诸山，前两次皆得以"狂赏"，第三次游非花时，"湖山本色，微少点缀，虽盘礴石上，不如昔年狂赏，乃知兴到有会不可强也"②。华亭人莫是龙，当菊花开放时，就觅一小艇，酒榼自携，访有菊之家，间一就观。钱谦益也爱作赏花游，他不问晴雨，接连两日至玄墓观花，"冒雨发龟峰，穿花到玄墓"③，面对"茫茫梅花海"，他"恍忽如梦境"，"留连坐日夕"。④ 辞官侨居江宁的袁枚，年逾八十，每逢扬州平山堂梅花盛开，犹不顾年事已高，往来邗上清赏。

在所有赏花游者中，数归庄最为突出。与顾炎武合称"归奇顾怪"的明末清初文学家归庄，"性癖爱名花"，或徒步，或乘一叶舟外出寻花。他常独自一人出游，赏洞庭山的梅花、昆山的牡丹、嘉定的菊花、桂花等。间或结伴寻花，"僻远之地无不至"。为寻湖山花酒朋友之乐，归庄几乎到了如痴如醉的境况。耳闻洞庭山等地多牡丹名种，他欣然而往，在洞庭山、昆山"看花五十余家"。每至一处，对花饮酒品茗，"昼则坐卧花前，夜则沈醉花下"⑤，望见者以为仙人。当时，洞庭橙橘，虞山枫叶，海滨菊花，"皆属盛观，而并在一时，地非同路，势难兼得"。归庄难以取舍，遂舣一小舟于河上，"任风吹之，至东则东，西则西"，任其漂泊，后竟被西风吹到东海滨菊花丛中了。⑥ 当然，归庄痴情于花木，也与家忧国恤、祸患迭膺不无关系，钱谦益在点评他的看牡丹、菊花诗作时就说："玄恭看牡丹诗云：'乱离时逐繁华事，贫贱人看富贵花'，此二语可括纪游十数纸矣。"⑦

当然，赏花游也兼作观览山水，上述赏花者莫不如此。如姚希孟天启三年（1623）二月赴邓尉探梅，就借此游览了邓尉山水，他在《邓尉诸山寻

---

① 诸晦香：《明斋小识》卷一〇。

② 姚希孟：《寻旧游诸山记》。

③ 钱谦益：《牧斋初学集》卷五《十六日冒雨游玄墓》。

④ 钱谦益：《牧斋初学集》卷五《十七日早晴过熨斗柄，登茶山，历西迹弹山抵铜坑，还憩众香庵》。

⑤ 《归庄集》卷三《看牡丹诗自序》。

⑥ 《归庄集》卷五《答翁季霖书》。

⑦ 钱谦益：《有学集》卷四九《归玄恭看花二记》。

梅记》中说："本为探梅而来，乃兼穷湖山之胜，真生平胜游，亦南还第一快事也！"

五　纵情倡乐狎妓游

狎妓寻欢，古来有之。六朝时已极为盛行，当时的南京、扬州均为娼妓最盛之地。历唐宋至明清，此风兴盛不衰。明建国初，洪武帝曾在南京聚宝门外建妓馆十六楼，以宿商贾。当时，虽法度严密，但无官员嫖妓之禁令，所以"诸司每朝退，相率饮于妓楼，咏歌侑酒，以谋斯须之欢……厥后漫至淫放，解带盘薄，牙牌累累悬于窗榍，竟日谊咏，政多废弛"。宣德二年（1427），右都御史顾佐纠黜贪纵，奏请革除朝臣散漫淫放之习，"狎妓宿娼者有律耳"[1]。但缙绅家居者不论，所以狎妓之风虽绝迹公庭，"而常充牣里闬"[2]。明中后期，随着朝纲废弛，社会日益奢华侈靡，文人官僚狎妓之风愈演愈盛，至清代不变。[3]钱泳《履园丛话》中就说，四方娶乐，士大夫俱尚豪华，"而犹喜狭邪之游"。

娼妓是社会特殊的角色，他们"春不种，秋不获，全凭调脂弄粉以作生涯；夏不纑，冬不织，惟靠舞榭歌台做成门面。吹玉箫而敲象版，聋人耳的淫声；张翠□而披霓裳，昏人目的邪色。……人丛里眉来眼去，装做属意娇容；客背后附耳低声，点缀知心妖态"[4]。妓之奉客，夜度而外，不外乎侑酒、博戏及琴棋书画之类。慕妓美色与艺技而出游相狎，对于明清文人来说，是件极普通的事。如谭元春第二次游乌龙潭，同游者中除了七位同调之人外，还有美姬六人。如此事例，明清诗文作品中多有记载，举不胜举。在山水风光、脂粉青黛中，公卿名士选妓征歌，欢愉不尽。孙枝蔚的一首《念奴娇·陪诸公宴集城北园林，限屋韵，坐有鱼校书》，就道出了掩藏于内心的喜悦："选妓征歌，寻花载酒，此是吾曹福！"

明清时的苏州、南京、扬州，是闻名天下的狎妓中心。苏州"吴姬"

---

① 侯旬：《西樵野记》，见《明人百家》第一五帙。
② 谢肇淛：《五杂俎》卷八。
③ 清初也曾设官妓，叫"乐户"，康熙间裁乐户，遂无官妓，而土娼潜出。
④ 赤心子、吴敬所：《绣谷春容》杂录卷一一《娼妓述》。

自唐以来即倾动天下，为人所艳称。李白有诗道："落花踏尽游何处，笑入吴姬酒肆中。"加上苏州又是产文人的地方，苏州文人群体十分庞大，因而狎妓之风也最普遍，每逢时令节日，虎丘、石湖、天平、灵岩等都是狎妓游的主要场所。如虎丘，自元初以来，即多"舟妓"，妓船众多，"四方狎客胜流，望期而至，舻帆相招"①。"青门山人"邵长蘅有《冶游》诗云：

> 吴峰如点黛，吴溪如染蓝。吴娃艳妆裹，冶游心所忺。玉腕黄金钏，鸦鬟琥珀簪。月华百褶裙，杏子单红衫。二月春始半，蹋青邀女伴。小桃虎丘红，新柳山塘短。烧香观音山，丝绣三丈旛。拔钗供佛会，共郎游梵天。五月胥江怒，水嬉谨竞渡。团扇薄不遮，故教冶容露。六月荷花荡，轻桡泛兰塘。花娇映红玉，语笑熏风香。中秋千人石，叫歌细如发。十八楞伽山，湖亭待串月。何许更登高，吴山黄花节。冶游春复秋，婉娈不知愁……②

这样的冶游，实是狎妓游。沈复明言道：

> 盖吾苏八月十八日，石湖行春桥下，有看串月胜会，游船排挤，彻夜笙歌。名虽看月，实则狎妓哄饮而已。③

南京青楼女郎，浅妆堕髻，雅淡婉变，又习知文字，琴瑟歌舞，伎能称绝，引得"少年辈倾其装，至死不惜"④。尤其秦淮河畔，桨声灯影，青楼鳞次，自利涉桥至武定桥，夹秦淮两岸河房，曲房密室，储偫美人，落得个户户皆花，家家是玉。加上董小宛、李香君、柳如是、陈圆圆、顾横波、卞玉京、寇白门、马湘兰等所谓"金陵八艳"的群聚，更使得这里成了国内最具人气的冶游胜地。妙舞清歌，一片欢场，自明及清（清兵南下，河房多废为瓦砾，雍正时又繁艳如旧），冶游几无虚日，为闻名全国的狎妓场

① 胡胤嘉：《游虎丘记》。
② 邵长蘅：《青门剩稿》卷二。
③ 沈复：《浮生六记》卷四《浪游记快》。
④ 王叔承：《金陵游记》。

所。"秦淮河河房，便寓，便交际，便淫冶，房值甚贵，而寓之者无虚日"①。秦淮河冶游，以夏秋考举时最盛。夏季水长迄秋中，轻烟澹粉，楼台艳丽，画船箫鼓，昼夜不辍。值宾兴之年，文士云集，豪华者，挟重财择丽姝，侨寓于此；寒素之士，也时挈伴闲游，寻莲访藕。除此之外，春天来此游目骋怀、好风引梦者也不少。每当暮夜，秦淮灯火竞辉，"众香发越，羯鼓琵琶声，与金缕红牙声相闻"②。崇祯末，莆田人余怀游金陵，与冒襄等人声气相投，出入歌台舞榭，饮宴狎妓，所作诗歌，为诸妓传诵。他在《板桥杂记》中对南京的风月场景下笔道："金陵都会之地，南曲靡丽之乡。纨茵浪子，潇洒词人，往来游戏，马如游龙，车相投也。期间风月楼台，尊罍丝管，以及娈童狎客，杂妓名优，献媚争妍，络绎奔赴。垂杨影外，片玉壶中，秋笛频吹，春莺乍啭。虽宋广平铁石为肠，不能不为梅花作赋也。"明亡后，余氏干脆侨寓南京，寄情诗词、古玩、山水，风流依旧。康熙间，又移居苏州，徜徉支硎、灵岩间，征歌选曲依旧。

"扬州出美女"，妇孺皆知。谢肇淛在《五杂俎》中说，扬州川泽秀媚，女子多美丽，而性情温柔，举止婉慧。固因水泽气多，亦其秀淑之气所钟，诸方不能敌也。一些射利之徒专买贫家稚女，打扮修饰，严闺门，习礼法，趋侍嫡长，退让侪辈，不失常度，并教以歌舞、书画、琴棋、刺绣诸技，习称为"养瘦马"。"瘦马"之"上者善琴棋歌咏，最上者书画，次者亦刺绣女工"，③ 因而纳侍买妾皆称扬州，四方富贾宦游者"麇至而蝇聚，填塞街市"④。像袁宏道、袁中道等皆曾来扬州作"买妾游"。扬州更是嫖妓佳地，王建的"夜市千灯照碧云，高楼红袖客纷纷。如今不似时平日，犹自笙歌彻晓闻"一曲，由唐一直唱到清，成为这座城市笙歌声声、嫖客纷纷的真实写照。明清扬州城内妓馆众多，每夕燃灯数万，粉黛绮罗甲天下，有"青楼十万户"之称。当时，扬州城内巷子狭而肠曲，多精房密户，"名妓、歪妓杂处之"。名妓由向导引见，歪妓则于"每日傍晚，膏沐熏烧，出巷口，倚徙盘礴于茶馆酒肆之前，谓之站关……游子

---

① 张岱：《陶庵梦忆》卷一。
② 余宾硕：《金陵览古》第3页。
③ 王士性：《广志绎》卷二。
④ 万历《江都县志》卷七《提封志》。

过客，往来如梭，摩晴相觑"。① 与南京秦淮河相仿，扬州小秦淮两岸也为妓院密集之地，此处妓女不仅守门待客，还买棹赴保障湖招徕游客。凡"至湖上市会日，妓舟齐出，罗帏翠幕，稠叠围绕"。② 妓女们不着长衫，夏多子儿纱，春秋多短衣，"游人见之，或隔船作吴语，或就船拂须握手"。她们色技俱佳，歌喉清丽，博得游人青睐相狎。赵翼有诗《湖上》道："碧月高高烂绛河，游船归处绣灯多。青楼弦索教新曲，夜半犹闻爱爱歌。"《扬州画舫录》卷九载有这样一位狎客，其人风姿不凡，携家资百万，游于扬州，居小秦淮，所见大江南北佳丽极多，"如是有年，所携资渐减"。张岱族弟张卓如，"有情痴"，"到钞关必狎妓"，数百美人，张卓如"颐指气使，任意拣择"。③ 洪钺的《七峰草堂诗稿·广陵古意》，描绘了一幅扬州狎客妓女的群像图：

> ……城边灯火明如昼，笙歌别院多娼家。浓妆调笑倚门立，往来游冶称狭斜。……广陵艳色称无双，不道娇娆今已矣。富儿豪贵横金钱，争买红颜乐少年。朝对玉台妆袄服，晚携歌吹动华筵。爨凤钗为君好，珠颜玉貌空自怜。东西南北辞家去，迢递乡愁月一天。……平山堂下森森竹，太守欧公来此筑。暮春之初天景佳，骚人游女纷相续……

六　旅游活动的时空差异

　　旅游活动是社会经济发展到一定阶段的产物，它的盛衰消长和社会经济文化诸因素密不可分。明清时期，长江三角洲地区游风相当浓厚。但在由明及清的将近半个世纪内，旅游活动的时空特点又十分明显，从而呈现出较强的时间与空间差异。

---

　　① 张岱：《陶庵梦忆》卷四。

　　② 李斗：《扬州画舫录》卷一一。

　　③ 张岱：《陶庵梦忆》卷四。钞关在扬州南门外，为水陆要冲，因设卡收税于此，故名。

1. 时间差异

明清时，本地区的游风起伏较大。明初，天下初定，百业待举，太祖朱元璋致力于中央集权，从思想意识、经济活动上进行全面控制干预。如为削弱吴中地方工商经济，对该地区实行重税政策，强行驱迁该地大批豪右富民充实当时的京师南京，加上"罪者谪戍，艺者作役"，吴中人口"殆去十之四五"①，结果是"邑里萧然，生计鲜薄"②。在这样的社会背景下，也就鲜有人游山玩水了。如山水之区宜兴，有谷岩潭洞之胜，但洪武永乐年间，四方宾客苟以事来此地者，"多止州郭迳去"，不知有名胜，"使知之亦不暇也"，地方邑人，"亦未及披览"。③

明中叶以后，随着社会经济的复苏发展，无数文人甚至一般民众也纷纷走出家园，登山临水，呈现出繁荣的旅游新局面。且此风愈演愈烈，为历史上所少见。如弘治年间的常熟，每当春和秋爽，"虞山之巅，尚湖之涯，游乐者常满"④。王鏊《姑苏志》说苏州虎丘、天平、上方诸山，"二月始和"时，游山最盛。到万历年间，虎丘游人就不局限于"二月始和"了。袁宏道说，即使"尺雪层冰，疾风苦雨，游者不绝，何必二月始和哉?"⑤ 由明中期至明末，本地区旅游活动几乎一直处于亢奋阶段，冶游男女，成群结队，出没于山巅水涯，品赏风景，寻欢作乐，极一时之盛。

满族入主中原，一时因战乱破坏了正常的生产环境与经营环境，百姓的经济收入为之受损，大部分人缺乏了旅游消费能力，部分文士也为旧政体的消亡而闭户不出。所谓"一自干戈蹂躏后，都无壶榼浪游心"⑥。如文学家陈维崧，曾览遍燕赵吴越名山胜境，然自甲申乙酉以来，"不复出矣"，仅以名山记作卧游耳。⑦ 至于如扬州、江阴、嘉定这样的战争重灾区，更是不见昔日柔橹轻舟、征歌选妓之盛况，旅游活动趋于冷寂。但，"战场闲十

---

① 　王鏊：《姑苏志》卷一四《户口》。
② 　王锜：《寓圃杂记》卷五。
③ 　马治：《荆南倡和诗序》，见重刊《宜兴县旧志》卷一〇。
④ 　弘治：《常熟县志》卷一《风俗》。
⑤ 　《袁宏道集笺校》卷四《锦帆集之二·岁时纪异》。
⑥ 　张幼学：《创游平山堂诗·创游》，见李坦：《扬州历代诗词》。
⑦ 　陈维崧：《陈迦陵文集》卷六《文杏斋记》。

载，士女又风流"①。康熙及其以后，由于当政者注意休养生息，调整统治策略，经济随之逐渐复苏，社会趋于安定，人民休养"不殊明盛"②，旅游活动也就进入了一个新的高潮时期。据吴绮《扬州鼓吹词》载，康熙间，扬州的夏日，"郡人咸乘小舟徜徉"于保障湖上，"以为乐"，"扬州之风景游览，亦以此为最盛焉"。同时期寓居扬州的郭振遐在所撰《江都法海寺记》中也说，一年中，凡寒食、上巳、重九，扬人"画舫笙歌，士女玄服丽妆"，率宴游于法海寺。虎丘游事，明代盛于春季，所谓"春到游船日满溪"③，而"绝盛称中秋"④。到了嘉庆道光年间，这种状况有所变化，褚逢椿在给《桐桥倚棹录》所作序中说：虎丘山"往时游迹盛于中秋，今则端午先后数日，画舫珠帘，人云汗雨……郡中士女倾城而往"。由此说明，清代虎丘的旅游活动又盛于明代。

以上是对长江三角洲明清两朝旅游活动时间差异所作的大势分析。除此之外，旅游活动的季节性也很强。虽然，一年好景堪游赏，春风桃发，夏雨莲香，秋霜菊绽，冬雪梅芳。但由于受旅游资源的季节特色所限，同时又受人体适宜气温影响，夏苦炎热，冬愁雨雪，旅游的淡旺季因而十分明显。通常情况下，旅游活动盛行的时间是在春秋时期，冬夏则偏淡。春秋季节，春和景明，风日醑美，花卉竞秀，为人们出游赏景的大好季节，届时，人们竞出寻芳，凡风景地皆游人杂沓，游客填道，舆马相望，因而有"春探梅，秋访菊，最是雅事"⑤ 之说。如无锡的春秋旅游盛况：

> 每春日和好，士女骈阗，绮罗珠翠，杂出花播香影间；秋月凄清，宾朋携尊罍，随地布置，飞觞度曲，月落天空，尚闻呼啸。⑥

谈修《惠山古今考》卷一也说，无锡士庶携觞挈榼游赏惠山者，"盛于春，次则秋"，而最盛又莫如春天，花香鸟语，游人如潮。宜兴，每当春日，南

---

① 黄生：《赋得竹西路》，见李坦：《扬州历代诗词》。
② 《北固山图记》，见《北固山志》卷一二。
③ 《文征明集·补辑》卷一二《虎丘春游词》。
④ 《归庄集》卷一《虎丘山三首》。
⑤ 曹庭栋：《老老恒言》卷一《散步》。
⑥ 王永积：《锡山景物略》卷二。

岳诸山梅花杂发，邑人莫不挈酒携榼，前往赏景。常熟虞山游人常年络绎，"而三春尤盛"①，士女殷集，画舫箫鼓，粉白黛绿，溢目载路。松江佘山的游事，自二月初八至四月初八止，前后两个月的时间里，游人不绝，画船箫鼓，填溢中流，真可谓"春事半在绿阴芳草间"了。苏州山塘画舫之游，从端午龙舟竞渡以后，三伏炎暑，笙歌稍息，到中秋桂花节，桂子飞香，金风荐爽，"青帘鹄舫，齐出六门"②。天平山，二三月间冶郎游女纷纷出城，画舫鳞集于河干，篮舆鱼贯于陌上，但"夏秋则稀，冬季游绝少，惟看天平枫叶，间有命驾者"③。可见，天平山一年四季中，春季的游客要远远超过夏秋冬三季。

　　也有一些地区游览活动因资源特色而盛行于夏季，如南京秦淮河游事夏秋最为热闹。入夏时，秦淮水盈漫，两岸楼台分峙，亭榭参差，火树银花，光夺柱魄，为天下丽观。游人常苦目不周玩，情不给赏，画船箫鼓之游，至于达夜。可一到冬天，水落河干，一望河亭，"惟有木橛猬列耳，令人意尽"。④

　　此外，宗教节令的时间特性，也造成宗教旅游不完全是在宜游时段里进行。如南京的五月十三日，时已炎热，但燕子矶观关会者人流如潮，拥挤不堪。吴应箕《留都见闻录》卷上说："见士女上下山者，势如蚁织，炎蒸气秽"，而过了这天，"登山临流者，亦甚寥寥"。

2. 地域差异

　　地域差异，指的是不同地区旅游活动兴盛程度的差别。明清时，凡中心城镇，山水古迹之区，交通便捷之地，如苏州、南京、扬州、镇江、无锡、常熟、松江、宜兴，甚至吴中一些集镇，均为旅游兴盛之地。

　　"吴俗，士女多出游"⑤。邵长蘅在《参宪方公寿序》中说："吴为东南都会，四方之物辐辏。俗以侈靡相高，世家则规第宅园池，畜歌舞，嫁

---

① 钱谦益：《牧斋初学集》卷一二《山庄八景诗》。
② 袁景澜：《吴郡岁华纪丽》卷八。
③ 《木渎小志》卷五《风俗》。
④ 吴应箕：《留都见闻录》下卷《河房》。
⑤ 许尚质：《游虎丘记》。

娶燕享逾制。庶民则履丝曳缟，嬉游巷陌。其少年多粘竿、蟋蟀、六博、弹弦、度曲之戏，巫聚会画鹢，声伎相征。"① 故凡月之夜，花之晨，雪之夕，游人常往来于虎丘、天平、灵岩、石湖诸胜地，管语丝哇之奏，眼花耳热之娱，时时可闻可见，吴人于旅游"无不若狂焉者"②。明清时人公认"苏人好游"③，也善游。胡胤嘉在《游虎丘记》中，举了吴人游虎丘一例以说明。他说："吴人月游虎丘，以八之日始，周旬乃罢，尽月之满。"其间，以赛歌听曲、娱乐赏景为主要内容的游山活动，又按时日编排序目：

> 十五以前，歌杂语烦，屐脱裙裂，场无插锥之隙，座有豪饮之宾。十六之夜，遗香坠粉，弦咽笛清，每为凄断。此后两日，灯□舞榭，浮白呼卢，以候月光脱木，露气沾衣，登场送酒缠绻乃去。吴人所为善游也。

扬州自古即为佳丽地，竹西歌吹，琼观烟月，"民生其间，冶游成性"④。胡善麟有《小秦淮赋》曰：

> 当夫春风初暖，冬冰未彻，暑雨乍收，秋云正洁，相与呼俦命侣，络绎纷纶，乘画舫，出重闉，随轻飙，泛清沧。丝管竞奏，肴核杂陈。或赏静于蒙密，或乐旷于空明，或观奇而暂止，或趋势而径行，或孤游而自得，或骈进而纷争，或鱼贯而委蛇，或猬集而纵横。游侠匿影，啼鸟藏声。齐姜宋子，厌深闺之寂寞；越女吴姬，爱风物而流连。……既而晚烟渐起，明霞已没。华灯张，兰膏发，火树炫熏，银花蓬勃。倒海之觞频催，遏云之曲靡歇……⑤

而紧邻苏州、无锡的常州，游事却十分冷寂。王稚登在《中秋毗陵看

---

① 邵长蘅：《青门簏稿》卷八。
② 刘子威：《九日吴山记》。
③ 褚人获：《坚瓠集》。
④ 范景文：《文忠集》卷六《扬州重修石塔寺常住碑记》。
⑤ 见李斗：《扬州画舫录》卷九。

月记》中说，中秋之日，无锡、苏州"管箫之声入云"时，常州城中却"寂然无一踏歌声"。究其原因，王稚登以为"毗陵人故不好游"，他进一步分析道："其人务本力穑而相起家，不善狭邪遨荡"，加上郡中无山水，"城楼雉堞仅可踟蹰"，濠上乘舟，也只能"往来如鱼游"。又如溧阳，为邑较古，也可算得上是江南又一山川灵秀之地，芝山、方山、青龙山多山洞，有"洞天世界"之称，茭山麓石林等景观，李白也曾游历过，且明代溧阳有十几处园林，夏林园更有"江左第一园"之誉。可是明清时此地的游事一直欠兴旺，其关键是不在交通孔道上。

至于本地区的高淳、金坛、六合、溧水、如皋等地，因交通不便，或经济欠发达，或少独特风景资源，旅游活动又远较上述地区寂寥。这正如谢肇淛所总结的："穷乡鸟壤，沙塞陋城，空藏白锸，而无一竹一石可供吟啸者，地限之也。"①

小到一个景点的游事也是如此。如果景点僻在一隅，交通不便，其游事就较距城镇咫尺的景点来得寂寞。可以举虎丘与西洞庭山为例。虎丘距城不十里，岗阜耸立，泉石奇诡，文物灿烂，为苏州第一名胜地。岁时苏人闲暇出游必到此，士大夫宴饯宾客必至此，四方游客又必慕名造此，因而终年游屐纷杂；西洞庭山虽峰峦奇丽，又多先贤古迹，有"人区别境"之称，风景素质不在虎丘之下，但居太湖之中，交通不畅，对于许多人来说，"每见有屡约游（洞庭山）而怯，太湖一带遂若远如台荡"②。故吴人"游洞庭者绝少，虽骚人逸士有白首未见太湖者"③。镇江金、焦二山，同为江中名胜，金山当津渡之冲，"骚人韵士无不登览"，而焦山僻处下流，"人迹罕至"④。凡"过客登眺，不出北固、浮玉，好奇者乃一探焦先遗迹"，至于镇江南郊诸山，更是游者寥寥。⑤

① 谢肇淛：《五杂俎》卷三。
② 归昌世：《假庵杂著》。
③ 袁宏道：《东洞庭》。
④ 《京口三山志》卷九《诗话》。
⑤ 赵怀玉：《游京口城南诸山记》。金山古称浮玉，俗称西浮玉，焦山则为东浮玉。本引文中的"浮玉"为西浮玉金山。

第二章　旅游组织、接待与交通

　　旅游是户外项目，甚至是异地活动。为此，明清的文人士大夫游山玩水，大都事先作了部署，包括对游伴、游地、游时的选择等，当时称之为"理游事"。而官府、寺观及一些家庭承担了大量非商业性的旅游接待工作。同时，长江三角洲地区所形成的旅游交通网络也为人们的旅行游览提供了较大的便利。

一　"商略游事"

　　旅游有随兴而游的，即游览之前并没有太多情感上、思想上及行动上的酝酿与准备，几个同道之士，偶然相聚，随意择地而游。如乾隆三十三年（1768）中秋，苏州唐眉岑等四位异乡客，不约而同聚于南京袁枚随园，"佳节也，胜境也，四方之名流也，三者合，非偶然也"，这件"非偶然"之事而偶然遇上，其乐也甚。又巧的是，四位客人均未曾游览过南京名胜。于是，在唐眉岑的提议下，袁枚陪他们进行了"小游"南京名胜的活动。①

　　大部分文人出游，预先都有个出游计划。康熙四年（1665）五月，王士禛谢了吏局，自称"金陵寓公"，布袜青鞋，开始实施他的南京游山计划。为此，就游伴、向导、游线与游览地等作了相当周密的安排部署：

　　　　过方尔止青溪园居，商略游事，尔止跃然欲偕行。秦淮老人丁继

----

① 袁枚：《戊子中秋记游》。

之，年八十有一，尚饶济胜之具，许为乡导。于是按图经，计道里。城以南，先牛首，次献花岩，次祖堂；城以北，先摄山，次宝华山。

作为两人以上的群体旅游，游前的组织策划十分必要。他们"商略游事"，选胜游邀。如天顺八年九月，徐有贞等七人于虎丘登高，就是前一天由徐有贞和夏仲昭约定的。当时商定，登高地为虎丘之云岩，参加者则"凡吾诗社中人皆可也"。① 又如祝允明为游和山岩，曾分别致信范簿、连教，邀他们一道同游。《请范簿》曰：

和山岩亦此地胜处，明日邀公同一登览，已戒驺从矣。用此申请。

《请连教与诸生》曰：

和山之岩亦此地胜处，明日邀公同往一登眺，已与诸高第为期矣。……若知其赴约者有几，幸就示知。翌日早膳后，请过县偕行。②

冯梦祯与中丞张端叔、祭酒陆敬承、仪部张睿甫于万历二十二年（1594）正月初三灵谷寺探梅，其"探梅之约"早在年前就已敲定，因连日阴雨又雪，未能成行。初三早晴，冯氏游兴勃发，"亟捉笔报三君子"③。有时，一封预约信函难以周全一次活动，这时，活动策划者就要应时发出第二、第三封邀请函。顾璘为游献花台，就与人"自春凡三易约"④。归庄是位寻花狂，因花期有限，对相约游观时间的把握尤为重要。为邀同好赏娄东王氏园芍药，两日内归庄接连向游伴侯研德发出两封邀请函，第一封函中，讲王氏园花已开三四分，明日，"极迟则廿六日，决不可不往"。当又得知有芍药花开至五六分时，第二天便致书敲定此事：

比出西门看芍药，竟有五六分，不止昨金氏之花矣。娄东之行，断

---

① 徐有贞：《云岩雅集记》，见《明文汇·叙记》。
② 祝允明：《怀星堂集》卷一三。
③ 冯梦祯：《灵谷寺东采梅记》。
④ 顾璘：《游献花岩牛岭记》。

不可复迟……倘犹豫迁延，弟不能待，当先发舟矣。特此再讯，幸即示行止，以无误寻花之期！①

当然，如约而不果，也只能单独而游了。文学家潘耒游洞庭西山，事先就"数数订友人同游，多负约，乃拟独往"。②

一些大型的宗教旅游活动，更离不开专门的组织策划与实施，"朝山进香"游就是如此。进香游为群体性活动，人数众，且一些名山古刹吸引的是大规模远距离香客，如明朝"朝武当"者，以来自湖北、河南、山西的香客最多，此外，安徽、陕西、湖南、甘肃、江苏、江西、福建等地也有不少香客进香武当山；泰山香客多来自山东、河北、山西、河南、安徽、陕西等地，每年有数十万之众进香碧霞元君。这样的群体远游，没有严密的组织策划是难以进行的。有专家根据地方志、碑刻等记载，研究了泰山、武当山香会、香社的组织形态。③ 在来自各地庞大的进香队伍中，往往有一位或几位主要人物充任会首、香首，他们商议、策划一年一次的进香活动，召集乡中善男信女赴会，一社或数十人，或数百人，明代称此为"岳社"或"香社"。香社朝山前，先发香楮告知出发时间，在朝山进香的旅途中，香社成员有明确的职责分工。除正副会首（香首）外，还有执事数人。有的执事还封以都管职务之名，包括钱粮都管、请驾都管、车上都管、行都管、陈设都管、中军都管、吵子都管、号上都管、撰子都管、厨房都管、茶房都管、拉面都管、饭把都管、净面都管、清茶都管等，他们各司其职，确保进香活动有序进行。

二　联众出游，群心畅乐

旅游规模大小不等。其中，节令游的规模很大，常常全镇、全城百姓

---

① 《归庄集》卷五《与侯研德》。
② 潘耒：《游西洞庭记》。
③ 参见萧放：《明清时代的碧霞元君信仰与香会活动》，《文史知识》2005 年第 9 期；梅莉：《明清河南武当进香风俗浅谈》，《郧阳师范高等专科学校学报》2005 年第 1 期。

都倾巢而出，参加节日盛会。如端午节的虎丘，"人云汗雨，填流塞渠"①。九日吴山登高，游人"咸集于是，城市为虚"②。至于进香武当山、灵隐寺等远距离的团体旅游活动，除了部分富豪之族率两三人为伴，或挈眷偕行外，大部分市民村农皆成群而往。据《吴郡岁华纪丽》载，春天的杭州灵隐寺香市极盛，吴郡小户之家，往往"数十人结伴，雇赁楼船"作进香游。

"士大夫无独游者"③。明清文人"不忍独游"④，大多结伴同游。这样的团队旅游，规模也有大有小。一般情况下，观光、赏花诸游的规模较小。作观光、赏花游的主要为一帮衣冠文翰之士，他们通常三五知己，多至十数人，结伴而行，活动区域在本地或周边地区为多。如，明嘉靖二十二年（1543）二月八日，文征明同汤珍、张瓒、王曰都、陆师道、王延昭、蔡范、陆桐、陆鸮、劳珊、蒋球玉十人游苏州近郊华山寺，"相与读古碑，漱三泉，不觉日暮，遂留宿寺中"⑤。南京人许彦明，不事家人生产作业，好作名胜游，游必偕友朋同行，有本地人顾司寇、陈侍讲、王太仆，苏州人文征明、蔡羽等，甚至"暇则从乡中诸老登游觞咏为乐"⑥。无锡人邹迪光先后两次率观光团赴吴门，一次是春天至邓尉诸山看梅，同行者六人，随行者歌童四人，仆从五人；又一次为八月，买舟游洞庭山，同行者五人，歌童侍儿六人。⑦ 范守己在南京旅游结伴者也多在八九人左右。雍正十年（1732）上巳节后，官至提督福建学政的黄之隽客金陵，时入春桃花擅胜，郡人极称城西北山川之胜，"不游，负人，负地，负天"，遂参加了由宾主十八人组成的近郊旅游，遍览金陵城西北郊五柳园、隋园、清凉寺、钟鼓楼、朱主事园、王氏三槐园、乌龙潭等名胜。有意思的是，其游共分两次，又"咸十八人"，只是第二次十八人中，"已有宾之易者十二人"而已。⑧ 这些一二十人的旅游团队在当时都属于常

----

① 顾禄：《桐桥倚棹录·序》。
② 刘凤：《刘子威文集》卷一八《九日吴山记》。
③ 施闰章：《愚山先生学余文集》卷一四《玉函山记》。
④ 吴宽：《光福山游记》。
⑤ 文征明：《游华山寺记》。
⑥ 周晖：《二续金陵琐事》下卷。
⑦ 邹迪光：《游洞庭山记》。
⑧ 黄之隽：《游金陵城西北记》。

规团体。

　　明清时已有超常规模的文人团体旅游。明代广西横州判官王济在当地军卫、乡宦为他举行的进表饯别船宴后，乘兴游览谢村岩溶洞，"村老一人率百夫列炬前导"，可见这是一次人数众多的旅游团。① 袁宏道游嵩山，"从游百许人"②，更是打破了有史以来文人山地旅游的团队规模纪录。名士查继佐率数十人远游皖浙，则又不可谓不奇。康熙二年（1663），查氏罹南浔庄廷鑨私刻《明史》案入狱，经友人吴六奇营救获释，后沉迷声色，眷养十二名女优，终日嬉乐。据《五石脂》记载，康熙年间，扬州人吴绮知湖州，查继佐便携家伎一班，自海宁"诣湖城访之"。尔后，查氏组织了更大规模的团体远游活动。他率家伎数十人，溯钱塘江，历富春、桐庐，道严州，入新安江，达歙州，"与诸文士饮酒赋诗，流连观剧，凡数十日，未知所厌。复深入黄山，穷览其胜，所至辄风靡云扰，耸人观听"。如此规模的团体旅游发生在本地区的也不少，如正德四年（1509）秋，丁奉与任职南都的同年进士四十余人，会饮鸡鸣山，既畅叙彼此情谊，又为风日清美、山川胜丽所陶醉，因而群心畅乐。明人李维桢游林屋洞，举烛者有"数十人"之多。③ 明宗室朱承彩，此人文采风流，高自标置，尝于中秋夜开诗社于秦淮，"会名士张幼于辈百二十人，名妓马湘兰以下四十余人"④，赏月吟诗，寻花作乐，可算是明清时期规模最大的一次民间宴游活动。康熙二十六年（1687）的琼花观赏月规模也很大。扬州琼花观处闹境而不喧，近市尘而常洁。是年冬，孔尚任在首次踏访之后，招集名士七十余人（另有五十人之说），探琼花遗址，赏明月浮空，列坐广庭，宴集笙歌，联吟达旦。以上表明，明清士大夫群游是普遍现象，而不是如一些人所说的，明清士大夫多以个人独自行动游览名胜为主。⑤

　　携家人外出的家庭游，在明清时也不少见。如常熟人狄云汉，成化间任

　　① 　王济：《君子堂日询手镜上》。见邓士龙：《国朝典故》。

　　② 　《袁宏道集笺校》卷五一《嵩游第四》。

　　③ 　李维桢：《太湖两洞庭游记》。

　　④ 　陈作霖：《凤麓小志》卷二《志人》。

　　⑤ 　陈宝良《明代旅游文化初识》："士大夫的旅行固然也有群体的行动，但多以个体行动为主"（《东南文化》1992年第2期）；方立红《明清时期京畿地区文体娱乐风俗变迁》："明清时期京畿地区士大夫的旅游虽有集体群游，但多以个人游览风景秀丽的名山大川、人迹罕至的地区为主"（《历史档案》2006年第3期）。

沅江令，沅江郊外有佳山水，狄氏公暇，每携妻子共游，游必以暮归。在长江三角洲地区，家庭游更是常见。苏州就十分盛行家庭游，周鼎重在《重游石湖记》中说，"其俗好游，倾家出游，载肴酒，岁必一至"石湖。上述苏州人进香灵隐寺，就有携家眷前往的。明昆山人王可能性好佳山水，他把游览地远伸至杭州，"岁载妻子入越游西湖"①。钱牧斋也曾于中秋日与妻子出游，有《中秋日携内出游》诗记其事。

三　旅游接待探微

所谓旅游接待，是指旅游中间体为旅游者提供的系列服务。旅游是由旅游主体——旅游者完成的一项体验活动，如果仅有旅游主体、旅游客体，没有中间体为其观景、生活提供服务，这项活动是不可能很好开展的。尤其那些荒塞僻远之地，庵院又稀少，"非得地主则不可游"②。即使一些官员大僚随带属吏出游，吏员们为其探路开道，扶牵挽拥，侍奉食宿，也履行不了旅游服务的全部职责。

明清时期，还没有出现为旅游者提供全程服务的中间商。据载，仅在泰山脚下，伴随着泰山朝山进香游的兴盛，出现了承担旅游地部分旅游中介服务的"牙家"。据张岱《岱志》所记，泰山脚下有"牙家十余姓"，"牙家"在距泰安城数里相迎游客至旅店，"客有上中下三等，出山者送，到山者迎"。"牙家"除了为旅店邀迎游客外，还安排游客在泰山山上的食宿、交通："五鼓"时，"牙家"催促游客起床，安排山樏轿夫迎候于门口；在泰山绝顶，"牙家"有土房，供游客小憩取火；游客下得山来，"牙家携酒核，洗足，谓之'接顶'。夜剧戏，开筵酌酒相贺，谓之'朝山归'"。③ 文献中还没有发现长江三角洲旅游城镇、风景区存在类似的中介机构。除了旅店、酒肆、商铺等经济组织外，当地官府、寺庙及许多家庭承担了大量的非商业性旅游接待工作，他们为旅游者提供免费的食住及游览服务，充分表明了近代旅游业产生以前旅游接待所具有的非商业特性

---

① 归有光：《震川先生集》卷一九《王府君墓志铭》。
② 潘耒：《遂初堂集》卷一五《游黄山记》。
③ 见汤贵仁、刘慧：《泰山文献集成》。

的一面。

1. "好客不倦是何人"

本地扬州、镇江、南京、苏州均居交通冲要，地显物饶，过客如猬，士宦若鳞，一年四季来往于此的显官大僚很多，"府县官日以迎送过客为事"①，官府衙门承担了大量的旅游接待工作。如吴门苏州，迎候劳、供亿烦，"凡为吴邑者，率以其力什之二三守官，而以什之六七事人"②。嘉靖年间，以吏部尚书、华盖殿大学士身份致仕的丹徒人杨一清游张公洞，宜兴县尹、县丞予以热情接待，并派巡检领兵数十人护从。在善卷洞，县尹"置酒设馔，歌吹并作，声彻于外，山林童叟，咸仁听焉"。③

名山绝境，必有招提古刹错缀其间，彤宫绀宇，精严像设，使人流连不忍去。寺观对外开放，允游人游观瞻拜。不仅如此，"山僧事茗设，扫积供殷勤"④，寺观还为香客游人提供必要的茶水及食宿服务。一些传统旅游地，"在在皆有僧舍"，僧人"常扫榻布席，煮茗烹葵，以待四方之游者"，游客因而可"随意眠餐"⑤，寺观无疑成了风景地重要的服务基地。如南京牛首山弘觉寺，专设有为"游人宿处"⑥的方丈室。归庄独游西洞庭山，就有一山僧提供全程服务，吃住在包山寺，白天策杖或泛舟观景，晚上则酣饮于寺中，自解劬劳。还是在西洞庭山，其石公山西壁下的石公庵，守庵僧人朴实厚道，又有啸岩者，识山路，结交许多禅侣。沈彤于康熙五十九年（1720）的西洞庭山之游，靠的就是石公庵与啸岩。他在《游包山记》中道："予寓是庵月余二旬，出游，辄邀啸岩相导，故历奥区僻境而未尝问途。饥而倦，则就其旁寺院而食息焉，亦不及惫"。姚鼐于乾隆年间主扬州书院期间，多

---

① 《海瑞集》上编《被论自陈不职疏》。
② 嘉靖《吴邑志·吴邑治雁图说》。
③ 杨一清：《游宜兴二洞记》。据《慎子》等文献记载，四千多年前，舜以天下让善卷，诗人善卷坚辞不受，入深山而隐居于该洞，得名善卷洞。避南齐皇帝萧宝卷名讳，改"卷"为"权"，故又名善权洞。今通称为善卷洞。
④ 《文征明集》卷三《雪夜宿楞伽寺》。
⑤ 潘耒：《遂初堂别集》卷一五《游庐山记》；卷四《灵峰寺修造疏》。
⑥ 姜宝：《牛首山游记》。

次与人结伴游镇江金焦二山，也是"屡宿僧寺"①。洪亮吉镇江南山三日游，"导游者僧一人"②。

当然，也有寺僧以接待游客为烦，他们想方设法不让游客进入寺内。焦山水晶庵，庭际面山俯流，景色绝佳。"但僧不解事，颇乏扫治，见元房所踞绝胜，恐应酬为烦，乃以积厨障之"，游客因而终不得入内一览江山之胜。③

在旅游接待中，家庭扮演了重要的角色。那么，这是些什么样的家庭呢？有研究者说："士大夫所需的车马饭食，全需当地百姓筹办，因此他们的旅游反而成了当地百姓的祸害。"④ 持这种观点的人以为，是一般平民百姓承担了士大夫旅游的接待任务，这种说法值得商榷。事实上，据文献记载，能从事旅游接待的多是地方士大夫及商人之家，是地方文人士大夫家庭承担了大量的旅游接待工作。这些家庭有较好的物质条件，其主人又往往好诗赋书画，主动迎邀四方游客，与之切磋艺文。如，明西洞庭山有劳麟者，乐于接待游客，史载：

> （君）重然诺，喜交际。四方宾客至其地，多从之游。君周旋其间，靖真酝藉，憨而有容，饩馆劳徕，丰约无所失，有古豪逸之风。⑤

万历二十年（1592）腊月，翰林院编修王衡寓于扬州的瓜洲，便有京口张喜二邀他及唐叔达、吴元任作"三山"之游。张岱游苏州天平山下的"天平山庄"，主人范允临热情好客，开山堂小饮，伴以女乐，丝竹摇飐，饮毕还主动邀请客人共赏园中月色。⑥ 王稚登在《荆溪疏》中介绍了宜兴两位好客者，一位是吴宫詹，家有园池花木之胜，"好客闻于四方"；另一位徐承芳，凡客至，虽数十人，"供具无不咄嗟立办，车舆马骡，一一取给，至于厮养仆隶，皆层酒累肉连数月不倦"，以致"其家半毁于客"。归庄在寻花

---

① 姚鼐：《惜抱轩文集》卷一四《金焦同游图记》。
② 洪亮吉：《游京口南山记》。
③ 姚希孟：《游京口诸山记》。
④ 陈宝良：《明代旅游文化初识》，《东南文化》1992 年第 2 期。
⑤ 《文征明集·补辑》卷三〇《西郊处士劳君墓志铭》。
⑥ 张岱：《陶庵梦忆》卷五《范长白》。

游中备受礼遇，有嘉定南翔汪氏，主动邀他看花。于夜暮灯下饮赏，汪氏以为未尽兴，第二天又相邀。"午间即往，客八九人"，归庄书"寒香"二字赠之，并题一绝句。"夜复尽醉花前……寻菊之乐，于是乎极矣"。第二天归舟，汪氏又折花相赠。① 除了文人士大夫家庭外，土著或侨寓的富商大贾也乐于召延游客。无锡马迹山，土狭人庶，民多资商以给，其俗尚礼好客，每远方游客至，倾筐倒庋，竞相招待，因而被旅游者誉为"诚游览佳山水处也"！② 而即便是普通百姓民家，也都热情接待远方的游客，不存在"祸害"一说。太湖洞庭山，乡人力耕服贾，"富者治产积居，贫者学事富"，经济殷实，以至"办赋税早，经年无催租吏"。民风淳朴，尚礼好义，有上古风。清诗人沈德潜慕"第九洞天"——林屋洞之名旅游西洞庭山，"居人竞来相要，摘园蔬，网湖鱼，淹留款洽，浃数日别去"。③ 所以《林屋民风》说西洞庭山：

> 每远客至，则竞相招致恐后，肴馔甚俭，杯盘罗列，惟鸡豕鱼虾而已。黄发垂髫献酬交错，虽田野民家亦自怡然足乐。

旅游途中，游客受接待的热情与否，很大程度上取决于游客本人的身份地位。名流雅士，自然备受礼遇。如被誉为昆腔创始人魏良辅传人、著名词曲家梁辰鱼，傥荡好游，足迹遍造吴楚间，"所至山林褐博、王侯贵介，无不争致伯龙"④。袁枚游仙都所受虞氏一家的礼遇，极具戏剧色彩。当时，袁枚游毕雁荡山，归程途经缙云欲顺游仙都峰，但因溪水上涨未能如愿。至黄碧塘，入当地虞氏园小憩，主人迎入后仅茶水相待，"未暇深语"，旋返回旅店。就在袁枚一行将就寝之际，虞氏兄弟前来相邀：

> 将弛衣眠，闻门外人声嘈嘈，则虞氏昆季。曰："别后见名纸，先生即袁太史乎？"曰："然。"乃手烛上下照，咭且骇曰："我辈幼读先生文，以为国初人，年当百数十岁，今神采若斯，是古人复生矣。愿须

① 归庄：《寻菊记》。

② 黄遵：《游马迹山记》。

③ 沈德潜：《归愚文钞》卷六《西洞庭风土记》。

④ 屠隆：《梁伯龙鹿城集序》，见梁辰鱼：《鹿城诗集》卷首。

臾留，明日陪游仙都。"余未及答，而少者卷帐，长者捧席，家僮肩行李，已至其家，折塈张饮。次日，厨具馔，里具车，导入响岩。……未一日，而仙都之游毕，仍宿虞氏家。

对于这次意料之外的仙都之游，袁枚感慨万千："嘻，是游也，非虞氏主之，则仙都不可游……非具生纸以名通，则虞氏亦不知我为何人。我之当游仙都，仙都之当为我游，天也，非人也。"① 所以，袁枚在《舟中遣怀四首》中有句道："公卿半拥篲，布衣争纳屦。或把文尽读，或将诗暗举。惊我是古人，疑我作仙侣。迎则笑欣然，别则涕如雨。深山穷谷中，牵衣愿作主。于我何求哉？人情厚如许！"

当然，最受盛情接待的还是仕宦官僚之辈。他们所到之处，往往是前呼后拥，鼓乐齐鸣，其接待之规格、殷勤之程度，有时令游者自己也颇有过分之叹。嘉靖四十五年（1566）九月，南京礼部祠官潘仲履邀远道而来的朱察卿游牛首、祖堂诸山，一路上所受礼遇甚隆。在牛首山，有樵人报官人来山后，"山僧具袈裟鸣钟而迎，坐方丈，供蔬饭。饭毕，僧导观文殊、辟支二洞"；在祖堂同，"僧亦鸣钟出迎"；在栖霞山，导僧全心陪同。个中缘由，朱察卿分析得最明白不过了，他说：此次六日七人游，"所接僧无虑百众，诸寺僧悉为祠部所辖，以故日相逢迎，谢之不去"② 。牛首山等地以后一直保持着对官人热情接待的传统。万历间，任职南京的范守己及比舍郎六七人，陪大司寇殷公游牛首，也是"群僧迎跽道左"③ 。清初，戏剧家孔尚任游牛首山，因"姜子授以意"，山僧日供蔬笋，夜则设卧具，一凭一眺，必有导者，因而"极感山僧之殷勤"④ 。其他名胜古刹也是如此。如万历间为南京大司成的冯梦祯与马将军游栖霞山，寺僧提供食宿，接待颇殷勤热烈，在纱帽峰、中峰，屡呼酒奏乐，童子歌吹；在天开岩，"复呼酒共饮，放火炮数十枚，声振林谷"。到了晚上，又"置盛筵相款，劝饮甚力，歌吹瓦作"。对此，冯氏感叹曰："如此受用，得无损清福乎？"⑤

---

① 袁枚：《小仓山房文集》卷二九《游仙都峰记》。
② 朱察卿：《游金陵诸山记》。
③ 范守己：《游牛首山记》。
④ 孔尚任：《湖海集》卷一〇《绿天草堂诗序》。
⑤ 冯梦祯：《游牛首山记》。

　　曾官至南京礼部尚书的姜宝于嘉万间数游宜兴，均受到亲戚故旧、师长的礼遇，但有一次接待殊不适意。万历元年（1573），姜宝由丹阳送子到宜兴应童子试，顺游玉女潭。此时的他已去官三年，遂"戒从者勿道姓名爵里，第云送儿来考学究"，因此备受山僧冷落。山僧"无留意"，守舍者"闭诸户扃钥勿为开"，最后"强相告，欲露坐殿廊过夜，而始蒙许宿"。[①]由此看来，"僧舍何劳费酒钱"[②] 之说，并不是任何人在任何时候都能体会到的。

2. 景点开放一瞥

　　景点景观是旅游目的物，在还未形成景观产业的明清时期，各类景点对游人的态度不完全一样，自然山水听人游玩，寺庙等公共场所也公开向游人开放。我们看一下明顾起元《客座赘语》卷一所载"金陵二十景"，便知当时景点的开放情况。顾氏所列"金陵二十景"中，城内有六，即清凉寺、鸡鸣寺、永庆寺之谢公墩、冶城、金陵寺之马鞍山、卢龙观之狮子山，城外近郊十四，为大报恩寺之浮屠、天界寺、高座寺之雨花台、方正学祠之木末亭、牛首之天阙、献花岩、祖堂、栖霞寺之摄山、弘济寺、燕子矶、嘉善寺之一线天、崇化寺之梅华水、幕府寺之幕府山、太子凹之夹罗峰。这些入选景点"宜晴宜雨，可雪可风，舒旷览以无垠，恣幽探而罔极"，而且有个重要的前提，就是可以"蜡屐而登，巾车而往"。由此可见，入选为"二十景"的多是供游人游观的山水寺观，私家园林、帝王陵寝等一些国家禁地因不迎游客，故即便像玄武湖、紫金山这样著名传统景观也只能在落选之列。

　　据文献所载，一般私家园林不公开对外开放，这一点，明人田汝成在《玉阳洞天雨游记》中说得非常清楚，他说：

　　　世有高赀之家、豪宦之子，治甲第，辟名园，辇石为峏，疏流为池，覆土为台，缭以周垣，扃鐍邃密，恣娱独乐，虽邻里莫得窥焉！

---

① 姜宝：《阳羡诸山游记》。
② 方文：《嵞山续集》卷四《润州访张季昭陈尊已李木仙诸子》。

如太仓有吴云滁家园，"楼高于山，墙高于楼，不令内外有所骋目，而又严其鐍，无敢阗而入者"①。谈修说惠山众多园林，"惟黄氏（园）不拒游客"②，其他皆拒游客于千里之外。扬州休园结构萧爽，极园林之胜，"时以地经内宅，游人多不得至"③。扬州韩园，游人也不得随意出入。清初生员殷誉庆就曾经历过被拒绝游览的冷遇，殷氏有诗《友人招同红桥泛舟》记道：

> 韩家亭林有峻阁，高出木末俨危巢。我欲登之把凉风，园丁峻拒龙咆哮。同伴拉我夺门去，大笑遽将此地抛。

看得出，韩家园子是不欢迎不速之客的。

对于园林拒客事件，笔者以为不能一味地加以指责，相当一部分园主拒客是游客不文明游园行为所造成的。一些游闲公子入园后不听园丁劝阻，摘花攀树，甚至将花卉连株拔去，如此糟蹋景观，自然会遭到景观业主的反对，问题在于少数人的不文明行为进而败坏了全体游客的形象。对此，明人谈修发表了较公允的看法，以为只要不文明游园行为的存在，"又何怪乎诸园司管者之拒客耶！"④

有一些私家园林，处于半开放状态，这部分园林一般只接待宦绅同好、文英墨客、烟霞之侣，所谓"非同调弗得入"⑤。像太仓吴氏园，其"榱栋之华焕，供张之都美，酒食之腆洁，非士大夫与所亲狎莫能与也"⑥。扬州可园，园主人就曾很有礼貌、"潇洒"地延请文学家程梦星进入家园，赏景填词，程梦星有《可园探梅》诗记其事：

> 春来游屐无虚日，到处有花成莫逆。主人潇洒启园菲，收拾香光入词笔。

---

① 王世贞：《弇州续稿》卷六〇《太仓诸园小记》。
② 谈修：《惠山古今考》卷一。
③ 方象瑛：《重修休园记》，见《扬州足征录》卷二五。
④ 谈修：《惠山古今考》卷一。
⑤ 龚立本：《松窗快笔·跰弛第四》。
⑥ 王世贞：《弇州续稿》卷六〇《太仓诸园小记》。

莫愁湖为明太祖赐予中山王徐达的汤沐邑，徐氏世代享受湖租。平时，仅有数叶小艇往来巡探，"游人罕至"①，"或有欲泛湖者，必先致主人。负秦淮画舫入湖，留连风景不能久也"②。可见莫愁湖由明及清，游人须先征得主人同意后方得游览。嘉庆后，湖水不与秦淮河通，秦淮画舫也就无由出入了。谭元春也能自由出入苏州徐氏西园，所作《游徐氏西园同林子丘茂之》道："新主倥偬锁旧园，小童遮犬为开门"，"好游从此无期约，任意来行祇莫喧"。归庄寻花吴中，大部分园主都能开门迎客，但也有极少数园主的态度较为冷淡。一次，归庄寻花太仓张给事家，"门者"先辞以主人不在家，后又"辞以无钥"，在归庄"固强之"下才得入。③

　　明清时，属于完全公开向社会开放的园林，在苏州最为普遍。早在宋代，苏州的公共景观及私家园林就有开放之习。当时，平江府衙署作为接待高宗驻跸的行宫，宫室楼观壮观，后于承平之时的每年岁首，纵士民游玩，以示同乐。苏州于宋朝时形成的这种"放春"故事，习称为"春月放园"。即每当春天，百花盛开，豪家名族园林许人游园，相沿为习。入明清，例于清明日"开园"，"园丁索看花钱，纵人游览"，"赏者不问亲疏"，凡园中楼台亭榭、珍禽异卉、名贤书画、彝鼎图书玩器，皆允游人观赏，至立夏而止。届时，士女杂沓。园外，"车骑填巷陌，罗绮照城郭"；园内，"肩摩踵接，头不得顾，众拥身移"。"寻芳讨胜之子，极意流连"。④ 类似的开放园林，在本地其他地方较少见，据记载仅有屈指可数的几家。如明吴江一顾家花园，艺菊极盛，求观之宾日盈其门，顾园主不厌其烦，开园纳客，还折花相赠无吝啬，"其取之以货者，拒而不受"⑤。镇江张凤翼乐志园，逢园中牡丹花开、烂若云锦时，游人藉茵携酒，"不禁也"⑥。又，宜兴玉阳山庄，为史际（字慕甫）别业，史慕甫"因自然之胜而崇饰之，搜奇剔玮，标勒徽名，亭榭楼台，位置得所，使海内之人，闻其胜者，咸得涉足而寄目焉"⑦。可见，玉阳山庄也属开放式的园林。康熙年间，时在江宁织造任上的隋某，

---

① 吴应箕：《留都见闻录》上卷。
② 马士图：《莫愁湖志序》。
③ 《归庄集》卷六《看牡丹记》。
④ 袁景澜：《吴郡岁华纪丽》卷三。
⑤ 史鉴：《西村集》卷七《菊花记》。
⑥ 张凤翼：《乐志园记》，见光绪《丹徒县志》卷五五。
⑦ 田汝成：《田叔禾集》卷四《玉阳洞天雨游记》。

于小仓山上构亭筑室，莳花种竹，曲缭垣牖，号曰"隋园"。"都人游者翕然盛一时"①，看来这个隋园当时曾对外免费开放过。园林的开放，造成整日游屐盈门，肩摩袂接，丝竹之声，穷旭继夕，甚至"扉不得阖"，严重影响了园主人的正常生活，有些"主人不胜其饷，往往避而他适"。因而邵长蘅发出"园居者之乐不偿苦也"之哀叹。②

　　一些时为国家禁地者当不接待游客观赏。玄武湖，在明代又叫后湖、昆明湖，四山蘸翠，藕花满湖，香气袭人，其旧、新、龙引、莲花诸洲相望，又有郭仙墩（俗传为郭璞墓）、天语亭诸景，"皆胜地"。③ 然中洲为册库，以贮藏天下版籍而列为禁地，"非督册台省度支郎不得入其地"④。只有公遣才得入，"则凡好游者，虽慕幽遐瑰玮之观，无所可及"⑤。据载，湖中船只钥匙由内府司礼监、南京户部分掌，管理极严。弘治元年（1488）十一月二十日，钦差两广公干太监郭镛率随从二十余人擅驾船只，过后湖中洲册库处观望，遭到南京山西道监察御史孙纮等人的弹劾。朱元璋陵寝孝陵也为禁地，御碑亭前朱门纂戟，"以时启闭"，不能游，"陵中禁采樵，草深木茂，望之丛蒙，深远不可测，惟遥望殿宇森严"。孝陵左边皇太子朱标墓，"亦朱门深锁，不能至也"。⑥ 入清之初，清廷仍派守陵官管理孝陵陵园。⑦ 但改朝换代后，孝陵毕竟失去了昔日的森严，陵园政治色彩的淡化，管理的严格性也难以为继。"樵苏那得禁，闲人任游戏。方春风日和，屐舄杂车骑。儿辈皆懵懵，父老或歔欷"。方文的《戊申正月初四日慕谒孝陵感怀六百字》这首感怀诗，真实地记载了清初明孝陵似开不开的实况。据考，明清两代孝陵有过一次面向社会的公开开放，但属于非正常开放。康熙四十七年（1708），孝陵冢上陷塌一窟，一时民间讹传为看守不严致陵墓被盗。为辟谣说，政府"随令守陵人役，将宝城开放三日，许百姓纵观，咸知讹

　　① 袁枚：《小仓山房诗文集》卷一二《随园记》。后袁枚购下已变为茶肆的隋园故址，增营台榭，名为随园。
　　② 邵长蘅：《青门簏稿》卷九《亦园记》。
　　③ 姜宝：《金陵游记二》。
　　④ 王士性：《广志绎》卷二。
　　⑤ 计宗道：《过后湖记》。
　　⑥ 张瀚：《东游记》。
　　⑦ 清初设守陵监二员、陵户四十名，拨给司香地。乾隆十六年裁守陵、司香太监，留陵户。陵户职责主要是看护陵园，四时祭奠，修护颓败，扫除荆埂。

谬……遂无异说"①。又钟山因孝陵所在，同样封山为禁地，明人只能延颈送目遥望，山中古迹名胜"不敢搜讨矣"②。南京大行宫，康熙南巡时驻跸于此，乾隆十六年（1751）改建为行宫，有绿静榭、听瀑轩、判春室、镜中亭、塔影楼诸胜，但"禁人游览"③，也是属于不对外开放的景点。

3. "导人"与"导僧"

"不用乡导者，不能得地利"④。导游是旅游接待中的重要一员，在游览过程中，"探奇讨胜，非有地方为向导不可"⑤。徐霞客也说："游不必骑，亦不必同，惟指示之功，胜于追逐。"⑥ 袁宏道游嵩山，按图索寻玉女窗、捣衣石、八仙坛诸景，"然石上无片字，从游者百许人，无一人解者，可恨也"⑦。而雍正九年（1731）夏，齐周华由北京归里道经泰安，游览"心切向往久矣"泰山时，因此时双眸患眊疾，倩人扶行而上。一路上"扶行者"带路、挽扶，讲解不停："此岳庙也"，"此一天门也"，"此高老桥也"，"此名水帘"，"此快活三门也"，"扶行者复遥指曰，此为徂徕也，此为梁父也，此为灵岩，此为曲阜，此为龟蒙、凫峰也，此为洙、泗，此为黄河，此为东海，此为吴门练也"。"扶行者"成了名副其实的导游，⑧ 齐氏因此有了一次实实在在的"人游"泰山经历。可见导游在旅游接待及游览过程中的重要性。

明清尚无专职导游，导游工作通常由舟子、轿夫、僧人、农夫兼任，时人称他们为"导人"、"导僧"。就是这些导人、导僧，在旅游活动中扮演着重要的角色。如李维桢游莫愁湖，即因"舟子"熟悉其处而前导。明"后七子"首领王世贞游善卷洞，由圆通寺招待茶笋，寺僧并导游祝英台读书处与善卷洞。在玉女潭，又有"老氏宫"僧为王世贞引路讲解，"僧间为言

---

① 《江宁织造曹寅再奏洪武陵冢蹋陷折》，见《关于江宁织造曹家档案史料》。
② 吴应箕：《留都见闻录》上卷《山水》。
③ 陈稻孙：《钟南淮北区城志》。
④ 《孙子》下卷《九地篇》。
⑤ 王弘诲：《吴游上》。
⑥ 《徐霞客游记》卷九下《滇游日记》。
⑦ 《袁宏道集笺校》卷五一《华嵩游草之二·嵩游第四》。
⑧ 齐周华：《名山藏副本》上卷《东岳泰山游记》。

所以得玉女潭状……盖游客所不时识者，僧复言某某地亦可游"①。钱兆鹏
因事由南通赴苏州，途经常熟时，"商之舟人"欲为虞山游，恰巧舟子为常
熟人，"且愿为乡导"。在虞山拂水岩，舟人主动讲解道："雨后东南风发，
其水上拂丈余，殿宇俱湿，若晴日犹未见其妙也！"② 沈德潜游扬州平山堂，
也是"僧雏供导引，到处许盘桓"③。

　　导人、导僧的称职与否，对旅游的质量、游兴的增减至关重要。称职者
知风土人情，能道古迹来历，主动介绍景点不同季节的景象，告知附近的风
景，诱发游客游兴。上文齐周华游泰山，导人"扶行者"的耐心讲解，使
其连呼九个"美哉"。齐周华游桂林七星岩，居住该洞的僧人"买炬前导"，
导僧对洞内景点一一详尽说解，如见有数人持香于酷肖鲤鱼的巨石下："僧
指曰：'此辈悉渔翁也，每岁必以是日，合祀石鱼以祈福。'"该洞上下左
右，云彩交丽，导僧举火一一指之，曰观音，曰韦驮，曰善财童子，曰执杵
金刚，"僧口不暇言，予目不暇赏，步不暇移，理不暇格"。在这个地下世
界里，齐氏对这名合格导游甚为满意：

　　　　其间有几有榻，有沟有潭，有坳有岭，路岐而曲；有大而或室，小
　　而或通者，使无向导，非但不能进，且不能退矣。僧告必时时前后呼
　　唤，以免迷矣！④

袁宏道游庐山，由一少年导僧作讲解，"一石一勺，皆能言其目，详其委"，
袁宏道因而称之为旅途中"一快"⑤。与此相似，朱察卿等人游栖霞，导僧
颇"不败人游兴"，耐心周到的讲解，使他们"不能去是山，又不能去是僧
也"！⑥

　　一旦遇上不知典故，或畏于艰阻之径路，甚至漫不经心、偷工减料的
导人导僧，游者就深以为憾，游兴大减了。齐周华游雁荡山，"舆人懒于

---

①　王世贞：《玉女潭诸游记》。
②　钱兆鹏：《游虞山记》。
③　沈德潜：《舟行至蜀冈，上平山堂，记一路所见》，见李坦：《扬州历代诗词》。
④　齐周华：《名山藏副本》下卷《游波云栖霞二洞记》。
⑤　《袁宏道集笺校》卷四〇《潇碧堂集之十六·庐山募绿小引》。
⑥　朱察卿：《游金陵诸山记》。

枉道，每谬指游者以谓景尽于是，致天柱、龙鼻、展旗诸胜，不得寓目"，对于这样的"导人"，齐氏"深为扼腕"。① 明"华亭藏书四大家"之一的宋懋澄游茅山，也遇到过类似的导僧。他在《游华阳洞天记》中记其行迹道：

> （下茅山时）引导羽流，别穿一径，意欲侮余，而吾辈肘轻如羽，往往先道士从空而下。……余不识路，辄叩道士，道士呶呶前驱，如嫁女之媒，嗟乎！

四　"舍水而陆，舍陆而水"：旅游交通

交通是实现人们外出旅游必不可少的基础条件之一，包括陆上道路、水上航路及水陆交通工具，它们构成了一个完整的旅游交通系统。明清时期，百十条区域内、区域间的水陆道路构成了本地区旅游交通的基本骨架，人们"舍水而陆，舍陆而水"②，能便捷、轻松地往来任何一个城镇景区。

1. 水陆道路网络

明清本地区各城镇之间、乡村之间皆有陆路、水路相通，尤其是那些官道、商道，承担了人们出游交通的功能，因而具有旅游交通的性质。有关道路交通情况，明初官方编纂的《寰宇通衢》、隆庆四年（1570）徽商黄汴所撰的《一统路程图记》、天启六年（1626）徽商程春宇所撰的《士商类要》等作了较为详细的记载。

据《一统路程图记》、《士商类要》所载，本地水陆道路系统包括两大部分，一是通向外省的区际水陆道路，另一是限于本地区的水陆道路。长江三角洲作为明清时中国的经济文化中心，南北交通的枢纽地区之一，有多条水陆道路联结省外，包括邻省的浙江、安徽，中远程的江西、湖北、山东、河北、陕西、山西等地，为异地旅游者到访提供了通畅的交通条件。主

---

① 齐周华：《名山藏副本》上卷《雁荡日记》。
② 宋懋澄：《九籥集》卷二《积雪馆手录序》。

要有：

　　南京（由漕河）→扬州→北京水陆路

　　南京→扬州→济南水陆路

　　南京→芜湖→徽州陆路

　　南京→南陵→青阳→安庆陆路

　　扬州→天长→西安陆路

　　扬州→镇江→常州→无锡→苏州→吴江→杭州水路

　　扬州→仪真→休宁水陆路

　　扬州→天长→泗州→平阳陆路

　　仪真→句容→溧水→徽州府水陆路

　　仪真→安庆→吉安水路

　　镇江（由扬子江）→荆州水路

　　苏州→嘉兴→上海县水陆路

　　苏州→湖州→徽州水陆路

　　苏州（或无锡）→宜兴→溧阳→高淳→芜湖水路

　　上海县→嘉兴→杭州水路

　　长江三角洲按地形分为宁镇丘陵、宜溧山地、太湖平原、里下河平原四大部分，无论山地丘陵，还是水乡平原，区域交通都相当发达。其中，山地丘陵多为旱路，如丹阳→句容→南京，仪真→龙潭→南京；水乡平原市镇经济繁荣，水路交通极为发达。据上述二书所载，主要有：

　　瓜洲→丹徒港→常州府

　　瓜洲→扬州→泰州→通州

　　苏州→周庄→松江

　　苏州→陶桥→松江

　　苏州→太仓→南翔镇

　　苏州→常熟县→通州

　　松江→南翔→上海

　　松江府→官塘→苏州府

　　松江府→太仓→苏州府

　　松江府→金山卫

　　太仓→常熟→常州

白鹤山→烧香山→松江府

陶桥→刘家河

各条水路作为商旅之路，将各城市、集镇及景区紧紧相连，日夜有船方便人们行商旅游，即"苏州以北，有日船而夜不行；苏州以南，昼夜船行不息"。如据《一统路程图记》卷七《江南水路》"扬州府跳船至杭州府水路"条载：

> 扬州关上。钱三文，搭小船至瓜洲。进北门，出南门。钱二文，渡大江。镇江。马一分五厘一挑，至镇江府西门。三里南门。日船至丹阳县。日船至常州府东门。日船至无锡县南门。日船至浒墅关。搭小船，至虎丘山塘。廿里苏州盘门。搭小船，至吴江县。走去松陵驿。日夜有船至嘉兴府。日夜有船至长安。日夜有船至杭州府。①

水路路线的固定、码头的设定、船只的配置及明码标价，这是有稳定较大市场需求所带来水上交通高度商业化的产物，由此也表明当时长江三角洲商旅之发达。

2. 旅游交通方式与交通工具

不同地形环境选择不同的交通工具。《史记·夏本纪》道："陆行乘车，水行乘船，泥行乘橇，山行乘檋。"陆路旅行，或舆或马或步行，水路则泛舟而行。本地区兼有丘陵水乡，人们外出旅游常常是水陆兼行，车船并用。如吴宽的光福山四日游，就是"舟行六十里，舆行四十里"②。无锡王叔承礼茅君，也是水陆兼用，先乘船至丹阳云阳，再由云阳改用笋舆抵百里之外的茅山。余怀由南京出游吴中，是先策蹇经句容达丹阳，然后在丹阳换舟东下的。甚至小到一个风景区，也可选择多种交通方式。如苏州城外石湖风景区，水陆交通四通八达，舟舆相接。《石湖志》卷五说："石湖有山有水，可舫可舆"，由自行春桥至薇村、陈湾诸处人家，皆有两人竹轿，"陆行者多情而乘之"；"水行有舟，大则楼舡而两橹四

---

① 见杨正泰：《明代驿站考》（增订本）。
② 吴宽：《光福山游记》。

跳，小则短棹而风帆浪楫"，因而，石湖可"舫于水"，也可"舆于山"，无适而不舟，无适而不舆。

（1）陆上交通方式与交通工具

陆路交通有步行、舆轿、车马之分。大致上说，交通工具是从马车，到牛车，到驴车，到羊车，再到舆轿依次出现的。[1] 但是，也不排斥期间有过短暂的不用任何代步工具的复古现象，明初就是如此。当时，不论官员细民，大都步行，至弘治正德年间始有骑马乘轿者。谢肇淛在《五杂俎》卷一四中说："国初进士皆步行，后稍骑驴，至弘正间，有二三人共雇一马者，其后遂皆乘马。"如永乐时解缙游阳山，正德间都穆游牛首山，都是骑马而行的。

一般说来，正德以后人们出行多用肩舆而较少骑马。当时，"人人皆小舆，无一骑马者矣"[2]。如嘉靖四十五年九月，朱察卿、潘仲履、顾仲明、张兆文主宾一行七人游南京牛首山、祖堂山、栖霞山、燕子矶诸名胜，均乘肩舆而往。邹迪光第一次率团赴邓尉观梅，便在枫桥上岸换乘肩舆而游，他在《吴门诸山记》中说："凡为肩舆者十一，七以舁吾辈，四以舁童子，诸善歌，不欲以筋力败咽喉，故舆。"谢政后的姜宝游宜兴张公洞、玉女潭，原想买小肩舆前往，但"为一强暴人所攘取，不得已从民家觅驴跨鞍而抵游所"[3]。由此可见，在肩舆与驴马之间，人们更青睐肩舆。所以，直至清前期，官宦士大夫骑马旅游较少见，步行也不多，游人多以舆轿为代步工具。如钱大昕、孙星衍由南京往游茅山，即在句容雇肩舆而抵山的。

至于山地旅游，则更以肩舆马驴为主要游山工具。在苏州，登西洞庭山缥缈峰，就有"向来登缥缈者必以舆"[4] 之说。归庄有诗《入邓尉山》也说："我行入西山，山溪涸无水。舍船就篮舆，旋转三十里。"据《百城烟水》卷一载，每年春天，虎丘、天平、观音、上方诸山游人最盛。游人多赁坐竹舆，"竹舆轻窄，上下如飞"。有一种"观音山轿"，由两人肩以行，虽舆无帷盖，不蔽风日，但沿途可游瞩林峦，为游人所喜好。扬州北郊平山

---

[1]　参见瞿宣颖：《中国社会史料丛钞》甲集《交通》。

[2]　顾起元：《客座赘语》卷七。

[3]　姜宝：《阳羡诸山游记》。

[4]　潘耒：《游西洞庭记》。

堂，高不过几十丈，也有山轿、女舆备游人选用。李斗《扬州画舫录》卷十六曰：山轿"遇官舟抵岸则出，富贵家则自备女舆，行走若飞，谓之飞轿"。而普通游人多以马驴、步行为主，包括一般人家的妇女，也"上山多步行"。

（2）水上交通方式与交通工具

"江浙皆水乡，泛舟以游，宜也"。① 长江三角洲地区水网密布，舟船为主要的旅行交通工具。尤其吴中地区，以水为国，舟为步，川泽为陆，景点大多由水路可达，船游甚为方便。加上船游无投宿之烦，跋涉之劳，安逸舒适，因而明清时本地船游非常盛行。

苏州虎丘，唐以前游人前往游览，皆由阡陌以登，白居易守苏州时始凿渠以通南北，即今之山塘河。山塘河为城内游人赴虎丘的唯一一条水道，明清时，苏州凡"宴客者，多买棹虎丘，画舫笙歌，四时不绝"②。松江在明中后期，也"游船渐增"，春秋间皆泛集龙潭，大有与虎丘河争盛之势。③ 在南京，"游秦淮者，必资画舫"④。扬州平山堂，为文人墨客宴游胜地，由城内至平山堂，游客多租画舫经小秦淮、保障湖而达。乾嘉时，保障湖因集结众多商人园林而成为扬州新的游览地。逢良辰佳节，"群棹齐起，争先逐进，河道壅闭，移晷不能刺一篙"。当时，保障湖上共有十二座码头，"小舠大舸皆属画舫"，园有"家艇"，寺有"僧舟"，峙有"度楫"。⑤ 船游在无锡也很盛行，《锡山景物略》卷一载有屠陵诗曰："花厌亭台照水明，客来真拟镜中行，家家游舫依山转，面面通波抱郭平。"由上可知，或由水路出游，或于水上观景，游船都是最佳的旅游交通工具。

太湖西洞庭山、金焦二山等居水中央的游览区，更是非船莫至。西洞庭山居太湖中，由胥口至山麓，游者须坐船方能抵山。袁枚有《登飘渺峰》道："赖有舟楫功，人世得相通"，"不然便是神山可望不可接，千秋万世谁到蓬莱宫"。金山原本也与焦山一样孤立江中，清道光中，长江主

① 章永祚：《南湖集钞》卷四。
② 西溪山人：《吴门画舫录》上卷。
③ 范濂：《云间据目抄》卷二《记风俗》。
④ 捧花生：《秦淮画舫录·自序》。
⑤ 李斗：《扬州画舫录》卷九。

航道北移，泥沙淤积，渐与长江南岸陆地相连，故道光以前游人上金山，率于镇江或瓜洲搭民船、渡船①、僧船或"红船"② 上山。行船太湖、长江之中，一旦遇上风急浪大，就有翻船落水之虞。因而游洞庭山这样的水上景点多抱风涛之虑，非夙有山水之癖者不能至，以致吴地两鬓白发犹未能一睹洞庭山美景者，大有人在。据载，乔宇曾经历了一次迎风涛游金山的险游，他在《金焦游记》中记道："风清忽作，舟为播荡，颇有惧色。然望奇山楼阁，缥缈若蓬莱在海上，有非世间境界，虽风涛之险，亦不欲已之也。"

　　明清旅游者出游，有搭便船与乘游览船之分。当时，普通运输船只、渔船往往兼用作游览交通工具。西洞庭山有不少船户，于装载货物同时，常搭乘便人游者。万历三十四年（1606）秋，李流芳偕友人游银山，欲顺游一水之隔的金山，驻足一会儿，适有渔舟路过，遂呼请带至金山。③ 清代南京，每逢端午，四五伧父将平时装运粪草的船，"略为刷洗，以载竞渡者……一船多至五六十人，老幼男女，嘈杂齐喧，自西关至东关，往复一二次。随卸去，又招第二起，谓之搭满船"。④

　　吴中一些集镇有专业船户，专门驾船迎送过往旅客游人，可以说是专职的旅游交通。如浒墅镇，有许多镇民充当船户，迎来送往，托生运河。如凌寿祺《关快诗》云："浒墅关前万客过，买舟命驾六时多。……驾来双橹疾如飞，走送包封哉赏归。……今年闻说关前好，准备人家到虎邱。"⑤

　　专用于游览的画舫，或租用，或自备。远距离旅游者，所用画舫多为自备，画舫主人通常是家境富裕而又专心游事者。如袁中道东游，所乘即为自

----

① 据姜宸英《西津义渡赡产碑记》，清时官府于金山专设渡船五六尺，以渡"往来行旅"。

② "红船"为救生船，传救生船名曰"红船"始于明初。据卢见曾在《金山志》卷九中所作的案语，清乾隆间，瓜洲、金山、焦山处皆"官设红船"。而梁章巨《浪迹丛谈》卷一中称"红船"为其"相师"阮元所创，此说有误，因《金山志》成于乾隆二十七年，阮元生于乾隆二十九年，则至迟早在阮氏出生前二年，长江中就已有救生红船了。

③ 王维德：《林屋民风》卷七《民风》。

④ 捧花生：《画舫余谭》。

⑤ 见夏维中：《明清时代浒墅镇的研究》，转自洪焕椿主编：《长江三角洲地区社会经济史研究》，南京大学出版社1989年版。

制家舫。此舫"前后安六桨，中列轩窗，可容十人，载米百石、书千卷"①。在风景名胜地，常年有营业性画舫供游客临时租用。如王士性于万历十五年（1587）四月二十日游虎丘，便是从阊门"买舟"而达的。② 凡用画舫招待"特客"者，还需作预订，以便作好相关准备，确保服务质量。嘉庆时人捧花生在《画舫余谭》中，详细记载了秦淮河画舫预订一事：

> 凡有特客，或他省之来吾郡者，必招游画舫以将敬。先数日，即擘小红笺贮以小红封套，笺上书某日买舟候叙某人预订，命仆辈送至客所，客如不到，随即以小红笺，上书辞谢，下书某人拜手字样……去之封套，内并原请之笺还之，是曰不扰。……否则，主人预计客之多寡，或藤绷，或走舱，赁泊水次。临时速客共登，大半午后方集，早则彼美朝酣，梳掠未竟，无可省览。另以小舟载仆辈于后，以备装烟、问话、盘餐……

① 陈继儒：《古今韵史》卷二《韵人》。
② 王士性：《游虎丘以望后五日》。

第三章　旅游消费

　　与官府等非商业性旅游接待所不同的是，一些旅店、酒肆、茶庄等经济性组织，从事着食、住、购、娱等商业性旅游经营活动，从而使明清时期的旅游又具有了经济活动的内容，这就是所谓的旅游消费，即旅游者为满足旅途游览生活，出资购买有形实物与无形劳务的消费。旅游消费数额不小。如每年的吴门竞渡，吸引众多城内外四邻八乡的游客，各种消费相当庞大，《吴门画舫续录》卷下就其中几项作了粗略估算："尝约计，游人买舟贳酒之费，一日不下数十万，而缠头不与焉，龙舟诸游手先期敛财醵饮亦所费不赀。"又如扬州画舫于"市会"中之插花，单"一瓶动值千金"。① 惜文献中有关旅游消费情况的记载甚少，笔者仅能依据一些零星资料，增补阙略，疏理大概。

一　食宿消费

　　食宿设施作为人们出行的必备生活场所，自古有之。早在商王朝，就建有专为王室贵族旅行服务的旅舍，甲骨文写成"羁"。这种羁舍，被依次布列在交通十道上，《周礼·地官·遗人》曰："凡国野之道，十里有庐，庐有饮食；三十里有宿，宿有路室，路室有委；五十里有市，市有候馆，候馆有积。"随着旅行活动的发展，食宿机构服务对象也由最早单一的王室贵族向一般商人市民扩展，食宿机构的空间分布呈现出多样性的特点，不仅交通干道、市镇要口，一些山水胜地、古刹名寺，也皆有大小不等的食宿设施以

---

　　① 李斗：《扬州画舫录》卷一一。

及邮舍存在，为旅行者提供便捷的食宿服务。①

明清旅馆业的发达水平，从张岱游记《岱志》所载的泰安旅馆可知一二。这是一家主要接待泰山香客、集住宿与餐饮于一体的大型综合性旅店。该旅店有"房十处，荤素酒筵百十席"，规模庞大，生意兴隆，登记在册的"客单数千"，且"税房有例"，是一家住宿明码标价的正规旅馆。在《泰安州客店》中，张岱对泰安城中的这家客店规模与经营记载颇详：

> 未至店里许，见驴马槽房二三十间；再近，有戏子寓二十余处；再近，则密户曲房，皆妓女妖冶其中。……投店者，先至一厅事，上簿挂号，人纳店例银三钱八分，又人纳税山银一钱八分。店房三等。下客夜素，早亦素，午在山上用素酒、果核劳之，谓之"接顶"。夜至店，设席贺，谓烧香后求官得官，求子得子，求利得利，故曰贺也。贺亦三等：上者专席，糖饼、五果、十肴、果核、演戏；次者二人一席，亦糖饼，亦肴核，亦演戏；下者三四人一席，亦糖饼、肴核，不演戏，用弹唱。计其店中，演戏者二十余处，弹唱者不胜计。庖厨炊灶亦二十余所，奔走服役者一二百人。……若上山落山，客日日至，而新旧客房不相袭，荤素庖厨不相混，迎送厮役不相兼，是则不可测识之矣。

如此规模的客店，张岱以为天下无与比："客店至泰安州，不复敢以客店目之。"而当时的泰安城中，"与此店比者五六所"。②

饮食消费是古代旅游活动中最大消费之一，因为无论是郊游还是异地游，都要吃饭喝茶，或者点心充饥。在风景地，酒肆茶馆林立，游客在这里可以买到各种饭菜酒水及点心。据《扬州画舫录》卷一一载，扬州虹桥一带集结了许多酒肆、茶肆、饭庄，还有一些小本买卖者，也设摊于此，如有王廷芳者，在保障湖上设茶水桌，兼供糕饼，"游人至此半饥，茶香饼热，颇易得钱"。当清明、端午、重阳等节令期间，这些地方更是游人杂沓，生意红火。吴中游赏胜地——虎丘山塘，凡花市，"斗茶赌酒，肴馔倍于常

① 参见宋镇豪：《夏商社会生活史》，中国社会科学出版社1994年版。
② 张岱：《陶庵梦忆》卷四。

价，而人愿之者，乐其便也"①。庙会的饮食消费更是不小。上方山五月十八日神诞日，四方观者舟车阗隘，亲朋高会，"酒食宴乐之费"，"以千计"②，等等。

在旅游消费中，住宿消费占的比额并不大，这与今天不一样。因明清时能离家异地游者，要么是世家大族、仕宦官人，要么是文化士子。如上所述，他们至一地，一般会受到故旧亲朋的接待，或寄宿于寺观之中，且往往束装裹粮，自带寝具。如邹迪光一行十多人由无锡游吴门，就随带"衾被三担"。③ 朱绶一行三人于嘉庆十八年（1813）八月游南京栖霞山，借寺院作寓居，也是用自带的卧具。投旅店而宿者，并不普遍。即使住旅店者，也少不了自带寝具。袁枚由雁荡山归游缙云之仙都，初住旅店，地方大户虞氏得知白天入园小憩茗饮者为袁枚后，赶忙追至旅店，"少者卷帐，长者捧席，家僮肩行李"，恭迎袁枚入住家中。可见袁枚远游浙南，也是自带席帐的。但就住店而言，住宿费用也不算小，我们可以看一下宋濂所记载的南京旅店情况：

> 金陵之俗，以逆旅为利，旅至受一室，仅可榻，俛以出入。晓钟动，起治他事，遇夜始归息，盥濯水皆自具。然月责钱数千，否必诟谇致讼。④

可见，在金钱的诱惑下，旅店一味讲究利润，租金昂贵，且不讲服务质量。如此简陋的旅店，在明清时期极为普遍。清人赵执信的《扬州旅舍苦雨》中就向我们介绍了类似的城市旅馆：

> 北人惮船居，先喜落城市。谁知屋三间，仍与船相似。东偏启门径，西头着妻子。就中客一席，狼藉堆衣履。僮仆隐墙隅，坐卧杂筵倚。是时天阴寒，十日雨不止。

---

① 乾隆《元和县志》卷一〇《风俗》。
② 李流芳：《檀园集》卷八《重建五方贤圣殿疏》。
③ 邹迪光：《游吴门诸山记》。
④ 宋濂：《宋学士文集·李疑传》。

有必要说明的是，一般寺观都能向游客提供免费食宿，这在记文诗词中颇多记载。如在陕西太白山远门地区，有十大宫殿，如晋圣宫、天主宫、新圣宫等，皆设"汤房"，"以麦饭饷游人"。① 但笔者以为，不乏向客人索要饭资宿费者。道光二年（1822）七月，苏州人曹埅游无锡近郊横山，"黄冠数辈，狰狞恼人，时来嘈嘈，讯问居止"②。从常理来推黄冠辈的举止，似乎横山道士招徕游客住宿不会没有利益动机。至于向长期寄食于寺观的游客收取相关费用，似又应另当别论。齐周华于乾隆六年（1741）秋游南京，在牛首山弘觉寺，见有"混堂"，"可以日日澡身而浴德"，意欲"分禅榻终老于此"，做一个寄食居士，询问价钱，僧道："旧规七两三钱，随众饮食，自备衣单而已。"③

二　车船马舆租赁：交通消费

无论郊游，还是远游，都需选择合适的交通工具。明清时人们出游，或用自备的交通工具，或出资租赁车马、船只，即"或鼓之以苍头，或买之于三老"④。其中，所租车船，可能是一般民户的用之于生产生活的车船，也可能来之于专职的出租商户。车船出租商户至迟宋代就已出现，当时民间已有了"赁轿之肆"⑤。明清旅游所需车船，租之于商家，抑或民户，已是极为普遍的现象。

在扬州镇淮门内，设有租马局，专门出租马、驴于行人游客，其中尤多驼马，供保障湖"湖上人租之"做代步工具。⑥ 曹埅为游横山，花一百钱租二匹马车，"百钱租驯"，"并辔出郭"。⑦ 除此之外，陆上一切代步工具，像山轿、肩舆等，凡租赁，都得出资，或以物品作抵押。杨一清于嘉靖元年（1522）游宜兴洞天世界，在离张公洞六七里处舍舟登岸，拟换肩舆前往，

---

① 齐周华：《名山藏副本》上卷《太白山纪游》。
② 曹埅：《游横山记》。
③ 齐周华：《金陵述游》。
④ 宋懋澄：《九龠集》卷二《积肥雪馆手录序》。
⑤ 参见瞿宣颖：《中国社会史料丛钞》甲集《交通》。
⑥ 李斗：《扬州画舫录》卷六。
⑦ 曹埅：《游横山记》。

可肩舆未能觅得，见林间一大户庄园中有一乘竹舆，不得已，"质得之，令舟人舁以行"①。清乾隆时主持杭州崇文、紫阳两书院工作的阳湖人吕星垣独游龙井。行程开始不久，吕氏即"厚赉健足"。轿夫十分高兴，"喜曰：'凡子不克登者，掖子登'……"②

　　本地多水景，游路又多水道，舟船为主要旅游交通工具，故租用舟船要远远超过车马。前述余怀因家居不乐，由南京出游三吴，便是在丹阳买舟船游江南的。其游从四月初一至六月十九日，长达两个多月，船费当不会是小数。苏州有船行若干家，据《桐桥倚棹录》卷一二载，苏州人游虎丘，"豪民富室率赁灯船，罗袂藻水，脂香涨川，女从如云"。又有老妪或乡民，"操疲舟，驾朽橹，泊山浜、野芳浜，于灯船杂沓之际，渡人至上下塘买物或游玩乐便，每人只乞一二文，谓之摆渡船"。扬州人游保障湖、平山堂，也大都是由天宁门租船前往的。

　　各种交通工具视旅游淡旺季而变化收费标准。旅游淡季时，价格较便宜，扬州保障湖船娘操持游船，雅善烹调，租用一天，"午饭四篑，并工价，日不过千钱"③。一到旺季，价格骤升。据《扬州画舫录》、《吴郡岁华纪丽》等文献记载，清代扬州、苏州、南京的画舫最具规模，每年随着时令的变化而形成几个游船租用的高峰，扬州、苏州称之为"市会"。扬州画舫的"市会"，一年中，春天有梅花、桃花二"市"，夏天是牡丹、芍药、荷花三"市"，秋天为桂花、芙蓉二"市"，加上正月"财神市"、三月"清明市"、五月"龙船市"、六月"观音香市"、七月"盂兰市"、九月"重阳市"，共达十三个之多。苏州虎丘游船"市会"，分为三"会"、三"市"，即清明、七月半、十月朝为"三节会"，春天有"牡丹市"，夏日是"乘凉市"，秋季为"木犀市"。每逢"市会"等旅游高峰期，游船租用十分红火。在扬州，"每市，游人多，船价数倍"④。苏州虎丘每逢中秋、端午节日，操楫者也"值增累培"⑤。六月二十四日的荷花荡"乘凉市"，游人最盛，袁宏道《荷花荡》说，虽画舫云集，也难以满足游人需求，"渔刀小

①　杨一清：《游宜兴二洞记》。
②　吕星垣：《龙井探胜》，见曹文趣：《西湖游记选》。
③　焦东周生：《扬州梦》卷三。
④　李斗：《扬州画舫录》卷一一。
⑤　顾禄：《桐桥倚棹录·序》。

艇，雇觅一空。远方游客，至有持数万钱，无所得舟，蚁旋岸上者"。到了"木犀市"，苏州虎阜山塘，玉露零香，灯船酒舫，士女骈萃，游船费当不菲。蔡云有《吴歈》诗道："七里山塘七里船，木犀香里沸歌弦。十千那觳一船费，月未上弦直到圆。"甚至上述南京端午节用粪草船改装的临时载客船，也收取"每人数文"①。

此外，用于行路的交通消费，还包括过河摆渡、登山买手杖等方面的花费，这在文献中也有记载。如乾隆四十七年（1782）彭绩在友人相邀下游吴郡西山，就是在支硎山"从野童买杖"② 而继续游程的。

三　"扫花钱"：赏景消费

明清时，本地区没有一处是以营利为目的而建造的景观。当时，寺庙宫观向社会免费开放，一些私家所有的山水、园林，闭门谢客者对外不开放，允人游赏者则大都不向游客索要游资。据所掌握的资料，仅有少部分园林游客出资后才允入园游览。

游客出资游园者，主要发生在苏州。明代仅知葑门内浙江参仪徐廷裸家园收取入园费一例。据载，徐氏园奇石曲池，华堂高楼，极为崇丽，"园工各取钱方听入"③。蒋以化《纪败园》中也记该园，"每早则命数苍头扫枯叶，驱败株，拂苔藓，客入不能容一唾。守者甚苛，非得阿堵不与人"④。类似情况到清代就较普遍了，据顾禄《吴趋风土录》、袁景澜《吴郡岁华纪丽》等文献记载，每年春天，苏州园林"开园"时，"阍人索扫花钱少许，纵人流览"。佣夫担竖，因"无资入游"，只能"群聚植立，以观杂沓"。清康乾时人龚炜说他自少至壮年，每次游家乡昆山之北园，"园丁犹必索钱然后入"⑤。这里要说明的是，无论是明代，还是清代，上述所收入门费，与今天的门票不同。因为，收钱者为园丁阍人，所收"扫花钱"（宋人叫"茶

---

①　捧花生：《画舫余潭》。

②　彭绩：《游西山记》。

③　沈瓒：《近事丛残》卷一，见谢国桢：《明代社会经济史料选编》。

④　蒋以化：《西台漫纪》卷五，见谢国桢：《明代社会经济史料选编》。

⑤　龚炜：《巢林笔谈》卷四。

汤钱")仅相当于今天的"小费"。尽管也有阍人将"扫花钱"与园主平分的,但这不是园主造园的原初动机,也不能成为园主正常稳定的门票经济。所以,明清时期还没出现商业经营的景点景观,也就不存在现代意义上的赏景消费。

另外,李斗的《扬州画舫录》卷十记载扬州冶春诗社设有"门票"一事。曰:

是园有门票,长三寸,宽二寸,以五色花笺印之,上刻"年月日园丁扫径开门",旁钤"桥西草堂"印章。

冶春诗社在大虹桥西岸,为一田氏家园。有冶春社、秋思山房、冶春楼、槐荫厅、桥西草堂、香影楼、怀仙馆诸景。其冶春社在康熙时为一茶肆,孔尚任曾为之题额。由李斗所记,可知该园门票所用的五色花笺纸,用纸考究,加盖专用印章,很是规范,留白填写年月日,说明非一日临时所用。与今日门票相比,只是没有标明钱款数额。因此,这是一张具有现代意义的游览门票,还是纪念性的门票,抑或更作他用,今不得而知。

当然,园林作为私家空间,虽大部分不向游客索要游资,但较多情况下也是有门槛之设的。能跨入门槛入园者,不是熟人、名人,就是熟人、名人介绍而来的游客。如瓜洲于园,"非显者刺,则门钥不得出"。张岱就是在时任扬州同知叔父的相携下,才得以入于园游赏的。① 一些文人入私家花园看花赏景,通常是以诗代资,以书画代金,获取游赏资格。如归庄寻花之嘉定,侦知陆彦彬家花已大放,又新购佳种,以为不可不看,"乃作一绝句,托人致之"。第二天,陆氏便"来邀过其园看花"。② 归庄在昆山寻寒花,凡晚菊、腊梅、天竹、水仙皆得见之,独山茶不遇,归氏许诺道:"谁能乞我一枝,不惜以翰墨酬之。"又"复托友人访问城内外有此数种花之处,许赏玩之余,以诗字赠之"。③ 太仓许嘉兴家,"素拒客",归庄又与其无交往,后"以看花诗一首",并托人为介绍,"主人遂

① 张岱:《陶庵梦忆》卷五《于园》。
② 归庄:《寻菊记》。
③ 归庄:《看寒花记》。

出肃客"①。诗文书画无价实有价，以诗文书画代资游园，也可算作出资赏景的异类形式。

四　娱乐消费

娱乐消费主要包括游客观看戏曲、杂技及弈棋、嫖赌消费等，尤其嫖赌消费，数额巨大，为旅游消费一大类项。

明清时，苏州山塘街、扬州教场、保障湖及南京秦淮河等游人集结地，常年均有戏曲杂技表演，每场演毕，游人付钱，成为旅游消费的一部分。有意思的是，游客观赏各类表演的热情极高，而付钱出资的主动性却很低，不乏曲尽人走、不出分文者。如清代南京夫子庙，泮宫前至棘院为止，每逢清明日，"百戏具陈"，有解马奇虫、透飞梯、打筋斗、吐火、吞刀、挂跟旋、腹三棒、投狭、相声、鼻吹、口歌等，游客翘首伸颈，围如堵墙，评泊优劣，啧啧有言。但当收看费时，则又为另一番情形。《画舫余谈》记道：

> 一遇敛钱之时，则互相退缩，脉不作声，亦或有于囊底瑟缩探一二文与之者，或竟于扰攘中乘隙逃去者。俟其开场再演，重又蹑足而来，由午迄酉，往复如织。画舫经过间，亦拉夫同观，傥有所给，自较若辈为丰厚也。

棋客作"角艺"游，或普通游客在游途中下棋，也有需出资者。据载，秦淮河文德桥尾陈公祠设围棋局，小阁临流，烟茗毕具。主人设若干楸枰，供人角艺。南京国手姜楚老、陆东山、杨歧昌诸辈，排日在局，以待来者，"主人但计局中之胜负，以为抽丰"。凡游画舫，有厌日长酷暑之人，多造此来一输赢。②

寻花问柳，狎妓夜度，花钱如流水。乾隆《长洲县志》卷十一道："优伶者，耗财之源。……吴中色艺高者，远方罗致，岁必数百金。"据《柳南

---

①　归庄：《看牡丹记》。
②　捧花生：《画舫余潭》。

随笔》卷一载，明常熟人孙西川，游金陵，遍访秦淮教坊，得妓七人，"人持千金纳采，即京城卜居七所，每所器皿毕具，选日结婚，将御一如常仪，争妍竞宠，备极宴尔之趣，费可二万金，兴尽而返，绝不留盼，其豪迈如此"。前述某公子游苏州、南京、扬州，仅一年时间，就耗尽其所携百万巨资，也说明了嫖妓消费之巨。正所谓："秦楼柳絮，常牵浪子之心；楚馆粦舞，能荡富翁之产。"①

至于赌博游戏，更是花费巨大。明清本地赌风猛括，钱泳在《履园丛话》中说："上自公卿大夫，下至编氓徒隶，以及绣房闺阁之人，莫不好赌。"所以，当时无论是衣冠之族，还是闾巷小民，商贾农夫，甚至破产失业者，都嗜赌成性，甚至辍业以嬉。他们于赌场、旅游地设局参赌，摊牌九、游湖、掷骰、斗蟋蟀、斗鹌鹑、蹴球等，花样达数十种之多。赌资不论大小，都能荡费家资。结果是"开赌者丰衣足食，爱赌者荡产倾家"②，落得个富者贫、贫者冻馁的凄惨结局。

五、"市买土货"：购物消费

购物消费，指游客于旅游地购买土特商品与生活用品。明清时，购物已成为游客的主要消费之一。长三角地区物产富饶，土特商品众多，出门旅游者都有购买之习。如崇祯末汤传楹等一行五人游吴山，游程结束临近归舟时，就有章姓同伴"持两袖阿堵向村姬买婴儿嬉戏具"③。购物需求的存在，一些旅游地为之形成规模不等的旅游商品市场。

虎丘为吴中游赏胜地，附近山塘街的小商品市场，货物充盈，诸如古玩字画，孩童弄具，竹器用物等，"罗布星列，令人目不暇给"④。"游客至虎丘者，每市以归，互相馈饴"。其中，塑真玩具深受游人青睐。该玩具头为泥塑，肢体以香樟木制作，手足皆能活动，谓之"落膝骱"，冬夏衣服可以

---

①　赤心子、吴敬所：《绣谷春容》杂录卷一一《娼妓述》。

②　乾隆《续外冈志》，转自王翔：《清代吴地赌风述论》，《苏州大学学报》1993年第 3 期。

③　汤传楹：《游吴山记》。

④　乾隆《元和县志》卷一〇《风俗》。

随时更换。在山塘街，又有专业画铺出售笔描国画，或大幅，或小帧，"鬻者，多外来游客与公馆行台，以及酒肆茶坊，盖价廉工省，买即悬之，乐其便也"①。每年二月的苏州观音山香会，这里也成了游人的购物天堂。据袁景澜《吴郡岁华纪丽》载，香市时，观音山山上山下，道旁柳荫处，多有货郎地摊，出售童孺戏具、筊篮木盏、泥孩竹马、地铃丝鹞及木做杯碗、转盘图诸物，"男妇争买，论价聒杂，声如潮沸"。南京秦淮河一带的土特工艺品市场，出售产于六合玛瑙涧的五色石子，"石骨中之小有奇趣者"，文采陆离，或为羊脂玉，或为蜀川锦，或为鹦鹉紫，或为僧眼碧，或为嫩鹅黄，朱者如美人睡痕，黑者似山猿怪瘿。自从明万历大规模开采后，市场上便有大量供应，但价格不菲，"寸许石子，索价每以两许"②。还有一种玩物，以金玉镂之，制造精良，贮以香楠木小匣，"价之低昂，视装潢之繁简为准"，游金陵者争相购买。

由上可知，旅游者购买商品的种类很多，包括古玩字画、工艺品、儿童玩具、日用商品等。一些地方特色食品，也常为游人买来赠送亲朋。苏州悦来斋食品、丹桂轩白玉膏、陆稿荐蹄子、小青龙蜜饯等都是当时的"品牌"食品。又苏州近郊金山山麓，田家所制乳饼为吴门最佳，游人至此，"多携以归城，为赠遗"③。南京茶食也很有名，尤以阳春斋、四美斋为上，装潢精美，"游画舫者争相贷买，诸姬凡款客馈人，亦必需此两斋者"④。

此外，鲜花在当时也是大宗消费商品。虎丘有花市，各种应时花卉纷陈。康熙间归庄赴邓尉山观梅，途径虎丘，"于花市买水仙，兰花一盆置船头"，半个月后，回经虎丘，"出观花市，向之水仙兰花累累数十百盆者，今皆易为海棠、人面桃及蕙"矣。⑤ 花价也不菲，《桐桥倚棹录》卷十二曰："司花有女卖花郎，千钱一花花价昂。"

①　顾禄：《桐桥倚棹录》卷一〇。
②　陈贞慧：《秋园杂佩》。据载，是石产地山深地僻，自万历二十二年此地设有酒食摊供应酒食后，负石者始众，日不下数百。
③　杨循吉：《居山杂志·饮食第七》，见王稼句：《苏州文献丛钞初编》。
④　捧花生：《画舫余潭》。
⑤　归庄：《观梅日记》。

六　"肉山"与"酒海"：祀神消费

如前文所述，江南城乡无论缙绅士庶，多崇信神鬼，"喜修道事佛，甚至迷惑不返"①。各寺观、宫观及神庙，善男信女终年不断，到了各教纪念日、法会赛会，祀神活动之繁盛更是无以复加。

"凡名庵胜地，率皆声利所通"②。祀神是项综合性消费，包括迎神赛会、祭神用品、游客生活等所用花费。据范濂《云间据目抄》载，每逢迎神赛会，松江好事者搬演杂剧故事，演者皆穿崭新的蟒衣靴革，幞头纱帽上缀满金珠翠花，扮状元游街，用珠鞭三条，"价值百金有余"。另征妓女三四十人，演寡妇征西、昭君出塞。所用旗鼓兵器，极为精奇。届时，街道桥梁都用布幔以防阴雨。"每镇或四日，或五日乃止，日费千金。"王稚登《吴社篇》所载明代苏州的"五方贤圣会"，其排场，其耗费更是难以计数。"会"前，有"会首"捐金谷、出珍异、倩妓乐，命工匠雕朱刻粉；"会"时巡游所经之处，要"接会"，张玳筵，妆绣段，饾饤组绘，笾豆千百，殽核寻丈，狂炬金炉，香气如云，神像过门，士女罗拜，"往往所费不赀"；即使那些到不了的荒隅小市，也要"山装海饰，各殚其智"，称之为"助会"；"会过门之家，折简召客，宾徒戚属，闺秀婴奇，云至雨集"，富有者列筵张具，千金一挥，谓之"看会"；不仅如此，凡入会之人，要"裙襦衫帻，衣裳楚楚，红殷翠鲜，香熏粉傅，鬓上则簪白鹭羽蒓彩花，雪丝红艳，翩翩可观"，又称"妆会"；还有所谓"走会"的，是指一些无所事事者，规定要穿白袍，戴乌帽，戴花枝，捧香炉。此外，更要演各种杂剧、把戏、神鬼，还有火器、祭器等器具，一场"五圣会"所费，真要"金钱玉帛川委云输"了。

迎神而后，就是供神，即花钱花物求神求福，这又是一笔不小的花费。泰山碧霞元君，到明代时被视为无所不佑，能为众生造福如愿的全能神，凡贫者愿富，疾者愿安，耕者愿岁，贾者愿息，祈生者愿年，未子者愿嗣等，皆能如愿以偿。张岱于崇祯八年（1635）游泰山，在碧霞祠见

---

① 《海瑞集》上编《续行条约册式》。
② 龙震：《游盘山记》，见《盘山志补遗》卷一。

香客醵钱倾泻无以计数。求子者，于子孙神铜像前买银范小儿；以眼疾求光明者，在眼光神铜像前买银范眼光；求福者，掷银锭或钱于碧霞元君座前高悬的"大金钱"中。加上进献的锦帛、金珠、宝石、珠鞋、绣帨之类，堆垛殿中，钱物高达数尺，以至"山下立一军营，每夜有兵守宿"。①苏州楞伽山，山顶有五显神祠，自明至清庙祀无虚日，逢赛会日，更是牲牢酒醴之飨，歌舞笙簧之声，昼夜喧闹。成书于明中期的《石湖志》记道：

> 祭赛者远近毕至，四时不绝，虽风雪盛寒时亦然。有因疾病危急而祈祷者，有岁例须还者，有发心自求者。故携壶挈楂，累累而至，牲醴必丰腴，香纸必洁净，惟春秋二时最盛。虽全体猪羊，日不下数十事。庙宇不能容，则陈于天井，天井不能容，则陈于山门外。亦有就□上望山遥祭者，若冬至夜，则城门不闭，男女老稚填街塞巷，接踵而来如聚蚁然。亦有以活羊奠毕就付与住持僧者，以故住持僧享用无尽，谓上方为酒池肉林。②

乾隆年间的楞伽山，"谚谓其山曰'肉山'，其下石湖曰'酒海'"。③

香客是人，不是神，他们供奉了神，也不敢怠慢自己，他们要吃饭，要购物。所以，祀神消费除了演剧、装神弄鬼、烧香请神外，还包括香客祀神过程中的生活消费。寺观神庙周围因而往往"所在成市"，为游客提供有偿饮食、购物服务。在扬州，逢观音圣诞，莲花桥至观音山路上（时因两旁乞丐成群，又称"花子街"）"遍设盆水，呼人盥手，谓之'净水'"，"日夜阒间，寝以成市"。④嘉定华亭崇福庵，每当春初，千里走集，香火颇盛，近庵有街市，摩肩挥汗，炉烟闻于里外，繁盛之极。南翔寺据嘉定南翔镇之中，"镇以寺重，亦以寺名"，旁近土民，来此游观舒眺，供礼皈依，因而店铺栉比，"商贾猬集"。⑤三年一次的青浦城隍会，江浙两省观者阗集。清

①　张岱：《岱志》，见汤贵仁、刘慧：《泰山文献集成》。
②　莫震：《石湖志》卷三《神宇》。
③　汤斌：《奏毁淫祠疏》，见乾隆《长洲县志》卷三一。
④　李斗：《扬州画舫录》卷一六。
⑤　冯梦祯：《重修白鹤南翔寺大雄殿记碑》，见《上海碑刻资料选辑》。

人诸晦香在《明斋小识》卷一〇中说其"酒食之费，衣裳之费，亲串去来之费，局招妓诱贼窃之费，难以数计也"。

总之，祀神花费巨大。有人历数祀神所出费用：

"一旛之直可数百金。"①

"出旌旗队仗舆服，歌吹费以千计。"②

"巫觋牲牢，阗委杂陈，计一日之费，不下数百金。"③

如此礼巫祀神，费钱耗财，真是"一筵之祭，约费中人十家之产"。④其结果足以使富者倒困囊，贫者鬻田屋。

七　旅游资费承担者

旅游消费涉及游资谁出的问题。因此，人人都愿游，但不是人人都能游，尤其远游之举更非人人都能为。欲远游者，需具备"远游之资，货殖之才，徭役之事"⑤。就是说，要么是家财盈实者，要么经商行贾之人，要么奉旨办差之员，这三种人都能做到不为游资所困，他们或自己出钱旅游，或公差顺道一游。其实，游资支付是个十分复杂的问题，除了百姓节令游所费由其本人承担外，官员、文人于旅游途中涉及的交通、食宿诸项费用，由谁来承担因人而异，需作深入研究。

官员出游的车马饭食诸消费，既非其自掏腰包，也不是由当地百姓筹办。官员士大夫，即"贵人"出游，"旌旆所向，郊迎负弩，候其游踪，供张凤具"⑥。陈继儒在《卧游清福篇序》中也说："夫王公大人之游，或侍宸舆，或领使节，屯军驻跸，问俗褰裳。小有未济，则兵丁曹伍，腰镰负锸

---

① 汤斌：《奏毁淫祠疏》，见乾隆《长洲县志》卷三一。
② 李流芳：《檀园集》卷八《重建五方贤圣殿疏》。
③ 钮琇：《觚剩》卷一《吴觚上》。
④ 叶梦珠：《阅世编》卷三《建设》。
⑤ 《归庄集》卷三《送周上莲会试序》。
⑥ 《归庄集》卷六《五游西湖记》。

而前导之，能使目与足两无憾而后止。"毫无疑问，王公大人、官僚士大夫旅游，凭借其强大政治资本庇护的特殊"游资"，他们的旅游花费都是由当地官僚、门人承担的。曾任翰林院编修、南京太常寺卿的方鹏，于嘉靖六年（1527）十月赴游宜兴善卷洞。在常州，方氏一行得到太守申廷言的留饮款待，申太守并派别驾刘某、宜兴丞冠某"具舟载酒追随而至"。一路上有地方官陪同吃喝，可谓典型的"公费旅游"了。①

"豪士"出游，往往"载宝而行，倾财结客，舟车丝竹，不移而具"②。"豪士"用金银财宝购买"舟车丝竹"，交结游客，花的是自己的钱。如扬州盐商汪兆麟，此人不喜读书习文，喜骑马调弓，"好游，每出门，驾大船，牵名马，载一切玩弄具，所至，少年诙调游谈技能之子满座上，名娼杂沓"③。

"布衣"出游，即普通文士的旅游资费，也要区别分析。陈继儒《卧游清福篇序》说，大多"蓬翟逸民"因得不到资助，凭"三尺筇与一辆屐"，难以胜览名山洞府，"则不得不退寻纸上陈迹，而指数之曰：'是某水，是某丘'，若置其身于空青钝碧之间，以稍自宽云耳"！可见这些"蓬翟逸民"所能做到的只是卧游世界。而部分布衣逸民能作"因人之游"、"作客之游"，甚至"独往之游"，是与外来资助分不开的。

何谓"因人之游"？归庄在《五游西湖记》中说，因为"贵人"做官遨游，必以文人骚客相随为伴，"文人骚客遂得不费资斧而登览山川"。如清"榷关"浒墅的李梦沙，肆情吴郡支硎、灵岩、阳山、邓尉诸名迹，每游，"无不挟车从以往，往则无不有诗"。④ 因而有"游山不藉仕宦，则厨传舆台之费无所出"之说。⑤ 文人之间相与资助出游，也属于"因人之游"范畴。明安亭人冯淮，好游观山水，"而力不能"，缺乏出游的资金。好在此人"性潇洒，好吟诗"，与当时名流结为诗社，诗作为名人所赏，因而"有士人游者，顾挟淮以为重"，冯氏因而广游吴越诸山及匡庐、武夷名胜。

① 方鹏：《游善权洞记》。
② 《归庄集》卷六《五游西湖记》。
③ 汪懋麟：《百尺梧桐阁文集》卷五《亡兄汪公趾墓志铭》。
④ 汪琬：《钝翁类稿》卷二九《江南游草序》。
⑤ 谢肇淛：《五杂俎》卷四《地部二》。

可见冯君靠才艺得以免费旅游。① 苏州人彭绩，布衣出身，工于诗，家甚贫，以至卖屋葬亲，家财荡尽，更无外出旅游之财力。乾隆四十七年二月游吴郡支硎、天平诸西山，是由友人吴贤"具人船，裹粮持被"②，邀其同游的。

"作客之游"和"因人之游"一样，也不需要文士自掏腰包。有门年亲串外任督抚、藩、臬、守令诸官职，便可不远千里前往做客，以冀分润膏腴，"登临之事，因便及之"③。潘耒早蓄游天台山之念，会有门生在天台邻县宁海为官，在弟子的盛邀下得以一游天台胜景。乾隆六年秋，天台人齐周华游南京，是应时任上元尹的外兄侯彝门的邀请。齐周华吃住在衙门中，并以此为据点，芒鞋草笠，竹杖诗囊，朝出暮归，城内外诸景搜阅殆尽。令齐本人感叹的是："寓彝门官署月余"，"署中胥役，群不知予为何如人"④。看来这种借公济私、接待亲友之事在官府是常事，见多不怪，也就无人打听关心了。

至于"独往之游"，"即信意所之"，其消费除了自理之外，也主要由地方友人承担。清太仓人唐叔华三月游扬州，有"良朋"载酒邀其舟游湖山风光，一路上，主客吃喝玩乐，烦忧皆消，其花费当也不菲。唐氏在所作《维扬程衣闻招同吕藻南、李荆涛、家弟薪禅改堂、婿吴符邺，载酒游平山堂，登眺即事》中不无感慨："一日已当十日费，主人厚意何绸缪？"罢官回家筑室于惠山的"愚公先生"邹迪光，有名士清客至，不仅盛情款待，而且还以礼物相赠，以至天下人皆知"愚公之用钱如水"。⑤

诗文书画是文人交游的重要媒介，也是他们旅游消费的主要支出方式之一。文人们出卖才艺，游资从笔墨中开支，像陈继儒、文征明等皆以卖文润笔为出游资费。明吴江人朱鹭，工书画，生平好独游，足迹半天下，"所至画竹以自给，不妄受人一钱"⑥。缪彤到洞庭西山的展墓之旅，除了原来的政府官员身份外，其所受款待也与笔墨技艺分不开。他在《游洞庭西山记》

① 陈树德：《安亭志》卷一七《人物》。
② 彭绩：《游西山记》。
③ 《归庄集》卷六《五游西湖记》。
④ 齐周华：《金陵述游》；齐周华：《名山藏副本》下卷《临海侯彝门先生传》。
⑤ 张岱：《陶庵梦忆》卷七《愚公谷》。
⑥ 崇祯《吴县志》卷五一《人物》。

中记道：

> （天王寺）僧古石饷予新茗、山果，出册页求题，题数语即行。
>
> （访用头郑山人），山人与先大夫有交，具鸡黍，二子出见，执礼甚恭。山人有小影，嘱予题之。

　　一些文人甚至将旅游作为营生之道，他们不仅靠笔墨钱解决了游资，而且成为养家置业的重要来源。归庄多才，诗歌、古文、墨竹无不工，更是自谓狂草无敌手。归家累世以书画谋生，到归庄时家徒壁立，无担石之储。归庄常年转游于山水花草间，仆仆于富贵家们，藉文以餬口，边采风边抛售技艺，"既卖文，卖书画，凡服食器用，一切所需，无不取办于此"①，"可乞余沥以活妻子"②。有人说归庄的书画作品太多太滥，不论士大夫，还是屠沽儿，皆有求必与。对此，归庄虽引战国贤豪多隐于卖浆、屠狗之例予以反驳，但也不能回避生计所使之实，即他本人所说的："顾不能无藉于此，欲不滥当若何？"③ 一次，狂士归庄在"好事相邀"下独游杭州西湖，"湖舫醉花，湖楼玩月"。然除了武林士人"闻其微名"予以结纳外，"地主寡情"，其笔耕长技在此地一无可恃，遂致"旅资罄竭"。结果，"因赁屋、雇舟舆之费未足以偿，以书画求售，亦竟不应，遂不得脱身归"，落得个"欲归而不得归"之窘境。④ 清顺治十八年（1661）发生了著名的"奏销案"，清廷将上年奏销有未完钱粮的苏州、松江、常州、镇江四府并溧阳一县的江南在籍绅衿按名黜革，秀才、举人、进士革去功名出身，现任官员降两级调用，涉案人员一万多，吴伟业、徐干学、徐元文、韩炎、汪琬等著名缙绅皆在列，太仓人毛师柱遭此案也"讹误削名"。从此，毛师柱绝意制举，肆力诗文，"家贫亲老，乃为客游之计"。起初双亲在，游不远，数月一回，中年双亲谢世后几年一回，出游更远，"其游自维扬、金陵外，西至楚，北至燕齐，西北至梁、至秦"。毛氏一路采风，"慷慨悲凉之气，一发之于诗"，当代名公卿、名士莫不倒屣倾盖与之相交。客游三十年后而归。"游既久，

---

①　《归庄集》卷一〇《笔耕说》。

②　孔尚任：《湖海集》卷一〇《城东草堂诗序》。

③　《归庄集》卷一〇《笔耕说》。

④　《归庄集》卷六《五游西湖记》。

有中装，乃置溪上田二顷、庐舍数椽"。毛氏以游改变了"家酷贫"的面貌，故时人称"先生生平得力于游"。①

"江南第一风流才子"唐伯虎与祝枝山旅游扬州，以募缘为名，骗得官府钱财供其消费，则为一桩千古趣谈。据褚人获《坚瓠集》丙集卷三载：唐、祝二人浪游扬州，"极声妓之乐，赀用乏绝"。以扬州盐运课税甚饶，遂伪作玄妙观募缘道士诣盐运司，借苏州玄妙观倾圮之名，向"盐使者"募钱。"盐使者"令赋《牛眠石》诗，唐祝二人立就合作一律：

> 嵯峨怪石倚云间（唐），抛掷于今定几年（祝）。
> 苔藓作毛因雨长（唐），藤萝穿鼻任风牵（祝）。
> 从来不食溪边草（唐），自古难耕陇上田（祝）。
> 怪杀牧童鞭不起（唐），笛声斜倚夕阳烟（祝）。

博得盐使者称赞，"即檄长、吴二邑，资金五百为葺观费"。二人持檄归苏州，长洲、吴县二县令"如其数付之，乃悉如诸妓女及所与游者，畅饮月余，而金悉尽"。

① 沈受宏：《白溇先生文集》卷二《端峰先生传》。

第四章　景观迁变

景观作为旅游活动的客体，是旅游行为产生的主要诱因之一。景观的时间性告诉我们，时代不同，景观也不尽相同。作为物质的景观，无论是自然的，抑或人文的，都有兴盛衰亡的过程。如袁宏道评论杭州西湖与绍兴山水时所说："山阴显于六朝，至唐以后渐减；西湖显于唐，至近代益盛，然则山水亦有命运邪！"① 此理同样适用于本地，如明中期的苏州寒山寺甚荒落，文征明《枫桥》诗不禁问道："荒凉古寺烟迷芜，张继诗篇今有无？"而桃花坞在当时却为吴门最胜处，台榭花竹，园林蔬圃，"号称极盛"②，此后，桃花坞不复旧观。清康熙前，扬州景观以平山堂为巨丽，后因乾隆南巡，商家巨子纷纷于保障湖两岸构筑亭园，湖上园林成为新的旅游景观，并有取代平山古迹之势。松江九峰，唐宋时已多名胜，在一些地方文献中，每峰皆有"十景"之称，可到清乾嘉时，"山中名胜，多半磨灭"③。可见，明清时期有着属于那个时代的景观，景观的分布、兴衰有其自身的轨迹。

一　传统景观

所谓传统景观，是指历史时期形成并延续下来的自然或人文景观，也即明清时尚存的山水古迹。当然，如明末人吴应箕在记述南京风光时所说：

---

① 《袁宏道集笺校》卷一〇《解脱集之三、禹穴》。
② 谢家福：《五亩园小志》卷八。
③ 诸晦香：《明斋小识》卷一。

"迹之盛衰，名之显晦，今昔纪载各有不同。"① 需指出的是，即便是明清存在的唐宋元景观，也难说是真材实物，对于这一点，清人方象瑛就曾发出过"大抵古迹多非旧观"之叹。②

南京为江东都会，山川壮丽，可资游观的传统景观甚多。牛首山，自唐贞观间佛教南宗祖师慧融在此设禅开教而成为佛教胜地，"环以名岩之胜，带以巨江之险"③，名声益隆。栖霞山也成名于隋唐时期，山中栖霞寺曾一度列为我国佛教"四大丛林"之一，有唐高宗碑、江总持碑、仁祠古杏、舍利塔、品外泉、石佛、千佛岭、白云庵、白鹿和白乳二泉、般若庵、西涧诸传统景观。钟山虽无拒日蔽云之峰，然而朝岚夕翠，瞬息殊观，每当雨过晴初，烟霞异色，若在秋冬之际，红黄斑驳，烂然玉锦，"真奇观也"。乌龙潭在南京城西隅，潭为两山之水所汇而成，明人称为"小西湖"。潭"以水可荡舟为奇"，故也当为一水上游乐中心。④ 南京其他传统景观，主要还有祖堂山、幕府山、石城、冶城、雨花台、鸡鸣山、桃园、燕子矶、后湖等。

镇江当大江之委，"山川之秀，甲于天下"。⑤ 北固、金、焦三山鼎峙，屹立中流。"金山之名，自昔已传"，早在梁天监四年（505），金山就修水陆法会，古迹甚多，中泠泉号称天下第一泉，唐以后即为士大夫们所仰慕。焦山显名于东汉，多汉魏六朝遗迹及唐宋以来古木穹碑。北固山以三国遗迹及故事著称，明清以前，一直为游人所流连。需提醒的是，明正德前，金、焦、北固三山，以北固位列第一，"昔人谓京口东南第一郡，北固京口第一山"。当金、焦未显时，北固已是游踪络绎，题咏之作三倍于金焦。也正因此，成书正德七年（1512）的《京口三山志》，将北固山"志于首，匪违俗也，存旧也"⑥。此外，近城南郊山水古刹也是镇江的主要传统景观。

扬州不具山水优势，但隋大业帝寄踪此地，筑行殿，竭海内之事力以张

①　吴应箕：《留都见闻录》上卷《山水》。
②　方象瑛：《健松斋集》卷七《赴都日记》。
③　皇甫汸：《皇甫司勋集》卷四二《游牛首山诗引》。
④　吴应箕：《留都见闻录》上卷《山水》。
⑤　范景文：《文忠集》卷六《屏山书院记》。
⑥　正德《京口三山志》卷一《总叙》。

饰，因而宫殿巍峨，曲院深深。唐代扬州为建节巨镇，又有转运度支之饶，故广陵之富甲于诸藩镇，时称"扬一益二"。词人骚客流连于此，歌咏不息，古迹名胜错杂灿然。惜屡遭兵燹，遗存的汉唐宋元景观并不多，主要有琼花观、禅智寺、摘星楼、第五泉、大明寺、平山堂等。

　　无锡传统景观最有名者莫过于惠山，"梁溪固多山水，山之得名者，慧山为最"①。惠山以泉石胜，尤其第二泉，自陆羽品定后即为天下名胜，"观且饮者日众"②。又，惠山奇石幽洞，美箭嘉禾，在在不乏，精蓝祠宇棋布于山之前后。此外，无锡附近环太湖地带也多山水故迹可资游赏。

　　"江南佳山水，宜兴为最"③。宜兴为名邑，山水清美，有南岳、龙池、铜官、芙蓉诸山，谷岩幽窅，流濑清激。其善卷、张公二洞自古闻名，两洞景观各有千秋，"大都张公奇以石，善卷奇以水；张公深杳，善卷叠架；张公邃如隧道，善卷巧若辘轳，两者正伯仲也"④。加上壤僻而迂，较少兵灾，多古刹名迹。如创于南齐之善卷寺，有"江南多古刹，而善权号最胜"之称。

　　"苏之胜，左川而右山"⑤。苏州城西连山数十，郁然森耸，如灵岩之轩豁，白云之深秀，天池之幽邃，皆为"古今所游赏"⑥。这些山水又多香台宝坊，人文古迹的点缀使其更具吸引力。石湖为范成大"咏游之地"，自宋以来即为吴中名胜，范成大在《修行春桥记》中明言："凡游吴中而不至石湖，则与未始游无异。"灵岩山也因吴王、西施遗迹而声名远播。苏州城内外的名蓝望刹星罗棋布，顾禄在《桐桥倚棹录》卷三中就说："东南寺观之胜，莫盛于吴郡，栋宇森严，绘画藻丽，足以壮观城邑。"尤以虎丘云岩寺最有名，自南朝至唐以至明，名贤题咏，实盈缃帙，"天下名山胜刹，莫能抗美"⑦。虎丘又传为阖闾葬地，剑池、千人石、真娘墓等都是历代游览胜景。

　　太湖东西洞庭山为一大型山水旅游区，一直是好游之士的仰慕之地。其

---

　　①　陈玉璂：《学文堂文集》卷三《刘公梁溪诗序》。
　　②　邵宝：《惠山浚泉之碑》，见正德《常州府志续集》卷六。
　　③　陆深：《俨山集》卷五三《荆南精舍记》。
　　④　姚希孟：《游张公洞记》。
　　⑤　祝允明：《怀星堂集》卷二九《南村记》。
　　⑥　陈元宗：《圣思禅庵记》，见崇祯《吴县志》卷二五。
　　⑦　隆庆《长洲县志》卷一〇《山部》。

东洞庭山濒临太湖，中多佛刹精庐，湖山映带，林木蔽云，最为胜绝。西洞庭山居太湖之中，环山皆湖水，望若一岛，因其环山皆水，四外皆为水包，故名包山，又旁有洞山、庭山，① 俗呼为西洞庭。西洞庭重冈复岭，峰峦奇丽，五湖际天，与相映带，且"山深水阔，兵火所不及"②，闾区井列，不殊市邑。所谓"水抱青山山抱花，花光深处有人家"③。有销夏湾、明月湾、石公山、缥缈峰、林屋洞天诸胜迹。文徵明称其为"人区别境"，"其瑰玮杰特，岂独一方一郡之胜而已，而实天下之观也"。④ 袁宏道于万历二十二年与友人陶望龄到此一游，于归记《西洞庭》中，罗列了西洞庭山的七大胜："山之胜"、"石之胜"、"居之胜"、"花果之胜"、"幽隐之胜"、"仙迹之胜"与"山水相得之胜"，曰：

> 西洞庭之山，高为缥缈，怪为石公，巉为大小龙，幽为林屋，此山之胜也。石公之石丹梯翠屏；林屋之石，怒虎伏群；龙山之石，吞波吐浪，此石之胜也。隐卜龙洞，市居消夏，此居之胜也。涵村梅，后堡樱，东村桔，天王寺橙，杨梅早熟，枇杷再接，桃有四斤之号，梨著大柄之称，此花果之胜也。杜圻传范蠡之宅，甪里有先生之村，龙洞筑易老之室，此幽隐之胜也。洞天第九，一穴三门，金庭玉柱之灵，石室银户之迹，此仙迹之胜也。山色七十二，湖光三万六，层峦叠嶂，出没翠涛，弥天放白，拔地插青，此山水相得之胜也。……一峦一壑，可列名山；败址残石，堪入画图。天下之观止此矣！

"雅好游"的潘耒更是直夸西洞庭为"一大花园"。潘耒足迹不下万里，饱见宇内名山胜川，通过将西洞庭山与天下名胜作比较，得出西洞庭山的可观、可游、可亲之处。在《游西洞庭记》中，潘氏有如下的描绘：

---

① 洞庭名来由，还另有一说，王鏊的《太湖七十二山记》云："其称洞庭，则以林屋洞中有金庭、玉柱，又以湖中有金庭山、玉柱山也。"

② 宋濂：《宋太史徐公家传》，《洞庭熙巷徐氏宗谱》。见邹永明：《太湖西山名胜诗文选》。

③ 凌如焕：《洞庭西山纪游》，见金友理：《太湖备考》卷一〇。

④ 《文徵明集·补辑》卷一九《记震泽钟灵寿崦西徐公》。

若九华、罗浮，山奇矣，不居水中；洞庭、鄱阳，水大矣，中无奇山；君山、大小孤，虽在水中，而荒瘠无居人，但宜遥望而已；金焦形势甚佳，一拳石耳；若夫以三万六千顷之具区，涵浸七十二峰于其间，实于九域之间无两。而西洞庭周广八十里，居民无虑数万家。且山外有山，栖山者忘其在水中央；湖内有湖，滨湖者翻见四山环抱，斯亦人寰之绝境矣。且天下土之宜种植者，大抵多土少石，而石山多不毛，今洞庭寸寸皆莳花艺果，而奇峰巧石又皆昔人所罗封毡裹，甲乙品题、袍笏肃拜者。总之，洞庭一大花园也，石公、林屋辈，皆大假山也，数十村人皆园丁也，有此天造地设之园池，居之无禁，游之不穷。

虞山为常熟之镇山，南临尚湖，东麓伸入城中，旧有"十里青山半入城"之说。山高二百米，草木蓊翳，霞蔚云兴，块石幽涧，布履棋列，剑门奇石、宝岩、石梅、桃源、秦坡飞瀑皆为自然胜景。山上山下，又多古迹，有"南方夫子"言子墓、周太王次子仲雍墓、黄公望墓、王石谷墓、南朝梁昭明太子读书台、千年古刹兴福寺等。因而此山虽处吴中北境，往来者也不多，但自古以来"亦一方游览之名区也"。①

松江为泽国，山不能当水之什一，但"形皆特秀，于秀之中，又有以名著者九焉"②。据明书法家张弼《九峰倡和诗序》称，九峰依次为：凤凰山、陆宝山、佘山、细林山、玉屏山（薛山）、机山、横云山、天马山、小昆山。③ 其中天马山，人文古迹最多，此山传为干将铸剑处，旧名干山，又称干将山，唐天宝间始改今名。历史上，此山"琳梵多至数十区"，缁带之流剪结其间。④ 松江还有以圆泖、大泖、长泖三泖配九峰者。这些虽皆不能与虎丘、石湖相比肩，但也是一方可以称道的传统名胜。

---

① 钱世扬：《虞山记序》，见《海虞文范》卷一六。

② 《东江家藏集》卷二一《十峰记》。

③ 张弼：《东海文集》卷一。九峰之名，说法不一。徐渭《天马山房记》以为是钟宝山、佘山、细林山、玉屏山、罗山、凤凰山、机山、云山、天马山。上述九峰之不一，有同一座山前后称呼不一者，如细林山，一名秀林，又叫做神山。

④ 徐渭：《徐文长逸稿》卷一九《天马山房记》。

二　"一亭一榭，皆为觞咏宴游而设"

"一亭一榭，皆为觞咏宴游而设"①。明清长江三角洲官私家为悦目愉情，建筑了大量新景观。尤其是众多私家园林景观的营构，更加丰富了原有旅游吸引群体的内涵，使得本地区旅游吸引力倍增。此外，一批服务于旅游者的辅助设施也不断得以建设，在"游者登临甚劳"、"腰脚已惫"、"不得不兴尽而阻"时，各种游憩之所为旅游者歇脚解乏，使寻幽扪险者"得所芘茠"。② 这些辅助设施同时也是旅游区内重要的观景与景点建筑，是景观系统不可或缺的组成部分。

1. 长江三角洲造园盛况

长江三角洲地区园林建设在明清时呈现出空前繁荣的景象。时"江南大家皆有园林之胜"③，从都市城镇到乡间野外，亭台楼阁处处可见。

南京作为明旧都，寓居于此的贵族士大夫们构筑了众多园林。如魏国公徐达及其子孙一家就拥有南园、徐五公子园、西园、东园（太傅园）、四锦衣园（东园）、凤台园④、三锦衣园（北园）、徐九公子园、金盘李园、万竹园、莫愁湖园 11 座园林。据对有关文献资料统计，明清时期南京园林总数达一百二十多座。这些园林除了分布于城内大街小巷外，许多别墅式园林散落于近郊山水胜处。明代，主要分布于两个地区，一是城南新桥杏花村，另一是乌龙潭，二地皆为"园之渊薮"⑤。如杏花村，"明代士大夫园亭多

---

① 《孔尚任诗文集》卷六《海光楼记》。
② 王鸣盛：《翠屏轩记》，见郑言绍：《太湖备考续编》卷二。
③ 杨循吉：《灯窗末艺·华氏怡老园记》。
④ 据王世贞《游金陵诸园记》，该园以隔弄为凤凰台（现名凤凰台）而名。后园主徐天赐将其一析为二，分授两个儿子。原园一分为二后，并未各自命名，故王氏说西边的园子"当别称西园矣"。而稍后的顾起元在《客座赘语》中却说，王氏错把西园当成了凤台园。其实是顾氏自己不了解凤台园与所谓"西园"的关系。
⑤ 吴应箕：《留都见闻录》上卷。

在此"①，方幅一里内，园亭近二十座，且"中多名园"②。如上述锦衣西园、凤台园，还有邃园、露园、李象先园、熙台园、方子中园、武文学园、陆文学园、汤有光园、疏园等；乌龙潭两岸，也尤多士大夫园林，主要有何太仆园、山水园、寤园、陈中丞园、乌龙潭园、金太守园、张尚书园等。清代南京园林，以清凉山一带最多，当时，此地"皆士夫别墅及居民圃塍"③。据《金陵待征录》、《盋山志》等文献记载，主要有朴园、盋山园、邃园、半亩园、卉香园、二吉园、黄园、陈园、曹园、张园、王园、任园、丁园、二知园、匠轩先园、西墅园、澹香园、云半肩园等。凡此足以表明，南京也是一座园林之城。

无锡"环慧山而墅者，台池林馆相望"④。明清时，邑人率筑园于惠山脚下，如王士性所说："士大夫垒石为山，凿池为沼，深篁高柳，掩映楼台，咸在（惠山）寺左右"，"假泉为胜"。⑤据《锡山景物略》、《无锡金匮县志》等文献所载，无锡城内外五十座左右的园林中，有近二十座位于惠、锡二山地区，如凤谷行窝（即秦园，也称寄畅园）、东园、惠麓小隐、冠龙山居、松苓泉、惠岩小筑、近山园、菊花庄、垒翁园、水北园、踢谷堂、惠麓小圃、黄揩园、龙泉精舍等。惠山无疑成了无锡的园林集聚区。

太仓在明代也是一座著名的园林城市，士大夫家树以名花，累以奇石，风台月榭，左右映带，以为快意娱目之所，以致"城中有隙地，多为园林，数里之城，园圃相望"⑥。如王世贞有弇山园，其弟王世懋除了继承有祖产南园、东园外，又去城十余里营西田乐郊园。曹茂来"性好治园墅"，一人拥有 4 座园林，分布于太仓城、沙头等地。⑦明代太仓著名园林还有贲园、约园、澹圃、离薋园、杜家桥园、季氏园、吴氏园、日涉园、王氏园、安氏园、田氏园、菽园、锦溪小墅、东园、南园、乐郊园等。

① 嘉庆《重刊江宁府志》卷八《古迹》。
② 余宾硕：《金陵览古》第 34 页。
③ 熊赐履：《经义斋集》卷五《朴园记》。
④ 王稚登：《中秋马氿沙看月记》。
⑤ 王士性：《游惠山泉以望后十日》。
⑥ 《归庄集》卷六《太仓顾宅记》。
⑦ 王世贞：《弇州续稿》卷六〇《太仓诸园小记》。

　　常熟两山接翠，东西湖襟带，巨丽甲东南。"豪门巨姓，借山水之胜，樊丘为囿，罗名花异卉嘉竹怪石……借空夺目者，不可指数，亦庶几于铜池金谷也"。① 虞山山麓，街市四邻，分布有南园、南皋别业、寿乐园、藤溪草堂、日涉园、小辋川、孙氏园、春晖园、録园、五贞园、瑞芝园、北园、小南园、柏园、严承相园、莵园等园林二十多座。

　　"环玉峰而家者，园林亭榭皆胜"②。明清两代，逸我园、天方园、茧园、养余园、李光禄园、徐翰林园、东园、卢氏园、鹇适园、乐彼之园、西园、泗园、附巢山园（清为徐干学遂初园）、得树园、憺园、三友园、半枝园、亦园等二十多座著名园林在昆山马鞍山脚下争奇斗艳。其竹树花石，高楼曲池，水槛平桥，幽房密閟，凡宜于四时登眺者，无不具备。

　　其他如松江、上海、吴江、溧阳、宜兴等地也都是"甲第入云，名园错综"③，各有一二十座甚至数十座园林。尤其值得一提的是，不仅上述府城县邑，就是一些乡镇，园林别业也在在有之。像太仓璜泾镇，明代时盛治园林，"宦家富室，咸辟地，以为啸傲之所"④。有施家园、匏园、涉趣园、芥园、翁家窝、西墅、宜杏园、西畴、南园、驻景园、郑氏东庄、怡园等。常熟支塘镇，明清时园林也多达十多座，据《支溪小志》卷四载，著名的有虞园、芙蓉庄、严园、钮园、西园、东胜园、苏家园、张氏小园、来鹤园、胡园等。其他如南翔、安亭、同里、唐市等乡镇也都有不少亭园别业。

　　而大江南北造园最具代表性的，又莫过于苏州、扬州二地。两地都是历史上著名的园林城市，台榭之美，冠绝天下。其中，苏州是文人园林的代表，扬州是商人园林的代表。下面，将苏州园林、扬州园林作为个案加以讨论。

　　苏州早在东晋时就有"池馆林泉之胜"，著名者如辟疆园。⑤ 经隋唐两代的发展，到宋代，苏州地区园林建筑步入快速发展轨道，见之于记载的主

---

①　蒋以化：《西台漫纪》卷五《纪莵园》。
②　施闰章：《学余堂文集》卷一二《春及轩记》。
③　叶梦珠：《阅世编》卷一〇。
④　《璜泾志稿》卷五《园林》。
⑤　嘉靖《姑苏志》卷三三。

要有：沧浪亭①、西园、藏春园、渔隐、隐圃、乐圃、千株园、五亩园、张氏园、沈氏园、郭氏园、道隐园，还有号称"几半吴郡"的朱勔同乐园、网师园的前身万卷堂等。元代苏州，通常认为几乎没有新建园林，有学者说，元代吴县"有绿水园，但也仅此一园；而在长洲县，有元一代，几乎无园林"②。这种观点值得商榷，有元一代，以苏州为中心的吴中地区相当富庶，士大夫们好名善夸，尤喜游宴，"凡家累千金，垣屋稍治，必欲营治一园，若士大夫之家，其力稍赢，尤以此相胜"，这种远延木石聊以矜眩之结果，使得"三吴城中，园苑棋置"。③惜志乘中鲜有记载，遂致有今人的片面之词。入明后，尤其嘉靖末，海内晏然，苏州及各县"士大夫富厚者，以治园亭"④，"多有亭馆花木之胜"⑤，苏州园林渐至鼎盛，仅苏州一地（含附郭吴县、长洲、元和三县），明清时期见之于记载的新建园林就达151座，详见下表。

　　要说明的是，表中园林不包括明以前所建园林，如建于元至正年间的狮子林等。所录园林均为明清时新建园，或废后重建新园。有园主购得他园异地重建而重新命名者，则两园并录。如明人翁彦升在东山风月桥北筑集贤圃，后太仆席本桢购是园后，听信风水将其异地修筑于东山翁巷南，名为东园，如此，集贤圃与东园皆录。对于明以前所构园亭，明以后在原来基础上重建并更名者，则录明以后的园林名。如崇祯间吴县人张世伟于元至正园林绿水园（园址为宋朱勔同乐园）基础上构建的泌园。若园林转换主人，新主更换园名者，则新园名不录。如，明代归氏园，后为胡汝

---

　　①　有关沧浪亭园林，目前有两种错误说法，一是以国家文物局主编《中国名胜词典》为代表，认为沧浪亭是苏舜钦买下五代吴越中吴军节度使孙承佑别墅而重新命名的园林。另一种则认为沧浪亭园林为苏舜钦所开创。其实，读一下苏舜钦《沧浪亭记》便可知，在苏舜钦筑"沧浪亭"前，这里是"草树郁然，崇阜广木……并水得径于杂花修竹之间"，无有屋宇居民。可见，苏氏买下的是五代孙氏别墅遗址，而不是别墅，此一；其二，苏氏买下后仅傍水筑一亭，即沧浪亭，未曾进行大规模的建筑，此时尚不具园林实质。对此，前人早已说过，如清著名史学家赵翼就认为：苏氏买下的仅是一百弓地，"后归韩王子孙手，结构遂甲三吴中"。也就是，沧浪亭作为园林，最早也是始于南宋或更后。

　　②　王春喻：《论明代江南园林》，《中国史研究》1987年第3期。
　　③　何良俊：《西园雅会集序》，见《明文海》卷三〇一。
　　④　沈德符：《万历野获编》卷二六《玩具·好事家》。
　　⑤　陆容：《菽园杂记》卷一三。

淳所得，更名洽隐山房，则洽隐山房不录于表中；网师园于乾隆末年为富
商瞿远村买下，虽多有修建或重建，但原来园林格局基本未动，故也不录
瞿园名。有园主更换而园名照旧者，即所谓"园额犹存旧"，新园主姓名
也不录。统计历史上的造园情况，是项十分艰巨却又难以有结果的工作。
因为，园林的兴废更替往往是瞬间之事，一些园林早已踪影难觅，加上志
书文献中语焉不详或缺漏不载，增添了园林统计的难度。如在《百城烟
水》卷三中载有"祇园"，以寺庙条出现，又提到"后更为园居，易姓不
一"，该"园居"情况不明，因而未能收录。此外，对于文献中以"亭"、
"楼"、"宅"、"室"之类单个建筑名出现者，即使猜度这些建筑中有庭院
花木之设，但因缺乏园林景观的文字描述，故一般不将其归入园林类，如
东山王鏊的静观楼、西山蔡羽的玄秀楼、东山席永勋的饮月亭等，本表不
予收录。

表1　　　　　　　　苏州园林一览表（一）

园名	园主	时间	所在位置	资料来源
双泉园	缪念斋	明		《白溇先生文集》卷二《白公石记》
徐园	徐源（都御史）	明	府学西	崇祯《吴县志》卷二三
小漆园	张凤翼（孝廉）	明	玄妙观前小曹家巷	民国《吴县志》卷三九中
月驾园	皇甫汸（吏部郎）	明	麒麟巷	崇祯《吴县志》卷二三
适适园	申用懋（尚书）	明	乐圃坊	崇祯《吴县志》卷二三
香草垞	文震亨（中书舍人）	明	京师巷	崇祯《吴县志》卷二三
归氏园	归湛初（太学生）	明	苑桥巷	乾隆《元和县志》卷一八
二株园（尹氏园）	尹氏	明	周五郎巷	崇祯《吴县志》卷二三；《红兰逸乘》
无梦园	陈仁锡（国子监祭酒）	明	孔夫子巷	《百城烟水》卷三；乾隆《长洲县志》卷一八
丁元复别业	丁元复（参议）	明	十郎巷	乾隆《元和县志》卷一八
桐园	王世材	明	甫桥	同治《苏州府志》卷四六

续表

园名	园主	时间	所在位置	资料来源
晚圃	钱孟浒	弘治	憩桥巷	民国《吴县志》卷三九上
艺圃	姜贞毅（给事中）	明	宝林寺东	《尧峰文钞》卷二三《姜氏艺圃记》
蓬园	申继揆（刑部郎中）	明末清初	黄鹂坊桥东	同治《苏州府志》卷四五
息圃	王弘经（将军）	明	西蒲帆巷	崇祯《吴县志》卷二三
荒荒斋	汤传楹（文士）	明末	馆娃里	民国《吴县志》卷三九上
五峰园	杨成（江西巡抚）	嘉靖	柳毅桥西	《桃坞百咏注》
多木园	顾云龙（士人）	明	宝城桥北	崇祯《吴县志》卷二三
周公瑕园亭	周天球（隐士）	明	南张师桥西岸	崇祯《吴县志》卷二三
芳草园（花溪）	顾凝远（青霞居士）	明	定跨桥北	乾隆《元和县志》卷一八
水云庄	叶具瞻（举人）	明	水东双桥驿	同治《苏州府志》卷四五
南星别业	黄姬水	明	省会旧庐南偏	乾隆《元和县志》卷一八
怡老园	王延哲（州推官）	明	布政司署旁	《百城烟水》卷二
泌园	张世伟（孝廉）	明		崇祯《吴县志》卷二三
东庄	吴孟融（吴宽父亲）	明	葑门内	乾隆《元和县志》卷一八；《百城烟水》卷三
徐参议园	徐廷裸（参议）	明	葑门内	《袁宏道集笺校》卷四
墨池园	孔营（副使）	明	葑门内	同治《苏州府志》卷三九
高醋亭	顾宗孟（福建参议）	明	天赐庄	乾隆《元和县志》卷一八
废园	沈均	永乐	桃花坞	崇祯《吴县志》卷二三
桃花庵	唐寅（画家）	明	桃花坞	民国《吴县志》卷三上
小桃源	吕毖（诸生）	明	桃花坞	民国《吴县志》卷三九上
苏家园	苏怀愚（御史）	明	阊门后板厂	《五亩志余》；《桃坞百咏注》
北园	李模（御史）	明	阊门后板厂	同治《苏州府志》卷四五
密庵旧筑	吴滋（副使）	明	阊门后板厂	《五亩志余》；《桃坞百咏注》
真趣园	吴一鹏（礼部尚书）	明	阊门外郦季子巷	同治《苏州长府志》卷四六

续表

园名	园主	时间	所在位置	资料来源
西园	徐时泰（太仆寺卿）	嘉靖	阊门外下塘	乾隆《元和县志》卷一八
东园	徐时泰（太仆寺卿）	嘉靖	阊门外下塘	乾隆《元和县志》卷一八
紫芝园	徐墨川（太学生）	明	阊门外上津桥	乾隆《元和县志》卷一八
拙政园	王献臣（御史）	嘉靖	娄门外	乾隆《长洲县志》卷一三
归田园	王心一（刑部左侍郎）	明	娄门外	乾隆《长洲县志》卷一八；同治《苏州府志》卷四六
寄傲园	刘珏（山西按察使）	明	齐门外	乾隆《长洲县志》卷一八
小洞庭	刘珏（山西按察使）	明	齐门外	乾隆《长洲县志》卷一三；同治《苏州府志》卷四六
五松园		嘉靖	东北隅	乾隆《长洲县志》卷一八
求志园	张凤翼（举人，戏曲家）	明	吴城东北隅	《弇州山人四部稿》卷七五
真如小筑	汪起凤（浙江巡抚）	明	珍珠坞	崇祯《吴县志》卷二三；同治《苏州府志》卷四五
韩氏山庄	韩雍（左副都御史）	明	虎丘	同治《苏州府志》卷四五
近峰别业	皇甫录（重庆知府）	明	虎丘旁	同治《苏州府志》卷四五
塔影园（海涌山庄）	文肇祉（上林苑录事）	明	虎丘便山桥南	乾隆《元和县志》卷一八
秀野园	王心一（刑部左侍郎）	明	灵岩山西麓	同治《苏州府志》卷四六
桃浪馆	郭氏	明	木渎	《木渎小志》卷一
五湖田舍	陈道复（画家）	明	木渎	《木渎小志》卷一
竺坞山房	文肃	明	木渎	《木渎小志》卷一
凝翠楼（茧园）	徐政（隐士）	明	木渎西跨塘	同治《苏州府志》卷四五
横塘别业	袁裹（提学金事）	明	横塘	《木渎小志》卷一

续表

园名	园主	时间	所在位置	资料来源
天平山庄	范允临 （布政司参议）	万历	天平山	崇祯《吴县志》卷二三； 《袁宏道集笺校》卷四
南峰隐居	杨循吉 （礼部主事）	明	支硎南峰	崇祯《吴县志》卷二三
寒山别业 （野鹿园）	赵宧光（高士）	万历	支硎山南	《璜泾志稿》卷七；《百城 烟水》卷二
周公瑕山庄	周天球（隐士）	明	支硎山中峰	崇祯《吴县志》卷二三
梅隐（南宅）	吕纯如 （兵部尚书）	明	吴山	《苏州山水》
岳园	岳岱（山人）	明	阳山下	《游阳山杂咏四首》之《岳 园》；同治《苏州府志》卷 四六
阳山草堂	顾仁效（书画家）	明	阳山下	《阳山志》；同治《苏州府 志》卷四六
然松园	顾鼎臣 （武英殿大学士）	明	光福	同治《苏州府志》卷四五
晚香林	顾天叙	明	光福邓尉山麓	崇祯《吴县志》卷二三
耕学斋	徐衢	明	光福东街杨树头	民国《吴县志》卷三九上
小虎丘	莫怡	明	玄墓山奉慈村	民国《吴县志》卷三九上
越溪庄	王宠（贡士）	明	石湖	崇祯《吴县志》卷二三
石湖别业	张献翼（高士）	明	石湖	崇祯《吴县志》卷二三
芳意轩	张氏	明	石湖后陆巷	《石湖志》卷三
西陂渔隐	沈氏	明	石湖绮川	《石湖志》卷三
聚坞草堂	蔡懋德（巡抚）	明末	聚坞山	崇祯《吴县志》卷二三
郭少卿别业	郭仁（少卿）	明	长荡东	同治《苏州府志》卷三九
从适园	王知县（王鏊父）	成化	东洞庭山	《从适园记》，见民国《吴 县志》卷三九上
埀舟园	王鏊（王鏊兄）	成化	东洞庭山陆巷	《太湖备考》卷六；同治 《苏州府志》卷四五

续表

园名	园主	时间	所在位置	资料来源
真适园	王鏊（内阁大学士）	弘治	东洞庭山太湖边	《震泽集》卷一六《真适园记》
且适园	王铨（隐士、王鏊弟）	明	东洞庭山横金塘桥	《震泽集》卷一六《且适园记》；同治《苏州府志》卷四五
招隐园（南园）	王延陵（王鏊季子）	明	东洞庭山	《太湖备考》卷六
孤芦小院	金德甫（隐士）	明	东洞庭山	崇祯《吴县志》卷二三
得月亭	王惟道（柱国）	明	东洞庭山	崇祯《吴县志》卷二三
西坞书舍	贺元忠（宪副）	明	东洞庭山	崇祯《吴县志》卷二三
集贤圃（翁园、湖亭）	翁彦升（光禄寺署丞）	万历	东洞庭山风月桥北	《太湖备考》卷六
缥缈楼	朱必抡（山人）	崇祯	东洞庭山朱巷	《太湖备考》卷六
东园	席本祯（太仆）	明末	东洞庭山翁巷南	《太湖备考》卷六
征寿园	陈沆（文学）	明	浒墅	民国《吴县志》卷三九中
李模别业	李模（御史）	明	龙墩墓旁	乾隆《元和县志》卷一八
夹浦书庄	徐源（都御史）	明	瓜泾	乾隆《元和县志》卷一八
南园	郑景行	明	阳城东湖	乾隆《元和县志》卷一八
五湖田舍	陈道复（山人）	明	车坊大姚村	乾隆《元和县志》卷一八；同治《苏州府志》卷四六
东园	马文远	明	甫里眠牛泾北	乾隆《元和县志》卷一八
松石园	马用所	明	甫里通明道院南	乾隆《元和县志》卷一八
梅花墅	许自昌（中书舍人）	明	甫里姚家巷	乾隆《元和县志》卷一八
宝树园	顾其蕴（高士）	清	临顿里石子街北	民国《吴县志》卷三九
凤池园	顾汧（巡抚）	康熙	钮家巷	《凤池园文集》卷五；乾隆《长洲县志》卷一八
志圃	缪彤（侍讲）	康熙	太平桥之南	同治《苏州府志》卷四五；《百城烟水》卷二

园名	园主	时间	所在位置	资料来源
亦园	尤侗（侍讲）	康熙	葑门内上塘	乾隆《元和县志》卷一八；《百城烟水》卷三
网师小筑（网师园）	宋宗元（光禄寺少卿）	乾隆	葑门内阶头巷	乾隆《元和县志》卷一八
留卧园	汪份（翰林院编修）	康熙	娄门内	乾隆《元和县志》卷一八
涉园	陆锦（保宁太守）	雍正	娄门新桥巷东	乾隆《元和县志》卷一八；同治《苏州府志》卷四六
一树园	任兆坰（太守）	嘉庆三年	斟酌桥	同治《苏州府志》卷四六；民国《吴县志》卷三九
萱圃（萱园）	周谨	清	下津桥东	乾隆《元和县志》卷一八、同治《苏州府志》卷四六
慕家花园	慕天颜（巡抚）	康熙	黄鹂坊桥南	同治《苏州府志》卷四五
蕉隐	申绱祚（进士）	清	吴趋坊	同治《苏州府志》卷四五
渌水园	朱襄（布衣）	康熙	碧凤坊	乾隆《元和县志》卷一八；同治《苏州府志》卷四六
止园	沈世奕（太史）	清	东城白塔子巷	同治《苏州府志》卷四六
秀野园	顾嗣立（翰林院庶吉士）	康熙	乘鲤坊	乾隆《长洲县志》卷一八；民国《吴县志》卷三九
依园	顾嗣协（新会令）	康熙	闾丘坊南	《百城烟水》卷三；乾隆《长洲县志》卷一八
洽隐园	韩馨（少微真人）	顺治六年	显子巷	乾隆《元和县志》卷一八；同治《苏州府志》卷四六
雅园	顾予咸（吏部员外郎）	康熙	史家巷	同治《苏州府志》卷四六
近山林（乐园）	沈德潜（巡抚）	乾隆	三元坊	民国《吴县志》卷三九中
五柳园	石韫玉（湖南学政）	清	金狮子巷	同治《苏州府志》卷四五
养心园	潘仪凤（郎中）	清	钮家巷	同治《苏州府志》卷四六
鸭漪亭	沈沾霖	清	垂虹桥北侧	《垂虹识小录》卷一

续表

园名	园主	时间	所在位置	资料来源
芳草园	王氏	清	新桥河	《垂虹识小录》卷一
六如别业	沈明生（名医）	顺治	阊门内桃花庵	《百城烟水》卷二
勺湖	方还（贡生）	清	阊门东	民国《吴县志》卷三九上
绣谷园	蒋垓（举人）	清初	阊门后板厂	《五亩志余》；民国《吴县志》卷三九上
清华园	毛达斋（观察）	清	阊门外上津桥	同治《苏州府志》卷四一五
䴥水园	冯勖（翰林检讨）	清	葑门外	乾隆《元和县志》卷一八
薛家园	薛宗濂	清	娄门外	乾隆《元和县志》卷一八
一枝园	段玉裁（知县、经学家）	清	枫桥	《垂虹识小录》卷一《古迹园第》
南村梅圃	倪师孟（翰林编修）	清	马赋	《垂虹识小录》卷一《古迹园第》
匠门书屋	张大受（翰林检讨）	清	城东	乾隆《元和县志》卷一八
寒碧山庄（刘园）	刘恕（广西右江兵备道）	乾隆	城西花步里（徐氏东园废址）	同治《苏州府志》卷四六
渔隐小圃	袁又恺（藏书家）	清	江村桥	《渔隐小圃记》，见同治《苏州府志》卷四六
邱南小隐	汪琬（编修）	清	虎丘旁	《百城烟水》卷一；同治《苏州府志》卷四六
西溪别墅	陆豫斋	清	虎丘	同治《苏州府志》卷四六
一榭园	薛一瓢（隐士）	清	虎丘	《红兰逸乘》
遂初园	吴铨（吉安太守）	康熙	木渎	《木渎小志》卷一；同治《苏州府志》卷三九
茧村	徐惇复（贡士）	清	木渎西跨塘青龙涧	民国《吴县志》卷三九上
怡园	陶筱（员外郎）	乾隆	木渎下沙塘	《木渎小志》卷一
虹饮山房	徐士元（文士）	乾隆	木渎	《木渎小志》卷一
潜园（桂隐园）	钱炎	嘉庆十八年	木渎斜桥西	《木渎小志》卷一；民国《吴县志》卷三九

续表

园名	园主	时间	所在位置	资料来源
端园	钱照	道光八年	木渎王家桥畔	《木渎小志》卷一；同治《苏州府志》卷四六
澹园	贝绍溥（提举）	清	西跨塘	同治《苏州府志》卷四五
乐饥园	韩璟（山人）	乾隆	灵岩山麓香溪	同治《苏州府志》卷四五
灵岩山馆	毕沅（湖广总督）	清	灵岩山之阳	《浪迹续谈》卷一
南垞草堂	吴士绅（医士）	清	尧峰胡巷	民国《吴县志》卷三九上
尧峰山庄	汪琬（编修）	清	尧峰胡巷	同治《苏州府志》卷四五
石坞山房	王申荀（太学生）	清	尧峰麓	同治《苏州府志》卷四五
怡云山庄	陈世涟（州司马）	清	尧峰麓	同治《苏州府志》卷四五
水木明瑟园	陆积（监生）	清	灵岩天平间上沙村	同治《苏州府志》卷四五
涧上草堂	徐枋（高士）	清	灵岩天平间上沙村	《苏州山水》
永言斋	张大纯	康熙	吴山麓	《百城烟水》卷一
逸园		清	西碛山下	同治《苏州府志》卷四五
己畦	叶燮（知县）	清	横山之阳	同治《苏州府志》卷四五；《木渎小志》卷一
耐久园	缪彤（侍讲）	康熙	皋峰麓	同治《苏州府志》卷四五
佚圃	蒋云九（侍郎）	清	阳抱山	同治《苏州府志》卷四六
邓尉山庄	查世倓（刑部郎中）	嘉庆	光福	同治《苏州府志》卷四五
艺圃	徐傅	清	光福花园街	民国《吴县志》卷三九上
云壑藏舟	陈壬庭	清	马家山麓	民国《吴县志》卷三九上
依绿园（芎畦小筑）	吴时雅（隐士）	清	东洞庭山之武山麓	《太湖备考》卷六；民国《吴县志》卷三九上
桃源山庄	郑登远（商人）	清初	东洞庭山桃源村	《太湖备考》卷六；民国《吴县志》卷三九上

扬州位于长江北岸，也是座具有悠久造园历史的城市。据《太平寰宇记》记载，南朝刘宋元嘉二十四年（447），时任南兖州（治所扬州）刺史

的徐湛之，在蜀冈东北角池侧，筑"风亭、月观、吹台、琴室"，"以极游宴之娱"，是为扬州文献上最早的筑园记录。隋唐以来，四方仕宦多侨寓于此，"往往相与凿陂池，筑台榭，以为游观宴会之所"①。唐代扬州的私家园林，主要有樱桃园、郝氏园、席氏园等。宋、元主要有朱氏园、丽芳园、壶春园、江风山月亭、崔伯亨园、明月楼等。"增假山而作陇，家家位青翠城闉；开止水以为渠，处处是烟波楼阁"。②明清时的扬州，风华之俗益为浓重，人家多别业，园林建设达到鼎盛。当时，"贵富家饰台榭为观游，鳞次栉比"③，有"亭台随意安"，"无家不金谷"④之誉。明清扬州共计建有园林94座。详见下表：

表2　　　　　　　　**扬州园林一览表（二）**

园名	园主	时间	所在位置	资料来源
苜蓿园	欧大任（训导）	嘉靖	县学西	《扬州园林品尝录》第262页
容园	汪氏（盐商）	天启		《广陵诗事》卷六
休园	郑侠如（盐商）	崇祯	新城皮市街	《扬州画舫录》卷八
影园	郑元勋（盐商）	崇祯	南湖	《扬州画舫录》卷八
荣园	汪氏（盐商）	明末		雍正《扬州府志》卷二三
五亩之宅二亩之间	郑元嗣（盐商）	明末		《扬州画舫录》卷八
王氏园	郑元嗣（盐商）	明末		《扬州画舫录》卷八
嘉树园	郑元化（盐商）	明末		《扬州画舫录》卷八
小东园	王大川（中丞）	明	小东门	《扬州园林品尝录》第269页
偕乐园	吴秀所（扬州知府）	明	梅花岭	《扬州画舫录》卷三

---

①　王士禛：《东园记》，见嘉庆《重修扬州府志》卷三〇。
②　谢溶生：《扬州画舫录》序。
③　储欣：《在陆草堂文集》卷二《存园记》。
④　黄之隽：《唐堂集·游江都有员氏雷氏诸园四首》。

续表

园名	园主	时间	所在位置	资料来源
遂初园	高世化	明		《遂初园记》，见光绪《甘泉县志》卷一〇
卞园		明	小金山后	《扬州画舫录》卷一
王洗马园		明	旧城北门外	《扬州画舫录》卷一
街南书屋（小玲珑山馆）	马曰璐（盐商）	康熙	新城东关街	《扬州画舫录》卷四
爱园	汪懋麟（刑部主事）	康熙	新城东关街	《改亭集》卷八《见山楼记》
安氏园	安麓山（盐商）	乾隆	新城东关街	《扬州览胜录》卷五
个园	黄至筠（盐商）	嘉庆	新城东关街	《扬州览胜录》卷五
青溪旧屋	刘文淇（经学家）	嘉庆	东圈门街北	《扬州览胜录》卷五
双桐书屋	张琴溪（盐商）	乾隆	新城左卫街	《履园丛话》卷二〇
二分明月楼	黄氏（盐商）	清	新城左卫街东首	《扬州园林品赏录》第216页
容园	黄履昊（盐商）	乾隆	新城阙口街	《浪迹丛谈》卷一《水窗春呓》下
畹香园	江畹香（侍郎）	嘉庆	新城阙口街	《履园丛话》卷二〇
别圃	黄履昂（盐商）	乾隆	新城阙口门内	《扬州画舫录》卷一二
十间房花园	黄履暹（盐商）	乾隆	新城倚山南	《扬州画舫录》卷一二
万石园	余元甲（盐商）	雍正	新城康山街	《扬州画舫录》卷一五
康山草堂	江春（盐商）	乾隆	新城康山街	《广陵名胜图记》第六
易园	黄晟（盐商）	乾隆	新城康山街	《扬州画舫录》卷一二
退园	徐士业（盐商）	乾隆	新城康山街	《扬州画舫录》卷一四
徐氏园	徐本增（盐商）	乾隆	新城康山西北隅	《扬州画舫录》卷一四
静修养俭之轩	鲍志道（盐商）	乾隆	新城徐凝门内	《履园丛话》卷二〇
片石山房	吴家龙（盐商）	乾隆	新城徐凝门街	《履园丛话》卷二〇
水南花墅	江春（盐商）	乾隆	徐凝门外	《扬州画舫录》卷一二

园名	园主	时间	所在位置	资料来源
漱芳园	汪应庚（盐商）	乾隆	徐凝门外	嘉庆《江都县志》卷五
驻春园	黄阆峰（盐商）	乾隆	新城南河下街	《扬州画舫录》卷八
鄂不诗馆	陆钟辉（郎中）	清	南河下街	《扬州园林品尝录》卷209 页
紫玲珑阁	江昉（盐商）	乾隆		《扬州画舫录》卷一二
城南草堂	陈思贤	嘉庆	小东门内	《芜城怀旧录》卷一
亢园	亢氏（盐商）	清初	小东门外	《扬州画舫录》卷九
吴园	吴氏（盐商）	清初	大东门外	《扬州画舫录》卷九
朱草诗林	罗聘（画家）	乾隆	弥陀巷东	《扬州览胜录》卷五
意园	秦恩复（编修）	乾隆	堂子巷	《小盘谷图》题跋，见《扬州园林品赏录》第274 页
挈园	魏源（内阁中书）	道光	仓巷	民国《江都县续志》卷一三
让圃	张士科、陆钟辉（盐商）	康熙	行庵西	《扬州画舫录》卷四
行庵	马曰管、马曰璐（盐商）	康熙	天宁寺	《鲒亭集外编》卷二五
东园	江春（盐商）	乾隆	天宁寺外	《扬州画舫录》卷四
城闉清梵（绿扬城郭）		清	北门北岸	《扬州画舫录》卷六
罗园	罗于铙（盐商）	乾隆	城北	《扬州画舫录》卷六
墪云春暖	江兰（盐商）	乾隆	城北	嘉庆《两淮盐法志》卷四
卷石洞天（小洪园）	洪征治（盐商）	乾隆	城北	《广陵名胜全图》上册
西园曲水	黄晟（盐商）	乾隆	城北	嘉庆《扬州府志》卷四
倚虹园（大洪园）	洪征治（盐商）	乾隆	保障湖	《扬州画舫录》卷一〇
冶春诗社	田氏	乾隆	保障湖	《扬州画舫录》卷一〇

续表

园名	园主	时间	所在位置	资料来源
江园（净香园）	江春（盐商）	乾隆	保障湖	《南巡盛典》卷九七
黄园（趣园）	黄履暹（盐商）	乾隆	保障湖	《南巡盛典》卷九七
长堤春柳	黄为蒲（盐商）	乾隆	保障湖	《南巡盛典》卷九七
韩园（依园）	黄为蒲（盐商）	乾隆	保障湖	《陈迦陵文集》卷六；《平山堂图志》卷二
桃花坞	黄为荃（盐商）	乾隆	保障湖	《南巡盛典》卷九七
梅岭春深	程志诠（盐商）	乾隆	保障湖	《广陵名胜园记》第一〇
临水红霞	周柟（盐商）	乾隆	保障湖迎恩河岸	嘉庆《扬州府志》卷四
平冈艳雪	周柟（盐商）	乾隆	保障湖迎恩河岸	《扬州画舫录》卷四
邗上农桑	王勯（盐商）	乾隆	保障湖迎恩河岸	《扬州画舫录》卷四
杏花村舍	王勯（盐商）	乾隆	保障湖迎恩河岸	嘉庆《扬州府志》卷四
东园（贺园）	贺君召（盐商）	雍正	保障湖莲性寺侧	《扬州名胜录》卷三
白塔晴云	程扬宗（盐商）	乾隆	保障湖	《扬州画舫录》卷一四
春台祝寿	汪廷璋（盐商）	乾隆	保障湖	《广陵名胜图记》第三七
筱园	程梦星（盐商）	康熙	保障湖二十四桥旁	《平山堂图志》卷二
石壁流淙（水竹居）	徐士业（盐商）	乾隆	保障湖	《扬州画舫录》卷一四
锦泉花屿	张正治（诸生）	清	保障湖	《扬州画舫录》卷一四
平流涌瀑	汪焘（盐商）	乾隆	保障湖	《广陵名胜图记》第二六
蜀冈朝旭（高咏楼）	李志勋（盐商）	乾隆	保障湖	《扬州名胜录》卷一五
万松叠翠（吴园）	吴禧祖（盐商）	乾隆	保障湖	《平山堂图志》卷二；《扬州画舫录》卷一五
尺五楼	汪秉德（盐商）	乾隆	保障湖	《平山堂图志》卷一
双峰云栈	程均（盐商）	乾隆	蜀冈东，中峰间	《平山堂图志》卷二
山亭野眺	程颋（盐商）	乾隆	蜀冈东峰	《广陵名胜图记》第四六

续表

园名	园主	时间	所在位置	资料来源
十亩梅园（小香雪）	汪立德（盐商）	乾隆	蜀冈中峰	《广陵名胜图记》第二九
西园（平山堂御园）	汪应庚（盐商）	乾隆	法净寺（大明寺）西	《扬州画舫录》卷一六
南园（九峰园）	汪玉枢（盐商）	乾隆	南湖	《南巡盛典》卷九七
存园	吴尚木（盐商）	康熙	东郊二里桥	《陆草堂文集》卷二《存园记》
梅庄		清	城东二里	郑板桥《梅庄记》
东园	乔国桢（盐商）	康熙	城东南里村	嘉庆《重修扬州府志》卷三〇
宜庄（澹园）	黄氏	清	东南郊外	《归遇文钞》卷九《宜庄记》
城南别墅	方士淦（盐商）	清	城南	《小仓山房文集》卷二九
秦园	秦西岩（盐商）	乾隆	南郊	《扬州览胜录》卷五
吴园（锦春园）	吴家龙（盐商）	乾隆	南郊瓜洲	嘉庆《扬州县志》卷一
南庄	马曰管、马曰璐（盐商）	康熙	南郊霍家桥	民国《江都县续志》卷一三
纵棹园	乔石林（侍读）	清	城东北隅	《遂初堂集》卷一二
巴园	张中丞	清		阮元《广陵诗事》卷六
毕园	毕本恕（盐商）	雍正	北门城外	《扬州画舫录》卷一
西畴别业	方士庹（盐商）	乾隆	北郊	《扬州画舫录》卷四
秘园		清	北郊	《孔尚任文集》卷七
假园		清	北郊	《百尺梧桐阁文集》卷三
勺园	汪希文（花农）	清	城北	《扬州画舫录》卷六
深庄	江春（盐商）	乾隆	城郭	《扬州画舫录》卷一二
幽讨园	汪汉杰（盐商）	乾隆	郊外墨涛庄后	民国《江都县续志》卷一三

2. 园林主人及造园目的分析

苏州、扬州二地于明清时都造有大量私家园林，细究起来，两地造园时间及园主人身份却有较大差异，这与两地不同的城市个性与文化背景有关。

苏州自明中叶后，士大夫筑园之风极盛，他们蓄水为池，叠石成峰，成为一种时尚，这种风气直到崇祯朝未曾变化。有学者提出了明代江南园林建造阶段论，以为"明代江南园林出现过两个高潮，一个是成化、弘治、正德年间，另一个是嘉靖、万历年间"①。事实上，苏州园林自明中期以后，一直处于繁荣时期，其中并没有低潮间隔。况且正德至嘉靖在时间上是一个整体，既然正德、嘉靖均处于园林兴筑的高峰期，也就无法分成两个阶段了。明代苏州共造园林89座。入清后的苏州，造园之风稍逊明代，计筑园林62座。

苏州园林大多是文人园，其园林主人皆为在任官员、乡绅及普通文士。据统计，除了园主人身份不明外，明代苏州官绅文士造园69座，占明代园林的77.5%，清代官绅文士造园49座，占清代园林的79%。可见官绅士大夫所建园林占了苏州园林的绝大部分，由此也表明苏州乡绅文化之发达。

表3　　　　　　　　　苏州园林主人情况表（一）

	园林主人		园林合计	
	官绅	文士	数量	百分比（%）
明代园林	42座	27座	69座	77.5
清代园林	33座	16座	49座	79

在此基础上，我们有必要对园林主人身份地位作一深入考察。对于园林主人，古有非官绅即文士之说法，孙承恩在《小西园记》中阐述道：

---

① 王春喻：《论明代江南园林》，《中国史研究》1987年第3期。

　　古之君子其役志于苑囿，以为游观之乐者，苟非势家豪族，则皆隐逸之士、不得志于当时者所为。乃若得位以行道，则固将尽心于竹帛之事，其于游观之计，宜不暇为；即有之，亦必待功成身退。①

　　由此，我们进一步分析官绅造园的两种情况，一种是宦成名就筑园，这些官员讲享乐，好夸耀，"辄构园居"②，往往于省亲，或待命家中构筑园亭，即所谓"间归乘兴经营"③。如吴宽官尚书时，为其父于东城治圃东庄，有亭台竹石之胜，吴宽致仕后也徜徉其间。毕沅宦达后，也筑灵岩山馆以待归田自娱。而这种于任上所筑园林，又往往打着孝顺上亲的旗号。如王延哲为父王鏊筑的怡老园、缪彤奉养父亲所葺的志圃等等，莫不如此。

　　另一种是致仕归田筑园，这类士大夫或"縻于好爵，家居之日少，往往不暇为园"④，且壮年历掌王事，行乐光景都已蹉跎过尽，退休后，囊橐满盈，"然后穷极土木，广侈华丽，以明得志"⑤。或者为官谨慎，担心任上造园遭人弹劾，丢失乌纱帽，所谓"此中惴惴，帷恐置贬"⑥ 而不敢为园，待功成身退后始问园亭之事。其中，又有不少不得志于官场而罢归筑园者，他们将园林作为笑傲寄情之所，日与图书花石相亲娱，"以避世而娱老"⑦。所谓水石林竹，清深幽靓，"使人忘世事"⑧。如明嘉靖间，袁袠在广西提学金事任上甚不得志，遂谢病归里，买田百亩，筑横塘别业，与文徵明、王宠诗酒往来。清康熙宝应知县叶燮，因忤上司，被劾落职，于横山筑己畦园消遣度日。"西堂老人"尤侗于康熙二十二年（1683）以翰林院检讨告老回家，归田后第五年即在葑门内筑成亦园，以此自娱，并贻天下君子共享。园在十亩之间，有丘有壑，有揖青亭、水哉轩诸胜，所谓"天下有之，吾园无不有也"。尤侗拾园景命之为"十景"，即"南园春晓"、"草阁凉风"、"葑溪秋月"、"寒村积雪"、"绮陌黄花"、"水亭菡萏"、"平畴禾黍"、"西

---

① 孙承恩：《文简集》卷三二。
② 曹家驹：《说梦》。
③ 潘耒：《遂初堂集》卷一二《纵棹园记》。
④ 同上。
⑤ 谢肇淛：《五杂俎》卷三《地部一》。
⑥ 曹家驹：《说梦》卷二。
⑦ 《归庄集》卷三《王氏西田诗序》。
⑧ 姚鼐：《惜抱轩文集》卷一四《随园雅集图后记》。

山夕照"、"层城烟火"、"沧浪古道"。尤侗以其卓越的文学名声，吸引四方诸君子造访亦园，唱和不休。① 还有一些高人韵士，他们虽上无禄仕之入，下靡赢羡之积，但生性有山水清娱之好，故而也占幽胜，治台馆，栽花莳竹。

　　长期以来，人们热衷于从园名、建筑名、楹联题铭及园记中寻找建筑园林的哲学及文化渊源。其实，文化及哲学思想与其说是园林的内涵，不如说是园林附设的漂亮外衣。建筑园林的动机，从根本上来说，是园林主人生活享受的追求，园林是业主本人及家眷悦目愉情之所。自古以来，人们以居山水间为上，但做不到长期栖岩止谷。如王世贞所言：墅居不胜寂，市居不胜嚣，"莫若托于园，可以畅目而怡性"。② 于是乎，一些富贵人家远延山水于家中，掇山理水，种佳木，构亭台，门庭雅洁，室庐清靓，再陈金石图书，可"令居之者忘老，寓之者忘归，游之者忘倦"③，混迹尘市而又有尘市之外之感了。可见，不论是"怡我之安"，还是"养我之动"，"为园多半是游嬉，傍宅西偏事事宜"④，享受欢愉，这是构园的第一要义。为此，园主们动足脑筋，以假代真，以虚代实，假山假水，竭尽奇巧。如李绍文《皇明世说新语》卷八《汰侈》中记录的吴人钱晔家园，园内池中筑一四空亭，因嫌日光蒸照，又造大方舟，舟中实满土，上种名花，以"作高屏，视日所至，牵而障焉"。

　　扩展一点，园林也是部分士大夫寄情山水、追求恬然潇远情趣直至终老之地。因为，"耳口鼻之欲易尽，惟目之欲无穷"⑤。士大夫有能力随时置购各种美味佳肴、金声玉女供其享用，但不可能随心所欲览遍万水千山。筑亭造园，浓缩名山胜水于家园之中，园主人足不出庐，即能饱赏山川秀色，达到亲近自然，忘却尘世之目的。昆山有逸我园，为明中期官至南京太常寺卿方鹏家园，此园有中堂三楹，名为溪南书屋，堂左为先祠，右为精舍，堂下有池，池上有山、有亭、有桧，山之右有轩，堂背有怪石、有竹数百竿。其间有古木佳果、繁花杂卉。方鹏自述每天在花园中的

---

① 　徐崧、张大纯：《百城烟水》卷三。

② 　王世贞：《弇州续稿》卷四六《古今名园墅编序》。

③ 　文震亨：《长物志》卷一。

④ 　沈周：《石田诗选》卷七《西园》。

⑤ 　陈嘉珍：《止园记》，见《丹徒县志摭余》卷一。

活动:

> 予每旦度桥涉园,肃揖先祠,退就精舍,或读书,或赋诗,或焚香
> 独坐。客至,或瀹茗,或呼酒,匪其人,则辞倦。则或临池,或卧石,
> 或命童子扫叶,或督畦丁艺疏。日既暮,则返于室。如是者以为常,盖
> 老于是,逸于是,以毕吾生而已。①

真可谓"短筑墙垣仅及肩,多穿涧壑注流泉。放将苍翠来窗里,收取清泠
到枕边。世欲何求休汗漫,我真可贵且周旋"。②

　　当然,"园以交往"③,园林是士大夫开展交友活动的绝好场所。士大夫
于家园中,常与同好穿沼观鱼,披林听鸟,琴樽行列,觞咏不休,起舞歌呼
无虚日,因而四方宾客名士来游者,"得从观赏憩息,人人快然而去"④。如
唐市柏园,家有男女梨园,每夜张灯开燕,按次演剧,吴中骚人文士、琴师
棋客常年云集。松江西园胜甲东吴,园林主人又贤雅,"文墨之士往游于是
者日众"⑤,文人们徘徊峰峦竹树之间、亭馆沼沚之上,或陟而嬉,或坐而
息,或沼或濯,或听琴,或观奕,摹写风景,宣寄性情。

　　有人提及上海豫园、常熟东皋园等江南园林存在商业化倾向,说园主
人在园中养鱼、栽种瓜果,除了自用外,"园中的部分产品,成了商
品"⑥,这种说法难以使人接受。其歧义主要源于以下两个方面,一是对
史料未作细究,生搬硬套,所用材料不能支持这种观点。如所举的常熟瞿
式耜东皋园,池中畜鱼万头,主人曾召客"赏鱼"。瞿氏抗清失败,家道
中落后,"遂大集渔人……所获鱼不下千石,吴中鱼价为之顿减"⑦。由此
可见,东皋园池中畜鱼是为观赏,而非卖鱼赢利。至于家败后捕鱼出售,
怎能说成是"生产化、商品化的倾向"?二是对园林定义不明,错将一般
果园菜圃当做园林。"园林"一词,尽管学界释义不尽一致,但以山水建

---

① 方鹏:《矫亭存稿》卷六。
② 李流芳:《小茸檀园初成》,见《南翔镇志》卷一一。
③ 潘之恒:《乌龙潭寤园记》,见《名山胜概记》卷三。
④ 计东:《改亭集》卷九《憺园记》。
⑤ 张弼:《东海文集》卷一《西园留题序》。
⑥ 王春喻:《论明代江南园林》,《中国史研究》1987年第3期。
⑦ 王应奎:《柳南随笔》卷一。

筑组成的游赏空间为园林，这是大家所公认的。如当代著名园林家陈从周在《说园》一书中就说："中国园林是由建筑、山水、花木等组合而成的一个综合艺术品，富有诗情画意。叠山理水要造成'虽由人作，宛自天开'的境界"。上述观点持有者所举绍兴快园、震泽桃园等皆属果园之类，并不是专作游赏用的"园林"。至于果园、菜圃之产品进行外销，那是自然的事，与园林无关。而那些在宅第周围栽桑种粮，即便其中有亭台点缀，也不能以园林相称。王永积于崇祯间在无锡中桥附近得地五十亩，署曰"武陵旧隐"。其中，有蠡湖草堂三楹，因陋山房三楹，"□二之，街一之，田四之，屋三之，三面临流。西一面，筑土为樊，刍雉兔，时容出入……有松，有竹，有梅，有梧，有老桂，有高槐，有桃李，有榆柳、柽柽，界以槿篱，间以麦陇，塍以菜畦，花片争流，稻香成阵"。[1] 可见，"武陵旧隐"实际上是一座小庄园，并不是专供娱心养神的园林别业。这一点，王永积本人也非常清楚，他坦言道："园不成园，居不成居。"由此看来，明清人的园林概念还是十分清晰的，并不像我们今天一些人所认为的，凡有亭台皆可称之为园林。

明清之际，具有商业化倾向而号为某某园的，确有存在，但它不是传统意义上的园林。据《阅世编》卷十载，上海城北郊有顾氏露香园，产优质嘉桃，"岁获美利"。徐龙羡其利也于自家小圃里杂植桃柳，名园桃园。"后见游人日盛，而邻家夸侈斗靡，龙与不无起胜之意"，遂大兴土木，于土山增高累石，桃柳之外广植名花，构亭筑室，规方百亩，成一邑名胜。会逢鼎革，清兵入园攀花摘果，园遂日废，"而荒其漕白，徐氏赔累无已"。可见，徐氏桃园是因果木经济而发展壮大起来的，也正因此，果园毁败才称得上是"赔累"，这与完全属于消遣性质的古典园林有着本质上的区别。又有人说，清康乾时松江地区的园林"'市集'的功能大大增强"。其理由是，嘉定古猗园、秋霞圃及上海豫园等私家花园皆与所在城隍庙合并，成为庙园，随之店肆林立，产生了"市集"。[2] 其实，成为庙产后的这些园林，其原有的功能发生了很大变化，早已不是专门的"雅集"之所，因而也就不能算作是传统园林，如何派用场当另作别论了。

---

① 王永积：《锡山景物略》卷六。
② 杨泽君、陆鹏亮：《从"雅集"到"市集"——松江园林与明清社会经济的变迁》，《中国社会经济史研究》2001年第1期。

现在，我们再来分析一下扬州园林主人及其造园目的。见下表：

表4　　　　　　　　扬州园林主人情况表（二）

	明代	清代							合计	
		康熙	雍正	乾隆	嘉庆	道光	不定	小计	总数	百分比（%）
士大夫园林	3	1		2	2	1	4	10	13	13.8
盐商园林	7	7	3	48	1		4	63	70	74.5
其他园林	3			1	1		6	8	11	11.7

由上表可以看出，在扬州的94座园林中，明代园林13座，占13.8%，清代园林81座，占86.2%，可见清代扬州园林建设远远超出明代。从园主人身份看，士大夫（含文人画家）园林13座，占13.8%，盐商园林70座，占74.5%，其中绝大部分为徽籍盐商所建，可知明清扬州园林以商人园林为主。乾隆年间盐商园林达48座，占去明清两朝全部园林的一半以上，也占明清盐商园林的68.6%。乾隆间扬州盐商园林之盛，与当时发达的盐业经济及乾隆皇帝南巡有关。

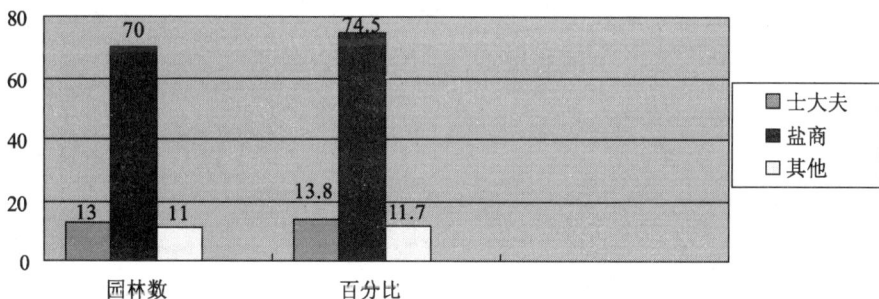

图1　扬州园林主人身份分析

"扬州繁华以盐盛"[1]。扬州东临大海，自古即有"鱼盐杞梓之利"[2]。明清时，以扬州为中心的两淮盐业达到鼎盛，当时，两淮盐区的产盐量、销

---

① 黄钧宰：《金壶浪墨》卷一《盐商》。
② 《宋书》卷五四《沈昙庆传》。

售地区均居全国产盐区之最。"市利中以盐利最巨"①，两淮场盐每斤不及十文，运到汉口，每斤价至四五十文，由汉口分运各处销售，"近者六七十文，远者竟需八九十文不等"②，且愈远愈贵。不仅如此，盐商们还用加价、加耗（即借口弥补运途损耗增加每引盐额的斤数。如清初每引额定盐250 斤，嘉庆时增至每引 364 斤）、倒卖盐引（两淮额引归数十家引商承办，由运商向他们购买盐引而取得销盐资格。当盐引价格畅销时，引商便辗转私售盐引，坐享厚利）等办法来牟取暴利，因而获利甚巨。明时，盐商"藏镪有至百万者，其他二三十万则中贾耳"③。至清代，"淮商资本之充实者，以千万计，其次亦以数百万计"④，最少亦一二百万，"百万以下者，皆谓之小商"⑤。清人估计扬州盐商百数十户，"蓄赀以七八千万计"⑥，而乾隆时期，户部所存库银也不过七千八百余万两。盐业资本几可操纵全国金融。

扬州盐业，主要为山陕商人（又称西商）与徽州商人（也叫新安商人）经营。明前期，实行"开中法"，近境纳粟报中，山陕商人占有明显的地域优势。因而山陕地区的商人麇至扬州，如三原之梁，山西之阎、李，兰州之刘，襄陵之乔、高，泾阳之张、郭，西安之申，临潼之张，虽"兼籍故土，实皆居扬"，⑦ 两淮盐业几为他们独霸。明中叶以后，纳银制取代"开中法"，以银两换取盐引，无须在边地垦荒种粮，山陕商人无优势可言。加上徽籍盐商善于经营，巴结官府，讨好皇帝，遂逐渐取代山陕商人往日的地位，控制了两淮盐业。正如万历《歙志·货殖》所云："而今之所谓大贾者，莫有甚于吾邑，虽秦晋间有来贾淮扬者，亦苦朋比而无多。"清代时，令资重"引"多、家道殷实者为总商，以承有司之事，两淮盐业有所谓八大总商，徽州江村江氏、丰溪澄塘吴氏、潭渡黄氏、岑山程氏、稠墅潜口汪氏、上丰宋氏、棠樾鲍氏、蓝田叶氏诸姓轮流占据商总之职。

---

① 张瀚：《松窗梦语》卷四《商贾记》。
② 陶澍：《陶文毅公全集》卷一一《敬陈两淮盐务积弊附片》。
③ 谢肇淛：《五杂俎》卷四。
④ 李澄：《淮鹾备要》卷三。
⑤ 小横香室主人：《清朝野史大观》卷一一《清代述异》。
⑥ 汪喜孙：《从政录》卷二《姚司马德政图叙》。
⑦ 嘉庆《江都县续志》卷一二。

扬州盐商富埒王侯。这些资产达百万、千万以上的富商大贾，宴会戏游无虚日。《扬州画舫录》卷六说他们：

> 或好马，蓄马数百，每日费数十金，朝自内出城，暮自城外入，五花灿著，观者目炫；或好兰，自门以至于内室，置兰殆遍；或以木作裸体妇人，动以机关，置诸斋阁，往往座客为之惊避。

盐商争奇斗艳，不可胜纪。又率喜作园馆，以靓丽相夸尚。尤其清前期，盐法全盛，"商人多治园林"①。如清乾隆时两淮盐业巨子江春，歙县江村人，占籍仪征，任总商四十余年，先后筑有随月读书楼、秋声馆、水南花墅、东园、江园、康山草堂和深庄等数处园林别业。其康山草堂在扬州城内数十座园亭中，有"最旷逸者"之誉，与先前汪懋麟百尺梧桐阁、马曰璐小玲山馆"先后媲美，鼎峙而三"②。俗称"四元宝"的黄晟、黄履暹、黄履昊、黄履昂四兄弟都好构园亭，分别筑有易园、四桥烟雨、容园、别圃等园林。如表4所示，其他各商也都建有宅园别墅，因而出现了"城内外名园相属"③的繁盛景象。

盐商造园与士大夫有着相同的目的，一方面是其远延自然山水供足个人清赏之需，所谓"不出户而壶天自春，尘马皆息"④；另一方面也是盐商以文会友，以园馆士的需要。盐商不同于那些列肆居奇、肩担背负之徒，他们中不少人有较高的文化素养。如"富甲天下"的安麓村，"学问宏通，极精鉴赏，收藏之富，甲于海内"⑤。尤其徽籍盐商来自向有"东南邹鲁"之称的徽州，从小接受文化教育，讽诵诗礼。所谓"徽之业盐者，多阀阅之后，门第清华，庭帏礼让，熟习古圣遗书，居仁由义，沐浴于文公文教泽者非一

① 光绪《江都县续志》卷一五《盐法考》。
② 梁章巨：《浪迹丛谈》卷二。梁氏将康山草堂列为雍正时名园，此谬也。因至雍正十三年，江春才十六岁，江春是在乾隆六年二十二岁时才佐父业盐的。康山草堂当建于乾隆六年之后。
③ 贺君召：《扬州东园题咏》序。
④ 刘凤诰：《个园记》（刻石）。
⑤ 叶昌炽：《藏书纪事诗》卷四。

日矣"①，故许多徽商虽"不服儒服、冠儒冠"，但"贾服而儒行"②，翩翩
然如士君子有儒风，有着较高的文化修养。如歙人吴鍎业盐扬州，"昼筹盐
策，夜究简编"，经史子集环列几案，至老未尝释卷。③ 祁门巨商马曰管，
好学博古，考校文艺，评骘史传，旁逮金石文字，并擅长作诗，与其弟马曰
璐皆以诗名江淮间，时人誉之"南马北查"。其他如程梦星、江春、江昉、
鲍漱芳等皆为饱学之士。他们盛馆舍，延请硕儒，款留名士，"暇则招客高
会"④，娱性陔养，幽赏与共。如杭世骏、厉鹗、全祖望、陈祖范等名硕皆
曾馆于马曰璐的小玲珑山馆，结诗社，宴赏弹唱无虚日。江春康山草堂更是
往往"客以数百计"，设"曲剧三四部，同时分亭馆宴客"。"酒赋琴歌，不
申旦不止"。⑤ 江昉紫玲珑阁也是宾客盈门，袁枚、卢见曾、吴献可、蒋士
铨等四方名士觞咏其中，故当时士大夫客扬州者，"问所主，不曰康山，则
曰紫玲珑阁"⑥。所以，当时的扬州，名公胜流，履舄交错，如谢堃《书画
所见录》所说："海内文士，半集淮扬。"盐商结交天下名士，娱乐了心神，
也提升了自己的文化品位，传扬了自己的高雅情操。

　　而盐商在乾隆年间于保障湖两岸竞造园林，则更出于政治目的，他们期
盼所造花园得到乾隆帝的青睐，"以布衣上交天子"，取得政府的经济资助，
并借此谋取社会地位与政治特权。据载，乾隆以前的保障湖岁久淤浅，水道
仅通到法海寺，"游人登平山堂，率至法海寺，舍舟而陆径"⑦。孔尚任有
《清明红桥竹枝词》诗曰："法海红桥傍湖尽处，吹箫打鼓等斜阳。"湖水疏
浚及两岸园亭的大规模建筑都与乾隆帝南巡有关。⑧ 清高宗弘历于乾隆十六
年、二十二年、二十七年、三十年、四十五年、四十九年六次南巡江浙。高
宗每次南下经扬州，于驻跸之暇，都要亲临扬城北郊名胜平山堂，访欧苏遗

---

① 嘉庆《两淮盐法志》卷四《恩幸五》。

② 《潭渡黄氏族谱》卷九《望云翁传》，见张海鹏、王廷元：《明清徽商资料选
编》。

③ 《丰南志》第五册《显考嵩堂府君行述》，见张海鹏、王廷元：《明清徽商资料
选编》。

④ 汪道昆：《太函集》卷二《汪长君论最序》。

⑤ 袁枚：《小仓山房诗文集》卷三一。

⑥ 嘉庆《两淮盐法志》卷四五《人物三》。

⑦ 王士禛：《红桥游记》，见赵之璧：《平山堂图志》卷九。

⑧ 乾隆以前保障湖湖上园林情况，参见陈建勤：《明清时期徽商与扬州园林》，
《江海学刊》1998 年第 6 期。

迹，览江山风景。为迎合热衷于"眺览山川之佳秀"的乾隆帝的嗜好，"各盐商穷极物力"①，不惜糜千万巨金，于乾隆帝前三次南巡即乾隆十五年（1750）、二十年（1755）、二十六年（1761）之前，在通往平山堂的保障湖地区赋工属役，疏浚水道，加深广曲折，夹岸栽桃植柳，并于湖两岸构亭筑园，增华饰观。如黄履暹在保障湖长春桥两岸筑四桥烟雨园，此园极具"水云缥缈之趣"，每当螟烟雾漫、小雨廉纤，环望春波、长春、玉版、莲花四桥，如同彩虹蜿蜒出没波间，为一丽景。两淮八大商总之一的汪硕公夫人汪太太，承其夫之遗业，主持内外各事。当高宗巡幸扬州时，汪太太"与淮之盐商，先数月，在北城外择荒地数百亩，仿杭之西湖风景，建筑亭台园树，以供御览。惟中少一池，太太独出数万金，夜集工匠，赶造三仙池一方，池夜成而翌日驾至"。② 经过盐商们的狂热筑园，原来鲜有园亭之设的保障湖③，一下冒出近三十座园林，阁楼掩映，朱碧新鲜，形成"两岸花柳全依水，一路楼台直到山"的壮观景象。对此，袁枚于乾隆五十八年（1793）为《扬州画舫录》所作序中就说：

> 记四十年前，余游平山，从天宁门外舟而行，长河如绳，阔不过二丈许，旁少亭台，不过堰潴细流，草树卉歘而已。自辛未岁天子南巡，官吏因商民子来之意，赋工属役，增荣饰观，侈而张之，水则洋洋……然回渊九折矣，山则峨峨然约横斜矣，树则焚槎发萼桃梅铺纷矣，苑落则鳞罗布列矣。

乾隆皇帝六下江南，每次途经扬州，或便道，或驻跸塔湾行宫（指城南三汊河高旻寺行宫）时纡道临幸黄、江、程、洪、张、汪、周、王、闵、吴、徐、鲍、郑、巴、余、罗（以上皆为徽州名门望族）诸家园林，"有时屦步有时舟"，"一路名园都可憩"。④ 如乾隆二十六年（1761）临幸并赐名

① 欧阳兆熊、金安清：《水窗春呓》卷下。
② 徐珂：《清稗类钞》第七册《豪侈类》。
③ 据考，乾隆以前，保障湖上仍少有园林，当时，红桥以下仅有建于康熙年间的贺君召东园、程梦星筱园，故孔尚任在《傍花村寻梅记》中说，清初保障湖除了十里荷香之外，能作"平山堂之附丽"者，不过红桥、法海寺而已。
④ 高晋：《南巡盛典》卷三一。

锦春园，乾隆二十七年（1762）临幸赐名倚虹园、净香园、趣园、高咏楼、九峰园，乾隆三十年（1765）临幸赐名的有水竹居、小香雪，等等。凡临幸之园，又均蒙赏御书诗章楹联。如被沈复赞为别饶天趣、列"诸园之冠"的九峰园①，赐有"雨后兰芽优带润，风前梅朵始敷荣"、"名园依绿水，野竹上青霄"诸联。清朝定例，元旦朝贺，王公以下、三品以上大员皆可恭邀颁赐"福"字，以为奕世光宠。可乾隆帝南巡时，"各工（商）皆赏'福'字"②。乾隆三十年，江春因修治江园受到乾隆帝赞许，赐金玉如意、"怡性堂"额和"福"字。江春先后五次获赐"福"字，勒于堂中，因称"五福堂"。江春又于康山"叠石穿池，请驾临幸。上喜平山之外得近处小憩，两幸其园，赋诗以赐"。时江春抱七岁儿迎驾，"上抱至膝上，摩其顶，亲解紫荷囊赐之"。真可谓"恩幸之隆，古未有也"③。徽商家园受到皇帝的青睐，"或蒙宸憩，或邀天览，或荷嘉名之锡，或叨睿藻之颁"④，徽商因此得以上交天子。加上不时"竟公报效"（指徽商斥巨资用于捐输、急公济饷、佐修河渠城防及赈灾诸方面），自乾隆二十二年（1757）起，徽商们得到了大小不等的虚衔嘉奖。如乾隆二十七年，奉宸苑卿黄履暹、洪征治、江春、吴禧祖各加一级，按察使衔徐士业、汪立德、王勖各加奉宸苑卿衔，李志勋、汪秉德、毕本恕、汪焘加按察使衔等。徽商跻身仕列，优厚拟于大僚，他们腰金衣紫，既圆了传统的功名梦，又能在封建特权的庇护下，攫取更大的商业利润。所以，在强大的政治特权与荣誉的诱使下，扬州盐商们竞相构园，从而使乾隆年间扬州盐商园林如雨后春笋般的涌现。这也就应了王昶在《千尺雪祠堂碑记》中所说的一席话：

　　　　自古名山异境，必赖高人逸士性耽云壑，为之疏泉凿石以标其胜，然后山川效灵，会逢其适，有以邀清跸之频临，动天章之吟赏，而人地遂以俱传矣！⑤

　　①　沈复：《浮生六记》卷四四《浪游记快》。
　　②　李斗：《扬州画舫录》卷一七。
　　③　袁枚：《小仓山房诗文集》卷三一《诰封光禄大夫奉宸苑卿布政使江公墓志铭》。
　　④　嘉庆《重修扬州府志》卷四《巡幸四》。
　　⑤　转自《寒山志》附二，见杨循吉等：《吴中小志丛刊》。

3. 造园花费

"名园缥缈若地涌，结构绝妙般与倕。千夫耶许立危石，百金掉鞭成曲池"①。构亭筑园，所费甚巨。一些贵势之家、富厚之族，为求丽栋朱甍、岩壑林麓池馆之胜，"辇土累石，欲其似山；筑陂陀，欲其似陵谷；凿池沼，欲其似江湖之水；植嘉树美箭，欲其苍然似林木"。为此，他们出积帑，斥饶财，"竭其赀力，而无所惜"。②

筑园造林花费的类项很多，主要包括材料与工钱两大部分。一些大家园林，好搜求天下珍奇之材，以标新立异，因而一园中之花木山石，往往皆为名品。如苏州求志园，凡花石竹木皆取名产，"诸材求之蜀楚，石求之洞庭、武康英、灵壁，卉木求之百粤、日南、安石、交州，鸟求之陇右、闽广"③，求志园因此称奇吴中。王世贞《游练川云间松陵诸园记》中说松江顾氏营造西郭园，"辇洞庭、花山、武康之石，奇木名卉实之"。唐市柏园的各种名贵花木，也皆"以百金从远方觅种，延虎丘莳花者培植"④。

当时，吴中诸园垒石，多取自尧峰等太湖周边地区。尧峰之石，玲珑瑰玮，争奇竞秀，凡士大夫有力之家，非其石不用。"千金辇致，以为名园之用，为宾朋之所玩赏，诗酒之流连"⑤。据载，王世贞筑弇山园，置太湖石高三丈，毁城门才得入。又潘永因《续书堂明稗类钞》引《泾林续记》载，明祭酒陈瓒于居所洞庭东山营构百亩花园，景石成山，巍峨非常。其一主峰，高丈余，阔达三丈，购买后的归途中，木筏不胜其重而沉入太湖，遂"筑堰壅水，百车共舁，几一月，水涸石露，曳之登筏，非原石也。复捞之，乃获"。扬州商子巨家筑园，叠山所用之石，或湖石，或黄石，或宣石，大多产自吴越等地，"必不惜舟车之费，越江而移置之"⑥。有仪征汪

① 叶方标：《湖亭翁园故址》，见金友理：《太湖备考》卷一〇。
② 陈玉璂：《学文堂文集》卷八《近园记》。
③ 王世贞：《弇州四部稿》卷七五《求志园记》。
④ 乾隆《唐市志》卷一《园亭》。
⑤ 沈受宏：《白溇先生文集》卷二《白公石记》。
⑥ 陈玉璂：《学文堂文集》卷八《爱园记》。

园，仅"舆石费至四五万"①。

建筑一座园林，往往要历数载，长则十余年、数十年，短也二三年或五六年，所费工钱皆不小。昆山茧园，雕栏萦绕，缀景如画，由叶盛之后数代"相继创辟"，历二百多年，为昆山"东城胜地"②。上海豫园肇建于嘉靖三十八年（1559），据潘允端《豫园记》载，园主潘允端在第宅世春堂西的大片菜畦上"稍稍聚石凿池，构亭艺竹"。三年后潘氏出仕外地，无暇建园，"垂二十年，屡作屡止，未有成绩"。万历五年（1577），潘允端由四川布政司解甲，"一意充拓"，继续他的造园工程。直到竣工，豫园前后营造时间长达数十年，面积也扩至七十余亩。豫园建造过程中，聘请园艺名家张南阳担任设计和叠山工作，亭台楼阁，曲径游廊，奇峰异石，池沼溪流，花树古木，样样精当。因而耗资也巨大，以至"每岁耕获，尽为营治之资"，加上潘氏本人生活过度奢华，不得已靠卖田地、古董度日，万历二十九年（1601）潘允端去世后豫园也瞬间衰败。经营园林给潘氏的痛楚与享乐交织并存，他说："第经营数稔，家业为虚。余虽嗜好成癖，无所于悔，实可为士人殷鉴者。若余子孙，惟永戒前车之辙，无培一土、植一木，则善矣。"位于苏州灵岩山西施洞下的毕沅私家花园——灵岩山馆，竣成于乾隆四十八年（1783），该园营造之工凡四五年，工费及材料"购值""不下十万金"，加上维护之劳，真是"目营心画，朝损夕益，其难矣！"③ 由此可见，筑园构苑并非易事。如邵长蘅在《亦园记》中所说的：

> 其石则太湖武康，崭岩嵌空，决城闉，坏道路，牛汗车顿，仅而得通；其卉木，则蜡蓓筠笼，水邮陆递，一本之直金以镒计。

除此之外，凡营造亭园，从构画设计，叠山理水，又皆需聘任行家高手。园主们不惜重资，"广延名士为之创稿"，从园子布局到楼台亭榭、洞房曲室，乃至一花一木、一竹一石、山姿水韵，"一一布置使然也"④。就堆

---

① 张岱：《陶庵梦忆》卷五《于园》。
② 龚炜：《巢林笔谈续编》卷下。
③ 梁章巨：《浪迹续谈》卷一。
④ 欧阳兆熊、金安清：《水窗春呓》卷下。

假山而言，清代有张南垣、石涛、仇好石、董道士、王天于、张国泰、戈裕良等。如最工于垒石叠山的园林名家张南垣，游江南诸郡五十多年，每到一城必停留数月，"其所为园，则李工部之横云、虞观察之预园、王奉常之乐郊、钱宗伯之拂水、吴吏部之竹亭为最著"。张氏所垒山石，皆"雅合自然"，"在他人为之莫能及也"。① 大画家石涛也为一代造园名家，且尤擅掇山叠石。扬州吴氏片石房有太湖石假山一座，高五六丈，甚是奇峭，山中大小石洞无数，相传即为石涛之手笔。名家的品牌价格极为昂贵。谢肇淛在《五杂俎》卷三中就指出，吴中仅一座假山，"土石毕具之外，倩一妙手作之，及异筑之费，非千金不可。"

4. 对园林特色与风格的讨论

明清本地私家园林尤多精品，其造园艺术之高超，特色之纷呈，有口皆碑。如位于无锡惠山之麓的秦园，借惠山为山景，引二泉为水景，"天然山水地，点染作名园"，"塔影池中见，泉声槛外流"②，借景手法精妙至极。傍于惠山的邹迪光家园愚公谷，自然质朴，无太多人工雕饰。张岱在《愚公谷》中描摹道：

> 礁石为垣，编柴为户，堂不层不庑，树不配不行。堂之南，高槐古朴，树皆合抱，茂叶繁柯，阴森满院。藕花一塘，隔岸数石，治而卧。土墙生苔，如山脚到涧边，不记在人间。园东逼墙一台，外瞰寺，老柳卧墙角而不让台，台遂不尽瞰。与他园花树故故为容，亭台意特特为园者不同。

常熟名园口涉园，左有虞山横带如围，因借虞山之景，"一举目而山挟四时之色，无不献状于几席间"③。市隐园是明南京名园之一，"南都名园八九区，此园绝胜他所无。出水芙蓉香十亩，参天杨柳青千株。板桥曲折行水

---

① 《梅村家藏稿》卷五二《张南垣传》。
② 王曰高：《槐杆诗集》卷二《吴伯成明府招饮秦园同留仙天士》。
③ 蒋以化：《西台漫纪》卷五。

上，东西楼阁纷相望。四时风景靡不佳，长夏披襟更休畅……"①。有关苏州园林特色，前人多有论述，在此不再枝蔓。

扬州商人园林在名家的区划下，山水馆榭多非俗笔，观其或亭或台，或墙或石，或竹或树，半隐半露间，使游人不觉其触目，"其工巧处，精美处，不能尽述"②。如造屋之工，钱泳在《履园丛话》中评议道：

> 当以扬州为第一，如作文之有变换，无雷同。虽数间小筑，必使门窗轩豁，曲折得宜。此苏、杭工匠断断不能也。

"容园池馆称芜城，容园草木皆有名"。容园便是这方面的佳作，容园广数十亩，赏梅、赏荷、赏菊，皆各有专地，园有套房三十余间，回环曲折，不知所向。高咏楼，轩堂深奥，身入其中，眇然而路迷。建于嘉庆年间的黄至筠个园，"堂皇翼翼，曲廊邃宇，周以虚槛，敞以层楼"，"各极其致"。③保障湖之湖上园林，建筑各有特色。如以"水局胜"者，水廊为四桥烟雨之春水廊，水阁为九峰园之风漪阁、四桥烟雨之锦镜阁，水馆为锦泉花屿之微波馆，水堂与水楼分别为净香园之来熏堂、修禊楼。

"扬州以名园胜，名园以叠石胜"④。扬州盐商以巨资搜求天下名石，一园之中，往往湖石、黄石、宣石争奇斗异，或叠石为山，或独峰成景。相传出自大画家石涛之手的片石山房、余元甲筑的万石园及张南垣叠的白沙翠竹、江村石壁、仇好石垒的怡性堂宣石山、董道士堆的九狮山等等，皆"籍籍人口"、"传诵一时"⑤。卷石洞天之湖石九狮山，搜岩剔穴，丘壑天然。倚虹园中一石山，李斗在《扬州画舫录》卷一○中称其为"诡制"之作：

> 涵碧楼前怪石突兀……其旁有小屋，屋中叠石于梁栋上，作钟乳垂状。其下巉岏嵯峨，千叠万复，七八折趋至屋前深沼中。

① 方文：《嵞山续集》卷二《市隐园歌赠朱石者少参》。
② 沈复：《浮生六记》卷四《浪游记快》。
③ 高晋：《南巡盛典》卷一五。
④ 李斗：《扬州画舫录》卷二。
⑤ 同上。

个园分别以笋石、湖石、黄石、宣石掇成天下冠绝的春夏秋冬四季假山，为世人交口称赞。位于扬州旧城南门外的南园，因于乾隆二十六年得太湖石九尊而赐名"九峰园"。其峰石"大者逾丈，小者亦及寻。如仰如俯，如拱如揖，如鳌背，如驼峰，如蛟舞螭盘，如狮蹲象踏，千形万态，不可端倪"[1]。其中最大者玉玲珑，有穴八十一，大如枕椀，小仅容指，"制在淮山一品之上"。

至于保障湖两岸，商人疏涤水泉，竞治园圃，山水相间，亭台高下，花红柳绿，迤丽十余里，匠心灵运无一雷同，甚为精妙。嘉庆时人俞蛟独步其中，神怡心旷之余，盛赞湖上园林巧夺天工之极。俞氏作《平山堂记》道：

> （出天宁门）一望花木扶苏，亭台掩映，两岸叠石为山，有峰有峦，有冈有岭，举屼嶙岣，千态万状。而其间之崇楼邃阁，曲沼横塘，竹径莎堤，花香鸟语，足以供士女之嬉游凭眺者，历四时而皆宜。

湖上各家盐商园林疏密聚散、顾盼照应、互为因借的整体阵势，远非单门独院的第宅园林可比。对此，乾隆年间旅居扬州的苏州文学家沈复深有感触，他在《浪游记快》中说：

> 平山堂离城约三四里，行其途中有八九里，虽全是人功，而奇思幻想，点缀天然，即阆苑瑶池，琼楼玉宇，谅不过此。其妙处在十余家之园亭合而为一，联络至山，气势俱贯。

《水窗春呓》对"汉宫图画"般的湖上园林群体组合结构也甚为赞许，曰：

> 计自北门直抵平山，两岸数十里楼台相接，无一处重复。其尤妙者，在虹桥迤西一转，小金山矗其南，五亭桥锁其中，而白塔一区，雄伟古朴。

---

① 高晋：《南巡盛典》卷九七。

　　我们在此还要讨论一下以长江三角洲为代表的江南园林风格问题。在园林界、文化界、旅游界，一般将江南园林风格说成："小巧玲珑，典雅朴实。"殊不知，这八个字只能代表一部分江南园林的特色。笔者以为，园林风格说到底是与园主人的身份地位、知识素养及情趣爱好相关。一般说来，纨袴大贾造园，推崇宏丽，较少天然之趣；拘儒俗吏为园，太刻意工巧，极意修饰，欲求自然，反失之自然；文人墨士构园，有鱼鸟之致，山林之赏，能使园林保持充分的天然意境，呈现出典雅朴实、小巧玲珑的风格。由前文园林统计可知，江南园林中的大部分为官绅富豪所建，胸中装有丘壑的清贫之士一般无力筑园，故不少江南园林多呈宏大华丽之彩。

　　论规模大者，长三角地区广达百亩以上的园林很多，尤其是位于郊邑的园林，为求岩壑林麓池馆之胜，"大者百亩，小者数十亩"①。如，苏州洞庭东山陈瓒花园、宜兴玉女山庄、松江桃园、溧阳彭氏园等。这些别墅式园苑凭借自然地貌，有广大的山水空间，它们借自然山峰、溪流花草为园之山、水、植物。所谓"景自天成，百年古木，渊源活水，不假人力"②。如镇江辛氏园建于南郊黄鹤山下，池亭馆榭、花石竹木树果皆具。陆氏于东郊江滨尧山筑江竹园，"堑沟以周流水，环篱以域外内，凿池以通潮汐"，一园之中，嵩阁危亭、鸣琴之轩、燕休之室皆具。③ 无锡鹅湖的华氏怡老园，其胜推为三吴园林之冠，举目有山林之趣，亭馆四散布置，登观稼楼，可看青禾满野，在四时亭，可观四季花卉，还有环翠阁、汲清轩、假山诸胜。园之东西侧有次舍，作为客息之所。园中种植有蔬菜、桑树、竹子，"各有区别，不乱其处，而咸适乎用"④。可见，怡老园兼有观赏与实用双重功能，其植桑种菜，是该园经济功能的表达，这与普通古典园林有所区别。宜兴南山吴氏别业，占南山（即国山）为园，园中有天然曲溪水潭，即使旱年，也是淙淙之声不绝，溪水之声，山谷相应。园内石路幽折，苔色皆古。构屋不多，或亭或阁，俯仰开蔽，因山之性而上下，长松列于槛间，怪石卧于松下，为"奇绝"之景，吴应箕直

　　①　邵长蘅：《青门簏稿》卷九《亦园记》。
　　②　沈恺：《游东园记》。
　　③　冷士嵋：《江泠阁文集》卷三《陆氏江竹园记》。
　　④　杨循吉：《灯窗末艺·华氏怡老园记》。

呼为"东南第一园"。① 又如苏州甫里梅花墅，园主人许自昌选地百亩，潴水蓄鱼，梅柳纵横，竹箭秀擢，辇石为岛，峰峦攒立，亭馆台榭皆备。看得出这是一座以水取胜的大型园林。

论华丽奇巧，则是许多城镇宅第园林的普遍风格。不少大家望族家园，台榭错落，木石炳耀，雕栏画栋，金碧陆离，"至穷巧极妍"②。因而谢肇淛在《五杂俎》卷三中，就以古代洛阳名园水木见长为例，批评明代江南地区富贵家筑亭造园，"但斗巨丽"，不及天然的缺陷。如无锡惠山有王氏东园，一园之中，集合宏厂奇巧于一身。王世贞《游慧山东西二王园记》载曰：

> （大）池之阴，堂五楹当之，宏厂高爽，左折而上为山，有亭树峰岭洞壑之类，宛转曲折，游者必伛偻，然犹虑触险。……中构高台，正与东山对，上有层室，亦壮丽，台半露雕栏，画楣，三周卫之。……（堂左小庵）皆垒赤石为小洞，凡十余曲折，流水潺湲，自北而泻，深仅可尺余，浅不过三寸，其水或玄或白，皆用石色，声亦随而巨细，可悲可乐，使人忘返。

据袁宏道《园亭纪略》载，苏州阊门外徐时泰家园，"宏丽轩举，前楼后厅，皆可醉客"。葑门内广至一二百亩的徐廷裸花园，山重水复，鬼斧神工，其"画壁攒青，飞流界练，水行石中，人穿洞庭，巧喻生成，幻若鬼工，千溪万壑，游者几迷出入"，精巧纤丽，足压诸园。③ 常熟环虞山诸园，崇伟累栋，"金碧璀璨"，有"铜池金谷"之誉。④ 南京徐继勋西园，"亭轩以十数，皆整丽明洁，向背得所，桥梁称之，朱栏画楣，在在不乏"，其"尤惊绝者，石洞凡三，转窈冥沈，深不可窥"。王世贞说"吾游真山洞多矣，亦未有大喻之者。"⑤

商家所筑园林，更是华丽无比，尤其以扬州盐商园林为最。"贾服儒

① 吴应箕：《南岳看月记》。
② 沈恺：《游东园记》。
③ 《袁宏道集笺校》卷四《锦帆集之二》。
④ 蒋以化：《西台漫纪》卷五《纪菟园》。
⑤ 王世贞：《游金陵诸园记》。

行"的扬州盐商，其筑亭造园大到立意布局，小到疏渠叠石、树木建筑，不乏表现出淡雅朴实、宛自天开之本色。如乾隆九年（1744）告竣的西商贺君召东园，位于"丛竹大树，蔚有野趣"的莲性寺东侧，既无露台月榭，也无华轩邃馆。与此类似，黄为蒲韩园也仅草屋数椽，竹木森翳，山林之趣颇胜。高咏楼"台榭萧疏"，杂植梅、柳、桂、竹、牡丹、荷花等名葩嘉树。长堤春柳园之树木栽植酷似天然，其堤上杨柳痴肥臃肿，不加修饰，或五步一株，或十步双树，三三两两，跂立园中。个园主人黄至筠工绘事，"崇尚逸情"，于家园内植竹达万竿。但是，盐商中即便是沉浸于经史，抑或登仕版之人，他们毕竟有别于一般官绅文人。封建社会中商人的末等地位，自然使他们由自卑而转向自矜心理，在"崇尚逸情"的同时，他们更要以家产来显世超群、自我炫示。政治、文化心理上的作祟，使得盐商园林与文人园相比，除了具有文人园的一般特质外，许多园林更显露出浓厚的富贵习气，印有深深的商人烙印，竭尽奇巧，夸富斗丽。主要表现在：为取悦乾隆帝，并夸示其富比皇家、极尽人间之最高享受，盐商园亭多处仿作宫式、京式。如容园有楼，演剧宴客，上下数级，"如大内式"。① 据《扬州画舫录》记载，迎恩河两岸园亭皆用档子法，"其法京师多用之，南北省人非熟习内府工程者，莫能为此"。好构名园的黄氏四兄弟，为造宫室之法，曾以千金购得秘书一卷，"故每一造作，虽淹博之才，亦不能考其所从出"。趣园之"锦镜阁"，仿《工程则例》暖阁做法：

> 三间之中一间，置床四，其左一间置床三，又以左一间之下间，置床三，楼梯即在左下一间下边床侧，由床入梯上阁。右亦如之。

不仅如此，盐商园林小到室内陈设，也有仿作京式者。如厅内长几，民间一般置二物，诸如铜瓷器、玻璃镜、大理石插版等。而盐商园林中的长几，多置三物，如京式，多古砚、玉尺、玉如意、自鸣钟、螺甸器、日圭、嘉量、异石奇峰之类。由于仿作京式、宫式，盐商园林中不少建筑体量宏伟高大。如贺氏东园夕阳双寺楼，高与莲花桥齐，俯视湖中画舫，历

---

① 欧阳兆熊、金安清：《水窗春呓》卷下。

历在目。而最为宏敞者莫过于熙春台，该台是两淮人士为乾隆祝寿之所，飞甍丹槛，高出云表。据《扬州画舫录》卷三载，其以"白石为砌，围以石栏，中为露台，第一层横可跃马，纵可方轨……第二层建方阁，上下三层……"。平流涌瀑之环翠楼，也是规模宏丽，与熙春台相埒。并且，盐商园林又多呈艳丽色彩，富丽堂皇。如有"华丽缜密者"之称的容园，金玉锦绣，四壁皆满，而当时扬州"其埒于容园者，若程、若黄、若鲍，莫不争媚斗妍"。① 康山草堂，"楼台金粉，箫管烟花"②。五云多处之三层高阁，"画栋飞檐，五采绚烂"③。熙春台更是柱壁画云纹，屏上画万朵牡丹，"上覆五色琉璃瓦"，"一片金碧"④。赵怀玉《平册堂记游》说倚虹园、净香园，也皆"楼台易呈露，金碧出意匠"。所以，置身于保障湖上，如同步入小李将军画图，金碧辉煌，目不暇赏。袁枚在为《扬州画舫录》所作序中盛赞道："其壮观异彩，顾、陆所不能画，班、杨所不能赋也。"对于湖上园林的如此艳景，沈复以为："大约宜以艳妆美人目之，不可作浣纱溪上观也！"⑤

此外，扬州盐商园林还追求异域风采。相比较而言，盐商比官宦文人受传统文化的束缚要少，他们开天下风气之先，大胆慕求西方异域的造园风格，争奇斗丽，以邀赏于乾隆帝，夸富于社会。如江春净香园之怡性堂，就采用巴洛克建筑风格，堂左（靠山）仿泰西营造法，（前设栏）为室五重，数十折不能竟。⑥

　　　　一旋一折，目炫足惧，惟闻钟声，令人依声而转。盖室之中设自鸣钟，屋一折则钟一鸣，关揿与折相应。外画山河海屿、海洋道路。对面设影灯，用玻璃镜取屋内所画影，上开天窗盈尺，令天光云影相摩荡，兼以日月之光射之，晶耀绝伦。⑦

---

① 黄钧宰：《金壶浪墨》卷一《盐商》。
② 梁章巨：《浪迹丛谈》卷二。
③ 沈复：《浮生六记》卷四。
④ 李斗：《扬州名胜录》卷三。
⑤ 沈复：《浮生六记》卷四。
⑥ 高晋：《南巡盛典》卷九七。
⑦ 李斗：《扬州画舫录》卷一七。

徐士业家园石壁流淙，则有几可乱真的西洋画（壁画）与自动装置的门。《扬州画舫录》卷一四载道：

> 榻旁一架古书，缥缃零乱，近视之，乃西洋画也。由画中入，步步幽邃……旁有小书厨，开之则门也。门中石径逶迤，小水清浅，短墙横绝，溪声遥闻，似墙外当有佳境，而莫自入也。响导者指画其际，有门自开，巉险之石，穿池而出……

黄氏四桥烟雨澄碧堂，其制则仿自结构与洋画同的广州十三行碧堂。王勖邗上农桑中“仿西制为风车，转运不假人力”。除了泰西法，西园曲水中临池南向而筑的水明楼，则“仿西域形制”①。中西合璧，盐商园林因而纷呈异彩、别有情趣，为我国造园艺术注入了新的气息。

三　古迹修葺

对历史上遗留下来的著名传统景观，明清人大都予以修缮以复旧观。能有财力行此善举者，非官绅，即商人。

天下名胜毁废之后，“辄复修举，则皆贤士大夫之力”②。地方官或“捐俸”，或出面组织修建公共景观，一般多因其人好游览，也为标榜不是政绩的政绩，“以示与民同乐之意”③ 也。万历时在浒墅关榷部任上的马之骏，偏爱虎丘，于抱关之余，常抽空游览虎丘名胜，自认为与白居易一年十二度游虎丘相比，不啻于三倍。他曾亲自发起修葺千顷云阁、平远堂等建筑，为虎丘增色。虎丘第三泉因陆羽等人评定而名传天下，到明嘉靖时，此泉闭于颓垣荒翳之间，“虽吴人鲜或至焉”，人们但知中泠与惠泉了。鉴于此，时任长洲尹的左绵高，下令拆墙屋，夷荆棘，疏沮洳，此泉得以觱沸从石根中涌出，“遂作亭其上，且表之曰第三泉”。吴中士大

① 赵之壁：《平山堂图志》卷二。

② 徐干学：《憺园集》卷二五《游普陀峰记》。

③ 马士图：《莫愁湖志自序》。

夫纷纷为之赋诗纪事，以贺兹泉之幸。① 前述沧浪亭，自南宋历元明两代，多次修建，至清初又成废址，野水潆回，巨石颓仆，"人迹罕至"。康熙三十四年（1695），时任江苏巡抚的宋荦伤而悲之，"亟谋修复"，遂买下僧田七十多亩，构沧浪亭、自胜轩、观鱼处、步埼廊等建筑，再现沧浪亭丽姿。② 平山堂为扬州巨观，清初寝废，如王士禛《平山堂作二首》中所说的："不见欧公游赏地，荒亭片石使人悲。"康熙十二年（1673）冬，金铭任扬州知府，"留心古贤遗迹"，毅然以官府的名义与盐商汪懋麟合力修复平山堂，"取材于官，募役于工，不征一钱，役一民……成之日，大召宾客，车马满山谷，远近来观者千余人"。③ 莫愁湖作为城市湖泊，形成于北宋以后，至元末明初才开始成名。故明以前历代诗词皆泛咏佳人莫愁，而不及于湖。及至明代，湖属中山王徐达。入清后，虽仍为徐氏家产，但颓败已甚。乾隆五十八年太史李松云出典江宁，公余多暇往来莫愁湖上，惜其倾颓，捐俸为建郁金堂三楹，又于堂西补筑湖山亭，杂植花柳。自此公卿士女游于湖上无虚日，莫愁湖也就有了"金陵第一名胜"之美称。④ 北固山传有孙刘联合商讨抗曹时诸葛亮蹲坐的狠石，明正德间，郡守滕谧曾于山西南隅建亭立碑，后亭废碑移，此石弃于蔬圃积土之中。知县庞时雍"觅得之，乃改置之演武物，建亭立碑……扁曰武侯遗石"。⑤ 多景楼为米芾所称的"天下江山第一楼"，惜"废且百年"，许多怀古之士只能在荒榛灌莽中求遗址，叹息不已。"若楼之不存，景亦因而失其旧者"，道光年间，在僧人了璞的一再请示下，时任观察李彦章"慨然许之，于是即山椒为楼三楹"⑥，多景楼遂重现昔日雄姿。

对于圣驾临幸之迹，各级官员更是竭尽全力加以维护修理。乾隆间镇江甘露寺的一场大修，就属此种情况。据袁鉴《重修甘露寺碑记》载：乾隆三十八年（1773）甘露寺古建筑群毁圮大半，因工大费繁，"鲜有能任其役者"。恰逢大学士高某以公干至北固山，以为古迹不可废，名山之不可就荒

---

① 王鏊：《震泽集》卷一七《虎丘复第三泉记》。

② 宋荦：《西陂类稿》卷二六《重修沧浪亭记》。

③ 汪懋麟：《百尺梧桐阁文集》卷二《赠扬州知府金公序》。

④ 马士图：《莫愁湖志自序》，见《莫愁湖志》卷首。

⑤ 道光《北固山志》卷三《古迹》。又，正德《京口三山志·总叙》说："狠石，石形如羊，相传孙权尝踞其上，与先主议拒曹操事。"

⑥ 了璞：《北固山多景楼记》，道光《北固山志》卷一二《杂文》。

也。且为清圣祖、高宗南巡驻跸之所，行殿巍峨，龙章炳焕，"兹寺实映带
其间，顾荒芜不治，非守土者之责"。遂倡修复，廉俸倡捐，诸寮属、绅士
继之，庀材鸠工，争先恐后，计靡金八千三百奇，工一万三千五百有奇。
"旧有屋一百八十余间，今即其旧而葺之者十之三，撤其旧而新之者十之
七，复增所未备，共为屋二百四十余间。……则向之缺者完，颓者起，剥者
焕，荆榛瓦砾之物，悉易以楼台，周以阑楯，可登可眺，可俯可凭。"① 苏
州狮子林，也是几百年来兴废不常。为恭奉康熙圣驾巡幸，修缮一新，焕复
旧观，否则，"颓废于荒烟蔓草中"，不仅"不得与沧浪竞爽，即其名亦几
几乎湮没不传矣"！②

　　士绅商人除了响应地方官号召参加一些景观修复外，他们也不时自发
组织实施景观的维缮工作。无锡锡山塔，每逢佳节，窗悬一灯，灯光点
点，为邑中胜景。惜明末塔废，此景不存。有邑绅万象春，自发重建此
塔，龙光夜景得以重现。再，号称"人间第二泉"的惠山泉，自正统年
间修浚后，屡葺屡坏，至正德而极。地方缙绅遂图再浚，邵宝《惠山浚泉
之碑》记道：

　　　　凡为渠二，为池三，为亭为堂各一，而尊贤之堂，及留题之阁，
守视之庐，又其余功也。……上池渊然，中池莹然，下池浩然。其为
观不同，于是有石渠贯而通之。……故自陆子品赏之后，观且饮者
日众。③

由此奠定了今天二泉的格局。瘗鹤铭，传为南朝齐梁陶弘景所书，有"大
字之祖"之誉，为焦山胜景，惜字随山体崩落长江之中，游人无以瞻仰。
康熙五十一年（1712）冬，雨雪稀少，水落石露，罢官侨居镇江的陈鹏年
出赀集工，起瘗鹤铭真迹"得七十余字"，于观音庵沾合嵌壁，遵原刻行
次，"存者表之，亡者阙之，蛰以山石，俨若磨崖，略循故迹，覆以层轩，
环以周恒"。士民观瞻，莫不忭舞。④

---

① 光绪《丹徒县志》卷五六《杂文三》。
② 龚炜：《巢林笔谈续编》卷下。
③ 见正德《常州府志续集》卷六。
④ 陈鹏年：《重主瘗鹤铭碑记》，见乾隆《焦山志》卷四《瘗鹤铭考》。

四、"山非僧不能开，非僧不能守"

名蓝古刹多位于清嘉处，珍楼宝阁，玉函金相，以起人归依之心。我们发现，僧道一方面要割断人缘，静心修道，另一方面又离不开人间香火，欲割不断。为图生存，寺观除了接受皇家赏赐、各阶层人士施舍及收取庙田租税外，还要依靠募化钱财来增加经济收入。《醒世恒言》卷三九《汪大尹火焚宝莲寺》中，就活神活现地刻画了寺僧贪赖募化的情形：

> 那和尚们，名虽出家，利心比俗人更狠。这（拿出招待客人的）几瓯清茶，几碟果品，便是钓鱼的香饵。不管贫富，就送过一个疏簿，募化钱粮。不是托言塑佛妆金，定是说重修殿宇。再没话讲，便把佛前香、灯油为名。若遇着肯舍的，便道是可扰之家，面前十般谄谀，不时去说骗。若遇着不肯舍的，就道是鄙吝之徒，背后百样诋毁，走过去还要唾几口涎沫。所以僧家再无几个餍足之期。

为吸引善男信女朝山进香，募得更多钱财，寺僧就得耸殿宇，修道桥；就得留意保护所在地环境，改善接待条件；就得开发旅游景观，增强寺观吸引力。在僧道的客观努力下，一些山地风景区的接待条件大为改观，游客到此，有一亭一阁可登，也有寺观之室可憩。

在景观开发方面，寺观主要开发建设一些能吸引香客眼球的景点。白鹿泉为南京栖霞山名泉，泉水汇而成池。山僧刻石莲座于池中，泉从莲中喷出，高可三四寸，纷然如雪，灿然若珠，"柱杖而观，则木叶满池面，聚而复散，来而复去，令观者忘归路也"[1]，此举为栖霞寺增胜不少。明孝陵园墙内有"八功德水"，开凿于梁天监年间，此泉莹甘滑，一清、二冷、三香、四柔、五甘、六净、七不噎、八蠲疴，故名。[2] 灵谷寺僧便沿墙脚下凿石作弯曲形，引水旋绕而过，水由低而高，皆逆行，"与凡水

---

① 盛时泰：《栖霞小志》。
② 张敦颐：《六朝事迹编类》卷九，南京出版社1989年版。

异"①，灵谷寺遂又多一处胜景。镇江金山妙空岩，原是倾危崖壁，丛石
礌磈，高人胜士不以为奇。宣德间，在巡抚南畿的工部侍郎周忱提议下，
僧人善聪"营而治之"，对山岩拓以深广，"向之倾侧于上者，补以檐楹，
列窗户，而正向之；礌磈于下者，足以土石，加甓而平矣。其前之蓁翳
者，亦芟治而为径路"。岩之中，凡案、床榻、熏炉、茗碗无不备具，因
名妙空岩。对此，周忱很有感慨，以为此岩洞虽天造地设，但没有善聪上
人营治之力，则倾侧者无由正，礌磈者不得平，妙空之体"不足以表见
也"！②

　　此外，寺庙宫观还留心美化内部环境，亭台点缀，即"往往规庙壖
隙地，为之池馆台榭以娱神"③，或者收购周边私家园林，遂有了所谓
的寺庙园林，今天所能见到的扬州大明寺西园即属此类。清康熙四十八
年（1709），上海士绅购城隍庙东部二亩余土地建造庙园，即灵苑，又
称东园（今内园）。东园面积不大，湫狭弗称。乾隆二十五年（1760），
一些豪绅富商又醵金购买庙堂北及西北已为废墟的豫园旧地，用二十多
年的时间，缮高浚卑，穿堂邃宇，次第兴作，基本恢复了豫园的当年风
貌，是为"西园"。乾隆四十九年（1784）再增建西园湖心亭。复建后
的豫园与东园都归属城隍庙，是名副其实的寺庙园林，成为老城厢最具
规模的"城市山林"。"邑人喜其宽深亢爽，足欢乐神也"④，城隍庙吸
引力因此倍增。

　　一些非古刹名宫的寺观，更是刻意在景观建筑上做文章，以此招引大量
"游客先生"。如青浦朱家角圆津禅院，地偏一隅，仅有屋宇数十椽，"不挂
单，不开讲，不放参，未尝围坛结界"，是个地道的精舍禅房。⑤清顺康年
间，该寺为扩大规模，增设"游眺之所"，陆续修建亦峰居、曹溪草堂、墨

---

①　李诩：《戒庵老人漫笔》卷二。
②　周忱：《金山妙空岩记》，见正德《京口三山志》卷八。
③　陆锡熊：《新建上海城隍庙西园湖心亭记碑》，见上海博物馆：《上海碑刻
资料选辑》。
④　同上。
⑤　觉铭：《圆津禅院小志题词》，《圆津禅院小志》卷首，见上海市地方志办公室：
《上海寺庙旧志八种》。

花禅、清华阁、息躬室、哪伽定处、舫斋诸建筑，形成了所谓的"十二景"①，禅院因此"一时推为胜地"②。不仅如此，历届主持僧还充分挖掘名人文化，开发寺院里珍藏的名人字画资源，他们"取名士诗文书画，装潢藏弄，无损蚀遗佚，以供来游者之玩"③。如，赵孟俯书"涌月"扁，董其昌书"哪伽定处"扁，王时敏书"曹溪草堂"扁，钱大昕书"清华阁"扁，张照书"亿兆京垓清净法身，随心示现；八万四千母陀罗臂，愿力无边"联，吴伟业书"如何石岩趣，自入门庭间"联，徐干学书"书榻静摇庭草翠，墨池凉拂水云低"联，还有王掞书赠的"狮林鹤舞"，郑板桥题赠的"搜尽奇峰打草稿，摘来红叶补袈裟"等。清迥幽雅的景致，琳琅满目的名士文人墨宝，引得士大夫乐与造访，酬唱往还无虚日，圆津禅院颇像旅游庙宇了。

僧道对所在地的基础设施改造也多有作为。镇江北固山前后两峰，相去三十余丈，仅一脉相衔，"高不及寻，广不盈咫"，年久失修。至崇祯间"益渐残缺，每逢雨虐风饕之夕，步步歌行路难矣"。崇祯十六年（1643）春，普觉庵住持了公"发誓愿，捐钵资，薙草莱，刊土石，闻声者自来，乐施者踵至"，众人一道刬莽焚茅，伐石疏土，越四月工程而成。过去的窄滑泥路，代之以"履道坦坦"，游人再也不会五步一喘，十步一蹶，"棹臂而来，比肩而往，不下舆，不让畔"，甚是便当。④

对于僧道在旅游环境综合整治方面的所作所为，清初人储在文在《游海岳庵记》中就说，大凡名胜之地，得有僧人道士修缮亭榭，以恣觞咏。如此，游人才艳称之，"虽在荒烟野草中，犹爱其名之古而忘其地之陋也"！对此，潘耒也给予了充分的肯定。他说：

> 从来宝刹多在名山，非僧之好占山以居也。山非僧不能开，非僧不能守。深林宿莽，蛇游虎宅之区，人望而却步，能伐木搜山者几人乎？

---

① 据陆庆臻《清华阁十二景诗并跋》，康熙二十九年（1690），松江绅士陆庆臻"搜抉罗致众美，得景凡十有二"，即：殿角鸣鱼、曹溪落雁、帆收远浦、网集澄潭、淀峰西霭、秋渚北浮、木末清波、柳荫画舫、井市长虹、慈门杰阁、人烟绕翠、竹木连云。

② 《青浦县志·寺院志》，见觉铭：《圆津禅院小志》卷二。

③ 王昶：《振华长老塔铭》，见觉铭：《圆津禅院小志》卷二。

④ 殷致中：《重修北固山龙埂路记》，见道光《北固山志》卷一一。

奇峰秀壑，见者无不称佳，而一宿再宿，则望望然去，能买山而隐者几人乎？惟僧之于山也，荒者能辟之，险者能夷之，诛茅以居，传诸其徒，世世守之。①

不仅如此，僧道还竭力经营、保护寺观附近山水的自然生态环境。仅以佛教为例。佛教为反抗印度婆罗门教压迫寻求精神解脱而创立，因而极为重视生存环境的生态性与原始性，力求与自然环境、万事万物保持高度的和谐一致。所以，佛教"依正不二"的环境因缘观、"无情有性"的万物佛性观等，都包含着极为丰富的热爱自然、尊重生命内容；在佛教各种清规戒律中，也有许多保护环境的规定，体现了佛教对环境的关爱。佛教徒遵照教义规章，一方面留意经营所在地环境，植树造林，种花莳草，绿化、美化寺院及其所在的山山水水。《阿弥陀经》等佛经中所描绘的西方极乐世界，是人与自然十分和谐的空间，在这个"极乐世界，净佛土中"，处处有香气芬馥的宝树莲花，有弥满八功德水的七妙宝池，有音曲和雅的伎乐，有增益身心健康的花雨，有妙风清徐，有奇妙可爱的杂色众鸟。为实现这种虚拟的世界，佛教庙宇院址多选择在幽境胜地，或居峰顶，或嵌岩阿。同时，在原本荒烟蔓草的寺庙所在地，开始持续的植树造林活动，使得佛寺附近地区树木森森，茂密郁然。如峨眉山从唐代开始，就有僧人广植树木，培植风景。王维的"山行本无雨，空翠湿人衣"是对良好植被环境的真实写照。五台山由僧人栽植管护的林地达六万余亩，密菁深林，俨然绿色海洋。本地区南京、镇江、苏州、无锡等近郊郁郁葱葱的山林，也与所在寺僧的努力所分不开。另一方面，佛教徒还主动承担起维护周边广大地区绿化的责任，竭力保护寺观附近的山水古迹。佛教徒制止滥砍滥伐山林行为的记载不绝于书。津门蓟县盘山，为畿左名山，皇帝不时行幸处，且"树木最宜丰茂，以壮崇观"，但一些地棍串同匪僧，"竟将数百年古木恣意盗砍，得价分肥"，诸寺为卫护好盘山胜境，曾于清康熙年间制定《合山公议规约引》，告诫大家应该竭力维护山林环境，保护林木：

　　天下名山，惟僧居多，是在远尘离俗，一意精修，实非罔利争讼之

───────────

① 潘耒：《遂初堂别集》卷四《灵峰寺修造疏》。

地，逞凶角胜之场也。僧既以山为栖止，山实赖僧以栽培，盖观山林之
盛衰，抑以卜僧众之贤否。况我盘山，毓灵钟秀，献巧色奇，为神京之
翊卫，乃祝厘之名区，更宜保护，非他山比。前承当道慨免柴需，永禁
砍伐，外护之意至矣尽矣！而其间不无希图微利，投身幽谷，以伐山龠
树为活计者，若不共出规约以齐之，抑何以起世人之信心，全山林之盛
气也哉？而今而后凡我同山共住之人，各宜恪守清规，谨遵禁示，庶不
负出家学好之初心，宰官洪护之胜意也！条陈于后：砍伐树木，伤损山
林盛气者，公摈。妄兴词讼者，公摈。潜匿匪人，庵居剃度者，公摈。
侮慢师长，欺压邻舍者，公摈。以上四款，务要遵行，一有违犯，依约
公摈不贷。①

苏州四郊诸山多产美石，尤其西洞庭山所产太湖石，黑质白理，峰峦
窟穴，玲珑可爱，为园池中堆叠假山的上等材料。"太湖之石闻天下，自
唐则然矣"②。唐淮南节度使牛僧儒嗜好天下名石，而独以太湖石为甲，
其府第别墅中广集太湖石，"游息之时，与石为伍"，"待之如宾友，亲之
如贤哲，重之如宝玉，爱之如儿孙"。③ 到了宋朝，宋徽宗举"花石纲"
造艮岳，致使达官贵族、绅商士子为金谷者纷纷效尤，"好事者取之以充
苑囿庭除之玩"④。他们赏之、贵之、敬之，将它视为鲁璜秦璧，奠定了
太湖石作为天下第一名石的身价。明清江南蓬勃兴起的造园活动，加大了
市场上的太湖石需求量，当地居民纷纷以开采太湖石等园林假山石材为营
生之途。在规模开采下，山体自然容貌遭损坏，直接影响到所在地的生态
环境。如苏州尧峰山，盛产黄石，明计成《园冶》称："其质坚，不入斧
錾，其文古拙"，为叠石掇山佳品。因而人多采石，致使山无完肤，一片
狼藉。"主僧为护山计，构筑护山亭"。⑤ 护山亭成为僧人保护山石资源的
有力物证，它起到告示天下珍爱自然的作用，意义非同一般。如文震孟在
为尧峰护山亭作跋语所说："此亭不毁，此石永存。即亭毁而名存，后之

① 智朴：《盘山志》卷五《物产》。
② 金友理：《太湖备考》卷一六。
③ 白居易：《太湖石记》。见杨循吉等：《吴中小志丛刊·苏石小记》。
④ 王鏊：《石记》，见杨循吉等：《吴中小志丛刊·苏石小记》。
⑤ 姚希孟：《登尧峰诸山记》。

君子必能护此石者。"名士赵宦光也作跋道："山以石为骨，去石而骨削，何以山为？此山故多灵珑岩壑之美，而有妖妄之徒，挟秦王驱山之势，持斧而睨视，人天共愤，能不重之护措也耶。此护石亭之一日不可缓也……"① 灵岩山产砚石，大规模开采后，山体植被遭到严重破坏，对此恶行，山僧们予以了坚决的制止，他们将保护山石视同为对佛法的维护，以为："山河大地皆如来藏，石不损，则山河大地不损，而护石与护法、护僧等。"② 为使灵岩山免遭石工之厄，灵岩寺僧"戒凿石"，并"种松满山"。弘治时，吴宽游灵岩，亲眼目睹山僧的所作所为，以为是"滋山之复兴"，而赋诗庆幸。③

五　景观损隳

自古以来，景观废兴靡定，或湮没不彰。如清人程廷祚所说的："今日之断陇荒畦，乃昔之长阳平乐也；今日之蔓草荒烟，皆昔之繁华佳丽也。"④ 造成景观损隳的因素多多。但总的说来不外乎两种，一种为自然损隳，另一种是人为损毁。其中人为损毁现象又较自然的复杂，从危害程度上讲，人为因素是明清景观毁败的主要罪魁祸首。

1. 景观的自然损坏

"莫问吴王消暑事，采芳春径草萋萋"⑤。一些人文或天然的景观因时间的推移而逐渐荒芜甚至消失。景观的自然损坏，主要是指水、火之灾对林木、花卉、地形地貌及土木建筑的破坏。长江三角洲地区水网密布，尤其太湖、江淮地区皆为泽国，一遇大水即泛滥成患，土木结构为主的景观常遭灭顶之灾。除此之外，自然风化也会使一些景观湮没毁损。如栖霞山千佛岩石

---

①　转自王稼句：《苏州山水》，苏州大学出版社 2000 年版。

②　陆广明：《尧峰山护石亭记》，转自王稼句：《苏州山水》。

③　吴宽：《匏翁家藏集》卷二二《纪游灵岩序》。

④　程廷祚：《青溪集》卷六《上元县志序》。

⑤　王世贞：《消夏湾》，见金友理：《太湖备考》卷一〇。

佛像，因其石质为红色砂岩，不耐剥蚀，长期风吹日晒雨淋，模糊不可辨析者甚多，以至明隆庆万历以后补凿的，也多模糊不清。① 又如马一龙曾于溧阳青龙洞壁镌刻"奇石龙洞会仙馆"七字，20 年后，即嘉靖四十一年（1562）冬，马一龙再游青龙洞，"所存独会仙馆三字了"。石刻图文湮没之因，马氏说："想石脂生长，混其迹矣。"② 西洞庭石公山岩石秀异，尤其是山西北隅之联云嶂，石壁犹如城堞，据传宋时为艮岳所采的奇石有半数取于此。"旧有碑文勒崖上，字已漫漶，拂拭苔藓，竟不能辨。"③ 在年长日久的风雨侵蚀下，摩崖文字逐渐消失不存。

在明清文献中，推测由于当时人们的关注点关系，有关景观自然损毁的记载并不多。限于资料，目前对此也难以作出全面深入的研究。

2. 生计驱使下的景观毁损

今人所能了解到的明清景观损毁现象，其毁败原因多与当时人的生计相关。

宜兴张公洞为明清时著名的传统景观，令人扼腕的是，当时它却屡遭厄运。清人吴骞在《游张公洞记》中，记有"土人"对该洞穴景观破坏的情况：

> 张公之妙，本在钟乳，今多为陶家剽割。又洞口古楠数章，不计时代，往岁盗伐，张公遂童。

如前文所述，因太湖石为江南园林假山之主要材料，"其价佳者百金，劣亦不下十数金"④。为金钱所驱使，太湖地区居民斤斧相寻，采石不止，山地景观严重破坏。如位于西山之东的鼋山，清乾隆时有居民二百多家，"业采石"，此山"日朘月削，已去其半"。⑤ 缪彤游于西洞庭小龙山，见

---

① 《千佛岩记》，见民国《金陵胜迹志》卷六。
② 马一龙：《青龙洞记》。
③ 叶廷管：《游石公山记》。
④ 谢肇淛：《五杂俎》卷三《地部一》。
⑤ 金友理：《太湖备考》卷五。

"有采石者，将巧石渐次剥琢"，严重损害了龙山的玲珑奇特之景，遂"令土人禁之"①。灵岩山，为故吴宫所在，唐以来诗人题咏甚多，名胜古迹遍布，为吴人每岁必游之地。是山自明嘉靖后屡经开采，遭"石工之厄"，石景半废，毁不成形，一些奇石，只存其名。明人王醇作有《采石谣》道：

> 朝采山，暮采山，谁知鬼斧出人间。山灵夜哭向风雨，奇峰悔不先飞去。石芝昔含元气生，兹山殆有灵岩名。石马之形绘不出，四蹄宛踏空中行。海水不枯石不烂，可怜神物翻成幻。九茎破作冷尘飞，五花分逐愁云散。香溪水浅砂砾淤，昔悲禾黍今为墟……

如此开采，景观多有损毁。真是"君王歌舞地，樵采使人哀；土才遗危刹，丹青委废台"。②

西洞庭山居民大多山居，草木繁殖，为薪刍之需赖。因而这里的居民，不论贫富少壮，皆事采樵，"旦旦而伐"，"负担相望"，无数观赏树木不复存在。③　天启末，又有规利之徒在此倡众采煤，"穿挖所及，坏坟墓，倒室庐，千年乔木顿尔木枯槁"。④　苏州支硎山旧有古松三十六株，龙鳞虬干，墨缘苍翠。可是，明万历三十二年（1604）乡人砍伐以充赋税，隐居附近寒山的赵宧光力阻之，将此事诉于浒墅榷关使者，最后出资保留了其中的十八株。时人葛一龙有诗道："输镪能存十八公，清风无恙满山中。山灵报尔千年物，琥珀累累照地红。"⑤　南京钟山作为明太祖朱元璋陵寝所在，其一草一木的变化，都能引起时人的关注，因而文献中记载所遭损毁情况也较详细。据载，孝陵灵谷寺一带，原有古松十万株，所谓"十里松阴逐胜游"⑥。明清时这些松树屡遭厄运，经考共有三次，一次是明万历时，灵谷寺僧为取

---

① 缪彤：《游洞庭西山记》。

② 袁裘：《灵岩》，见崇祯《吴县志》卷三。

③ 王维德：《林屋民风》卷七《民风》。

④ 崇祯《吴县志》卷四《山下采煤禁》。

⑤ 转自王稼句：《苏州山水》。时人为十八棵古松命名，赋予人格样的生命。据《寒山蔓草》曰："古松十八公：道林、秦封、驰秋、啸寒、青莴、增绮、濯露、萦烟、泛云、漏月、振籁、层霄、延飔、飞颖、灭晖、雕贞、笼丹、沈彩。"

⑥ 朱豹：《朱福州集》卷二《游灵谷寺》。

之作薪，"以刀刻其皮一周，无何则枯死，辄报官而薪之"，"所存不能十之一也"。① 第二次是崇祯末年，以孝陵朽木甚多恐致火灾为由，在"搜荛朽木"的御旨下，"内官因之斩伐无忌，数百年乔木，尽罹斧斤。孝陵杉板，沿街贱售矣"。可见，内官扩大斩伐对象，为的是多赚几个钱，孝陵景观因此元气大伤。② 第三次是清兵南下，孝陵钟山无数树木尽为兵士所截。康熙三年（1664）六月二十一日，王士禛到此一游，原本"龙鳞虬鬣，弥遍山谷"的钟山，此时已是"十九供樵炊矣"。③

景观培育非数日之功，而人为损毁且是旦夕顷刻间事。王永积《锡山景物略》卷六说：

> 峰峦池沼，爬梳之也百年，而湮塞之也一日；楼台亭榭，缔造之也百年，而拆毁之也一日；乔松寿柏，古桂老梅，培养之也百年，而斧斤之也一日。

3. 毁于军政因素的景观

"人间好景秋前足，天下名园乱后稀"④。自古以来，遭于兵燹、荡于战火的景观不可胜数。明清时长江三角洲地区曾遭受两次大的兵火破坏，一次是明嘉靖万历间倭寇的侵扰，另一次为清兵与南明的战争。嘉靖、万历年间，倭寇多次入侵我国东南沿海地区，本地沿江地区是其主要目标。倭寇每到一处，攻城池，掠财物，烧杀抢掠，无恶不作，时人称之为"倭残"、"倭难"、"倭变"。倭乱对本地社会经济影响是很大的，凡倭寇经过之地，顾炎武在《天下郡国利病书》中说"已析皮毛，仅存髓骨"。倭寇到处烧劫"惨不可言"⑤，景观当也不能幸免。如无锡洛社有传为东晋王羲之别墅的观鹅亭，是亭相依开利名刹，环以碧流，荫以茂树，僧庐佛宇参错其间，为一地方名胜。成化弘治时，每当春和景明，桂芳菊绽，地方文士必造此会社诸

---

① 谢肇淛：《五杂俎》卷三《地理部一》。
② 刘献庭：《广阳杂记》卷一。
③ 王士禛：《游钟山灵谷寺记》。
④ 张幼学：《续扬州十咏》，见李坦：《扬州历代诗词》。
⑤ 《文征明集·补辑》卷二七《致邦宪》。

友，"登斯亭以毕觞咏之余兴"。可嘉靖三十三年（1554）的倭难将其荡然无存。明西园主人乔启仁，在上海城外的园林，也毁于这年的倭灾。① 顺治二年（1645）清兵入关，横扫江南大地，"扬州十日"、"嘉定三屠"等血洗恶行，使得这些江南名城顷刻间化为瓦砾之区。如松江在崇祯末年，已是"庐舍栉比，殆无隙壤矣"，经"乙酉兵火"，城内"惟东西大道、官署、民居仅有存者，其他皆为瓦砾，老者过而陨涕，少年皆速失道"。② 经历此场浩劫的归庄说："乙酉之变，江南死人如乱麻，即嘉定城中，横尸满路。"③许多名胜古迹在这场浩劫中皆罹摧毁而荡然无存。如清兵铁蹄下的杭州西湖，如同被洪水淹没般，昔日让人闻之心醉、有"小腰人面"之思的苏堤，其缘堤袅袅杨柳、似锦夭桃"为官军斫伐都尽，千丝万絮无一存者"，湖心亭等亭台廊榭，也或"几欲坠水"，或"半就湮没"。④ 原环湖"比间皆是"的园亭湖庄，仅存故宫离黍，荆棘铜驼。⑤ 兵火之后的扬州林园，台榭倾颓，烟火绝望，昔日之香车宝马、紫箫公子、红粉佳人也消失得无影无踪。张幼学《续扬州十咏》有言："蒿藜全没古青楼"，"一旦荒凉不忍言"。松江桃园，为崇祯末一邑名胜，会逢鼎革，清兵纡途而入，"攀花摘果，园丁不敢问，园遂日废"。⑥ 松江城丘家湾北的芝园，经兵丁蹂躏，"今马矢高于肩，几不能复识其处"。又如常州东皋园，前身为一尚书府第，"巨丽甲于一时，歌舞声伎之侈悉与园称"。乙酉军兴，"籍之为兵使者署"，"园寝以圮，十围之桂，斧以为薪，马粪若邱，畜豕群聚，指为秽区"。⑦ 对此，曾羽王在《乙酉笔记》中总结道："乡绅之楼台亭榭，尽属荒邱。……所谓锦绣江南……及遭残毁，昔日繁华，已减十分之七。"就连在乙酉变乱中几乎未受战火之创的南京城，虽然城郭人民一如往旧，但"蒋山、雀湖等处非复当年矣"⑧。明孝陵的地面建筑、树木遭到严重的破坏，"皇都且不保，皇陵复谁庇"，"虽有翁仲石，冠剑已破碎。犹喜享殿存，黄瓦幸未毁。中间

---

① 何良俊：《西园雅会集序》，见《明文海》卷三一〇。
② 王澐：《云间第宅志》，台北艺文印书馆 1968 年影印。
③ 《归庄集》卷六《重建南翔寺观音殿记》。
④ 尤侗：《六桥泣柳记》，见曹文趣：《西湖游记选》。
⑤ 张岱：《西湖梦寻》卷四《柳洲亭》。
⑥ 叶梦珠：《阅世编》卷一〇。
⑦ 邵长蘅：《青门剩稿》卷九《东皋园记》。
⑧ 方文：《嵞山续集》卷一《金陵感怀十首·序》。

楠木柱，斧凿痕如织。宝城虽坚固，龙楼已凌替。……松柏斩为薪，麋鹿射作羲。遂令燕雀湖，荒残似边地"。① 灵谷寺及三绝碑也毁于乙酉丙戌间。② 可见，势殊时异，园林等景观名胜多有荡于兵燹者，所谓盛则治园乱则毁园也。这也再一次应了李文叔在《书洛阳名园记后》一文中的一段名言："园圃之废兴，洛阳盛衰之候也。且天下之治乱，候于洛阳之盛衰而知；洛阳之盛衰，候于园圃之废兴而得。"

官府毁坏景观的记载也不绝于书。明武宗朱厚照南下，驻跸南京时，有司以为将幸金山，"诸凡赋咏在墙屋者，拆洗无余，有若西涯阁老长江行，钱状元与谦勒石长廊，亦污漫不可见"，金山的文人题咏因此消失殆尽，施儒、袁袠等人为之惋惜不已。③ 清初，为加强长江防务，有司加紧修造战舰，因此又毁了不少风景树木。牛首山百级白云梯，夹磴原有古松千百，干云蔽日，"顷京口造舰，斸伐皆尽"，王士禛游牛首，所见"才两株"。④ 潘耒在《游西洞庭记》中，也说洞庭山原来山深不经兵燹，古木至多，"近年因采木造船，多伐去，幸而存者无几矣"。对树林的剪伐，其危害又远在一般建筑之上，尤侗在目睹杭州西湖花木遭清兵斫伐后指出：

> 湖之水无恙也，湖之山无恙也，湖之台榭或有时而修也，湖之车马或有时而集也，湖之公子佳人或有时而出也，独此数十年之杨柳，一旦伐之，风流顿尽，为可痛也！虽使今日即树，不更阅十年，欲睹其长条依旧，岂可得哉……是可泣矣！⑤

4. 家道中落与园林之变迁颓废

"园是主人，身是客。"园林易姓更名，变换人主，常发生于转眼之间。张岱在《日月湖》中说："田宅及其子，园亭及其身，平泉木石，多

① 方文：《嵞山续集》卷一《戊申正月初四日慕谒孝陵感怀六百字》。
② 王士禛：《游钟山灵谷寺记》。
③ 施儒：《跋金山志后》，见康熙《金山志》卷一〇。
④ 王士禛：《游牛首山记》。
⑤ 尤侗：《六桥泣柳记》，见曹文趣：《西湖游记选》。

暮楚朝秦。"所谓"堂上旧巢新燕子，门前枯涧老芙蓉"。① 镇江南郊黄鹤山下辛氏园，自创始来，短短四十年间，"为主者六"。每位新主到任伊始，都鸠工庀事，涂垩泽缦，但"不数载，即转售他人"。所以冷士嵋说："以余之视六姓，岂不犹过客逆旅之一宿，而六姓之视兹园非传舍已乎？"② 常州人陈玉璂在《家舫记》中，详述了他亲眼目睹邻园园主转替无常之事：

> 予尝见西邻之家，高甍巨桷，又有曲池怪石、修竹美草森然掩映，以为游观休暇之嬉。予童子时，见其主人者征歌选伎、置酒高会，管弦竹肉之声彻我户牖。窃徒隔垣窥之，未尝不欢其赫赫炫人耳目也。十年以来，主人者不具论，初过焉，曰鬻之某令矣，再过焉，曰又转而为某相国矣，三过焉，曰相国死，而某副使者计售之，然今又不能自有矣。③

当今名盛天下的苏州拙政园，据《清稗类钞》等文献记载，自御史王献臣于正德四年筑成，其后屡易其主，或为私人，或充公家。从其子以赌资抵偿给徐氏，到清初归海宁陈之遴，到籍没县官，到归吴三桂婿王永康，到为苏松道署，到散为民居。四百余年间，沧桑迁变，主人屡换。王永积有《山麓废园》一篇，就其睹闻所及，记载锡山废而不存的园林有：惠麓小隐、冠龙山居、松岑泉、惠岩小筑、近山园、菊花庄、埜翁园、水北园、锡谷堂等。④ 由此可见，园墅不转盼而易姓，不易世而成遗踪逸迹，是平常之事。

园林兴废、频换主人与时事家情相关。太仓人沈受宏在《白石公记》中谈及园林名石的遭遇，也就是园林的遭遇："势殊时异，或荡于兵燹，或没于荆榛，子孙若不肖，且弃掷毁坏，等沙砾而不顾。"⑤ 据考，园林主人不守家产，或拆毁，或变卖，是园林业主频繁更替的主要原因之一，

---

① 陆燕喆：《王文恪公宅》，见金友理：《太湖备考》卷一〇。
② 冷士嵋：《江泠阁文集》卷二《辛氏园记》。
③ 陈玉璂：《学文堂文集》卷七。
④ 王永积：《锡山景物略》卷四。
⑤ 沈受宏：《白溇先生文集》卷二《白石公记》。

而拆毁变卖园林又大多与家庭衰败有关。一般说来，多因家道中落，子孙为生计所致。如太仓日涉园，为都督杨尚英所筑，园成第四年，杨尚英离世，其子杨之庆"不能守，遂以峰石售之人"，后地也归于别人。① 王世贞弇山园，其林壑之美，为吴中名园之冠。可待归庄访弇山园，"则主非王氏矣"。当时，弇山园一半为他姓所居，王姓后人所守者，未得其半。且"林木已斩伐，洞壑已颓，奇石已鬻，台榭无复有存者，以弇州之记案之，不可复识矣"。对此，归庄感叹万千："园仅百年，而分裂芜废，遂至于此，不亦可感乎！"② 陈玉琪的《游蒹葭庄记》，讲述了位于常州茶山蒹葭庄的不幸遭遇。蒹葭庄园广百亩，建于明万历年间，园成不数年，主人病故。十余年后，"其子孙负债于邑之富人，不得已，归焉"。而这位富人并不喜好园林，"然舍此虑无所偿，亦不得已受之"。富人依旧日谋利于城市，终岁未尝一至，"止令守者牧羊豕于其中而已。而所为茶山之木，朝夕啮之，死者过半，富人且喜，尽伐之以为薪"。蒹葭庄真可悲也哉！

扬州盐商园林的毁败，同样是园主人经济状况恶化的结果。嘉庆后，两淮盐业渐衰，尤其是道光十一年（1831）盐场的改纲为票，盐商特权丧失，纷纷破产。"造园故家，率多中落，旧时台榭无力兴修"③，湖上园林或折坠倾圮，或为园丁曳折而卖，昔日锦绣林园，花木凋零，销毁殆尽。金安清在《水窗春呓》中道：

> 余于己卯（嘉庆二十四年）、庚辰（嘉庆二十五年）间，侍母南归，犹及见大小虹园，华丽曲折，疑游蓬岛。计全局尚存十之五六。比戊戌（道光十八年）赘归于邢，已逾二十年，荒田茂草已多。

道光十九年（1839）龚自珍南归，途经扬州时泛舟湖上，"舟人时时指两岸曰：'某园故址也'、'某家酒肆故址也'，约八九处"。④ 道光年间生活在扬州的魏源，亲眼目睹湖上园林的衰败过程，作有《扬州画舫曲》云："旧日

① 王世贞：《弇州续稿》卷六〇《太仓诸园小记》。
② 《归庄集》卷三《王氏西田诗序》。
③ 王振世：《扬州览胜录》卷一《北郊录》。
④ 龚自珍：《己亥六月重过扬州记》。

鱼龙识翠华，池边下鹄树藏鸦；离宫卅六荒凉尽，不是僧房不见花。"下并注曰："凡名园皆为园丁拆卖，惟属僧管之桃花庵、小金山、平山堂三处，至今尚在。"① 一些园林别业荒废后归于僧家，这也是园林失去旧主后的一种去向，有关这方面的情况文献中不乏记载。如赵宧光于支硎山的寒山别业，就"久为寺僧所占"。②

另有一些子孙不珍爱园林，"以遗子孙，子孙未必爱，非贸易则厌"③，"所得金钱用于服御饮食博弈歌舞之好"④。如松江顾氏，筑有熙园（俗称东园），大可百亩，备极壮丽，垒石环山，凿池引水，台榭星罗，朱华绚烂，参差嘉树，禽语悠扬，游入其中如同置身武夷九曲，也酷似仙山楼阁。顾氏之濯锦园（俗称北园），虽不及熙园之半，也颇有山林之致，中有一堂可坐百客。"后遭鼎革，二园皆为蓁莽。"⑤《阅世编》卷十对顾家花园的衰败情况有详尽的记录：

> 鼎革以后，顾氏聚族而居……裔孙承富厚之余，但习豪华，操家无术。驯至顺治之季，反因义田逋赋，毁家卖宅以偿，堂宇尽废，而山水桥梁犹如故也。康熙之初，积逋愈甚，征输益严，遂并花石而弃之。

时人曹家驹在《说梦》卷二中也记道："式微以来，花石售窑户烧灰"，"昔日兰桡画浆停歇处，惟见运石船鳞次而集。其石大者，艰于辇致，则用大铁锤碎之，亦惨矣！"

至于苏州徐廷裸家园的毁败，虽也是主人不守所致，然察其实情则又当别论。据王世贞《古今名园墅编序》载，徐廷裸虽官至浙江参议，但性傲不谐于乡，素为乡人侧目，其子为太学生，也不谙世务，家奴仗势则一贯凶顽，豪于乡里。时有孝廉陈仁锡，受辱于徐姓家奴，勃勃不能下，而徐氏父子不但不治罪恶奴，反而推辞并无此奴，且"盛气待之"。孝廉与其秀才弟弟益加忿忿，"遂挟阖郡同辈生五十三人，共率家丁几百，青衿生复呼同袍

---

① 《魏源集》下册第 832 页。
② 张霞房：《红兰逸乘》，见杨循吉等：《吴中小志丛刊》。
③ 姚希孟：《娄上观园小记》。
④ 吴应箕：《留都旧闻录》上卷。
⑤ 佚名：《云间杂志》卷下。

百人，拥入园中，数十年朝夕所累、所莳、所结构者，一时毁拆糜烂无一存"，"昔日之景，化为乌有"。①

对于园林的废兴不常，自古以来颇多感慨，人们为园林的瞬间即逝而伤叹。沈周在游览已废为僧居的沧浪亭时说："今日沧浪休问主，百年兴废本同波。"② 言下之意，园林如同波浪般，一浪将逝，一浪又起，无休无息，此乃园林兴亡之规律。正因此，曹家驹以为，造园者竭心思物力，要么转眼废为瓦砾，至多也只是"与游人同其玩赏"，劳己悦人，"盖聪明人而作蒙懂事也"！③ 而对于那些为数不多历百年以上不败的园林，人们则惊叹不已，赞赏有加。龚炜对昆山茧园历二百年不毁曾给予过高度赞叹，以为昆山数十座名园皆荡为冷烟，"惟此为鲁灵光殿"，乃"藉神庙以永垂不朽"。④ 翻检史书，像昆山茧园二百年不败，且园姓不改者，要数寄畅园、怡老园了。无锡寄畅园始筑于明正德年间，秦氏子孙世守，历二百多年不更二姓。苏州怡老园是藏书家、中书舍人王延哲为其父王鏊所建的归老之地，有清阴看竹、玄修芳草、撷芳笑春诸胜。王鏊在此与沈周、吴宽、杨循吉诸名流结文酒之社，徜徉园中 20 年。此后经历数代，扶颓葺敝，"历二百几十年而终属王氏"。难能可贵的还在于，王氏后代对这份家产，昆仲不分，相互礼让，其"高风雅致，无忝乌衣，可谓难矣"！⑤

5. 寺观荒芜的原因种种

吴俗归信佛果，僧庐佛刹遍布，但衰败迁变也是常事。文征明在《重修大云庵碑》中就说，吴中地区原有的精蓝古刹，至明初，"多所废斥"，所存"仅十有七，其余子院庵堂，无虑千数，悉从归并"。其遗基旧址，或归为巨姓园居者，或废为民间葬地者，或鞠为荆榛瓦砾之墟，甚至"并其名与迹而莫知之者"。⑥ 分析寺观消亡变化之原因，除了战火毁焚外，大都

①　王世贞：《弇州续稿》卷四六。

②　沈周：《石田诗选》卷五《沧浪亭故址为僧所居》。

③　曹家驹：《说梦》卷二。

④　龚炜：《巢林笔谈续编》卷下。

⑤　徐崧、张大纯：《百城烟水》卷二。

⑥　《文征明集》卷三五。

是因香火冷清、僧人弃庙而走所致。太湖西洞庭山原有始建于唐会昌年间的上方寺，经宋嘉泰中修葺，殿宇楼阁，飞栋连甍，"最称雄丽"。及至明嘉靖年间，因"山田芜没，各僧苦于输陪，多逃移他所，寺就颓落"。① 此事邹迪光也有记载，在《游洞庭山记》中，他转述僧人的一段话："寺故盛，坐赋役累，僧徒鸟鼠串，化城遂为瓦砾。"类似寺庙因徭役致败，只是一种情况。明人谈迁在分析惠山寺庙衰废情况后，既不同意上述观点，也不太赞成把寺观的衰落完全归之于势家显宦吞占之说。认为，大多数寺庙衰败的根源主要在于僧人本身，是僧人"不守戒行"所致。他说：

> 大都僧房之兴废，视诸僧戒行之有无，其废为园居，或废为葬地，未必皆巨姓之侵占，多有缁流不守戒行，以致象教陵夷。②

寺观虽兴废不测，但废了重建的比率远高于园林等景观。因为，梵宇宫观是人们精神托寄之所，且"其地非山即水，必居胜处，处胜则易成，即毁而人爱其胜，必图新，而不终于毁"。③

总之，景观损毁主要来之于人为因素，微观上是景观业主个人行为所致，宏观上则受整个社会时局的影响。对此，尤树滋在《五亩园志序》中说得非常清楚：

> 当夫海门清晏，士大夫林居之暇，往往作为园囿池沼，以极其歌咏饮晏游观之乐，乃有一过之而墟其地焉，其他荡灭于劫灰兵燹之余者，更不知凡几，此古今一辙也。

---

① 宋仪望：《华阳馆文集》卷五《重修上方寺记》。
② 谈迁：《惠山古今考》卷一。
③ 叶燮：《己畦集》卷七《泽溪圆照庵碑记》。

第五章　旅游的社会经济与文化效应

　　马克思主义经济学认为，消费和生产、交换、分配构成社会再生产的全过程，消费引导出新的物质需求，也带来社会经济结构的变化。明清长江三角洲地区旅游活动所发生的系列经济消费有着十分重要的社会意义，它培植、壮大了以餐饮、住宿业为主的服务业，进而推动了生产旅游商品的手工业的发展，使传统的封建经济结构得到了一定程度改造，为封建政府创造了一笔不小的财政收入①，并因此扩大了社会就业门路，给部分城乡"小民"增加了生活之源，提供了新的生存空间。同时，透过旅游活动吃喝玩乐的这种表象，我们发现，文士名流的游赏过程，实际上也是一次次文化实践经历。如前文张意由臬臣归田后，放舟五湖，"人或访君，君常不在家"。张氏泛西湖，过钱塘，登子陵钓台，游齐云岩，陟黄山，历九华，兴尽而返，由此感到与先前官场相比，旅游的意义更大，所谓"而后知今之为得也"②。袁枚在《舟中遣怀四首》中也说："游趣夫如何？约略手能数。台宕峰峦佳，黄海松树古。匡庐高瀑飞，罗浮仙蝶舞。一一收双眸，森森插肺腑。落笔心有得，开卷诗可补。更有意外娱，逢迎

---

　　① 服务于游客的商家店铺，其所上缴官府的税银，是国家财税的一个重要来源。如，专门接待泰山游客的旅店，要上缴"山税"。一年下来，这是一个不小的数字。张岱在《岱志》中直呼"山税之大"。他记道："合计入山（即泰山）者日八九千人，春初日满二万。山税每人一钱二分，千人百二十，万人千二百，岁入二三十万"；寺庙则要缴"香火税"。泰山顶上的碧霞祠，"旧有香火税课数万金，岁佐国用"。每年的四月、九月春秋两季香会结束时，地方官府都要派官员到泰山收点香火税（齐周华：《名山藏副本》上卷《东岳泰山游记》）。届时，"出入搜索，如防盗然"（谢肇淛：《五杂俎》卷四）。类似的绝非泰山一例。据程春宇《士商类要》卷一载，武当山也是"左边一提点，右边一千户，看守金殿，并收香钱"。

　　② 《安亭志》卷一三《古迹》。

人栩栩。"由此可知,通过游览观光,文士们开阔了眼界,增长了见识,也进一步了解了社会,并留下了不少传世之作,从而丰富了我国的文化财富;文人士子们在游历时的相交乃至相知,则充分显示了旅游活动的交际效应;文人因游览而产生的大量记游作品,加上名人效应的作用,大大充实了景观的文化内涵,增强了景观的旅游吸引力,从而成为我们今天开发建设旅游景观的重要文化资源。

一　"游踪成市"的产业带动效应

在苏州、南京、无锡、扬州等风景旅游地,围绕游客食、住、行、游、购、娱活动的需求,常常是"游踪成市"。一些行业得到了长足的发展,成为明清第三产业的支柱。

明清时期,本地饮食业因旅游活动而十分兴旺。举扬州为例。有关扬州饮食业的情况,据成书于乾隆年间的《扬州画舫录》记载,清初扬州北郊游事兴盛,随之而产生的酒肆有不少集结在虹桥一带,著名的有"野园"、"冶春社"、"跨虹阁"等。这些酒肆虽然"壶觞有限,不过游人小酌而已",但还是饭、菜供应,一应俱全。所卖酒品,有地方产的通州雪酒、泰州枯、宝应乔家白、高邮木瓜、五加皮,外地酒则有绍兴老酒、百花酒及高粱烧等。当时,保障湖上"画舫多食于野",即画舫不带"酒船",画舫游客大都就餐于湖畔的流觞、留饮、醉白池、韩园、青莲社、留步、听箫馆、苏式小饮、郭汉章馆诸食肆,或向城内饭馆预订,"谓之订菜,每晚则于堤上分送各船"。另有流动食船——"沙飞船"供应饭酒,专门接待湖上普通游客。扬州茶肆甲天下,"多有以此为业者"。茶肆一般位于交通要道、闹市,或园林、风景点附近,如位于辕门桥的"二梅轩"、"蕙芳轩"、"集芳轩",教场地区的"腕腋生香"、"文兰天香",琼花观巷的"文杏园",花园巷的"小方壶",等等。茶肆多呈花园式布局,或新建,或鬻故家大宅、废园为之,"楼台亭舍,花木竹石,杯盘匙筋,无不精美"。其大者如"柳林茶社",屋宇达十数间,颇具规模。茶肆专供游人喝茶品点心,清代扬州有一批为游客所肯定的特色茶肆。如位于北门桥的"双虹楼",最为有名,该茶楼占湖山之胜,楼阔五楹,东壁开牖临河，可以眺望，其烧饼"开风气之先"，有糖馅、肉馅、干菜馅、苋菜馅之分。其他茶肆或为"荤茶肆"，或是"素茶肆"，所产点心也各具特色，"熏芳轩"、"集芳轩"的糖窖馒头，"合欣园"的酥儿烧饼，"二梅轩"的灌汤包子，"雨莲"的春饼，"文杏园"的烧卖，"品陆轩"的淮饺，"小方壶"的菜饺等，皆很有名气，"各极其盛"。茶肆的生意尤在节令时看好，每当清明节放纸鸢、端午"龙船市"、九月重阳、九皇会、斗蟋蟀、看菊花，"且停车"、"七贤居"等茶肆以游人杂沓，被誉为"岁时纪中胜地"。

　　苏州、南京等地也都有许多因游客而生的酒楼茶肆。如清代苏州，我们从乾隆年间徐扬所绘《盛世滋生图》中，可窥视清代苏州餐饮业的概况。此图共绘有二百三十余家有市招的店铺，其中，饭馆业13家，供应五簋大菜、馄饨、馒头、三鲜大面等，糕点业六家，供应状元糕、奶酪酸、五露霜、太史饼等茶食点心，酒店业12家，供应各种名酒菜食。① 在这些饮食店中，又有不少以接待游客为主的。苏州阊门外山塘街，酒肆、茶店如山如林，"山景园"、"聚景园"、"李家馆"等酒楼，"只招市会游屐"，于每年清明前开炉安锅，过十月朝节，就"席冷尊寒，围炉乏侣"了，可算得上典型的旅游饭店。② 据载，苏州每逢时令节日，又有许多饮食摊铺出现，如五月端午"龙船市"，于竞渡河边，"士人供卖耍货食品，所在成市，凡十日而罢"。③ 苏州茶坊，原先主要开设于寺观庙宇等地，清乾隆时，已发展为"遍于里巷"。茶坊门临塘河，危楼杰阁，装点书画，"聚四方游手闲谈游嬉"。④ 尤当春秋花市及竞渡市，裙屐争集，逐人眉宇。

　　清代的南京没有了明时期的政治地位，但作为两江总督驻地，政治地位依然显耀，与前明相比，酒家茶楼之盛有过之无不及。在秦淮河两岸，众多茶馆酒楼耸立于青楼之间，相映成辉。其中，酒店著名者有"泰源"、"德源"、"太和"、"来仪"、"便意馆"、"新顺馆"、"一品轩"等。"新顺"为

① 参见李华：《从徐扬"盛世滋生图"看清代前期苏州工商业的繁荣》，载《文物》1960年第1期。
② 顾禄：《桐桥倚棹录》卷一〇。
③ 顾禄：《清嘉录》卷五。
④ 乾隆《长洲县志》卷一一《风俗》。

吴人所开，馆中扣肉、徽圆、荷包蛋、卤鱼、焖肉、煮面筋、螺羹等菜肴，以及酒碟之鲜洁，酒味之醇厚，一时无出其右。茶馆则文星阁东首之"鸿福园"、"春和园"，贡院前之"金陵春"、"金陵村"，利涉桥之"阳春斋"、"海天春"，淮青桥之"四美斋"，中正街之"悦宾楼"，最为有名。茶馆中供应皋兰水烟、霞漳旱烟，茶叶有云雾、龙井、珠兰、梅片、毛尖，随客所欲，中间还佐以酱干花生、瓜子、酥烧饼、春卷、水晶糕、花猪肉、烧卖、饺子、糖油馒头等。这些茶馆实际上同上述酒店一样，都是为秦淮冶游者开设的饮食企业。①

　　旅游业的发达，不仅带动了饮食业，也促进了市镇商业的繁荣。明清时，该地区每个风景地几乎又是商业闹市区，在这里，商品琳琅满目，游客可任意挑选购买。如苏州阊门内外，"居货山积，行人如流，列肆招牌，灿若云锦"②，其"洋货、皮货、绸缎、衣饰、金玉、珠宝、参药诸铺，戏园、游船、酒肆、茶店，如山如林"③。尤其山塘街，"地方名胜，店铺稠多"。④ 销售的各种儿童机械玩具，有"寿星骑鹿"、"老跎少"、"僧民会"、"昭君出塞"、"长亭分别"、"童子拜观音"、"嫦娥游月宫"，"其机轴如自鸣钟，不过一发条为关键"，但"工巧绝纶"；泥玩具有泥美人、泥婴孩及人物故事等；竹木之玩，则有腰篮、响鱼、摇鼗、马鞭子、宝塔及各种乐器、兵器，"皆具体而微"。来虎丘的游人，"必买之归悦儿曹"。虎丘绢人也很有名气，绢人多作仕女模样。另外，卖葵扇、团扇的也"不下数十家"。⑤ 明代无锡崇安寺，于六月十九日观音成道日始设市，即为"庙市"：

　　　　凡邑中店肆尽辇入廊下。人占一廛，百货毕集，因之倾动四方：省直之商贾，闽浙之珍奇，远代之骨董，五等四民之服食器用。货随店分，人随货聚，毂击肩摩，挥汗成雨。大家巨族则持多金，贵异物；乡

　　① 参见范金民：《清前期南京经济略论》，《清史研究通讯》1989 年第 4 期。
　　② 孙嘉淦：《南游记》。
　　③ 顾公燮：《消夏闲记摘抄》上卷。
　　④ 嘉庆一一年《元和县志严禁滋扰虎丘山塘铺户及进香客船碑》，见《明清苏州工商业碑刻集》。
　　⑤ 顾禄：《桐桥倚棹录》卷一〇、卷一一。

人则备婚嫁，贸日需。儿童辈竞市吹笙，头管，摇金扇，提萤灯，带鬼面，手金鱼数十头以鸣得意，阗城溢廓，数十日始散。①

可见，庙市成了极佳的逐利市场。惠山街，位于惠山脚下，则是名副其实的旅游商品一条街，各种土特商品应有尽有。最著名者当属泥人玩具，常作成戏文故事、大阿福、小弥陀等，都是儿童玩的"耍货"，春节、庙会、香市时，惠山街上各店均有出售，购者络绎。明文学家王思任就曾在惠山街蒋姓店中，"买泥人，买纸鸡，买木虎，买兰陵面具，买小刀戟，以贻儿辈"。②

饮食业、商业的兴旺，又加大了对一些土特工艺制品的需求，从而推动了手工业的发展，苏州丝织、南京云锦、扬州玉器等作为当时著名的特色手工业相当发达，其他如服装、化妆品行业在上述地区也初具规模。在市场经济的驱使下，手工业生产不仅形成了数量规模，对质量的要求也越来越高，产生了一批特色产品。如在苏州，陆子冈之治玉，鲍天成之治犀，周柱之治嵌镶，赵良璧之治梳，朱碧山之治金银，马勋荷、叶李之治扇等，皆"良工苦心"，技艺精湛，其厚薄、浅深、浓淡、疏密，"适与后世赏鉴家之心力、目力针芥相投"，可使上下百年"保无敌手"③。

二　"养活不知多多少少扯空砑光的人"

万历时人林希元，曾说过这样一句话："今天下之民，从事于商贸技艺游手游食者十而五六。"④ 在生产力并不很发达的明清时期，因旅游活动而发展壮大起来的饮食业、娱乐业、商业及手工业，给许多市镇居民甚至世代衣食田利的农民以新的就业机会，使他们有了新的经济来源。

翻阅一下张岱《岱志》，可知林希元并未过言。明清时，衣食于泰山的群体相当庞大。在岱庙棂星门与端礼门之间的数百亩空地内，"货郎扇

①　王永积：《锡山景物略》卷一〇《崇安教寺》。
②　王思任：《游慧锡两山记》。
③　张岱：《陶庵梦忆》卷一《吴中绝技》。
④　林希元：《林次崖先生集》卷二。

客，错杂其间"，到处是斗鸡、蹴鞠、走解、说书表演，有"相扑台四五，戏台四五"。一家接待泰山游客的旅店，有数百人因此为生。包括为旅店拉客的"牙家"十多家，旅店门前妓馆十数间，优人寓所十数间，从事弹唱艺人百十群，杂役侍者百十余辈。每天有数百人在山顶东侧的五花崖前进香烧锡箔纸钱，因而就有人在此扫灰烬，十多家专业户专门将扫来的灰烬淘洗熔锡。如此种种，足见旅游消费的波及效应之大。前述明代苏州徐廷裸家园因允游人游览，就有一些市民傍其园开设酒肆，"其邻人或多为酒肆，以招游人"。① 在虎丘山塘，又有小本经纪人，驾小船在山塘河中卖水果为生，"每值市会，操小划子船，载时新百果，往来画舫之间，日可得数百钱，俗呼水果船"。② 清初松江太平庵陈和尚善看相、治病，"辄有效"，远近进香饭信者，绎络而至，于是，逐末者辐辏而集结于庵之左右，"遂成市肆，肩摩毂击，昼夜不停，旅次留宾，舳舻数里"③，太平庵无疑成了一些逐末者的生财之地。城乡平民在这些有客流的地方开店设市，有屋则摊，无屋便厂，厂外又棚，或赶卖香糖果饵，或酒水茶饭，或琐屑玩具，以赚钱谋生。

　　除了经商谋生者外，一些艺技之人，也纷纷售艺觅食于风景地。《吴郡岁华纪丽》卷三就描写了每年清明前后，苏州南园北园之间，虎阜灵岩之畔，许多城乡艺人在这里售技的众生相：

> 　　歌舞百戏，乐声嘈杂，数里并无阒境。厥有骄妓勤优，呈技争巧。筑球过顶，踏索凌虚，扒竿筋斗，翻旋蹴空，弦拨嘌唱，谐杂嘲诨，筒藏戏法，鸽飞兔伏，鱼跳刀斗，猴扮戏剧，使唤蜂蝶，驱蚁战斗，教蛙读书。其余卖药卖卦，沙书地谜，奇巧百端，日新耳目。

　　据《扬州画舫录》卷一六载：在保障湖、平山堂等地，也有许多苏州手艺人在此捏人像，"鬻者如市，手不停作"。还有人拾蚌鳌甲，画戏文于甲里，"每一甲一钱"。其他来自四面八方的"杂耍之技"者，皆麕集于保障湖长堤上，献技乞食。其中，有上百仞竿拔帜的"竿戏"，长剑直插喉嗉

---

① 沈瓒：《近事丛残》卷一。
② 顾禄：《桐桥倚棹录》卷一二。
③ 叶梦珠：《阅世编》卷三《建设》。

的"饮剑"，一口气吹亮千盏蜡烛的"壁上取火，席上反灯"，悬空走长绳的"走索"，刀刺腹皤的"弄刀"，还有"风车"，"躐高跷"，"撮戏法"（魔术）、"西洋镜"、"卖卜、拆字"、"猴戏"、"木偶戏"等。有一九十高龄的老艺人，"曳大竹重百余斤，长三四丈，立头上，每画舫过，与一钱"。"扬州八怪"之一的汪士慎，撰有《观走马伎》，对一马技演员的精彩表演作如下细绘：

> 北方有女逞娇羞，能调骏马来扬州。紫丝鞭控春葱柔，锦靴踏镫双垂勾。绿杨堤上游人聚，美人下马整缠头。长裙簇波秋鹅色，红衫细织金花稠。金鼓声扬马东骋，美人一笑攀花秋。一脚斜悬脸西顾，轻袿历乱春风愁。危机忽堕令人恐，回旋颠倒缭群眸。左低右昂缰不收，直以马背如平畴。汉宫妃子掌上舞，洛浦仙姬水面浮。此女非仙亦非嫔，学成儢疾等猿猴。怜彼生涯过眼休，黄金何处常营求。

此外，还有人在保障湖堤上卖唱《小郎儿曲》，每一船至即献上，"呢呢儿女语，恩怨相尔汝"，词虽鄙俚，义实和平，非如市井中小唱淫靡媚亵可比，"人艳听之"，常能吸引众多游客。

明清时，鲜花在人们生活中用处较广，或装饰画舫，或作瓶花，或赠送他人，遂有了种花业，江南等地出现了无数的专职种花户，苏州人称之为"花园子"。一些耕地被翻作花田，魏源有《江南吟》道："种花田，种花田，虎丘十里山塘行……红雨一林香一川，朝摘夜开，夜摘朝开。采花人朝至，卖花船夜回。有田何不种稻稷，秋收不给两忙税。洋银价高漕斛大，纳过官粮余秸□。稻田贱价无人买，改作花田利翻倍"。[①] 类似情况在扬州等地也存在，扬州旧有"十里栽花算种田"之说。大江南北的花农们以艺花为业，起早贪黑，辛劳过于农事，以换得一年的衣食之资。除了花农，又有许多花工受雇于花店，他们长于接萼、寄枝、剪缚、扦插之技，在盆中植奇花异卉，点以山石，谓之盆景。时苏州人称之为"花树点景"、"山水点景"。花工售艺领取报酬，每月领取工银，"营工于圃，月受其值"。[②] 而大家苑囿中，凡欲栽培花果、编葺竹屏草篱，一花一木皆有可观者，都得雇用

---

① 《魏源集》下册第 670 页。
② 顾禄：《桐桥倚棹录》卷一二。

专职花草工，"非其人不为工"① 也。绒花也为游人所喜爱，苏州山塘出售绒花的店铺不下十余家，拈花作叶，多女工为之，形象逼真，售价不菲。扬州在康乾时最为繁华，当时小秦淮、保障河上船舫皆用灯装点，以宫灯为最丽，其琉璃"一般连缀百余，窈窕而出。或值良辰令节，诸工商各工段临水张灯，两岸中流，交辉焕采"。② 因而在扬州，又有专以租灯为业者，他们于下买卖街路南河房开设租灯业务，"凡湖上灯船，皆取资于此，一灯八钱"。③ 此外，为满足大江南北盛筑园林对假山石的需求，又产生了所谓的"石农"，"石农"多为居住于太湖周边的居民，他们业于"种石"，取石凿孔，放入波浪冲激处，任凭风流冲刷，久之则瘦、皱、透如同天成，"以售善价"。④

　　总之，以接待游人为主的"旅游商店"、"旅游酒店"的大量出现，为一些无业"小民"提供了就业机会与新的生存空间，增加了新的衣食之源。所谓："四民之内，今之为游民者无业可入"，"幸有豪奢之家，驱使之、役用之，挥金钱以为宴乐游冶之费，而百工技能皆可致其用，以取其材。即游民亦得沾其余润，以丐其生。"⑤ 对此，《豆棚闲话》十则以苏州为例，作了通俗透彻的解析：

　　　　苏州风俗，全是一团虚哗，一时也说不清。只有那拳头大一座虎丘山，便有许多作怪。阊门外山塘桥，到虎丘止得七里。除了一半大小生意人家，过了半塘桥，那一带沿河临水住的，俱是靠着虎丘，山上养活不知多多少少扯空砑光的人。即使开着几扇板门，卖些杂货，或是吃食，远远望去，挨次铺排，倒也热闹齐整。……一半是骗外路的客料，一半是哄孩子的东西。

----

① 乾隆《元和县志》卷一〇《风俗》。
② 李斗：《扬州画舫录》卷一一。
③ 李斗：《扬州画舫录》卷六。
④ 张霞居：《红兰逸乘》。
⑤ 乾隆《吴县志》卷二四《风俗》。

三　"稍拓鄙见"

古人有言："读万卷书，行万里路。"读书长知识，行路广见闻。宋人苏辙在《上韩太尉书》中就说："百氏之书虽无所不读，然皆古人陈迹，不足以激发其志气。恐遂汨没，故决然舍去，求天下奇闻壮观，以知天地之广大。"明清时，持同此调的人甚多。梁辰鱼《远游》诗说："结发慕远游，精心在经史。上下几千岁，欲究治乱音。"袁袠说："夫览山川，辨物宜，稽民俗，舒性情，游之概也"。① 顾炎武在《天下郡国利病书》中更是直言：学人不能仅"琐琐于典籍文字之间，而不稽之于道里徒步之下"，因为，"天地至大也，事物之变至无穷也。而人以渺然七尺之躯，块处一室，眼如针孔，乃欲纵谈古今，悬判天下事，势必不能。"所以无论是修身，还是平天下，都不能缺少旅游这个实践环节，这恐怕也就是"古来通人达士，每喜言游"之原因所在。②

"不亲履，则不易知"③。明清广大文人不满足于蹰躅一室之内，婆娑数树之间，迈出家门，在旅游实践中不断获得新知，"稍拓鄙见"④，了解社会。永乐三年（1405），翰林学士解缙、侍讲金幼孜与胡广奉命赴南京近郊观阳山碑材，途中见有耕夫在"横纵陇亩"，"三人观其作劳，徘徊久之"⑤，三位朝廷命官因此增加了农田耕作的感性知识。嘉靖八年（1529）四五月间，吕柟一行七人游牛首山，其中一人于途中见村民"收麦甚喜"，"男妇勤苦场作，又用碾袭，甚可爱"。⑥ 许多文人还在旅游途中，通过实地考察纠正前人的一些谬误。如《广舆记》载广西桂林开元寺有褚遂良书《金刚经碑》，长期来人们对此信以为真。可袁枚实际踏访后，发现此碑为后五代楚王马殷所写，并非褚氏书。此书又说，浙江天台山石梁长数十丈，

① 袁袠：《洞庭山记》。
② 潘耒：《重刻五岳游草序》，见王士性：《五岳游草》卷首。
③ 程思泽：《游香雪海记》。
④ 孔尚任：《湖海集》卷一二《答王安节》。
⑤ 胡广：《游阳山记》。
⑥ 吕柟：《游牛道山记》。

行人无法通过。袁枚慕名前往,才知石梁实际上长不过三丈,阔二尺,厚二丈有余,"初行者或未免目弦,山僧及舆夫过往如飞"。① 潘耒也有同样的经历。潘耒游永州三岩,原只想寻访柳宗元《永州八记》中所记的景物,"不谓旧迹皆湮没不可见,见者亦平平无奇"。值得观赏的倒是后来发现的芝岩、澹岩诸景。潘耒感慨道:"物不可以徇名而遗实,事不可以泥古而略今。"② 嘉庆十二年(1807)的常熟,发生了这样一件趣事。是年夏天,同为嘉庆庚申举人的太仓人盛大士、王履基与常熟藏书家吴卓信、画家孙源湘、校勘家黄廷鉴等一行七人共登虞山,游览了鹁鸽峰下伛偻方得入的一石穴。归后作诗记游,王履基诗先成,直言太湖林屋洞深不可测,迥非凡境,"虞山之洞,坳堂杯水耳",常熟人哗然不服,甚至痛诋其诗。盛大士以为,常熟人左祖虞山,王氏以林屋洞压之,"皆非也。海内奇境不止一虞山,那何止一洞庭? 文人相轻,各以私心议论长短"。盛大士进一步提出:"识欲其高,见欲其广也!"③ 可见,要获得高人一筹的见识,离不开来之于旅游的博闻广见。

旅游活动的这种感性体验,这种阅历功能,自然使活动本身具有莫大的吸引力。延访名山,流连遗址,览一地之人情,睹一方之胜概,食所未食,尝所未尝,"穷登览,广见闻,则游固可乐"④ 也。谢肇淛将"历未曾到之山水"与"读未曾见之书",同样看成是"如获至宝,尝异味",为"一段奇快"⑤。清著名戏剧家李渔游边塞归而乐之,乡人以边陲不毛之地为由,询问他"何乐之有?"李渔回答:其乐就在于拓宽了视野,进一步了解了社会。他在《闲情偶寄》中说:

> 向未离家,谬谓四方一致,其饮馔服饰皆同于我,及历四方,知有大谬不然者。然止游通邑大都,未至穷边极塞,又谓远近一理,不过稍变其制而已矣。及抵边陲,始知地狱即在人间,罗刹原非异物。而今而后,方知"人之异于禽兽者几希",而近地之民去绝塞之民者,反有霄

① 袁枚:《随园诗话补遗》卷五。
② 潘耒:《游永州三岩记》。
③ 盛大士:《游小石洞记》。
④ 吴宽:《匏翁家藏集》卷三九《送章廷佐还金华序》。
⑤ 谢肇淛:《五杂俎》卷一三《事部一》。

壤幽明之大异也。不入其地，不睹其情，乌知生于东南，游于都会，衣轻席暖，饭稻羹鱼之足乐哉……是游也者，男子生而欲得，不得即以为恨者也。

旅游者旅游异地，因亲眼目睹各地山川风俗而沾沾自喜，他们动辄向他人介绍游览经历，展示记游作品，与人共享旅游之乐。如都穆生性好月，弘治九年（1496）中秋，他在镇江金山赏月，江风月色，令其陶醉不已。此后，都穆也就"每夸于人，以为平生奇观"①。据《金陵琐事》卷二载，嘉靖间昆山人吴扩，喜诗歌，"有声吴中"，曾远游各地名山大川采风，"每对客多言平生游武夷、憩匡庐、入天云、雁荡诸胜事，朗诵其所赋诗，听之者如在目中"。梁辰鱼喜远游，每游归，定将所见所闻告于同好，俞允文在《送梁伯龙游楚并寄周水部一首序》中就说，梁辰鱼远游归来，"必挟胜语以广我异闻"。②

四　交结天下名士

旅游是文士实现社会交往的一种重要途径与方式。对于文人来说，"世外朋俦，甚于衣食，断断不可一刻不会也"③。明清文人好交游，通过旅游活动而结交天下友朋。吴中才子祝允明，凡出游一地，必遍求当地名彦，"登泛山水，访览往迹，唯恐程役日力不足"④。在祝允明所列的"平生知爱"者中，大部分即通过诗文游览活动相交的，他们是：顾荣夫、钱元和、王宠、葛汝敬、汤文守、谢元和、蒋允晖、施聘之、朱升之、张天赋、吴宽、王鏊、韩贯道、沈周、朱性甫、朱尧氏等。文征明为著名书画家，他辞翰林待诏归休，杜门不与世事，肆游江湖山谷之间，所至名贤依附，相与切劘，以至许多慕名者为与他相交，"日相与载酒船，候迎先生湖山间，以得

---

① 都穆：《月夜游宝石山记》，见曹文趣：《西湖游记选》。
② 俞允文：《俞仲蔚先生集》卷三。
③ 袁伯修：《白苏斋类集》卷一五《陶编修石篑》。
④ 祝允明：《怀星堂集》卷二二《杭州夏日以文会诸君从聘宅序》。

一幸为快"。①

文人们频频出游，放浪于山陬水湄，行不裹粮，随境而止，所与游者皆风神玄朗之士、高僧名道之流。他们相聚一起，或品评风景，审览风俗；或放言高论，相互夸诞；或歌吟啸呼，交相酬赠。明洞庭人蔡旅平，博涉经史，终身不事生产，日与其徒乘扁舟，啸傲山水之间，浃月不返，"所交皆天下有名之士"。② 据光绪《丹徒县志》卷三三载，明中叶藏书名列镇江第二的陈若筠，家有园亭竹木之胜，每逢暇日，召朋旧流连唱和，互出所藏书画品题甲乙。"君兴至，即出游……大江南北名胜之区，屐齿殆遍。"在旅游途中，陈氏结交了许多朋友，有"诗交"、"同笔砚交"、"谈禅交"、"饮交"、"书画交"、"神交"、"方外交"等。袁中道每到一地，也"辄与知名士往来，故交游几遍天下"③。"恣情山水，迹半天下"的邵长蘅，以旅游相交天下名士，宋荦在《青门山人墓志铭》中说：

　　其出而游也，特欲纵览名山大川，与一时伟人巨子抵掌树颊，广拓其见闻，以销其胸中结轖柳塞之气，故宇内名胜之地，足迹几遍，所交悉当代第一流。④

龚自珍于道光十九年南归途经扬州，扬州土著之士或寓公"大欢"，纷纷谒见，扬城一时出现了叙友情、磋学问的盛况。龚氏在《己亥六月重过扬州记》中记道：

　　有以经义请质难者；有发史事见问者；有就询京师近事者；有呈所业，若文、若诗、若笔、若长短言、若杂著、若丛书，乞为叙、为题辞者；有状其先世事行，乞为铭者；有求书册子、书扇者。填委塞户牖。

①　王世贞：《弇州四部稿》卷八三《文先生传》。
②　王维德：《林屋民风》卷八《人物》。
③　袁中道：《珂雪斋集》卷九《送石洋王子下第归省序》。
④　邵长蘅：《青门剩稿》附。

"好古多游寺，怀山喜见僧"①。明清文人名士屡访名山古刹，"文僧之交"现象比较普遍，甚至不少人弃儒冠，改从方外交。究其原因，一方面，与这个时期文人的遭际不无关联，他们为躲避现实纷纷入山寻寺，所谓"尘世何年离苦海，名山到处入空门"②；另一方面，寺观皆位于山水佳处，有良好的风景可资游赏，且深山野岭、荒郊城外，寺观承担了游客的主要接待任务，盛情款待裙屐名贤、幅巾逸士，文人也就免不了与寺僧打交道；此外，与俗界一样，迹寄缁林的僧人也分九等，王思任将他们分为"鞋僧"、"膏药僧"；"茶僧"、"果僧"；"禅僧"、"诗僧"三类。③第三类僧人中不乏颇通文墨、非寻常缁素者，他们虽心游圣域，但"有墨名而儒行"，与文人有着哲学思想方面的共通之处：崇尚清净、无为、空洞。因而彼此能敞开心扉，交流思想，切磋艺文。对此，方百川曾对胞弟方苞作了这样的解说："自明中叶，儒者多潜遁于释，而释者又为和通之说以就之，于是儒释之道混然。儒而遁于释者，多倡狂妄行，释而慕乎儒者，多温雅可近。"④明清时期的长江三角洲地区，寺观林立，又多能诗善画的"诗僧"，文人乐意"与学佛者往还"⑤，一道论文品著，谈空习静。如，苏州大云庵，古木森秀，映树临流，且"僧徒循循，多读书喜文，所雅好皆文人硕士"。沈石田、杨群谦、蔡九逵等辈均尝栖息于此，文征明更是"屡游其间，至辄忘返"⑥。周忱也是位经常流连佛寺的学者型官员。他在一次公务途中顺游嘉定南翔云翔寺时，曾表示宁可耽搁工作也不愿放弃寺庙的一刻清享，作《留题南翔寺诗》坦言道："纵有官程且莫催，招提暂借小徘徊"，"山僧静坐消长日，笑我红尘熟往来。"⑦康熙时布衣林企佩，自称为"猥以文字之役旅食四方"，虽然吟屐所至，结交了许多贤士大夫，但苦烦于酬应，"辄

①　王鏊：《震泽集》卷一《送僧归洞庭》。

②　梁辰鱼：《鹿城诗集》卷二〇《舟次毗陵桃花源吴幼安昆仲携酒永庆禅林访同石上人作》。

③　王思任：《游洞庭山记》。

④　《方望溪先生全集》卷一四《重修清凉寺记》。

⑤　《方望溪先生全集》卷一四《重建润州鹤林寺记》。

⑥　《文征明集》卷三五《重修大云庵碑》。

⑦　《南翔镇志》卷一〇《杂志》。南翔寺创始于梁天监年间，清康熙三十九年御书"云翔寺"额赐之，改为今名。

思从方外游，凡遇竹院松寮，常流连信宿，低徊不忍去"。① 朱家角圆津禅院，以词翰名四方，自清以来的历代住持僧皆工画篆刻，"以余力游戏笔墨，花竹扶疏，琴书整暇，远近士大夫乐与之游"。② 叶方蔼、徐干学、吴梅村、王昶、钱大昕、王鸣盛等皆与当家僧人结"世外交"。如自以为"虽不好禅"的钱大昕，"于圆津之家风，独洒然异之，往往淹留竟日不能去"。③ 文僧们解衣散发，恣咏高谈，圆津小庙俨然成了文僧聚会的场所，"为东南名士游赏地"④。潘耒也自称多"空门友"。距文学家汪琬宅邸不数十步的栖云禅院，当家上人恭密喜作五字律诗，汪琬每至，"辄爇香煮茗，出所赋诗相商榷"，汪琬也乐于此赏花竹之美，眺望山林之奇，遂经常往游，咏歌赠答，"久而忘返"⑤，真可谓"坐久半因僧"⑥ 了。

五　"非人无以胜地"

"非景无以陶情，非人无以胜地"⑦。山川灵境显名于天下，与文人行踪有很大关系。魁儒硕士们登探幽险，即事导兴，"必有语言之留"⑧，或于仙台梵宇而述宴游，或以访古而寄慨，清裁骏发，牍映片流。他们的作品及其踪迹，或多或少地产生了一系列的名人效应，从而大大丰富了景观的文化内涵与旅游吸引力，是一地景观成名的重要因素。

杨循吉就说，山无论浅深远近，"大率以文胜"⑨，苟遭文章雄杰发其奇秘，皆足称胜天下。所谓："昔者琅玡僻壤耳，醉翁一记，遂为胜概；赤壁战争区耳，坡仙一赋，卒成胜境。"⑩ 否则，即使千岩竞秀，万壑争

---

① 林企佩：《赠别语石贞朗两上人序》，见觉铭：《圆津禅院小志》卷二。
② 陈昂：《圆津禅院小记》，见觉铭：《圆津禅院小志》卷二。
③ 钱大昕：《圆津禅院小志序》，见觉铭：《圆津禅院小志》卷首。
④ 王昶：《振华长老塔铭》，见觉铭《圆津禅院小志》卷二。
⑤ 汪琬：《钝翁前后类稿》卷三三《栖云禅院记》。
⑥ 梁辰鱼：《鹿城诗集》卷一七《登蜀冈憩上方寺》。
⑦ 严果：《天隐子遗稿》卷八《游法海寺序》。
⑧ 杨循吉：《松筹堂集》卷四《游虎丘寺诗序》。
⑨ 杨循吉：《松筹堂集》卷四《宜兴善权寺古今寻叙》。
⑩ 马性鲁：《游雁山记》，见张声和：《温州名胜游记》。

流，"若无骚人墨客登放其间，携惊人句，搔首问青天，则终南太华等顽石耳"。这就是"山水藉文章以显"[①] 的道理所在。如，苏州天平山白云泉，即由白乐天题绝句而显，其他如卓笔峰、巾子峰、五丈峰也皆后来"因好事者得名"[②]。又阳山为"吴之镇"，离城仅三十里，山中有仙迹佛老之区，但"山人莫询，郡乘不载"，"游者不能知，虽知不暇悉"，可见，这原是座不为人注意的孤山。明代隐士岳岱尚丘壑，命舆跻讨阳山，得寺观者七，古迹者四，泉石者二，晋柏一，山房一，"各纪之以诗"。[③]由于岳岱的调查开发，阳山这才声名鹊起。金山较镇江诸山为奇，在相当程度上也主要在于古人之笔韵较诸山为多。红桥，在清代扬州号为北郊第一胜景，其实桥为普通木栏拱桥，无以形胜，但王士禛、施闰章、陈其年等名流相继在此率众文人修禊，曲水流觞，诗章连篇，有红桥唱和诗词行于世，红桥名声乃大著，成为闻名远近的一方名胜，与廿四桥、平山堂、文选楼等古迹并垂天壤。如宋荦《红桥》所言："最是扬州胜，红桥带绿杨。著名同廿四，佳话自渔洋。"

景观中的人文景观，其内涵是不断丰富发展的，自然景观也有待于文化的充实与包装。人们在观赏登览之余，别有怀抱所作言情表露，往往又成为后人注意力之所在，成为新的目的物。题名刻石，即是如此。明清时，文人览景，品题山川，大多有题咏刻石之好。乔宇于正德间游幕府山，在被称为达摩游息岩洞，"篆题达摩洞三字，并识岁月、与同游者姓名"[④]。事隔七十多年后，范守己到此游览，目睹乔宇所刻，叹为"江上幽胜地也"[⑤]。苏州光福一带多山，如邓尉、玄墓、铜井、渔洋、弹山、龟山等。几十里地遍植梅花，山溪水涯梅影随处可见。姚希孟《梅花杂咏序》曰："梅花之盛，不得不推吴中，而必以光福诸山为最。"红葩绿萼，相间万重。人坐舆而行，凭高而瞩，如在梅花香国之中，"香雪所由名也"[⑥] 尤其马驾山（俗称吾家山），绵谷跨岭无一北梅者，"香气蓊勃，落英缤纷，入其中者迷不知

① 尤侗：《天下名山游记序》。
② 杨循吉：《游吴郡诸山志》。
③ 顾之庆：《阳山新寻房》，见《游名山记》卷四。
④ 乔宇：《游幕府寺记》。
⑤ 范守己：《游幕府山记》。
⑥ 李流芳：《檀园集》卷八《重修香雪庵疏》。

出"①，清时推为吴中梅花第一。康熙三十五年（1696）正月，宋荦闻其名与邵长蘅等专程来此作探梅游。但见梅盛若雪，千顷一片，恍若身处银海之中，幽丽不可名状，宋荦遂题"香雪海"三字于吾家山崖壁上，其《雨中元墓探梅》"望去茫茫香雪海，吾家山畔好题名"②说的就是这件事。不仅如此，康熙帝在此驻跸观梅，乾隆帝更是六次临幸。"香雪海"之名从此声振海内，"香雪海"梅景名艳天下，成为玄墓一带特色景观的专称。大江南北凡以梅称胜者，无有能与香雪海相匹敌，寻梅者也以不到香雪海一游为憾。焦山自古即有"书法山"之称，"大字之祖"瘗鹤铭及遍布悬崖石壁的文人刻石题铭，是焦山不可或缺的旅游吸引物，丰富了焦山的景观内涵。所以，种种事例表明，"山水，古人之肺腑也；古人，山水之管龠也"③。山水的成名与文士密不可分。

还有些文人，他们在游览过程中通过观察分析，直接命名景观，即对一自然物进行恰如其分的文化包装，从而创造了一个新的旅游吸引物。如太湖洞庭西山主峰缥缈峰南的龙头山，有奇石与石公山相等。石公山之石皆有名号，成为旅游景点，龙头山之石虽奇却因"少佳名"，冷落深山不为人所知。清人沈彤在考察中发现，该山之石"为上为下，咸可品目"，遂"于诸名者外，略以前人所形容者名之，若小龙门、蜂房石、石鼎是也"。④像龙头山这样原来没有"名号"的山水，一经品题，"后之游者，不待按诸图经，询诸樵牧，望而可举其名矣"！⑤

至于文人在旅游活动中品题风景，萃集特色景观而命以所谓的"八景"、"十景"、"十二景"、"二十四景"等，这种对群体景观的集合提炼包装，也是风景名胜得以传扬的重要因素。宜兴南山，有仙府僧庐，有山水古迹。明人沈懋因子光显，家中富厚，日与文人墨客啸咏于茂林修竹间，并题"南山十景"。他说："吾生平所乐者山水，所重者诗酒图史，既皆饱取而熟玩之矣！而此心常苦不足，于是复取旁近山水之尤胜、古迹之尤存者，列而为题名，曰'南山十景'，命工图之，各赋诗以著其志，而大夫士相与唱和

①　汪琬：《游马驾山记》。
②　宋荦：《西陂类稿》卷一七。此事也见之于邵长蘅《弹山吾家山游记》。
③　任瑗：《金山志序》，见康熙《金山志》卷首。
④　沈彤：《游包山记》。
⑤　董其昌：《画禅室随笔》卷三。

者众，既联为大轴以传世矣！"① 常熟唐市有"十景"之称，据乾隆《唐市志》卷一二载，"十景"为"万安晚市"、"市泽者迹"、"语廉夜泊"、"马惊深树"、"凤基秋月"、"朗城水观"、"三塘通济"、"湖泾春涨"、"强芜蒸苔"、"坞邱雪眺"。后因强芜一景属长洲县，遂由"毕阳旭日"取而代之。与此相仿，同里也有"八景"，即，"长山岚翠"、"九里晴澜"、"林皋春雨"、"莲浦香风"、"南市晓烟"、"西津晚渡"、"野寺昏钟"、"水林渔笛"。后又有人续定八景，即"法喜骄祥"、"洞真灵迹"、"仁济□宇"、"翊灵古祠"、"东溪望月"、"西畈夕照"、"北山春眺"、"忏院钟声"。② 乾隆年间，扬州西北郊保障湖上盛治园亭，时人将其特色景观命名为二十四景，即"卷石洞天"、"西园曲水"、"虹桥览胜"、"冶春诗社"、"长堤春柳"、"荷蒲熏风"、"碧玉交流"、"四桥烟雨"、"春台明月"、"白塔晴云"、"三过留踪"、"蜀冈晚照"、"万松叠翠"、"花屿双泉"、"双峰云栈"、"山亭野眺"、"临水红霞"、"绿稻香来"、"竹楼小市"、"平冈艳雪"、"绿杨城郭"、"香海慈云"、"梅岭春深"和"水云胜概"。关于二十四景形成时间，今人都据《扬州画舫录》卷一〇所载："乾隆乙酉（1765）扬州北郊建卷石洞天……二十景"，"乙酉后，湖上复增绿杨城郭……四景。"其实此说有误，经考，两淮盐运使卢见曾于乾隆丁丑（1757）修禊红桥，有诗道："二十景中谁最胜，熙春台上月初圆。"尔后，卢氏又邀友来使署诗酒唱和，将二十四景分别写在牙牌上，称之"牙牌二十四景"。这一切都在卢氏离任盐运使即乾隆癸未（1763）之前。还要强调的是，上述"二十四景"主要取之于湖上各家园林的部分特色景观，即卢氏在《红桥修禊·序》中所讲的："两岸园亭，标胜景二十"。所以，"二十四景"非二十四座园林，许多人把"二十四景"直接指为二十四座园林，也属讹误之说。

六　烟峰泉石，诗文之材：
记游作品的丰盈

　　旅游活动的文化意义主要还体现在因游而产生的大量记游作品上。所谓

---

①　嘉庆《重刊宜兴县旧志》卷一〇《南山十景诗序》。

②　嘉庆《同里志》卷一《形胜》。

记游作品，就是记述游历活动的一切文学表达形式，包括诗词歌赋、游记散文、书画碑铭等作品。它们是旅游活动的直接产品，也是旅游活动兴盛的一大表征。

1. 旅游活动与记游作品的产生

一首好的诗词，一篇好的文赋，一幅好的书画作品，固然在于作者的天智与勤奋，但离不开山川古迹的相助。所谓"士即负旷世逸才，不得云海荡胸，烟峦决眦，皆无以发其欹崎历落之思，飞扬跋扈之气"①。钱谦益说：

> 人之欲工为诗者，莫便于居山矣。烟峰泉石，诗之材也；登临流览，诗之资也。冲恬静默者，情相宜；寥廓峥嵘者，境相得也。②

冷士嵋进一步分析道：

> 吾尝谓，山水之于诗文，似远而实近，似异而实可通。……盖山与水之在天地间，其扶舆磅礴，困涵岳立，而川流幽奇寥廓之气象，即之辄能洗人心目之陋，而发人性分之灵奇。……是以古今来才贤明达之士，能以诗文擅绝业如龙门、康乐者，莫不皆有山水之助。③

正因为山水与诗文书画的这种特殊关系，古今文人名流，无不耽情山石，他们常年盘桓于山巅水澨，凭借触心抵目的天地、日月、山川、花草，开拓心眼，将醉墨淋漓于湖山，闲情寄托于花月，借声歌以写心，取诗酒以自适，创作了大量的诗词书画及游记作品。

明清两代，文士们创作的记游作品汗牛充栋，难以计数。这里仅举些个案以说明旅游与记游作品的关系。明末清初人程正揆，癖于游事，沉酣书画，无论是供职清廷，还是家居南京，三十多年中常作燕赵吴越

---

① 尤侗：《天下名山游记序》。
② 钱谦益：《遂初堂集》卷八《胥母山人集序》。
③ 冷士嵋：《江泠阁文集》卷二《秦臣溥诗序》。

之游，铨序景物，品评今古，登高而赋，临流而慨，辄多唫咏书画之作，仅所写《江山卧游图》就达五百卷。有顾嗣立者，于康熙年间游金焦二山，得诗四十首，因集而刻之，名曰《金焦集》，由邵长蘅为之序。王士禛官扬州，公暇常至金陵、镇江纵览江山，或历险穷幽，或考山水逸事，"所至挥洒翰墨，不移日，而题名及古今诗裒然成集"。其文缥缈萧瑟，烟雨迷离，"诸山之奇，俱从五指拂拂欲出"①。清初著名诗人吴伟业，其作品"家弦户诵"②，是与他好游山访水分不开的。吴伟业"性爱山水"，游常经月忘返。山水给了他创作源泉，因而其诗文中的一字一句、一笔一画，均是山水风云的结晶，是大自然的造化。尤侗在《祭吴祭酒文》中评道：

> 先生之文，如江如海；先生之诗，如云如霞；先生之词与曲，烂兮若锦，灼兮如花。其华而壮者，如龙楼凤阁；其清而逸者，如雪柱冰车；其美而艳者，如宝钗翠钿；其哀而婉者，如玉笛金笳。其高文典册，可以经国，而法书妙画亦自名家。③

所以那些得之于自然的诗文，能变态不常，"静者如崖，幽者如谷，淡者如霏烟，丽者如巧卉，奇者如巇，怪者如壁，浩而迅若惊湍，广而平若夷岸，其无所不有也"。④ 而脱离了山水，文学书画创作就成为无本之木，无花之蜜。文征明在《题谢思忠山水册》中，评论谢思忠十二幅画作，"精到别致"，"虽其学历所至"，但谢尝客居杭州，又东游天台、雁荡，南历湖湘等天下名胜地，故"要亦得于江山之助也"。文氏深有感受道："若余裹足里门，名山胜地，未有一迹，虽亦勉强涂抹，不过效昔人陈迹"而已。⑤

---

① 张九征：《过江集序》，见《丹徒县志摭余》卷二一。

② 陈瑚：《梅村集序》，见《吴梅村全集》附录三。

③ 尤侗：《西堂杂俎》二集。

④ 王渐逵：《李三洲诗集序》，见《明文海》卷二六三。

⑤ 《文征明集·补辑》卷二三。

2. 长江三角洲游记作品及其他

游记是旅游活动的文化反馈，是"某一社会文化的一部分"①，是历史时期社会生活的折光。游记作为一种文类，到明清时发展至鼎盛。长江三角洲地区有一支规模空前的游记作者队伍，所创作的游记作品几占全国游记的四分之一。因旅游活动而产生的游记，非同其他一般文学作品，有着较高的旅游文化及社会史料价值。因而从旅游角度、社会历史角度对游记作品及其作者进行研究，是一项有意义的工作。

（1）关于游记的产生与发展

作为记游作品之一的游记，始于何时，前人曾开展过讨论。尤侗在《天下名山游记序》中说："古之人游名山者，亦复何限？往往见诸诗赋，而记志无闻焉，至唐柳柳州，始为小文。"② 尤氏认为，作为一种文体，游记到唐朝才完全形成，柳宗元是这种文体的鼻祖。而近人刘师培则将游记的产生年代上推至魏晋时期，他认为，赵至的《与嵇茂齐书》、陆云的《答车茂安书》、鲍照的《登大雷岸与妹书》、吴均的《与宋元思书》，皆为"游记之正宗也"③。上述两家各有道理，其分歧根源在于没有一个统一的游记概念。笔者以为，游记应是作者实地踏访，对景观及其游览活动的动态描写，它因山写水，缘地记事，是因游而记，因景而记，是"纪胜非纂文也"④。一篇游记可以记一次游览活动，也可以是几次游览活动的合记。常常以"游记"、"记游"、"述游"（有时也略称"记"、"志"）等名目出现，并署以游览时间。据此，柳宗元的《游黄溪记》、《始得西山宴游记》、《钴鉧潭西小丘记》、《小石潭记》、《袁家渴记》、《石渠记》、《小石城山记》等都可以说是严格意义上的游记作品。而唐朝以前人们记述游历活动，通常以《序》、《书信》的形式出现。如东晋王羲之的《三月三日兰亭诗序》、慧运的《游石门诗序》、鲍照的《登大雷岸与妹书》等，这些仅是记游作品，而不是"游

---

① 韦勒克·沃伦：《文学理论》，第106页。
② 见《天下名山游记》卷首。
③ 刘师培：《刘申叔先生遗书·文说·耀采篇》。
④ 慎蒙：《天下名山诸胜一览记》卷首《编辑名山记凡例》。

记"，刘师培据此以为游记昉于魏晋是不能成立的。当然，这并不是说游记这种文体诞生于魏晋以后。实际上，魏晋时期就已有了游记作品，东晋僧人法显，自记游历天竺经过的《佛国记》（又称《佛国天竺记》、《历游天竺记传》）就是一篇游记作品。该游记记载了作者所历四十多个国家的山川、交通、宗教、文化、物产、气候、风俗、社会经济制度等。早于《佛国记》的还有东汉的《封禅仪记》，作者马第伯随汉光武帝刘秀封禅泰山，记录了登山沿途的景象：

> 仰视岩石松树，郁郁苍苍，若在云中。俯视溪谷，碌碌不可见丈尺。遂至天门之下。仰视天门，晈辽如从穴中视天窗矣。直上七里，赖其羊肠逶迤，名曰环道，往往有绠索，可得而登也。两从者扶掖，前人相牵。后人见前人履底，前人见后人顶，如画重累人矣，所谓磨胸捏石扪天之难也。

马氏的这篇游记，被学界认为是第一部真正独立的游记①。当然，也有人将晋代汲冢出土的《穆天子传》当做游记作品，以为该传记载了"周穆王游行天下之事"，包括周穆王所经各地的山川、道里、物产、部族等。如果此说成立的话，那么，成书于战国时代魏襄王二十年（公元前299年）前的《穆天子传》，无疑是我国第一部游记。② 但实际上，《穆天子传》前五卷所记周穆王驾八骏西游故事，作者已不可考，但肯定不是周穆王本人。所以，不论其故事真实与否，皆难算得上是一部严格意义上的游记，只能属于传记类作品。

就整个游记创作来说，唐以前尚处于朦胧状态，名副其实的游记作品寥落如晨星。唐宋时期，游记作品已开始较多出现，除了上述柳宗元的作品外，还有玄奘《大唐西域记》，李翱《来南录》，刘斧《游武夷山记》，王延德《高昌行记》，王安石《游褒禅山记》，沈括《雁荡山记》，苏轼《石钟山记》，《记承天寺夜游》，晁补之《新城游北山记》等。宋孝宗乾道六年（1170），陆游从家乡浙江山阴赴四川夔州任通判职，在近半年的行程中，

① 陈平原：《散文小说志》，上海人民出版社1998年版。
② 史为乐：《〈穆天子传〉作者》，见谭其骧：《中国历代地理学家评传》，山东教育出版社1990年版。

出运河，历长江，入三峡，凡所经过，皆详记山川形势与名胜，因成《入蜀记》六卷。与此相似，范成大于淳熙四年（1177）五月二十九日，由四川制置使召还，从成都取水道东归桑梓，也逐日记下了沿途所经古迹形胜，汇集为《吴船录》。陈士业评价此游记对四川古迹名胜的光大起了很大作用，他在《吴船录题词》中说："蜀中名胜，不遇石湖，鬼斧神工，亦虚施其巧耳。"此外，还有范成大《揽辔录》、《骖鸾录》、《重九泛石湖记》，王质《游东林山水记》，周必大《游天平山录》、《游茅山录》，朱熹《百丈山记》，张孝祥《观月记》，张世南《游方广岩记》等。

蒙元时期的游记常被人忽视，其实这个时期的游记作品在唐宋的基础上有了进一步的发展，其数量要远远超过唐宋。主要有麻革《游龙山记》，王恽《游华不注记》，周密《观潮》，邓牧《雪窦山游志》，李洞《观开先瀑布记》，杨景羲《海上游记》，吴师道《金华北山游记》，杨维桢《游石湖记》、《游干山记》、《游分湖记》、《游横泽记》，贡师泰《游机山记》、《游干山记》，杨基《九峰春游记》，宋濂《游钟山记》、《五泄山水志》，朱德润《游灵岩天平山记》、《游江阴三山记》，高启《游天平山记》、《游灵岩记》，吴海《游鼓山记》等。自张骞通西域之后，东西方交往越来越频繁，晋唐时，僧人西行求法风行，出现了许多旅行记及西域地理著作。但从9世纪以后，因受战乱、割据影响，这类著作很少，"更未见有亲历葱岭以西中亚、波斯诸地的纪行之作"①。蒙元时期的大一统局面，扩大了人们的游历空间，因而产生了十多种东西旅行家的行记。如耶律楚材于1218年奉召随驾西征，十年后，即1228年撰成《西游录》，该书主要记载其应诏北上、扈从西征的所见所闻。1219年冬，长春真人丘处机应成吉思汗诏，率十八门徒，由山东莱州（今掖县）经北京、宣化，取道漠北西行，次年四月于大雪山（今阿富汗兴都库什山）晋见成吉思汗，1223年返回。此番西行经历，所见山川道里及风土人情皆采入《长春真人西游记》中，这是8世纪以后汉文中第一部亲览记述中亚地区的著作，被史家誉为"其价值可与玄奘的《大唐西域记》相比伦"②。此外，还有刘郁的《西使记》、周达观的《真腊风土记》等。

入明清，游记创作空前繁荣，达到鼎盛。据不完全统计，整个明清时期

---

①　陈得芝：《耶律楚材》，见谭其骧：《中国历代地理学家评传》。

②　陈得芝：《李志常》，见谭其骧：《中国历代地理学家评传》。

的游记作品在两千篇左右。这既是游记文体发展的趋势，更与明清社会环境分不开。明清时，一方面社会经济文化的发展，使得从事文学创作的条件超过以往任何一个朝代；另一方面，明代中后期宦官当权，党争激烈，政治黑暗，清前期文字狱屡兴，迫使相当一部分文士遁迹山林，寄情风物。尤其是被黄宗羲称之为"天崩地解"的晚明时期，文士们纷纷追求人的正常生活与个性解放，他们走进大自然，周览群胜，吟讽摅怀。"有人并且以己为宾，以自然与社会为主，记录下来自己的感受，形成多种多样的，超越前人的精彩游记。"① 终明清两代，游记大家灿若群星，如乔宇、都穆、吕柟、史鉴、袁袠、王世贞、李濂、姜宝、徐学模、王世懋、王士性、何镗、邹迪光、李维桢、王叔承、袁宏道、袁中道、王思任、姚希孟、谢肇淛、张岱、彭而述、诸匡鼎、王士禛、王曰高、潘耒、李澄中、邵长蘅、陈玉璂、刘大坤、施闰章、袁枚等。其中，王士性是我国历史上著名旅游家之一，他一生喜登临，穷探奇，相继游历了河南、北京、四川、广西、云南、山东、南京等地，屠隆在《五岳游草序》中说他"所至名章大篇，洋洋洒洒"，有许多富有地理学、社会学、景观学意义的游记作品收入《五岳游草》中传世。大地理学家徐霞客从22岁时出游，历30年，足迹遍布大半个中国，相当于今天的江苏②、浙江、山东、河北、山西、陕西、河南、安徽、江西、福建、广东、广西、湖南、湖北、贵州、云南16个省区及北京、天津、上海三直辖市。徐霞客在游历考察途中，以日记体的形式，写下了沿途所观察到的风俗景物。徐霞客游记中的西南游记，成就最大。西南诸游记没有停留于一般的搜奇访胜上，而是开辟了"考察自然和探索自然规律的新方向"③。此外，明清游记文体的发展，还表现在模范山水，"据景直书"④ 式游记的成熟。当时的绝大多数游记以游踪为线索，步移景换，串景志文，着重写景，刻画山姿水态，间就与景物有关问题进行讨论，发表感言，读之俨如足履目接。这与先秦诸子静态观景、以山水明志不同，也与唐宋时期以抒情议

---

① 周振鹤：《从明人文集看晚明旅游风气及其与地理学的关系》，《复旦学报》2005年第1期。

② 据陈函辉《徐霞客墓志铭》等文献记载，徐霞客于万历三十五年后游了太湖、南京、扬州、善卷洞、张公洞、句曲等江南名胜，但《徐霞客游记》中均未见有上述地区的游记之作，是有游记未被编入，或遭毁不存，或原本就没有作记，今不得而知。

③ 侯仁之：《历史地理学的理论与实践》，上海人民出版社1979年版。

④ 《徐霞客游记》杨序，云南人民出版社1985年版。

论为主的心态型、文化型游记①不一样，文学语言的描摹，更近实物、实情，较少以前的华藻、浮丽之气。如明长洲县令江盈科所说："近代文人纪游之作，无虑千数，大抵叙述山川云水亭榭草木古迹而已，若志乘然。"②其实景实写的风格，更加保证了游记内容的可靠性、准确性，增强了其作为文献的内涵，因而也保存了大量珍贵的社会历史与旅游资料。这样的游记，实际上兼具有科学报告的性质了。

（2）明清长江三角洲游记考述

长江三角洲地区是明清游记作品的主要产区，作者通过翻检大量明清文人文集、地志及《明文海》、《古今游名山记》、《天下名山诸胜一览记》、《名山胜概记》、《小方壶斋舆地丛钞》等文献，共搜索到明清时期有关长江三角洲地区游记作品计467篇。在此，我们对这467篇游记作品及游记作者作一专门性研究。

1）长江三角洲游记作品的汇集与考订

笔者杂采诸史，略加考订，将明清有关长江三角洲地区的游记作品辑成下表。表中游记排列顺序，首先是跨地区作品，然后按明清行政区域，先综合作品，次单一景点作品，其中又以记游时间之先后定位序。"记述内容"栏，为检索游记所记的地区或主要景点。"记游时间"大多指的是游览时间，如具体时间文中没有注明，或无以推断，则仅署作者所属朝代或其生卒年。

表5　　　　　　　　　长江三角洲游记作品汇集表

游记名称	记述内容	作者	记游时间	资料来源
跨地区				
望江记	金山、雨花台等	李默	嘉靖十一年七月	《明文海》卷三五五
北游记	苏州、无锡、镇江、扬州等	张瀚	嘉靖万历年间	《松窗梦语》卷二
中秋马汊沙看月记	无锡、江阴、靖江等地	王稚登	1536—1612	《古今游名山记》卷四

① 参见王立群：《多元开放的宋代游记》，见臧维熙：《中国山水的艺术精神》，学林出版社1994年版。

② 江盈科：《解脱集序》，见《袁宏道笺校》附录。

续表

游记名称	记述内容	作者	记游时间	资料来源
跨地区				
镇江纪行	无锡惠山（慧山寺、二泉、华孝子祠）、锡山，镇江金山、二泉、北固山	慎蒙	万历四年九月八日	《名山游记》卷三中
游练川云间松陵诸园记	归有园、西郭园、水竹清居、豫园	王世贞	万历十五年冬	《弇州续稿》卷六三
吴游（上、中、下）	茅山、金山、张公洞、玉女潭、惠山、锡山、虎丘、寒山寺、花山	王弘海	万历二十年九月	《王忠铭先生文集·天池草》卷一〇
东游记①	南京、镇江、扬州	袁中道	万历二十八年后	《珂雪斋集》卷一三
三吴游览志②	无锡、苏州、昆山、太仓等地	余怀	明末清初	《笔记小说大观》第九册
南游记	扬州、镇江、常州、无锡、苏州等地	孙嘉淦	康熙六十年二月二十四日	《小方壶斋舆地丛钞》第五帙
看桂花记	苏州、昆山、太仓、松江、无锡等地	归庄	康熙年间	《归庄集》卷六
南游笔记	瓜州、镇江、无锡、苏州	曹钧	乾隆十三年二月	《小方壶斋舆地丛钞》第五帙
游江上诸山记③	北固山、华山、栖霞山	汪缙	乾隆二十四年七月	《小方壶斋舆地丛钞》第四帙
前浮江记④	南通至南京沿江	钱兆鹏	乾隆三十年七月	《述古堂文集》卷九

①　不记游时，考文中提到万历庚子年间事，则应游于万历二十八年后。
②　不记游时，作者生于明万历四十四年，卒年不详，推测是游应在明末清初。
③　仅记游于己卯七月，据作者生平，应是乾隆二十四年七月。
④　仅记始游于乙酉七月，据作者生平，应是乾隆三十年七月。

续表

游记名称	记述内容	作者	记游时间	资料来源
跨地区				
后浮江记①	南通至南京沿江	钱兆鹏	乾隆三十三年七月	《述古堂文集》卷九
南归记	扬州、仪真、常州、无锡、苏州等地	吴锡麒	嘉庆二年春	《小方壶斋舆地丛钞》第五帙
省闱日记	镇江、南京	吴禄	道光二年七、八月	《小方壶斋舆地丛钞》第五帙
松江府				
泛泖记②	泖湖	沈恺	嘉靖八年后	《环溪集》卷二
初夏泛泖记	泖湖	何良俊	嘉靖三十年四月	《何翰林集》卷一五
茸上游记③	佘山、神山、庐山、天马山、小昆山	汪明际	万历天启年间	《名山胜概记》卷八
游东园记④	东园	沈恺	嘉靖八年后	《环溪集》卷二
庚子观南桥鞠氏牡丹记	南桥鞠氏牡丹	宋征舆	顺治五年、顺治十二年、顺治十七年	《林屋文稿》卷七
登金山卫城望海记⑤	金山、卫城	宋征舆	顺治十七年正月二十二日	《林屋文稿》卷七
苏州府				
游西山记	光福附近诸山	杜琼	正统五年九月八日	《吴都文粹续集》卷二〇
游吴郡诸山记	灵崖山（灵岩山）、穹窿山、支硎山（楞伽山）、天平山、华山、林屋洞	杨循吉	1458—1546	《名山胜概记》卷九

① 仅记游于戊子七月，据作者生平，应是乾隆三十三年七月。
② 不记游时，文中讲为归老后所游，据其生平，应游于嘉靖八年中进士后。
③ 不记游时，据作者生平，应游于万历天启年间。
④ 不记游时，同"沈恺《泛泖记》"考。
⑤ 仅记游于庚子正月望后五日，据作者生平，应是顺治十七年正月二十二日。

续表

游记名称	记述内容	作者	记游时间	资料来源
苏州府				
游郡西诸山记	虎丘、光福、玄墓山、铜坑山、秦余杭山	都穆	弘治己酉二年九月	《吴都文粹续集》卷三一
游西山记	吴山、灵岩山	方鹏	嘉靖八年九月十九日	《矫亭存稿》卷五
吴中胜记①	楞伽山、尧峰山、灵岩山、支硎山、天池山、穹窿山、玄墓山、铜井	华钥	嘉靖十四年八月	《名山胜概记》卷九
游记②	石湖附近名胜	刘凤	隆庆二年秋	《刘子威集》卷一八
游吴门诸山记③	天平、邓尉、天池山、支硎山等	邹迪光	万历年间	《郁仪楼集》卷三六
寻旧游诸山记④	灵岩、光福、玄墓、胥口	姚希孟	天启六年九月十一日	《循沧集》卷二
游西山记⑤	支硎山、花山、天平山、灵岩山	彭绩	乾隆四十七年二月十二日	《小方壶斋舆地丛钞》第四轶
云岩雅集记⑥	虎丘	徐有贞	天顺八年九月初二日	《明文汇·叙记》
夜游虎丘记	虎丘	郑善夫	正德七年春三月二日	《少谷集》卷一〇
虎丘赏月记	虎丘	丁奉	嘉靖十四年八月二十二日	《丁吏部文选》卷七

---

① 仅记游于乙未八月，据作者生平，应是嘉靖十四年八月。

② 仅记游于戊辰秋末，据作者生平，应是隆庆二年秋。

③ 不记年代，据作者生平及文中内容，应游于万历年间。

④ 仅记此游"自癸亥春到此又三年余矣"，则是年为丙寅，又记游始于九月十一日，据其生平，应游于天启六年九月十一日。

⑤ 仅记游于壬寅二月十二日，据作者生平，应是乾隆四十七年二月十二日。

⑥ 仅记游于甲申九月上日，据作者生平，应是天顺八年九月初二日。

续表

游记名称	记述内容	作者	记游时间	资料来源
苏州府				
九日登虎丘记	虎丘	陈鹤	嘉靖二十九年九月九日	《海樵先生集》卷一七
游虎丘记①	虎丘	杨应诏	嘉靖年间	《名山胜概记》卷九
虎丘夜语记	虎丘	徐学谟	隆庆元年三月二十二日	《徐氏海隅集》卷一〇
游虎丘以望后五日②	虎丘	王士性	万历十五年四月二十日	《五岳游草》卷三
虎丘记③	虎丘	袁宏道	万历二十三年至二十五年间	《名山胜概记》卷九
游虎丘记④	虎丘	马之俊	万历三十八年后	《妙远堂全集·别集》
游虎丘小记⑤	虎丘	李流芳	万历天启年间	《檀园集》卷八
游虎丘记⑥	虎丘	胡胤嘉	万历前后	《名山胜概记》卷九
游虎丘记⑦	虎丘	胡敬辰	崇祯五年秋	《檀雪斋集》卷一三
游虎丘记⑧	虎丘	汤传楹	崇祯十四年正月	《小方壶斋舆地丛钞》第四帙

---

① 不记游时，据作者生平，应游于明嘉靖年间。

② 不记游时，王士性在《吴游纪行》中曰："岁丁亥四月朔，发天台渡钱塘。越九日陟两天目，望日登烟雨楼。越五日上虎丘，入太湖，又十日饮慧山泉。午日登金、焦、北固三山，又五日过金陵。"又据作者生平，则应游于万历十五年四月二十日。

③ 不记游时，袁中道《吏部验封司郎中郎先生行状》载，袁宏道曾于万历二十三年至二十五年任吴县令时遍游吴中山水，是游当在此时。

④ 不记游时，据作者生平及文中内容，应游于万历三十八年后。

⑤ 不记游时，据作者生平，应是明万历天启年间。

⑥ 不记游时，据钱谦益《都察院司务无回沈君墓志铭》，胡为万历时杭州名士，举进士，选翰林庶吉士。则推是游约在万历前后。

⑦ 仅记游于壬申秋，据作者生平，应为崇祯五年秋。

⑧ 仅记游于"大荒落之岁端月"，据作者生平，应是崇祯十四年正月。

续表

游记名称	记述内容	作者	记游时间	资料来源
苏州府				
虎丘往还记①	虎丘	汤传楹	崇祯十四年四、五月间	《小方壶斋舆地丛钞》第四帙
游虎丘记②	虎丘	许尚质	清初	《酿川集》卷二
重午日登虎丘塔记③	虎丘	王日高	康熙七年端午日	《槐轩文集》卷六
游虎丘记④	虎丘	钱兆鹏	乾隆五十年十月	《述古堂文集》卷八
游虎丘山记⑤	虎丘	顾千里	道光八年三月二十四日	《思适斋集》卷五
再游虎丘山记⑥	虎丘	顾千里	道光九年三月二十六日	《思适斋集》卷五
峷崿⑦	狮子山	袁宏道	万历二十三年至二十五年间	《袁宏道集笺校》卷四
灵岩⑧	灵岩山	袁宏道	万历二十三年至二十五年间	《袁宏道集笺校》卷四
游灵岩山记⑨	灵岩山	马之俊	万历三十八年后	《妙远堂全集·别集》
灵岩怀旧记⑩	灵岩山	汤传楹	崇祯十五年十月八日	《小方壶斋舆地丛钞》第四帙

---

①　不记游时，据文中"因念首春旧游"、"春雨初收，夏云欲盖"句，应游于崇祯十四年四、五月间。

②　不记游时，据《四库全书总目》，许氏为清初人。

③　仅记游于端午日，据文中内容，此游与游扬州同年。作者游扬州为康熙七年清明日，作有《清明红桥游记》，故是游应是康熙七年端午。

④　不记游时，据文中内容及作者《游虞山记》，是游与游虞山同时期，即乾隆五十年冬。

⑤　仅记游于戊子三月廿四日，据作者生平，应是道光八年三月廿四日。

⑥　仅记游于己丑三月廿六日，据作者生平，应是道光九年三月廿六日。

⑦　不记游时，同"袁宏道《虎丘记》"考。

⑧　同上。

⑨　不记游时，同"马之俊《游虎丘记》"考。

⑩　仅记游于"玄黓敦牂之岁阳月八日"，据作者生平，应是崇祯十五年十月八日。

续表

游记名称	记述内容	作者	记游时间	资料来源
苏州府				
游灵岩记①	灵岩山	尤侗	崇祯十五年十月八日	《小方壶斋舆地丛钞》第四帙
灵岩山游记②	灵岩山（韩世忠墓）	邵长蘅	康熙三十三年正月十二日	《青门剩稿》卷五
游灵岩山记③	灵岩山	王恪	康熙四十三年正月二十三日	《小方壶斋舆地丛钞》第四帙
游天平山记④	天平山	丁奉	嘉靖十四年八月十一日	《丁吏部文选》卷七
游金碧山记	金碧山	皇甫信	明中期	《吴都文粹续集》卷三三
楞伽⑤	支硎山	袁宏道	万历二十三年至二十五年间	《袁宏道集笺校》卷四
游支硎中峰记	支硎山	李果	雍正十年十月十四日	《小方壶斋舆地丛钞》第四帙
寒山记⑥	寒山	胡胤嘉	万历前后	《苏州山水》
游寒山记⑦	寒山	王恪	康熙四十三年正月二十四日	《清文汇》甲集卷四九
天池⑧	天池山	袁宏道	万历二十三年至三十五年间	《袁宏道集笺校》卷四

---

① 仅记游于"玄黓敦牂之岁阳月九日……前一日"，据作者生平，应是崇祯十五年十月八日。

② 仅记游于甲戌正月十二日，据作者生平，应是康熙三十三年正月十二日。

③ 仅记游于甲申正月二十三日，据作者生平，应是康熙四十三年正月二十三日。

④ 仅记游于八月十一日，据丁奉《虎丘赏月记》及本文内容，应游于嘉靖十四年八月十一日。

⑤ 不记游时，同"袁宏道《虎丘记》"考。

⑥ 不记游时，同"胡胤嘉《游虎丘记》"考。

⑦ 不记游时，据文中内容为游灵岩山第二日，即康熙四十三年正月二十四日。

⑧ 不记游时，同"袁宏道《虎丘记》"考。

续表

游记名称	记述内容	作者	记游时间	资料来源
苏州府				
游阳山大石崖云泉庵记	阳山	王鏊	1450—1524	《名山胜概记》卷一〇
春雨游大石记①	阳山	郑善夫	正德七年三月一日	《少谷集》卷一〇
游大石记②	阳山	方鹏	嘉靖六年三月	《矫亭存稿》卷五
阳山③	阳山	袁宏道	万历二十三年至二十五年间	《袁宏道集笺校》卷四
穹窿④	穹窿山	袁宏道	万历二十三年至二十五年间	《袁宏道集笺校》卷四
上方⑤	上方山	袁宏道	万历二十三年秋末	《袁宏道集笺校》卷四
登尧峰诸山记⑥	尧峰、上方山、吴山	姚希孟	天启七年四月初四日	《循沧集》卷二
登尧峰记⑦	尧峰	刘凤	嘉靖万历年间	《明文海》卷三五四
九日吴山记⑧	吴山	刘凤	嘉靖万历年间	《刘子威集》卷一八
游吴山记⑨	吴山	汤传楹	崇祯年间	《小方壶斋舆地丛钞》第四帙

① 仅记游于三月朔，据作者《夜游虎丘记》载，"自大石归，方子兴未竟"，遂于三月二日游虎丘，是年为正德七年，则游大石当为同年三月一日。

② 仅记游于丁亥三月，据作者生平，应是嘉靖六年三月。

③ 不记游时，同"袁宏道《虎丘记》"考。

④ 同上。

⑤ 仅记游于乙未秋杪，据作者生平，应是万历二十三年秋末。

⑥ 仅记游于四月初四日，据作者《茗溪访道小记》及文中内容，应是天启七年四月初四日。

⑦ 仅记游于"昭阳岁冬日"，据作者生平，应游于嘉靖万历年间。

⑧ 不记游时，同"刘凤《登尧峰记》"考。

⑨ 仅记游于暮春二十五日。据乾隆《长洲县志》载，汤氏闻甲申之变而感愤死，则是游应在崇祯年间。

续表

苏州府

游记名称	记述内容	作者	记游时间	资料来源
宝华避雨记①	宝华山	姚希孟	天启七年四月初七日	《循沧集》卷二
光福山游记	光福邓尉诸山	吴宽	成化十四年五月	《家藏集》卷三三
邓尉山游记②	邓尉诸山	吴绮	康熙十五年二月五日	《林蕙堂文集》卷一
纪游③	西崦、光福、官桥	朱存理	正德三年五月四日	《野航文稿》
龟峰胜概记	光福山	朱存理	正德三年夏	《野航文稿》
光福④	光福山（龟峰）	袁宏道	万历二十三年至二十五年间	《袁宏道集笺校》卷四
游玄墓诸山记⑤	玄墓山	蔡羽	正德九年三月十五日	《吴都文粹续集》卷一九
游玄墓诸山记⑥	玄墓诸山	袁袠	正德嘉靖年间	《胥台先生集》卷一五
登玄墓傍小丘记⑦	玄墓旁小丘	汪琬	顺治康熙年间	《钝翁前后类稿》卷三三
游马驾山记⑧	马驾山	汪琬	顺治康熙年间	《小方壶斋舆地丛钞》第四帙
弹山吾家山游记⑨	弹山、吾家山	邵长蘅	康熙三十三年正月十二日	《青门剩稿》卷五

---

① 仅记游于四月初七日，又文中讲是游在尧峰观道场之后，则也应是天启七年四月初七日。

② 仅记游于丙辰仲春五日，据作者生平，应是康熙十五年二月五日。

③ 仅记游于戊辰端阳前一日，据作者生平，应是正德三年五月四日。

④ 不记游时，同"袁宏道《虎丘记》"考。

⑤ 仅记游于甲戌三月十五日，据作者生平，应是正德九年三月十五日。

⑥ 不记游时，据作者生平，应游于正德嘉靖年间。

⑦ 不记游时，据作者生平，约游于顺治康熙年间。

⑧ 不记游时，同"汪琬《登玄墓傍小丘记》"考。

⑨ 不记游时，据作者《灵岩山游记》，是游与游灵岩山同日，由上述可知游于康熙三十三年正月十二日。

续表

游记名称	记述内容	作者	记游时间	资料来源
苏州府				
游虎山桥记①	虎山桥	李流芳	万历二十七年至崇祯二年间	《檀园集》卷八
游虎山桥记②	虎山桥	顾宗泰	乾隆嘉庆年间	《小方壶斋舆地丛钞》第四帙
游茶山记③	茶山	顾宗泰	乾隆嘉庆年间	《小方壶斋舆地丛钞》第四帙
游渔洋山记④	渔洋山	沈德潜	康熙四十七年四月二日	《小方壶斋舆地丛钞》第四帙
游香雪海记	香雪海	程恩泽	道光十年二月下旬	《程侍郎遗集》卷七
重游香雪海寻诗记	香雪海	陆鼎	清代	《清文汇》乙集卷五九
游洞庭山记⑤	东、西洞庭山等	汪道昆	嘉靖万历年间	《太函集》卷七一
泛太湖游洞庭两山记⑥	东、西洞庭山	王世贞	隆庆六年九月	《弇州四部稿》卷七三
游太湖洞庭记⑦	灵岩山、东西洞庭山	王思任	万历四十一年十月	《名山胜概记》卷一〇
太湖两洞庭游记⑧	支硎、天平、石湖、胥口、西山、东山	李维桢	万历天启年间	《大泌山房集》卷六〇
游太湖登洞庭两山记⑨	东、西洞庭山	怀应聘	顺治七年二月	《冰斋文集》卷三

① 不记游时，据文中内容，是游与游石湖同日，故应游于万历二十七年至崇祯二年间。

② 不记游时，据作者生平，应游于乾隆嘉庆年间。

③ 不记游时，同"顾宗泰《游虎山桥记》"考。

④ 仅记游于戊子春清和月二日，据其生平，应是康熙四十七年四月二日。

⑤ 不记游时，据作者生平，应游于嘉靖万历年间。

⑥ 仅记游于丙寅后七年九月，据作者《陆叔平叔洞庭诗画十六贴后》："余以壬申之秋九月游洞庭"句，可知游于隆庆六年九月。

⑦ 仅记游于癸丑十月，据作者生平，应是万历四十一年十月。

⑧ 不记游时，据作者生平及文中内容，应游于万历天启年间。

⑨ 仅记游于庚寅年春仲，此记收入作者自编《冰斋文集》中，据《四库全书总目》，文集编于康熙癸酉，则应游于顺治七年二月。

续表

游记名称	记述内容	作者	记游时间	资料来源
苏州府				
游洞庭两山记①	东、西洞庭山	赵怀玉	乾隆嘉庆年间	《亦有生斋文集》卷六
游洞庭前后渡湖记②	渡太湖	姚希孟	天启六年九月十五日	《循沧集》卷一
东洞庭③	东洞庭山	袁宏道	万历二十三年至二十五年间	《袁宏道集笺校》卷四
东山记④	莫厘峰、翠峰寺	汪明际	万历天启年间	《吴中小志丛刊》
登莫厘峰记	莫厘峰	王鏊	成化十四年	《震泽集》卷一五
登莫厘峰游东山诸刹记⑤	东山（莫厘峰）	姚希孟	天启六年九月二十七日	《循沧集》卷一
游西洞庭山记⑥	西洞庭山	袁袠	正德嘉靖年间	《天下游名山记》卷二二
西洞庭⑦	西洞庭山	袁宏道	万历二十三年至二十五年间	《袁宏道集笺校》卷四
游洞庭山记	西洞庭山	陶望龄	万历二十四年九月十五日	崇祯《吴县志》卷四
游洞庭山记⑧	西洞庭山	邹迪光	万历年间	《调象庵稿》卷二八
游记⑨	西洞庭山	姚希孟	天启六年九月十九日	《循沧集》卷一
游洞庭西山记	西洞庭山	金之俊	康熙六年闰四月三日	《小方壶斋舆地丛钞》第四帙

---

①　不记游时，据作者生平，应游于乾隆嘉庆年间。

②　仅记丙寅九月盈之夜，据作者生平，应是天启六年九月十五日。

③　不记游时，同"袁宏道《虎丘记》"考。

④　不记游时，据作者生平，应游于万历天启年间。

⑤　仅记游于二十七日，考文中内容，是游为作者游西洞庭山的继续，故应游于天启六年九月二十七日。

⑥　不记游时，据作者生平，应游于正德嘉靖年间。

⑦　不记游时，同"袁宏道《虎丘记》"考。

⑧　不记游时，据文中内容，此游在游吴门诸山之后。

⑨　仅记游于十九日，同"姚希孟《登飘渺峰记》"考。

续表

游记名称	记述内容	作者	记游时间	资料来源
苏州府				
游洞庭西山记①	西洞庭山	缪彤	康熙十八年三月	《小方壶斋舆地丛钞》第四帙
游西洞庭记	西洞庭山	彭定求	康熙三十七年十月	《南畇文稿》卷四
游西洞庭记②	胥口、西洞庭山	潘耒	顺治康熙年间	《遂初堂集》卷一四
游包山记	西洞庭山	沈彤	康熙五十九年正月	《果堂集》
重游西洞庭记	西洞庭山	贾朝琮	嘉庆三年三月二十日	《清文汇》乙集卷二八
林屋纪游③	西洞庭山	张海珊	道光年间	《小安乐窝文集》卷二
登缥缈峰记	缥缈峰	蔡羽	正德十五年十月十六日	《名山胜概记》卷一〇
登缥缈峰记④	西洞庭山	姚希孟	天启六年九月十七日	《循沧集》卷一
游大小龙渚记⑤	大龙渚、小龙渚	姚希孟	天启六年九月二十日	《循沧集》卷一
游石公记⑥	石公山	姚希孟	天启六年九月二十一日	《循沧集》卷一
游石公山记⑦	石公山	叶廷管	嘉庆二十五年	《小方壶斋舆地丛钞》第四帙
销夏湾志⑧	包山（销夏湾）	蔡羽	正德嘉靖年间	《明文海》卷五
游销夏湾记⑨	销夏湾	洪亮吉	嘉庆六年七月	《更生斋文乙集》

① 仅记游于己未三月，据作者生平，应是康熙十八年三月。
② 不记游时，据作者生平，应游于顺治康熙年间。
③ 不记游时，据作者生平，约游于道光年间。
④ 仅记游于九月十七日，考此游为作者天启六年九月游西洞庭山的内容之一。
⑤ 仅记游于二十日，同"姚希孟《登飘渺峰记》"考。
⑥ 仅记游龙渚第二日，故应游于天启六年九月二十一日。
⑦ 仅记游于庚辰，据作者生平，应是嘉庆二十五年。
⑧ 不记游时，据作者生平，应游于正德嘉靖年间。
⑨ 仅记游于辛酉七月，据作者生平，应是嘉庆六年七月。

续表

游记名称	记述内容	作者	记游时间	资料来源
苏州府				
林屋洞记①	林屋洞	蔡羽	正德十二年五月十一日	《名山胜概记》卷一〇
游林屋洞记②	林屋洞	姚希孟	天启六年九月二十四日	《循沧集》卷一
游林屋洞记	林屋洞	归庄	1613—1673	《归庄集》卷六
游林屋洞记③	林屋洞	汪琬	顺治康熙年间	《钝翁续稿》卷一八
游林屋洞记	林屋洞	金有容	嘉庆二十四年	《太湖西山名胜诗文选》
游曲崖记④	西洞庭山（曲崖）	蔡羽	正德嘉靖年间	《名山胜概记》卷一〇
石蛇山记⑤	西洞庭山（石蛇山）	蔡羽	正德四年四月	《名山胜概记》卷一〇
游石蛇山后记	西洞庭山（石蛇山）	蔡羽	正德四年腊八节	《名山胜概记》卷一〇
游武峰记⑥	武峰	陈宗之	崇祯十三年初夏	《林屋民风》卷二
看梅记	西岩园、玄墓、石湖、虎丘	方鹏	嘉靖十一年正月	《矫亭存稿》卷六
支硎诸山寻梅记⑦	天平山庄、上沙、林越馆、慧文庵、天池山	姚希孟	天启六年二月初五日	《循沧集》卷二
邓尉诸山寻梅记⑧	尧峰、灵岩、玄墓、铜井、熨斗柄	姚希孟	天启三年二月初五日	《循沧集》卷二

---

① 仅记游于丁丑五月十一日，据作者生平，应为正德十二年五月十一日。

② 不记游时，考文中内容，应是天启六年九月二十四日。

③ 不记游时，同"汪琬《游马驾山记》"考。

④ 不记游时，据作者生平，应游于正德嘉靖年间。

⑤ 记游于正德己巳清和月，即正德四年四月。

⑥ 不记游时，据文中"庚辰首夏……"语，结合作者生平，应游于崇祯十三年初夏。

⑦ 仅记游于丙寅二月初五日，据作者生平，应是天启六年二月初五日。

⑧ 仅记游于癸亥二月初五，据作者生平，应是天启三年二月初五日。

续表

游记名称	记述内容	作者	记游时间	资料来源
苏州府				
游光福访梅花记①	光福诸山	怀应聘	顺治六年春	《冰斋文集》卷三
元墓探梅记②	玄墓山	邵长蘅	康熙三十三年正月十一日	《青门剩稿》卷五
铜井观梅记	铜井	彭定求	康熙四十一年二月十六日	《南畇文稿》卷四
西山观梅记	玄墓诸山	沈大成	乾隆七年二月十五日	《清文汇》乙集卷二〇
洞庭山看梅花记	东洞庭山	归庄	顺治十七年正月	《归庄集》卷六
观梅日记	虎丘、邓尉、玄墓、灵岩、天平、华山、支硎山	归庄	康熙五年二月廿九日	《归庄集》卷六
游鹿饮泉记③	西洞庭山鹿饮泉	蔡羽	正德嘉靖年间	《名山胜概记》卷一〇
游白云泉记④	支硎山、天平山	冷士嵋	顺治六年冬	《江泠阁文集·续卷》
游石湖记	上方山、石湖	朱逢吉	永乐二年	《天下游名山记》卷四
重游石湖记	石湖	周鼎重	天顺六年十二月	《名山胜概记》卷一〇
游石湖记⑤	石湖	蔡羽	正德嘉靖年间	《名山胜概记》卷一〇
游石湖记	石湖	丁奉	嘉靖十五年三月四日	《丁吏部文选》卷七
游石湖小记⑥	石湖	李流芳	万历二十七年至崇祯二年间	《檀园集》卷八

---

　　①　仅记游于己丑春，此记收入作者自编《冰斋文集》中，据《四库全书总目》，文集编于康熙癸酉，则应游于顺治六年春。

　　②　仅记游于十一日，据作者《灵岩山游记》所载，此游为游灵岩山之前，则是游为康熙三十三年正月十一日。

　　③　不记游时，据作者生平，应游于正德嘉靖年间。

　　④　仅记游于己丑冬，据作者生平，应是顺治六年冬。

　　⑤　不记游时，同"蔡羽《游鹿饮泉记》"考。

　　⑥　此篇记三次游览活动，首次游于己亥年（四库本《檀园集》卷八作"乙亥"，考李流芳生卒年，此"乙亥"为"己亥"的误写），据作者生平，应为万历二十七年。余两次未注明，当在李流芳卒年——崇祯二年之前。

续表

游记名称	记述内容	作者	记游时间	资料来源
苏州府				
石湖泛月记①	楞伽寺、石湖、越溪庄、寿生庵、西隐庵	姚希孟	天启七年八月十七日	《循沧集》卷二
泛舟石湖记②	石湖	王时翔	康熙三十七年八月十四日	《小山文稿》卷四
东湖记	东湖（陈湖）	吴宽	成化十四年秋	《匏翁家藏集》卷三三
阴澄湖③	阴澄湖	袁宏道	万历二十四年六月	《袁宏道集笺校》卷四
游姑苏台记④	姑苏台	汪琬	顺治康熙年间	《钝翁前后类稿》卷三三
游姑苏台记⑤	姑苏台	宋荦	康熙三十五年五月二十四日	《西陂类稿》卷二六
春日游吴郡诸家园林记⑥		袁景澜	乾隆道光年间	《吴郡岁华纪丽》卷三
游吴城徐少参园记	徐氏园	王世贞	万历十六年二月十六日	《弇州续稿》卷六四
春仲过城东别第记⑦	城东别第	刘凤	嘉靖万历年间	《刘子威集》卷四三
西碛山庄记⑧	西碛山庄（逸园）	袁枚	乾隆年间	《小仓山房诗文集》卷一二
游狮子林记	狮子林	王彝	洪武五年	《吴都文粹续集》卷三〇

---

① 仅记游于八月十七日，考文中内容，此游为游宝华山之后，则应是天启七年八月十七日。

② 仅记游于戊寅八月十四日，据作者生平，应是康熙三十七年八月十四日。

③ 仅记游于丙申六月，据作者生平，应是万历二十四年六月。

④ 不记游时，同"汪琬《游马驾山记》"考。

⑤ 仅记游于丙子五月廿四日，据作者生平，应是康熙三十五年五月二十四日。

⑥ 不记游时，据作者生平，应游于乾隆道光年间。

⑦ 不记游时，同"刘凤《登尧峰记》"考。

⑧ 不记游时，据作者生平，应游于乾隆年间。

续表

游记名称	记述内容	作者	记游时间	资料来源
苏州府				
游狮子林记①	狮子林	黄金台	道光二十年春	《小方壶斋舆地丛钞》第四帙
游洞庭诸刹记②	西洞庭之西湖寺、水月寺、华山寺、长寿寺、天王寺等	姚希孟	天启六年九月	《循沧集》卷一
宿包山寺记③	包山寺	姚希孟	天启六年九月	《循沧集》卷一
包山寺题名	包山寺	朱彝尊	康熙四十三年三月初一日	民国《吴县志》
游天池寺记④	天池（天池寺）	胡胤嘉	万历前后	《名山胜概记》卷九
兴福寺记	兴福寺	吴宽	成化十五年二月十六日	《匏翁家藏集》卷三三
游福昌寺入佛殿后记⑤	福昌寺	祝允明	弘治七年六月二十日	《怀星堂集》卷二二
游雍熙寺记⑥	雍熙寺	祝允明	弘治七年六月二十四日	《怀星堂集》卷二二
游华山寺记	华山寺	文征明	嘉靖二十二年二月八日	《文征明集·补辑》卷二〇
记于娄之会⑦		刘凤	万历十五年三月	《刘子威集》卷四三
游晏吴山碑⑧	吴山	刘凤	嘉靖万历年间	《刘子威集》卷四三
记泛舟之会⑨		刘凤	嘉靖万历年间	《刘子威集》卷四三
游马鞍山记	昆山、马鞍山	李浙	嘉靖九年七月	《名山胜概记》卷一一

① 仅记游于庚子春，据作者生平，应是道光二十年春。
② 不记游时，考此游为天启六年九月游西洞庭山的内容之一。
③ 不记游时，同"姚希孟《游洞庭诸刹记》"考。
④ 不记游时，同"胡胤嘉《游虎丘记》"考。
⑤ 仅记游于甲寅六月二十一日，据作者生平，应是弘治七年六月二十日。
⑥ 仅记游于二十四日，据文中内容，可知此游与游福昌寺同月。
⑦ 仅记游于丁亥三月，据作者生平，应是万历十五年三月。
⑧ 不记游时，同"刘凤《登尧峰记》"考。
⑨ 不记游时，同"刘凤《登尧峰记》"考。

续表

游记名称	记述内容	作者	记游时间	资料来源
		苏州府		
野鹤轩壁记	昆山、马鞍山	归有光	嘉靖十七年春	《震川先生集》卷一五
游马鞍山记①	昆山、马鞍山	俞允文	嘉靖万历年间	《明文海》卷三五七
游马鞍山记②	昆山、马鞍山	朱玮	乾隆嘉庆年间	《小方壶斋舆地丛钞》第四帙
马鞍山录	昆山、马鞍山	王鸣盛	乾隆十八年六月十五日	《西庄始存稿》卷二三
看寒花记	昆山	归庄	顺治十八年十月	《归庄集》卷六
樱笋清游记	西园	顾潜	正德十五年四月	《静观堂集》卷一一
看牡丹记	昆山、太仓、嘉定、南翔	归庄	顺治十八年四月	《归庄集》卷六
寻菊记	嘉定、南翔	归庄	顺治十八年九月十三日	《归庄集》卷六
西郊观桃花记	吴江西郊	朱鹤龄	1606—1683	《愚庵小集》卷九
东门观桃花记③	太仓东门（吴氏庄）	王衡	万历年间	《明文海》卷三五七
太仓诸园小记	田氏园、安氏园、王氏园、日涉园、吴氏园、季氏园、杜家桥园等	王世贞	万历年间	《弇州续稿》卷六〇
娄上观园小记④	贲园、东园	姚希孟	天启七年三月二十日	《循沧集》卷二
游沈氏园记⑤	太仓沈氏园	王时翔	康熙三十九年二月	《小山文稿》卷四
游虞山记⑥	虞山	邹迪光	万历四十三年三月十一日	《石语斋集》卷一七

① 不记游时，据作者生平，应游于嘉靖万历年间。
② 不记游时，据作者生平，应游于乾隆嘉庆年间。
③ 仅记游于二月十七日，据作者生平，应于万历年间所游。
④ 仅记"是月二十日"，考文中内容，应是天启七年三月二十日。
⑤ 仅记游于庚辰仲春，据作者生平，应是康熙三十九年二月。
⑥ 仅记游于乙卯三月十一日，据作者生平，应是万历四十三年三月十一日。

续表

游记名称	记述内容	作者	记游时间	资料来源
苏州府				
虞山记①	虞山	张应遴	万历天启年间	《海虞文苑》卷一四
游虞山记②	照山湖、虞山、红豆庄	尤侗	崇祯十四年三月十五日	《小方壶斋舆地丛钞》第四帙
游虞山记③	虞山	沈德潜	雍正十年正月八日	《小方壶斋舆地丛钞》第四帙
游虞山记④	虞山	钱兆鹏	乾隆五十年十月	《述古堂文集》卷八
游虞山记⑤	虞山	姚椿	嘉庆道光年间	《晚学斋文集》卷一〇
游郁湾石洞记⑥	虞山宝岩	丁奉	嘉靖十四年间	《丁吏部文选》卷七
游拂水岩记	虞山（拂水岩）	范守己	万历四年	《御龙子集·吹剑草》卷二七
游小石洞天记⑦	虞山（小石洞）	盛大士	嘉庆十二年夏	《蕴愫阁文集》卷三
游乌目山房记⑧	虞山（乌目山房）	盛大士	嘉庆十六年四月二十日	《蕴愫阁文集》卷三
游剑门记⑨	虞山（剑门）	盛大士	嘉庆十七年八月	《小方壶斋舆地丛钞》第四帙
游鹁鸽峰记⑩	虞山（鹁鸽峰）	黄廷鉴	嘉庆十二年夏	《小方壶斋舆地丛钞》第四帙
宝山记游⑪	宝山、吴淞台	管同	嘉庆道光年间	《因寄轩文初集》卷七

① 不记游时，据作者生平，应游于万历天启年间。

② 仅记始游于辛巳暮春十五日，徐中玉《华东游记选》注为公元 1701 年，即康熙四十年。但据作者生平及文中内容，应是崇祯十四年三月十五日。

③ 仅记游于壬子正月八日，据作者生平，应是雍正十年正月八日。

④ 仅记游于乙巳孟冬，据作者生平，应是乾隆五十年十月。

⑤ 不记游时，据作者生平，应游于嘉庆道光年间。

⑥ 不记游时，据作者生平及相关游记作品，应游于嘉靖十四年间。

⑦ 仅记游于丁卯夏，据作者生平，应是嘉庆十二年夏。

⑧ 仅记游于辛未四月二十日，据作者生平，应是嘉庆十六年四月二十日。

⑨ 仅记游于壬申八月，据作者生平，应是嘉庆十七年八月。

⑩ 不记游时，据盛大士《游小石洞记》，应是嘉庆十二年夏。

⑪ 不记游时，据作者生平，应游于嘉庆道光年间。

续表

游记名称	记述内容	作者	记游时间	资料来源
		常州府		
中秋毗陵看月记	常州、无锡	王稚登	1536—1612	《古今游名山记》卷四
毗陵诸山记①	常州、无锡、宜兴诸山	邵长蘅	顺治康熙年间	《小方壶斋舆地丛钞》第四帙
游放生池记②	放生池	储欣	康熙四年六月七日	《在陆草堂文集》卷二
游兼葭庄记③	兼葭庄	陈玉璂	康熙年间	《学文堂文集》卷七
游散墩湖山记	江阴散墩	柴奇	正德四年九月八日	《黼庵遗稿》卷七
阳羡诸山游记	国山、玉女潭、张公洞、丁蜀、芙蓉寺、陈公洞、龙池庵、南岳寺、吴君别业、马迹山（祥符寺）	姜宝	嘉靖三十五年至万历十二年	《姜凤阿文集》卷三〇
雪夜走阳羡纪行	无锡至宜兴山水	范守己	万历六年冬	《御龙子集·吹剑草》卷三一
游龙池山录	龙池山	唐枢	1497—1574	《古今游名山记》卷四
游龙池山记④	龙池山	陈经	乾隆五十五年秋	《小方壶斋舆地丛钞》第四帙
游龙池山记⑤	龙池山	吴骞	嘉庆元年四月二十三日	《荆南游草》
游南岳桐棺二山记	国山、桐棺山	都穆	1459—1525	《古今游名山记》卷四
南岳看月记	国山（吴氏别业）	吴应箕	崇祯十一年八月	《楼山堂集》卷一八
游南山记⑥	南山	周季琬	康熙四十四年春	《重刊宜兴县旧志》卷一〇

①　不记游时，据作者生平，应游于顺治康熙年间。

②　仅记游于丁巳六月七日，据作者生平，应是康熙四年六月七日。

③　不记游时，据作者生平，应游于康熙年间。

④　仅记游于庚戌秋，据作者生平，应是乾隆五十五年秋。

⑤　仅记游于丙辰四月二十三日，据作者生平，应是嘉庆元年四月二十三日。

⑥　仅记游于乙酉春，据嘉庆《重刊宜兴县旧志》卷七载，周氏为顺治壬辰进士，则应游于康熙四十四年春。

续表

游记名称	记述内容	作者	记游时间	资料来源
常州府				
游玉阳山记①	玉阳山（玉女潭）	徐学谟	隆庆元年三月	《徐氏海隅集》卷一〇
游蜀山记②	蜀山	史承豫	乾隆元年八月	《小方壶斋舆地丛钞》第四帙
游石亭步记	徐氏园	徐学谟	隆庆元年上巳	《徐氏海隅集》卷一〇
游枫隐寺记③	枫隐寺（枫隐园）	陈维岱	康熙六年	《重刊宜兴县旧志》卷一〇
游六榕寺记④	六榕寺	恽敬	乾隆嘉庆年间	《大云山房文稿二集》卷三
游张公善权洞记⑤	张公洞、善卷洞	袁袠	正德嘉靖年间	《胥台先生集》卷一五
游张公玉阳善权诸洞记⑥	张公洞、玉女潭、善卷洞	胡松	嘉靖年间	《胡庄肃公集》卷四
游宜兴二洞记	善卷洞、张公洞	杨一清	嘉靖元年九月十六日	《古今游记丛钞》卷一五
游张公善权二洞记	张公洞、善卷洞	钱薇	嘉靖十七年十一月	《承启堂稿》卷二一
游宜兴二洞日月记	善权寺、善卷洞、张公洞、玉女潭	王立道	嘉靖二十年九月	《贝茨文集》卷三
游善权洞记⑦	善卷洞、善权寺	都穆	弘治十六年四月	《古今游名山记》卷四
游善权洞记	善卷洞、善权寺	方鹏	嘉靖六年十月	《矫亭存稿》卷五
游善权洞记	善卷洞、善权寺	慎蒙	隆庆六年十月	《名山游记》卷三中
游善权洞记⑧	善卷洞、善权寺	王叔承	隆庆年间	《古今游名山记》卷四

① 不记游时，是游为游张公洞之后，见"《游张公洞记》"考。

② 仅记游于丙辰八月，据作者生平，应是乾隆元年八月。

③ 仅记游于丁未岁，据作者生平，应是康熙六年。

④ 不记游时，据作者生平，应游于乾隆嘉庆年间。

⑤ 不记游时，同"袁袠《游玄墓诸山记》"考。

⑥ 不记游时，考嘉靖间作者在吏部尚书任上曾至南京主举子试，顺便游了张公、茅山诸胜，故是游在嘉靖年间。

⑦ 仅记游于癸亥四月，据作者生平，应是弘治十六年四月。

⑧ 据文中内容，应游于张公洞、玉女潭之后，见王叔承《游张公洞记》考。

续表

游记名称	记述内容	作者	记游时间	资料来源
常州府				
游善权洞记	善卷洞、善权寺	王世贞	万历年间	《弇州四部稿》卷七二
游善权洞小记①	善卷洞、善权寺	姚希孟	天启三年九月二十六日	《循沧集》卷二
雨中游善权洞记	善卷洞	顾云龙	明代	《皇明文衡》卷五五
游善卷洞记②	善卷洞、善权寺	史承豫	乾隆年间	《小方壶斋舆地丛钞》第四帙
游张公洞记③	张公洞	都穆	弘治十六年四月	《古今游名山记》卷四
游张公洞记	张公洞	方鹏	嘉靖六年十月	《皇明文征》卷五四
游张公洞记④	张公洞	丁奉	嘉靖十五年四月初六日	《丁吏部文选》卷七
游张公洞录	张公洞	唐枢	1497—1574	《古今游名山记》卷四
游张公洞记⑤	张公洞	徐学谟	隆庆元年三月	《徐氏海隅集》卷一〇
游张公洞记⑥	张公洞	王叔承	隆庆年间	《古今游名山记》卷四
游张公洞记⑦	张公洞	范守己	万历四年二月十八日	《御龙子集·吹剑草》卷二七
游张公洞记	张公洞	王世贞	万历年间	《天下游名山记》卷四
游张公洞记⑧	张公洞	邵长蘅	顺治康熙年间	《青门簏稿》卷九
游张公洞记⑨	张公洞	吴骞	乾隆嘉庆年间	《愚谷文存》卷八

---

① 仅记游于九月二十六日，据考文中内容，应是天启三年九月二十六日。

② 不记游时，据作者生平，应游于乾隆年间。

③ 仅记游于善卷洞之明日，据"都穆《游善权洞记》"考，是游应是弘治十六年四月。

④ 仅记游于四月初六日，据作者《游石湖记》及本文内容，应是嘉靖十五年四月初六日。

⑤ 不记游时，考是游为隆庆元年三月作者游宜兴内容之一，游于石亭步之后。

⑥ 不记游时，据乾隆《震泽县志》载，王氏于嘉靖三十五年至四十五年客李春芳家，后辞归乡里，纵游吴越山水，则此游约于隆庆年间。

⑦ 仅记游于丙子，据作者生平，应是万历四年二月十八日。

⑧ 不记游时，同"邵长蘅《毗陵诸山记》"考。

⑨ 不记游时，据作者生平，应游于乾隆嘉庆年间。

续表

游记名称	记述内容	作者	记游时间	资料来源
常州府				
游洞山洞录	洞山洞	唐枢	1497—1574	《古今游名山记》卷四
玉女潭山居记	玉女潭、玉女山庄	文征明	1470—1559	《甫田集》卷一九
玉阳洞天雨游记①	玉女山庄、渭湖	田汝成	嘉靖二十八年夏	《田叔禾集》卷四
游玉女潭记②	玉女潭	王叔承	隆庆年间	《古今游名山记》卷四
游玉女潭记③	玉女潭	范守己	万历四年二月十八日	《御龙子集·吹剑草》卷二七
玉女潭诸游记	玉女潭	王世贞	万历年间	《弇州四部稿》卷七二
游无锡杂记④	二泉、春申涧、黄氏园、秦氏园、黎花园、宝界山等	王叔承	隆庆二年二月	《古今游名山记》卷四
游惠锡二山记⑤	惠山、锡山	徐学谟	隆庆元年三月	《徐氏海隅集》卷一〇
游惠山记	惠山	李凤	明代	《惠山古今考》卷四
游惠山记⑥	惠山	袁宏道	万历二十五年	《袁宏道集笺校》卷一〇
惠山后记⑦	惠山	袁宏道	万历二十五年	《袁宏道集笺校》卷一〇
游惠山记⑧	惠山、春申涧、王家园、惠泉	胡胤嘉	万历前后	《名山胜概记》卷一二
游惠山石门记⑨	惠山	张士元	乾隆嘉庆年间	《嘉树山房集》卷八

---

① 仅记游于己酉夏，据作者生平，应是嘉靖二十八年夏。

② 不记游时，同"王叔承《游张公洞记》"考。

③ 仅记与游张公洞游同日，范氏是万历四年二月十八日游张公洞的，见"范守己《游张公洞记》"考。

④ 据文中交代，此游于游茅山之后，王氏游茅山为隆庆二年二月。

⑤ 仅记游于丁卯三月，据作者生平，应是隆庆元年三月。

⑥ 不记游时，考袁宏道于万历二十五年正月辞去吴县令移居无锡，此游应在此年。

⑦ 不记游时，同"袁宏道《游惠山记》"考。

⑧ 不记游时，同"胡胤嘉《游虎丘记》"考。

⑨ 不记游时，据作者生平，约游于乾隆嘉庆年间。

续表

游记名称	记述内容	作者	记游时间	资料来源
常州府				
游黄公涧记①	黄公涧	孙尔准	嘉庆二年六月	《小方壶斋舆地丛钞》第四帙
登锡山记	锡山	赵怀玉	乾隆十年四月十五日	《亦有生斋集文》卷六
游横山记②	横山	曹堉	道光二年七月	《小方壶斋舆地丛钞》第四帙
游马迹山记	马迹山	黄遵	永乐十一年三月十七日	《林屋民风》卷二
重游长泰寺记	长泰寺	王永积	顺治三年重阳	《锡山景物略》卷六
春日纪游③	安氏园、许氏园、惠山等	刘凤	万历十五年二月	《刘子威集》卷四三
游惠山东西二王园记	王氏园	王世贞	万历年间	《弇州续稿》卷六三
游惠山秦园记④	秦园	邵长蘅	康熙十六年二月	《青门簏稿》卷九
游东亭园小记	东亭园	王永积	顺治十年五月末	《心远堂遗集》卷八
游惠泉以望后十日⑤	惠山（惠泉）	王士性	万历十五年四月二十五日	《五岳游草》卷三
游惠泉记⑥	惠泉	胡敬辰	天启崇祯年间	《檀雪斋集》卷一三
镇江府				
京口游山记	南郊招隐诸山	王世懋	万历元年四月三日	《王奉常集》卷一〇
游京口诸山记	焦山、鹤林寺、招隐寺、金山	王衡	万历二十年十二月	《缑山先生集》卷一〇

---

① 仅记游于丁巳六月，据作者生平，应是嘉庆二年六月。
② 仅记游于壬午七月，据作者生平，应是道光二年七月。
③ 仅记游于丁亥二月，据作者生平，应是万历十五年二月。
④ 仅记游于丁巳二月，据作者生平，应是康熙十六年二月。
⑤ 不记游时，据王士性《吴游纪行》，结合作者生平，应是万历十五年四月二十五日。
⑥ 不记游时，据作者生平，应游于天启崇祯年间。

续表

游记名称	记述内容	作者	记游时间	资料来源
镇江府				
京口纪游①	焦山、北固山、招隐、鹤林、九华、银山	彭宗孟	万历二十四年夏	《江上杂疏》
游京口诸山记②	九华、招隐、金山、焦山、甘露寺、李园	姚希孟	天启四年八月十一日	《循沧集》卷二
游京口南山记③	南郊诸山	洪亮吉	嘉庆年间	《更生斋文乙集》卷一
游京口城南诸山记④	南郊诸山	赵怀玉	乾隆嘉庆年间	《亦有生斋文集》卷六
游三山记⑤	金山、焦山、北固山	范守己	万历八年六月二十三日	《御龙子集·吹剑草》卷二七
纪游	金山、焦山、北固山	陈仁锡	1581—1636	《晚明二十家小品》
金焦游记	金山、焦山	乔宇	1457—1524	《名山胜概记》卷八
游金焦两山记⑥	金山、焦山	王叔承	嘉靖四十五年五月	《古今游名山记》卷四
游金焦两山记⑦	金山、焦山	董传策	嘉靖三十七年六月五日	《古今游名山记》卷四
游金焦两山记	金山、焦山	高對	1522—1566	《古今游名山记》卷四
游妙空岩记	金山妙空岩	周枕	宣德五年秋	《名山胜概记》卷八
游金山记	金山	都穆	弘治十一年秋	《名山胜概记》卷八
游金山记	金山	徐学谟	嘉靖四十二年冬末	《徐氏海隅集》卷一〇
游金山以午日⑧	金山	王士性	万历十五年五月初五日	《五岳游草》卷三〇

---

① 仅记游于丙申夏，据作者生平，应是万历二十四年夏。

② 仅记游于甲子八月十一日，据作者生平，应是天启四年八月十一日。

③ 仅记游于六月，据作者生平，应是嘉庆年间所游。

④ 不记游时，同"赵怀玉《游洞庭两山记》"考。

⑤ 仅记游于庚辰六月二十三日，据作者生平，应是万历八年六月二十三日。

⑥ 仅记游于丙寅五日，据作者生平，应是嘉靖四十五年五月。

⑦ 仅记游于六月五日，考文中内容，为董传策因弹劾严嵩遭谪南宁途中而游，是年为嘉靖三十七年。

⑧ 不记游时，据王士性《吴游纪行》，可知游于万历十五年五月初五日。

续表

游记名称	记述内容	作者	记游时间	资料来源
镇江府				
游金山记	金山	王思任	万历二十四年秋	《名山胜概记》卷八
游金山记	金山	冯梦祯	万历三十三年十一月	《快雪堂集》卷二八
游金山记①	金山	胡敬辰	天启崇祯年间	《檀雪斋集》卷一三
游金山记	金山	吴廷简	明代	《名山胜概记》卷八
金山游记	金山	钱达道	明代	《海虞文苑》卷一四
游金山记②	金山	王曰高	康熙七年三月十六日	《槐轩文集》卷六
金山纪游	金山	丘嘉穗	康熙三十年五月十三日	《东山草堂文集》卷三
游金山记③	金山	钱兆鹏	乾隆三十三年七月七日	《述古堂文集》卷八
游金山记	金山	张澍	嘉庆十四年	《养素堂文集》卷九
游焦山壮观亭记④	焦山（壮观亭）	徐有贞	天顺八年五月	《名山胜概记》卷八
游焦山记	焦山	都穆	弘治七年八月	《名山胜概记》卷八
游焦山以登金山次日⑤	焦山	王士性	万历十五年五月初六日	《五岳游草》卷三
游焦山小记⑥	焦山	李流芳	万历三十四年至崇祯二年间	《檀园集》卷八
游焦山记⑦	焦山	胡敬辰	天启六年五月六日	《檀雪斋集》卷一三
游焦山记	焦山、平山堂	吴廷简	明代	《名山胜概记》卷八

---

① 不记游时，据作者生平，约游于天启崇祯年间。

② 仅记游于戊申三月十六日，据作者生平，应是康熙七年三月十六日。

③ 仅记游于戊子七月七日，据作者生平，应是乾隆三十三年七月七日。

④ 不记游时，据徐有贞刻于焦山浮玉岩题铭："天顺甲申夏五月甲寅，前武功伯兼华盖殿大学士东吴徐有贞同镇江知府四明姚莹来游，"可知游于天顺八年五月。

⑤ 不记游时，据王士性《吴游纪行》，可知游于万历十五年五月初六日。

⑥ 不记游时，但从内容可以判断为游玉山后的第三天，则应与游玉山为同一年月。

⑦ 仅记游于丙寅五月六日，据作者生平，应是天启六年五月六日。

续表

游记名称	记述内容	作者	记游时间	资料来源
镇江府				
游焦山记	焦山	王思任	顺治二年五月十六日	《名山胜概记》卷八
焦山独游记	焦山	蒋锡震	顺治七年四月	《焦山志》卷一一
登焦山记①	焦山	何絮	顺治康熙年间	《清文汇》甲集前卷一八
游焦山记②	焦山	王曰高	康熙七年三月十八日	《槐轩文集》卷六
游焦山记③	焦山	冷士嵋	康熙十五年五月	《江泠阁文集》卷三
游焦山记④	焦山	沈德潜	康熙五十七年八月十六日	《清文汇》乙集卷九
游焦山记⑤	焦山	刘体仁	康熙年间	《小方壶斋舆地丛钞》第四帙
游焦山记	焦山	谢振定	乾隆五十九年十二月	《知耻斋文集》卷下
游焦山记⑥	焦山	顾宗泰	乾隆嘉庆年间	《小方壶斋舆地丛钞》第四帙
游焦山记⑦	焦山	吴锡麒	乾隆嘉庆年间	《小方壶斋舆地丛钞》第四帙
游焦山记	焦山	王嘉禄	嘉庆二十四年八月	乾隆《焦山志》卷一四
游焦山记⑧	焦山	张澍	嘉庆十四年十月	《养素堂文集》卷九
游焦山记	焦山	汤金钊	道光十年二月十八日	《寸心知室文存》卷六

---

① 不记游时，同"何絮《江上观竞渡记》"考。

② 文中说此游为游金山后二日，据《游金山记》，应是康熙七年三月十八日。

③ 仅记游于丙辰五月，据作者生平，应是康熙十五年五月。

④ 仅记游于戊戌八月十六日，据作者生平，是康熙五十七年八月十六日。

⑤ 不记游时，据作者生平，约于康熙年间。

⑥ 不记游时，同"顾宗泰《游虎山桥记》"考。

⑦ 不记游时，据作者生平，应游于乾隆嘉庆年间。

⑧ 仅记游于十月，考是游应与游金山同年，即嘉庆十四年。

续表

游记名称	记述内容	作者	记游时间	资料来源
镇江府				
游北固山记	北固山	都穆	正德十二年五月	《名山胜概记》卷八
游北固山记①	北固山	王思任	万历三十八年十月	《名山胜概记》卷八
游海岳庵记	北固山海岳庵	储在文	清初	《小方壶斋舆地丛钞》第四帙
游北固山记②	北固山	钱兆鹏	乾隆三十年七月三日	《述古堂文集》卷八
游北固山记③	北固山	周镐	嘉庆道光年间	《小方壶斋舆地丛钞》第四帙
游北固山记	北固山	阮宗瑗	清代	《小方壶斋舆地丛钞》第四帙
游蒜山记	蒜山	沈德潜	康熙五十八年春	光绪《丹徒县志》卷六五
游石排山记	石排山	宋懋澄	明代	《九籥集》卷一
游玉山小记④	玉山	李流芳	万历三十四年至崇祯二年间	《檀园集》卷八
象山记⑤	象山	何絜	顺治康熙年间	《清文汇》甲集前卷一八
游黄鹤山记⑥	黄鹤山	都穆	正德十二年五月	《名山胜概记》卷八
游招隐山记⑦	招隐山	都穆	正德十二年五月	《名山胜概记》卷八
游招隐山录	招隐山	唐枢	1497—1574	《古今名山记》卷四

---

①　仅记游于庚戌十月，据作者生平，应是万历三十八年十月。
②　仅记游于乙酉七月三日，据作者生平，应是乾隆三十年七月三日。
③　不记游时，据作者生平，应游于嘉庆道光年间。
④　不记游时，据文中回顾丁酉、癸卯、丙午年三次来游事，结合作者生平，此次应游于万历三十四年至崇祯二年之间。
⑤　不记游时，同"何絜《江上观竞渡记》"考。
⑥　文中载是游为"游北固之明日"，据都穆《游北固山记》，应是正德十二年五月。
⑦　据文中内容，与游黄鹤山同日，见"都穆《游黄鹤山记》"考。

续表

游记名称	记述内容	作者	记游时间	资料来源
镇江府				
小金山游记①		鲍皋	雍正乾隆年间	光绪《丹徒县志》卷六五
京口三寺游记②	招隐寺、鹤林寺、九华寺	李维桢	万历天启年间	《大泌山房集》卷六一
江上观竞渡记③		何絜	顺治康熙年间	光绪《丹徒县志》卷五六
游经山沈山记	丹阳经山、沈山	都穆	正德十年秋	《名山胜概记》卷八
游宝华山小记	宝华山	盛时泰	万历六年三月	《宝华山志》卷七
华山游记④	宝华山	李维桢	万历天启年间	《大泌山房集》卷六〇
华山游记	宝华山	陆求可	清初	《宝华山志》卷七
游宝华山记略	宝华山	鲍鳞宗	清初	《宝华山志》卷七
游宝华山记⑤	宝华山	王士禛	顺治十七年至康熙三年	《带经堂集》卷四二
游茅山记	茅山	都穆	弘治十六年四月	《名山胜概记》卷五
游茅山记	茅山	乔宇	正德六年四月五日	《名山胜概记》卷五
游茅山记⑥	茅山	胡松	嘉靖年间	《胡庄肃公集》卷四
礼茅君记⑦	茅山	王叔承	隆庆二年二月十二日	《名山胜概记》卷五
游句曲山录	茅山	唐枢	1497—1574	《古今游名山记》卷四
游茅山记	茅山	王樵	万历十一年四月	《方麓集》卷七

---

① 不记游时，据作者生平，应游于雍正乾隆年间。

② 不记游时，同"李维桢《太湖两洞庭游记》"考。

③ 不记游时，据作者生平，应游于明亡之后。

④ 不记游时，同"李维桢《太湖两洞庭游记》"考。

⑤ 不记游时，考王士禛于顺治十七年至康熙三年任扬州府推官期间，曾数游镇江、金陵山水，是游当在此时。

⑥ 不记游时，同"胡松《游张公至善权诸洞记》"考。

⑦ 仅记游于戊辰二月十二日，据作者生平，应是隆庆二年二月十二日。

续表

游记名称	记述内容	作者	记游时间	资料来源
镇江府				
游茅山记①	茅山	邹迪光	万历四十一年三月	《石语斋集》卷一七
茅山游记②	茅山	李维桢	万历天启年间	《大泌山房集》卷六一
游华阳洞天记	茅山	宋懋澄	明代	《九籥集》卷一
茅山游记	茅山	彭定求	康熙四十五年三月十八日	《南畇文稿》卷四
游茅山记③	茅山、句容	钱大昕	乾隆嘉庆年间	《潜研堂文集》卷二〇
江宁府				
金陵游记	清凉山、冶城山、祈泽山、摄山、弘济山、幕府山、献花岩	乔宇	1457—1524	《名山胜概记》卷三
金陵冬游记略	灵谷寺、大报恩寺、雨花台、牛首山、献花岩、观音山等	罗洪先	嘉靖十八年七月	《念庵文集》卷五
游金陵诸山记	牛首山、祖堂山、栖霞山、燕子矶	朱察卿	嘉靖四十五年九月	《朱邦宪集》卷六
金陵游记	鸡鸣山、燕子矶、玄武湖、灵谷寺、牛首山等	王叔承	隆庆元年八月	《天下名山游记》卷二
留都述游④	南京城内外山水古迹	王士性	万历十五年五月十六日	《五岳游草》卷三

① 仅记游于癸丑三月，据其生平，应是万历四十一年三月。

② 不记游时，同"李维桢《太湖两洞庭游记》"考。

③ 不记游时，据作者生平，应游于乾隆嘉庆年间。

④ 不记游时，据王士性《吴游纪行》，可知游于万历十五年五月十六日。

续表

游记名称	记述内容	作者	记游时间	资料来源
江宁府				
金陵杂记	皇城、赵园、观音阁、凭虚阁、高座寺、灵谷寺、石成山、栖霞寺、蒋庙、观象台、燕子矶、牛首山、南都官舍、报恩寺等	王樵	万历二十至二十二年间	《方麓集》卷一一
金陵述游	鸡鸣寺、皇城、孝陵、方公祠墓、雨花台	齐周华	乾隆六年秋	《名山藏副本》上卷
东游记	故宫、孝陵等	张瀚	万历年间	《松窗梦语》卷二
游城南杂记①	先贤祠、高座寺等	文翔凤	万历三十八年后	《文太青先生文集》卷上
游金陵城西北记	五柳园、隋园、清凉寺、钟鼓楼、朱主事园、王氏二槐园、乌龙潭	黄之隽	雍正十年三月四日	《唐堂集》卷一四
游鸡鸣山乌龙潭诸胜记	覆舟山、鸡鸣寺、十庙、帝王庙、乌龙潭	王士禛	康熙三年六月二十日	《渔洋山人文略》卷四
游清凉寺至乌龙潭记②	清凉寺、乌龙潭	周准	雍正乾隆年间	《清文汇》乙集卷九
戊子中秋游记	大仓山、谢公墩、随园	袁枚	乾隆三十三年中秋	《小仓山房诗文集》卷一二
游鸡鸣山记③	鸡鸣山	吕柟	嘉靖八年四月十二日	《泾野先生文集》卷一七

---

①　不记游时，据作者生平，其游应在万历三十八年中进士后南京吏部主事任上。

②　不记游时，据作者生平，应游于雍正乾隆年间。

③　仅记游于四月十二日，吕柟官南京时，曾于嘉靖八年间遍游金陵名胜，是游应是嘉靖八年四月十二日。

续表

游记名称	记述内容	作者	记游时间	资料来源
		江宁府		
游清凉山记略	清凉山	乔宇	1457—1524	《金陵梵刹志》第一九卷
游城北清凉山记①	清凉山	洪亮吉	嘉庆年间	《更生斋文乙集》卷一
游狮子山及天妃宫静海寺记	卢龙观、狮子山（阅江楼）、天妃宫、静海寺、绣球山	范守己	万历十二年四月八日	《御龙子集·吹剑草》卷二八
游卢龙山记	卢龙山阅江楼	乔宇	1457—1524	《名山胜概记》卷三
游卢龙山记	卢龙山阅江楼	吕柟	嘉靖十一年九月十四日	《泾野先生文集》卷一八
游小盘谷记②	卢龙山	梅曾亮	嘉庆二十三年	《柏枧山房文集》卷四
游幕府山记	幕府山	范守己	万历十二年三月二十二日	《御龙子集·吹剑草》卷二八
游幕府山十二洞及泛舟江口记③	幕府山	洪亮吉	嘉庆六年秋	《更生斋文乙集》卷一
游燕子矶记④	燕子矶、弘济寺	吕柟	嘉靖八年二月	《泾野先生文集》卷一七
游燕子矶记⑤	燕子矶	宗臣	嘉靖三十六年	《宗子相集》卷一七
游燕子矶记⑥	玄武湖、弘济寺、燕子矶	邹迪光	万历年间	《郁仪楼集》卷三六
游燕子矶及弘济寺记	弘济寺、燕子矶	范守己	万历年间	《御龙子集·吹剑草》卷二八
燕子矶⑦	燕子矶	张岱	崇祯十一年	《陶庵梦忆》卷二

---

① 不记游时，据作者生平，应游于嘉庆年间。
② 仅记游于戊寅年，据作者生平，应是嘉庆二十三年。
③ 仅记游于辛酉秋，据作者生平，应是嘉庆六年秋。
④ 仅记游于己丑二月，据作者生平，应是嘉靖八年二月。
⑤ 仅记游于丁巳，据作者生平，应是嘉靖三十六年。
⑥ 不记游时，据作者生平及文中内容，应游于万历年间。
⑦ 仅记游于戊寅年，据作者生平，应是崇祯十一年。

续表

游记名称	记述内容	作者	记游时间	资料来源
江宁府				
登燕子矶记	燕子矶	王士禛	康熙二年十月二十一日	《带经堂集》卷四二
游燕子矶记①	燕子矶	钱兆鹏	乾隆二十七年七月十四日	《述古堂文集》卷八
游燕子矶沿山诸洞记	燕子矶诸洞	阮宗瑗	清代	《小方壶斋舆地丛钞》第四帙
游钟山记	鸡鸣山、钟山、孝陵	洪若皋	康熙五十九年三月十五日	《南沙文集》卷五
游钟山记②	钟山、灵谷寺	顾宗泰	乾隆嘉庆年间	《小方壶斋舆地丛钞》第四帙
游摄山栖霞寺记③	栖霞山、栖霞寺	范守己	万历十一年正月二十五日	《御龙子集·吹剑草》卷二八
栖霞寺游记	栖霞山	姜宝	万历十三年春	《姜凤阿文集》卷五
游摄山记④	中山王墓、岐阳王墓、蒋侯庙、栖霞山	冯梦祯	万历五年至二十六年间	《快雪堂集》卷二八
寓摄山诸游记⑤	栖霞山	单思恭	万历三十九年	《甜雪斋文集》卷四
游摄山栖霞寺记	栖霞山、栖霞寺	王世贞	万历年间	《弇州续稿》卷六三
游摄山栖霞寺记⑥	栖霞山、栖霞寺	邹迪光	万历年间	《郁仪楼集》卷三六
摄山游记⑦	栖霞山	李维桢	万历天启年间	《大泌山房集》卷六〇
栖霞⑧	栖霞山	张岱	崇祯十一年冬	《陶庵梦忆》卷三

①　仅记游于壬午七月中元前一日，据作者生平，应是乾隆二十七年七月十四日。
②　不记游时，同"顾宗泰《游虎山桥记》"考。
③　仅记游于癸未正月廿五日，据作者生平，应是万历十一年正月廿五日。
④　不记游时，考冯氏于万历戊戌间解大司农印归杭州，文中记作者本人脱官服改穿便服游山，说明冯氏是在任官南京期间游摄山的，也即万历五年至二十六年间。
⑤　仅记游于辛亥，据作者生平，应是万历三十九年。
⑥　不记游时，据作者生平及内容，应游于万历年间。
⑦　不记游时，同"李维桢《太湖两洞庭游记》"考。
⑧　仅记游于戊寅冬，据作者生平，应是崇祯十一年冬。

续表

游记名称	记述内容	作者	记游时间	资料来源
		江宁府		
游摄山记①	栖霞山	王士禛	顺治十七年至康熙三年	《带经堂集》卷四二
摄山记游	栖霞山	朱绶	嘉庆十八年八月十八日	《小方壶斋舆地丛钞》第四帙
木末亭雨花台游记②	方公祠、木末亭、雨花台	文翔凤	万历三十八年后	《名山胜概记》卷三
两登木末亭记③	长干寺、高座寺、木末亭	王士禛	康熙三年六月二十四日	《渔洋山人文略》卷四
游聚宝山记④	雨花台、聚宝山	钱兆鹏	乾隆二十七年七月二十二日	《述古堂文集》卷八
游雨花台记	雨花台	林云铭	清初	《挹奎楼选稿》卷六
游观音山记⑤	观音山	钱兆鹏	乾隆二十七年七月十四日	《述古堂文集》卷八
游观音谯楼记	观音山	阮宗瑷	清代	《小方壶斋舆地丛钞》第四帙
游牛首山记	牛首山、献花岩	都穆	正德二年七月	《名山胜概记》卷三
游牛首山记⑥	牛首山	吕柟	嘉靖八年四、五月间	《泾野先生文集》卷一七
游牛首山记⑦	牛首山、祖堂山、献花岩	冯梦祯	万历五年至二十六年间	《快雪堂集》卷二八

---

① 不记游时，同"王士禛《游宝华山记》"考。

② 不记游时，同"文翔凤《游城南杂记》"考。

③ 仅记游于六月二十四日，考是游在游鸡鸣山乌龙潭之后，即康熙三年六月二十四日。

④ 仅记游于壬午七月二十二日，据作者生平，应是乾隆二十七年七月二十二日。

⑤ 不记游时，据文中内容，是游与游燕子矶同日，即乾隆二十七年七月十四日。

⑥ 是游约于四月十九日，游于"夏月半"，据作者生平，应是嘉靖八年四、五月间。

⑦ 文中记游于栖霞后第十一日，据冯梦祯《游摄山记》，应游于万历五年至二十六年间。

续表

游记名称	记述内容	作者	记游时间	资料来源
江宁府				
游牛首山记①	牛首山	范守己	万历十一年正月二十九日	《御龙子集·吹剑草》卷二八
牛首游记	牛首山、祖堂山、献花岩	李维桢	万历四十二年九月八日	《大泌山房集》卷六一
游牛首诸山记	牛首、献花岩	王世贞	万历年间	《弇州续稿》卷六四
游牛首山记②	牛首山	姜宝	万历年间	《姜凤阿文集》卷五
游牛首山记	牛首山	王日高	康熙二年秋	《槐轩文集》卷六
游牛首山记③	牛首山	王士禛	康熙四年五月十八日	《带经堂集》卷四二
游献花岩牛岭记	献花岩	顾璘	1476—1543	《金陵梵刹志》第三三卷
游献花岩记④	献花岩	吕柟	嘉靖八年四、五月间	《泾野先生文集》卷一七
游献花岩祖堂记⑤	献花岩、祖堂山	王士禛	康熙四年五月十九日	《带经堂集》卷四二
游阳山记	阳山	胡广	永乐三年秋	《古今游记钞》卷一五
游方山记	方山	郝懿行	嘉庆七年五月十三日	《晒书堂文集》卷一〇
饮冶山记⑥	冶山	郑梁	康熙十年五月廿六日	《见黄稿》卷一
游瓜步山记	瓜步山	梅曾亮	道光七年二月十六日	《柏岘山房文集》卷一〇

①　文中记游于摄山后四日，据范守己《游摄山栖霞寺记》，应是万历十一年正月二十九日。

②　不记游时，据作者生平，约游于万历年间。

③　仅记游于乙巳五月十八日，据作者生平，应是康熙四年五月十八日。

④　不记游时，据文中内容，是游为游牛首山的第二天，即游于嘉靖八年四、五月间。

⑤　仅记游于十九日，据文中内容，是游为牛首山的继续，即康熙四年五月十九日。

⑥　仅记游于清凉寺后二日，据郑梁《游清凉寺记》，应是康熙十年五月廿六日。

续表

游记名称	记述内容	作者	记游时间	资料来源
江宁府				
游莫愁湖记①	莫愁湖	李维桢	万历年间	《名山胜概记》卷三
游莫愁湖记②	莫愁湖	文翔凤	万历三十八年后	《文太青先生文集》卷上
登莫愁湖水阁记③	莫愁湖	朱琦	道光年间	《小万卷斋文稿》卷一五
游莫愁湖记	莫愁湖	黄之隽	雍正十一年六月	《唐堂集》卷一四
过后湖记	玄武湖	计宗道	正德七年秋	《天下游名山记》卷二
秦淮看月记	秦淮河	潘之恒	嘉靖三十八年中秋	《名山胜概记》卷四
初游乌龙潭记④	乌龙潭	谭元春	万历四十七年	《盍山志》卷七
再游乌龙潭记	乌龙潭	谭元春	万历四十七年七月初七日	《盍山志》卷七
三游乌龙潭记	乌龙潭	谭元春	万历四十七年七月十二日	《盍山志》卷七
金陵城北三寺游记⑤	嘉善寺、幕府寺、崇化寺	李维桢	万历年间	《大泌山房集》卷六〇
金陵游记（城内外）	南京城内外寺观	姜宝	明代	《姜凤阿文集·留部稿》卷五
游金陵城南诸刹记⑥	报恩寺、天界寺、高座寺、将军庙、方景二公祠	王士禛	康熙二年十月二十二日	《带经堂全集》卷七七
游灵谷记	灵谷寺	都穆	正德二年二月	《名山胜概记》卷三

① 不记游时，同"李维桢《太湖两洞庭游记》"考。

② 不记游时，同"文翔凤《游城南杂记》"考。

③ 不记游时，据作者生平，当是道光年间主钟山书院时所游。

④ 仅记游于己未，据作者生平，应是万历四十七年。

⑤ 不记游时，同"李维桢《太湖两洞庭游记》"考。

⑥ 仅记游于廿二日，如上述"王士禛《游摄山记》"所考，结合文中内容，应是康熙二年十月二十二日。

续表

游记名称	记述内容	作者	记游时间	资料来源
江宁府				
游灵谷记①	灵谷寺	吕柟	嘉靖八年三月	《泾野先生文集》卷一七
灵谷寺东探梅记	灵谷寺	冯梦祯	万历二十二年正月初三日	《快雪堂集》卷二八
游灵谷小记②	观音寺、灵谷寺	姚希孟	崇祯六年十一月初三日	《循沧集》卷二
游钟山灵谷寺记③	灵谷寺、梅花坞	王士禛	康熙三年六月二十一日	《渔洋山人文略》卷四
游清凉寺记	清凉寺、清凉台	郑梁	康熙十年五月二十四日	《见蕙稿》卷一
游鸡鸣寺记	鸡鸣寺	李懿曾	清代	《小方壶斋舆地丛钞》第四帙
游凤皇台瓦官寺记④	凤皇台、上下瓦官寺	文翔凤	万历三十八年后	《名山胜概记》卷三
游瓦官寺记	上下瓦官寺、万竹园	王士禛	康熙初年	《带经堂集》卷四二
游高座记⑤	高座寺	吕柟	嘉靖八年四月五日	《泾野先生文集》卷一七
天宁寺游记略	天宁寺	顾□	正德十二年三月九日	《金陵梵刹志》第九卷
游幕府寺记	幕府寺	乔宇	正德八年中秋	《金陵梵刹志》第二七卷
夜登弘济寺观石壁记	弘济寺	王士禛	康熙初年	《渔洋山人文略》卷四
游一拂祠记	一拂祠	顾云	清代	《钵山义录》卷三

①　仅记游于三月之暮，同"吕柟《游燕子矶》"考。

②　仅记游于癸酉十一月初三日，据作者生平，应是崇祯六年十一月初三日。

③　文中称游于鸡鸣山之明日，据王士禛《游鸡鸣山乌龙潭诸胜记》，应是康熙三年六月二十一日。

④　不记游时，同"文翔凤《游城南杂记》"考。

⑤　仅记游于四月五日，同"吕柟《游燕子矶》"考。

续表

游记名称	记述内容	作者	记游时间	资料来源
江宁府				
游故崇正书院记	崇山书院	姚鼐	嘉庆十三年末	《惜抱轩文集后集》卷一〇
游白鹤道院记①	白鹤道院	吕柟	嘉靖八年四月十七日	《泾野先生文集》卷一七
建业大内记	明故宫	黄省曾	嘉靖九年二月八日	《明文海》卷三五五
阅外城记	南京外城	王樵	万历二十一年十二月十二日	《明文海》卷三五六
阅内城记	南京内城	王樵	万历二十一年十二月二十五日	《明文海》卷三五六
金陵徐氏三园记②	东园、西园、凤园	程文德	嘉靖年间	《文恭公遗稿》卷一二
游金陵诸园记③	东园、凤台园、南园、西畮、西园、万竹园、莫愁湖园、同春园、市隐园、武氏园等	王世贞	万历年间	《弇州续稿》卷六四
游冶亭记	冶亭	贝琼	洪武六年	《清江贝先生集》卷一四
游敬亭记④	敬亭	吕柟	嘉靖八年五月五日	《泾野先生文集》卷一七
游息园记⑤	息园	顾璘	嘉靖年间	《名山胜概记》卷四

---

① 仅记游于四月十七日，同"吕柟《游燕子矶》"考。

② 不记游时，考作者为浙江永康人，嘉靖间曾两度任职南京，最后即在南京工部右侍郎任上被免职归乡的。据此，应游于嘉靖年间。

③ 仅记于南京任职时所游，考作者于万历时任南京刑部尚书，故应游于万历年间。

④ 仅记游于五月五日，同"吕柟《游燕子矶》"考。

⑤ 不记游时，考顾璘于嘉靖十六年以南京刑部尚书致仕，归筑息园，故是游当在嘉靖二十四年其去世之前。

续表

游记名称	记述内容	作者	记游时间	资料来源
江宁府				
游野月亭记	野月亭	石庞	清初	《天外谈》卷二
登扫叶楼记①	扫叶楼	管同	嘉庆六年秋	《盋山志》卷七
游省中南竹坞记②	省中竹坞	吕柟	嘉靖八年四月九日	《泾野先生文集》卷一七
走姑熟纪行③	溧水天生、胭脂冈	范守己	万历七年七月	《御龙子集·吹剑草》卷三一
游溧阳彭氏园记	溧阳彭氏园	王世懋	1536—1588	《王奉常集》卷一一
登髻山绝顶记略④	髻山	马一龙	嘉靖四十一年左右	嘉庆《溧阳县志》卷一
青龙洞记	青龙洞	马一龙	嘉靖四十一年冬	嘉庆《溧阳县志》卷一
玉华山小洞天记⑤	玉华山	马一龙	嘉靖四十一年左右	嘉庆《溧阳县志》卷一
登燕山记	燕山	马世俊	1609—1666	《小方壶斋舆地丛钞》第四帙
方山记	方山	马世俊	1609—1666	《小方壶斋舆地丛钞》第四帙
扬州府				
游广陵记	天宁寺、法海寺、平山堂、观音寺、梅花岭、上方寺、琼花观	姚希孟	1579—1636	《循沧集》卷二

---

① 仅记游于辛酉秋，据作者生平，应是嘉庆六年秋。
② 仅记游于四月九日，同"吕柟《游燕子矶》"考。
③ 仅记游于己卯七月，据作者生平，应是万历七年七月。
④ 不记游时，据作者生平，约游于作者致仕后，即嘉靖四十一年左右。
⑤ 不记游时，同"马一龙《登髻山绝顶纪略》"考。

续表

游记名称	记述内容	作者	记游时间	资料来源
扬州府				
红桥游记①	保障湖	王士禛	康熙元年夏	《平山堂图志》卷九
清明红桥游记	保障湖	王曰高	康熙七年清明	《槐轩文集》卷六
傍花村寻梅记	扬州城西北郊	孔尚任	康熙二十七年	《湖海集》卷八
平山堂记	平山堂	全祖望	乾隆二年冬	《小方壶斋舆地丛钞》第四帙
平山堂记②	保障湖	俞蛟	乾隆五十一年秋	《梦厂杂著》
榆庄记	榆庄	袁枚	乾隆四十五年春	《小仓山房诗文集》卷一二
己亥六月重过扬州记	扬州	龚自珍	道光十九年六月	《龚自珍全集》第三辑
重游天宁寺记	仪征天宁寺	谢肇淛	万历二十六年十二月初一	《小草斋文集》卷八
过真州记	天宁寺	袁中道	万历三十八年	《珂雪斋集》卷一四
真州游桃花坞记③	仪征桃花坞	王源	康熙二十三年二月	《居业堂文集》卷一九
游梓潼墩记④	仪真梓潼墩	储大文	康熙五十五年九月九日	《存研楼文集》卷一二
纪登狼山⑤	狼山	蒋以化	隆庆万历年间	《西台漫纪》卷五
游狼山记⑥	狼山	钱兆鹏	乾隆二十八年二月十六	《述古堂文集》卷七

---

①　仅记游于壬寅夏，据作者生平，应是康熙元年夏。
②　仅记游于丙午秋，据作者生平，应是乾隆五十一年秋。
③　仅记游于甲子二月，据作者生平，应是康熙二十三年二月。
④　仅记游于丙申九月九日，据作者生平，应是康熙五十五年九月九日。
⑤　不记游时，考作者为隆庆丁卯举人，又文中有"朝二百年来"句，则是游应于隆庆万历年间。
⑥　仅记游于癸未仲春既望，据作者生平，应是乾隆二十八年二月十六日。

续表

游记名称	记述内容	作者	记游时间	资料来源
扬州府				
游黄泥山记①	黄泥山	钱兆鹏	乾隆二十八年二月十六日	《述古堂文集》卷七
游剑山记②	剑山	钱兆鹏	乾隆年间	《述古堂文集》卷七
游军山记③	军山	钱兆鹏	乾隆年间	《述古堂文集》卷七
游军山记	军山	张廷珪	清代	《小方壶斋舆地丛钞》第四帙
游象山麓记④	象山	丁腹松	雍正二年八月九日	《小方壶斋舆地丛钞》第四帙

2）游记作品的时间分布

游记作为旅游活动的写实作品，从一个侧面反映了旅游活动的兴衰变化。因此，前文所述明清旅游活动的时间差异在游记作品数量上也有较充分的体现。统计上表中有确切时间记录的游记作品，除了建文、洪熙、景泰三朝没有外，其他各朝游记篇数不等。其中，万历朝最多，达92篇，排列前五位的其他四位依次是：康熙朝51篇，嘉靖朝50篇，乾隆朝29篇，嘉庆朝22篇。

考虑到每个朝代时间长短不一，朝代篇数难以准确反映具体一个时段的游记写作状况，遂进一步计算每个朝代年均游记篇数，得出结果是：天启朝年游记创作比率最高，达到年均游记3.17篇，隆庆朝第二，为2.6篇，万历朝居第三，为1.96篇（见下图）。需说明的是，由于一些写作于康熙、乾隆、嘉庆三朝的游记作品未署具体确切时间，故下图不能全面准确反映有关康乾嘉三朝的年均游记写作情况。

---

① 不记游时，考文中内容，是游于游狼山之后，应是乾隆二十八年二月十六日。

② 不记游时，据作者生平，约游于乾隆年间。

③ 不记游时，同"钱兆鹏《游剑山记》"考。

④ 仅记甲辰秋后一日，据作者生平，应是雍正二年八月九日。

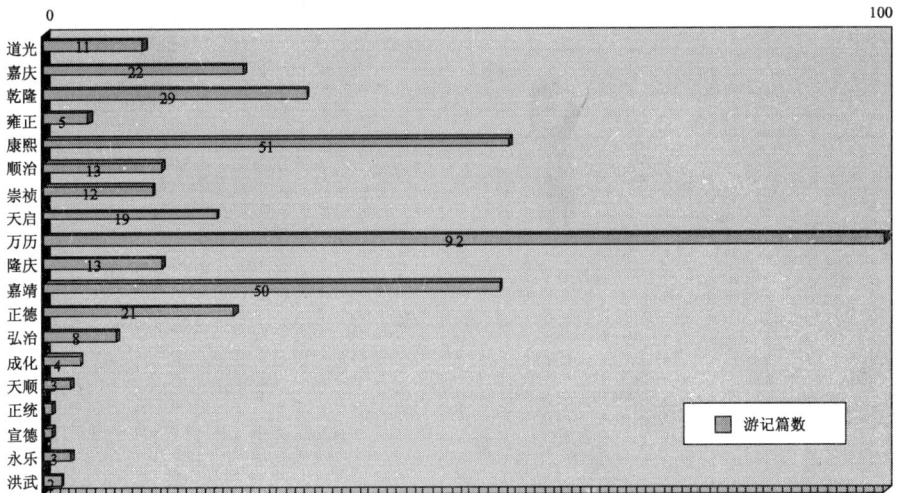

图 2　各朝代游记篇数比较

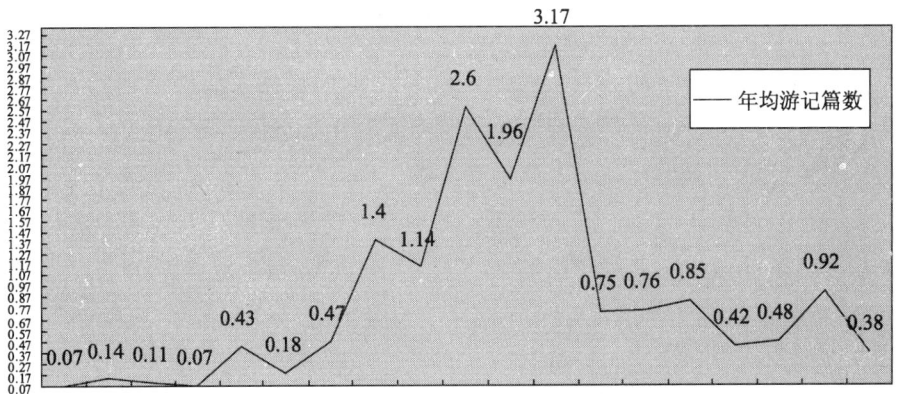

洪武 永乐 宣德 正统 天顺 成化 弘治 正德 嘉靖 隆庆 万历 天启 崇祯 顺治 康熙 雍正 乾隆 嘉庆 道光

图 3　各朝代年均游记篇数比较

3）游记作品的地理分布

明清长江三角洲地区游记作品的地理分布存在着严重非均衡状态。下表是按照当时行政区划，对游记作品地域分布所作的统计。

由表可知，本地区明清游记作品由多及少，依次排列顺序为苏州、江宁、常州、镇江、扬州、松江。在这样一个直径约三百公里、基本上有着共同文化习俗的区域内，游记作品的多寡，说到底是与旅游景观、旅游活动相关。因为以记景观、游览活动为主的游记，是因游而记，没有景观，就无以

表6　　　　　　　　　游记作品地理分布情况表

地区	明代		清代		明清合计	
	篇数	百分比（%）	篇数	百分比（%）	篇数	百分比（%）
松江府	4	1.36	2	1.16	6	1.28
苏州府	114	38.77	60	34.68	174	37.26
常州府	46	15.64	19	10.98	65	13.92
镇江府	45	15.31	32	18.50	77	16.49
江宁府	72	24.50	38	21.97	110	23.56
扬州府	4	1.36	15	8.67	19	4.07
跨地区	9	3.06	7	4.04	16	3.42
合计	294	100	173	100	467	100

注：1. 太仓，明设州，属苏州府，清雍正二年始升为直隶州，辖镇洋、嘉定、宝山、崇明诸县。所收太仓州游记除管同《宝山记游》外，均为雍正朝之前所作，故表中太仓州游记作品悉入苏州府。

2. 溧阳县于雍正八年由江宁府改属镇江府，所收游记均为雍正以前所作，故表中仍计入江宁府。

3. 通州（今南通市）明清属扬州府，清雍正初升直隶州，直属江南省。所收通州游记作品仍入扬州府。

为游，没有游览，也就无游记之作。所谓"有胜必游，有游必记，写其概也，志所得也"①。苏州、江宁二地因多山川古迹，有景可游，有景可记，因而游记作品数量雄居榜首，苏州府为174篇，占明清本地区游记总数的37.26%，江宁府为110篇，占23.56%。而常州府游记篇数能居第四位，则主要在于所属无锡、宜兴游记的计入。在常州府65篇游记中，单记无锡的18篇，宜兴42篇，无锡、宜兴合计60篇，约占常州地区游记的92.3%。一些缺少名山秀水之地，游记就很少，甚至没有。如扬州，居南北交通要冲，工商发达，号称"大逆旅"，"凡怀才抱艺者，莫不寓居广陵，盖如百工之居肆焉"②。可是，扬州虽有写景之人，但缺少值得描摹之景，即使到了清代，保障湖已由荒芜之地整治成有十里亭台、菡萏香风的风景区，但囊

① 冷士嵋：《江泠阁文集续卷·北固修禊诗序》。
② 孔尚任：《湖海集》卷九《与李豌佩》。

哲前踪"渺渺无闻",景观内涵欠丰实,"欲记之而无可足述"①,因而终明清两代,扬州地区游记作品寥寥可数,仅 19 篇,占长江三角洲游记的4.07%。同样,松江因"鲜佳山水,又无名寺院及物外奇观可资逸兴"②,游记篇数最少,只能屈居末位。

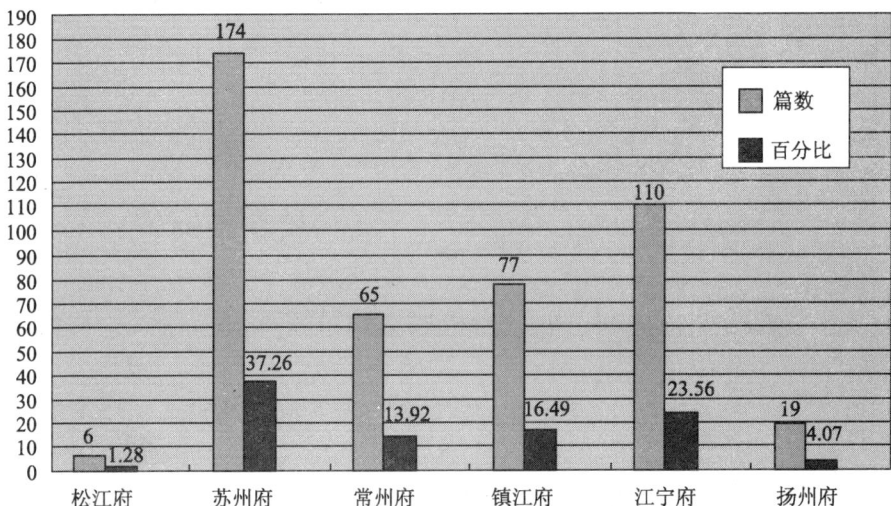

图 4 游记作品分布比较

4)游记作品的主题分类

兹依游记作品主题,将游记分为综合游记、山水游记、寺观游记、园林游记、溶洞游记、寻花记及其他诸种。由统计可知,明清本地各类游记所占比例也极不平衡。见下表:

在游记作品中,山水游记 276 篇,占全部游记的 59.11%,其中游山记242 篇,占山水游记的 88%,占全部游记的 51.83%。这可以说明两个问题:一、明清社会经济的发展,市镇人口的膨胀,使得明代中后期已经城居的士大夫们迫切需要自然的调节与放松,至于那些怀才不遇、不得志于世的文士们,更是以山水为寄情之所。如明人莫是龙在《笔尘》中所说:"人居城市,无论贵贱贫富,未免尘俗喧嚣……宁可绝人逃世,一事不复料理。"

---

① 郭振遐:《禹门集》卷三《江都法海寺记》。
② 沈恺:《采诗楼记》,见《明文海》卷三三四。

山水成了追逐描摹的主要对象物，由此也可窥见明清文士们对山水爱恋之狂热程度。二、山水是人文景观的载体，本地景观多为人文与自然的结合物，许多名山胜川有大量寺观、园墅点缀其间，寺观园墅成为山水景观的组成部分之一，因而山水地区更具吸引力，可写内容也更多。

表 7　　　　　　　　　　游记作品主题分类情况表

种类	明代		清代		明清合计	
	篇数	百分比（%）	篇数	百分比（%）	篇数	百分比（%）
综合记	39	13.27	16	9.25	55	11.78
游山记	147	50.00	95	54.91	242	51.83
游水记	24	8.16	10	5.78	34	7.28
游寺观记	19	6.46	12	6.94	31	6.63
游园记	17	5.78	13	7.51	30	6.42
游洞记	26	8.85	7	4.05	33	7.07
寻花记	6	2.04	14	8.09	20	4.28
其他	16	5.44	6	3.47	22	4.71
合计	294	100	173	100	467	100

说明：山水记内容一般不限于描山摹水，常常集萃山水中之各类景观，这里是以游记中主题景观进行统计的。

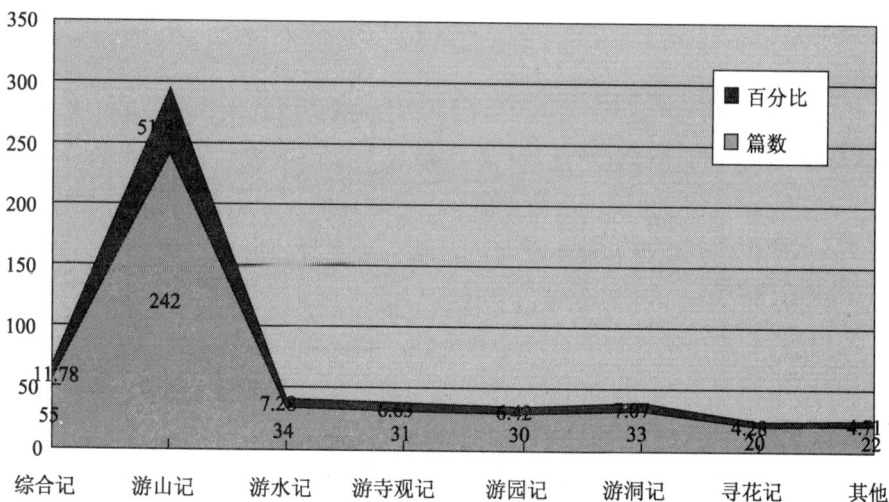

图 5　游记作品分类比较

　　5）游记内容分析

　　游记内容是随着游记文体的发展而变化的。魏晋以前的游记，多以记叙写景为主，唐宋游记则于叙事写景同时，增加了许多抒情明理成分，即通过游览以抒性灵，借山水来发议论，景物描写成了作文的由头。明清时期，除了袁宏道、张岱、袁枚等人多性灵之作外，大多又呈"复古"之态。各类游记所述景观风情，既非《桃花源记》式的乌托邦，也鲜华饰抒叹之词，而是作者游历过程中的真切感受，是所见所闻平平实实的再现。

　　作为纪实文献的明清游记，所记内容包罗万象，诸如作者于旅途中耳闻目睹的一切感兴趣的事物、山水古迹、民俗风情及作者自己的旅游生活等。对此，余怀在《三吴游览志》中就说："凡江山花鸟，洞壑烟云，画舫朱楼，绮琴锦瑟，美人名士，丽客高僧，以及荒榭遗台、残碑寒驿，触目所经，随手辄记。"吕星垣也以为游记所记内容，无怪乎旅游客体山水、旅游主体游客及旅游活动三方面，即"昔人记游，有为山水记者，有为游记者，有为群游记者，有为独游记者"。吕氏在《龙井探胜》中说：

　　　　深山绝涧，扼险阻幽，开关以来，人迹不到。到者愚蠢，未言其
　　奇，则为山水记。名山水出大都通邑，既疏既剔，昔人言其奇，则为游
　　记。游而朋簪集，则为群游记。群不如独，独游乃极其胜，于是作记往
　　往言昔人未言之奇。……然则余之记独游也，胜于群游。记游也，即记
　　山水。①

　　我们对明清游记内容作全面分析，得出的结论也基本如此。游记作品所记最多的是名胜古迹等旅游景观。李维桢的《茅山游记》、王世贞的《游金陵诸园记》和《游惠山东西二王园记》、贾朝琮的《重游西洞庭记》等一大批游记，对各类景观都有细致翔实的记载，读之宛如卧游，恍如亲临其境。需值得重视的是，一些游记所记景观内容为志乘笔记所不载，史料价值很高，是我们重建传统景观不可或缺的资料。如宜兴善卷寺，始建于唐大中十年（856）。虽世变凡几，但直至明万历年间，仍"岿然犹存"②。万历时人慎蒙在《游善权洞记》中详载道：

　　① 吕星垣：《龙井探胜》，见曹文趣：《西湖游记选》。
　　② 王鏊：《善权寺古今录原》，嘉庆《重刻宜兴县旧志》卷一〇。

柱楚刻字犹存，计年已历千载有余矣，因名曰唐殿。其制与今绝异，殿之四正柱，凡用斗拱者二，以矮柱接而长之，至柱中用板铺，凳如回廊可旋绕。诸所染色，千年如新，丹青炫目，不知何故。僧云自建寺至今，栋宇绝无尘埃与蛛虫粘带。

焦山因东汉学者焦光隐居于此而名。当时，汉献帝三下诏书征焦光到京城做官，都被他婉言拒绝。在焦光隐居的"三诏洞"内，塑有焦光座像。焦灼被隐士服，穿草鞋，右手执书卷，正襟端坐。实际上，这尊塑像是从原焦处士祠移来的。在焦处士祠中，还塑有夫人、4位陪臣、4位女官。焦光受此厚礼，"盖土人奉为土谷，以王礼祀之"。历史上，焦光在民间升为土神、谷神，这在张岱的《焦山》中有所记载。太湖西洞庭山有包山寺，六朝时即为胜地，唐高宗赐名显庆，有僧千人，为一大丛林。寺门左立有《会昌碑》一通，系唐会昌二年（842）僧契元所书。这是块珍贵的石碑，一来书者楷法端丽，"在颜、柳之间"，二来许多金石家博搜金石皆未能收录，三则会昌五年（845）唐武宗因"恶僧尼耗蠹天下"废全国佛寺，而兹碑独不踏能存留下来。清人朱彝尊在《包山寺题名》中以为，这是该寺在太湖中，人们"闻见有所不及"，碑能不毁于会昌法难，"亦以地僻存焉尔"！所怪的是，明清时专述太湖的《震泽编》、《具区志》皆"削而不载"。因此，朱氏这篇作品，弥补了文献上的一项缺漏。

　　游记的第二大内容，即是作者们将笔墨泼洒于人们的游览活动，就是上文吕星垣所说的，有记群游者，有记独游者。这部分资料也很珍要，因为，对于古人游览活动细节，正史、方志甚至笔记中都鲜有记载。游记无疑是我们了解明清人们出游情况的最重要的资料。有关内容本书各章节中多有涉及，在此不再重沓。除了游览活动，人们还关注一些与游览相关的事物，游山道便是其中之一。清顺治七年（1650）蒋锡震游焦山，对焦山的游山道路就作了较为详细的考察，他在《焦山独游记》中说，焦山游道有三，其一面东而北，地较平衍，多菜畦，不见江浒，由此可上东峰；其二由普济寺而西，过焦公祠，西行抵三诏洞，迤而北则为位于山下江中之瘗鹤铭，历雷轰石、碧桃湾、别峰庵，再折而上为焦岭；其三未至三诏洞十五步即折而上行，至观音阁，又再折而造西峰之巅。

此外，游记中不乏反映当时社会经济与百姓生活的记载，诸如农业、手工业、物产、集市、贸易、聚落等。明季对吴地实行重税，以致山地、荒地也要完税，这在诗文中多有体现。如王鏊《橘荒叹》："洞庭苦无田，种橘充田税"；陆钟吕《洞庭杂兴》："杨梅为夏橘为秋，国计家园总此谋"，"水中僻壤兵戎少，山里荒田赋税稠"。归庄在《寻菊记》中，说吴中地区"横征苛法"，赋税重重，为此郡人"一时震骇"，"友朋相见，皆疾首蹙额。"不仅民家，寺院也要纳税。洞庭古刹翠峰寺，由寺门至官道，长松夹道，"皆双松夹峙，大可数围，如葆盖，如虬龙，每风动声闻数里，盖宋元故物也"。王鏊等人爱此松景，常坐以移日。正德十五年（1520）夏，王鏊再临翠峰寺，见宋代所植的十八棵古松剪伐得一棵不剩。询之原因，寺僧以"县官征徭急"，"身之不存，松于何有"为由，将古松斩伐殆尽，"粥之以充徭费"。"可怜堂堂十八公，尽与官家充践更"[1]，千年古物遂"无复子遗"[2]。王鏊为之万分感伤。政府向僧人征徭役并不是正德一朝的事。丁奉于嘉靖十四年（1535）八月游天平山发现，位于苏州天平山的天平寺，其千亩僧田也是作"践更"之用。丁奉在《游天平山记》中记道："（天平寺）有产田千亩，充粮里之役，与民家同。"

人间奥区的苏州东、西洞庭山，隔水相望，地理环境的差异，造成了两种不同的花果栽种、聚居形态与社会风尚。如，两山同为果木之乡，"其地多产果木梨花，西山角村盛桃杏，东山盛梅与橙"[3]。在《游洞庭山记》中，王思任不惜笔墨，对"家家俱在果实之中"的洞庭西山村落环境作了详尽的描写：

> 入华山，则青嶂回环，曲流径绕，人家别有华胥，浮在水中而实在山，藏在山中而实在水。四五里聚落，错绣成万花之谷。望竹蓠石堵，红橘黄柑，家垂户晃。将至寺二里，长松落落，夹道攫云，俱数百年物，不下千章……富丽中幽逸清美。……大抵洞庭之山，西胜于东，而西之中，惟石公可游，花山可居。

---

① 王鏊：《震泽集》卷七《悯松歌》。
② 王鏊：《震泽集》卷七《悯松序》。
③ 怀应聘：《登洞庭两山记》。

李维桢于记述景观之余，旁采土宜民风，在《太湖两洞庭游记》中更是全面地比较了两地的差异：

> 盖茧丝菱芡之利，东西均用之，而销夏湾为最。西则角里之梨、涵邨之梅，东邨新安里之橘柚，东则俞坞之茶竹枇杷，各擅其胜。西山如盂而圆，东山如带而长。西编户为里七十有奇，东五十有奇。西居民散若邨落，东聚若阛阓，其室宇墙高数仞，白盛类新安。东无奇石，而西无小石，东累小石为墙如编贝。始东人科第相踵，大魁凡两人，而西人多力农，往往见鄙夷。其后东人多大贾，走江淮间，而西儒业渐盛，两相持至不相能。然士好客，民可使，则西为胜。东寺观形致多不逮西，其修饰稍过之，僧以酤酒为业，望门百步，糟浆之气逆入鼻中，堂积槽椟如累棋，了不为异也。

西洞庭之景胜于东洞庭，民风朴于东洞庭，是因西洞庭山居太湖之中，"自夫差以来，不被兵燹"，形成了"山之人朴愿而信，途无妇人"的淳厚民风。[1] 有关西洞庭民风，在其他文献中也有记述，如沈德潜的《西洞庭风土记》曰："（西洞庭）风俗淳朴，居民傍山，村落连缀，无堡坞尘市。耕稼外杂植花果，人烟鸡犬在花林中，四时果实成熟，佽具衣食，濒河者业渔。民多聚族，家有宗祠。敬耆长，老者出，子弟追随扶掖。茕独者，众扶掖之。路无妇人，无舆马，无丐者，无奇邪，无勃溪色、诟谇声。秀者诵习，不专干禄，废诵习者服贾。子弟蔑弃先矩，虽富贵，众鄙之。婚嫁择对轻财。……人虽贫，无为仆妾者。……岁时亲朋觞酌，物俭情厚。"可见，游记与相关文献相映证，可更全面真切地了解一地风土人情。

东西洞庭有差异也有瓜葛，两山之间有着极为密切的关系，这种关系是建立在地缘相近、血缘相亲基础上的，互为婚姻将两山紧紧联结在了一起。对此，王思任在《游洞庭山记》中道：

> 两山既共湖相望，而大姓时往来婚嫁，故两山人相见，互称为"东山亲家"、"西山亲家"云。

---

[1] 袁褧：《洞庭山记》。

　　游记中也间有绎言时局、谈学论政的内容。如，嘉靖时吕枏与同僚游南京城内外诸名胜，他们于游览中，就将较多的兴趣放在了议论时局上，这在吕枏所写的系列游记中多有反映。如针对明中期赋役、地租苛重，《游燕子矶记》说："今之为政者，徒知征民，而不知民之所以征；徒知杜请谒，而不知请谒之所以杜。是故宽行于催科之始者，仁也；严立于请求之先者，信也。"明中期国势不太安宁，大批土地为富民兼并，直接产生了大量破产失业的流民，农民起义遍及全国，此起彼伏，尤以正统、成化、正德三朝为最多。如正德六年（1511），山民陈福一在江西高安华林山的起义。吕枏一行在游南京省中竹坞时，就询问"华林事"有没有平定，并讲述华林军与时任瑞州知府刘用斋的一段故事：

　　　　此人（指刘用斋）为瑞州守，被华林贼掠去，住贼巢三日，声色不动。贼皆焚香罗拜，又□送至郡者也。①

　　值得我们注意的是，总观明清本地游记，如上述记录有时事政治内容的作品很少。这大概与旅游主题不合，也与旅游者当时处境及舆论环境等不无关系。当然，也有少数文士人在景中，心系万民，吐露忧国忧民之真言。松江华亭人董传策于嘉靖三十七年（1558）刑部主事任上，因与同部主事张翀、刑科给事中吴时来一同疏劾严嵩，遭谪烟瘴，董传策即戍南宁。据载，董氏南下途经镇江，在览眺金焦名胜时说："江南民力困竭，谁能假两山之灵，为我畿辅拯沦溺也！"同行两友人连忙制止道："余辈忽漫游耳，君慎无多语。"董传策在《游金焦两山记》中留下的这段对话，说明当时舆论环境相当糟糕，使得人们即使有江湖之忧，也不敢轻易公开发表牢骚之辞，而是将笔墨全都泼洒于山水景物上，搜奇抉思，明哲保身。自称"穷儒"的姑苏才子汤传楹与"性命交"尤侗，落魄不拘。值晚明时局日非，川陕地区连年旱蝗，民不聊生，饥民爆发民变，战事不断，包括农民军起义、对后金的战争，内忧外患，汤尤二人的忧伤因此而生，崇祯十四年正月游虎丘时，他们对此作了毫无顾忌的表白。尤侗以为，不能光看到吴中地区"层城参差，鳞次栉比"的繁华一面，要看到百姓贫穷、社会危机四伏的另一

-----

① 吕枏：《游省中南竹坞记》。

面，他说：

> 此中大有泪痕聚族而处者，人情物力大非吾与子嬉戏时所见矣。譬之十围之木，不无槎枒，而上有石礳压其颠，内有蛄□蚀其腹，下有樵采伤其根，风摧雨磨，生意都尽，不及数月，童然一朽株耳。

汤传楹接着道：

> 试一顾盼，中原怨苦之气惨动，白日有齿而兵者，有瘠而沟者，有易子而食、析骸而爨者，父老子弟计无复之半，乞生于潢池，其流亡刀锯之魂，率皆布袍而儒冠者。此中岂无一二早见之士言之？数年之前伤，夫言之无益，究与卷舌者同尽耳！①

汤君是位忠君儒士，清兵占北京，他悲不自禁，大哭一场，卒以哀死，最终实现了他的"哭话"之一：哭国家大局之不可为②。如此的愚忠，才会有上述的忧愤之言。

6）游记作者群研究

明清时期的文人墨客好作游记，钱谦益在《越东游草引》中就说："余尝闻吴中名士语曰：至某地某山，不可少一游。游某山，不可少一记。"③到底是哪些文人名士在创作游记呢？我们有必要搞清楚游记作者的籍贯与社会身份。

下表是对181位游记作者身份情况所作的统计。表中的"作记时身份"，为游记作者游览作记时的社会身份。如果同一作者，在不同时间里以不同身份作记，则分别予以注明。如钱兆鹏于乾隆四十年中进士后，历仕饶阳等地知县，不久即因母亡，解任归里。在其所作的13篇游记中，《游虞山记》、《游虎丘记》作于卸任之后，其余皆作于中进士之前，因而钱氏兼

---

① 汤传楹：《游虎丘记》。
② 汤传楹在所作《湘中草》卷六《闲余笔话》中说："人生不可不具三副眼泪：第一副眼泪哭国家大局之不可为，第二副眼泪哭文章不遇知己，第三副眼泪哭才子不遇佳人。"
③ 钱谦益：《牧斋初学集》卷三三。

有双重身份。

表 8　　　　　　　　　**游记作者身份一览表**

作者	籍贯	作记时社会身份			作品篇数
		官员	乡绅	文士	
贝琼	桐乡	√			1
王彝	嘉定			√	1
朱逢吉	桐乡	√			1
胡广	吉安	√			1
周忱	庐陵	√			1
黄遵	江阴			√	1
周鼎重	苏州			√	1
杜琼	吴县			√	1
徐有贞	吴县		√		2
吴宽	长洲	√			2
朱存理	长洲			√	2
王鏊	吴县		√		2
杨一清	丹徒			√	1
杨循吉	吴县		√		1
乔宇	乐平	√			6
都穆	吴县	√	√		13
皇甫信	长洲			√	1
祝允明	长洲		√		2
计宗道	柳州	√			1
丁奉	常熟		√		4
柴奇	昆山			√	1
方鹏	昆山		√		5
文征明	长洲		√		1

续表

作者	籍贯	作记时社会身份			作品篇数
		官员	乡绅	文士	
顾潜	昆山		√		1
蔡羽	吴县		√		10
顾璘	上元		√		2
吕柟	高陵	√			9
郑善夫	闽县	√			2
沈恺	华亭		√		2
陈鹤	山阴		√		1
黄省曾	吴县	√			1
程文德	永康	√			1
唐枢	归安			√	5
马一龙	溧阳		√		3
杨应诏	建安			√	1
钱薇	海盐	√			1
袁袠	吴县		√		2
李默	瓯宁	√			1
胡松	滁州	√			2
田汝成	钱塘		√		1
罗洪先	吉水		√		1
归有光	昆山			√	1
何良俊	华亭		√		1
慎蒙	归安		√		2
王立道	无锡	√			1
朱察卿	上海			√	1
张瀚	仁和	√			2

作者	籍贯	作记时社会身份			作品篇数
		官员	乡绅	文士	
俞允文	昆山			√	1
姜宝	丹阳		√		4
刘凤	长洲		√		6
董传策	华亭	√			1
王樵	金坛	√			4
徐学谟	嘉定		√		6
高鹤	大理		√		1
宗臣	兴化	√			1
汪道昆	歙县		√		1
王世贞	太仓	√			11
盛时泰	上元			√	1
王稚登	长洲			√	2
蒋以化	常熟		√		1
王世懋	太仓	√			2
王叔承	吴江			√	7
范守己	洧川	√			11
王弘海	定安	√			1
王士性	临海	√			5
李维桢	京山	√			8
冯梦祯	秀水	√			4
邹迪光	无锡		√		6
潘之恒	歙县	√			1
彭宗孟	海盐			√	1
王衡	太仓			√	2

续表

作者	籍贯	作记时社会身份			作品篇数
		官员	乡绅	文士	
陶望龄	会稽			√	1
顾云鸿	常熟			√	1
谢肇淛	长乐	√			1
袁宏道	公安	√	√		14
宋懋澄	华亭			√	2
袁中道	公安	√			3
王思任	山阴	√			5
李流芳	嘉定			√	6
张应遴	常熟			√	1
文翔凤	三水	√			4
姚希孟	吴县		√		19
陈仁锡	长洲		√		1
谭元春	竟陵			√	3
吴廷简	歙县		√		2
汪明际	嘉定		√		2
胡敬辰	余姚	√			4
吴应箕	贵池			√	1
金之俊	吴江		√		1
单思恭	扬州			√	1
张岱	山阴			√	2
王永积	无锡		√		2
朱鹤龄	吴江			√	1
马世俊	溧阳			√	2
归庄	昆山			√	7

作者	籍贯	作记时社会身份			作品篇数
		官员	乡绅	文士	
余怀	甫田			√	1
陆求可	山阳	√			1
尤侗	长洲		√		2
宋征舆	华亭		√		2
吴绮	江都		√		1
汤传楹	吴县			√	4
何掣	丹徒			√	3
王曰高	茌平	√			5
陈维岳	宜兴			√	1
洪若皋	临海	√			1
周季琬	宜兴		√		1
汪琬	长洲		√		3
刘体仁	颍州	√			1
缪彤	长洲		√		1
冷士嵋	丹徒			√	2
林云铭	侯官	√			1
王士禛	新城	√			12
宋荦	商丘	√			2
邵长蘅	武进			√	4
郑梁	慈溪		√		2
陈玉璂	武进		√		1
彭定求	长洲		√		3
潘耒	吴江	√			1
孔尚任	曲阜	√			1

续表

作者	籍贯	作记时社会身份			作品篇数
		官员	乡绅	文士	
王源	大兴			√	1
许尚质	山阴			√	1
王恪	太仓			√	2
丁腹松	通州		√		1
储大文	宜兴	√			1
黄之隽	华亭	√			2
石庞	太湖			√	1
周准	长洲			√	1
怀应聘	秀水			√	2
沈德潜	长洲			√	4
王时翔	镇洋		√		1
李果	苏州			√	1
孙嘉淦	兴县	√			1
沈肜	吴江		√		1
齐周华	天台			√	1
沈大成	华亭			√	1
全祖望	鄞县		√		1
鲍皋	丹徒			√	1
史承豫	宜兴			√	2
袁枚	钱塘		√		3
王鸣盛	嘉定			√	1
汪缙	吴县			√	1
钱大昕	嘉定		√		1
姚鼐	桐城			√	1

续表

作者	籍贯	作记时社会身份			作品篇数
		官员	乡绅	文士	
吴骞	海宁			√	2
贾朝琮	平湖			√	1
钱兆鹏	通州	√	√		13
洪亮吉	阳湖		√		4
吴锡麟	钱塘	√			1
赵怀玉	武进		√		3
彭绩	长洲			√	1
李懿曾	通州			√	1
俞蛟	山阴			√	1
黄廷鉴	常熟			√	1
谢振定	湘乡	√			1
张士元	震泽			√	1
郝懿行	栖霞	√			1
恽敬	阳湖		√		1
沈复	元和			√	1
顾千里	元和			√	2
朱珔	泾县		√		1
丘嘉穗	上杭	√			1
顾宗泰	元和		√		4
朱玮	嘉定			√	1
孙尔准	金匮		√		1
盛大士	镇洋	√			3
汤金钊	萧山	√			1
张澍	武威	√			2

作者	籍贯	作记时社会身份			作品篇数
		官员	乡绅	文士	
姚椿	松江			√	1
管同	上元			√	1
张海珊	吴江			√	1
程恩泽	歙县	√			1
梅曾亮	上元	√			2
叶廷管	吴县			√	1
龚自珍	仁和	√			1
王嘉禄	长洲			√	1
朱绶	元和			√	3
周镐	丹徒			√	1
曹堉	吴县			√	1
阮宗瑗	山阳			√	2
袁景澜	元和			√	1
黄金台	常熟			√	1

　　在游记作者籍贯方面，181 位作者中，非本地作者 70 人，主要来自今浙江、安徽、福建、江西、湖北、河南、山东、广西、山西、陕西、北京、天津、湖南、甘肃、海南等地，其中浙江最多，达 30 人。在 111 位本地作者中，松江籍 16 人，苏州籍 61 人，常州籍 14 人，镇江籍 6 人，江宁籍 6 人，扬州籍 6 人。苏州籍作者最多，说明苏州有可写之景，也有写景之人，此乃苏州山水文化发达的两个重要前提。

　　在游记作者社会身份方面，游记作者不外乎三种人，第一种是在任官员，他们任官一地或途经某地，游览风景，创作游记。第二种人是乡绅，乡绅为致仕后乡居的官僚，有闲情逸致转悠于家乡山水之间。第三种人为未取得功名的文士，他们寄情江湖，山水是他们的精神支柱。从长江三角洲游记作者于游览作记时的身份来看，上述三种人差不多，其中，官员身份 57 个，乡绅 55 个，文士 72 个。说明古代官员文士的志趣相仿，在任为官，解职为士，皆以文墨见长，本性相通也。

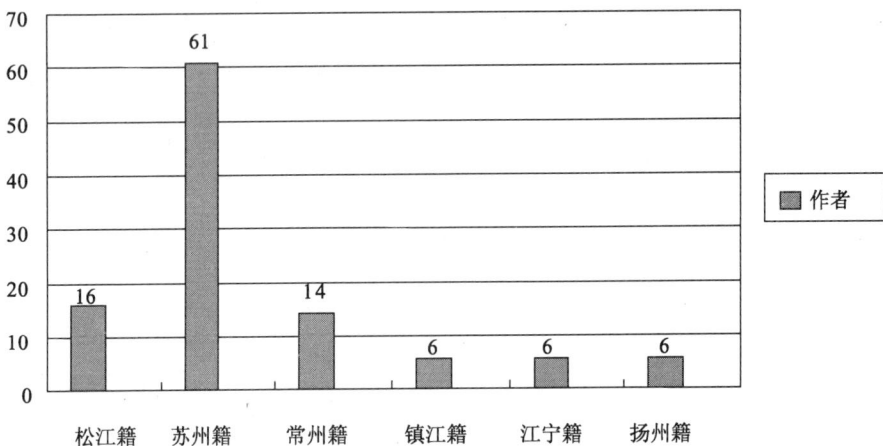

图 6　游记作者籍贯情况

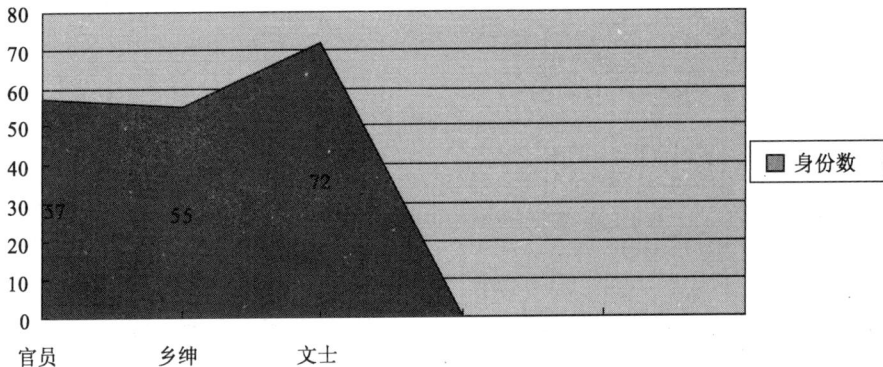

图 7　游记作者社会身份分析

　　而如果对 21 位拥有 5 篇以上游记作品的作者进行分析，发现其中 11 位是朝廷命官。这些在任官僚，于公务之余，游览山水作记。尤其是明代南京为留都，"其地冠盖常多，文学常盛"①。在二百多年的时间里，南京

---

① 嘉庆《重刻江宁府志》卷一一《风俗物产》。

仍保留有五府六部等中央军政机构，这些机构"事权不属，职事高简"①，供职于此的官员们因"曹事甚简"，有时间与精力诗酒唱和，流连山水。如乔宇，《明史》本传说他："性好山水，尝陟太华绝顶。"正德时任南京兵部尚书期间，踏遍旧都古迹，作有《金陵游记》、《游卢龙山记》、《游幕府寺记》、《游清凉山记》、《金焦游记》、《游茅山记》游记6篇。嘉靖八年上半年，南京吏部侍郎吕柟，接二连三与同僚郊游南京，三月末游灵谷寺，四月五月游高座寺，四月十二日游鸡鸣山，四月十七日游白鹤道院，四月十九日游牛首山，四月二十日游献花岩，五月五日游敬亭。吕柟几乎每游必记，写下了《游牛首山记》等8篇游记。京山人李维桢，于万历天启年间官南京太常卿、礼部尚书等职，其间泛游莫愁、牛首、茅山、金焦、北固山、宝华山、东西洞庭诸名胜，作《游莫愁湖记》等游记8篇。又如万历时供职南京的范守己，写有游览南京、宜兴、常熟等地游记11篇。其他如王樵、袁中道、王士性等也都是在任职南京期间，踏访江南山水，创作游记的。不仅在南京，供职其他地区的官员，也不乏游记大家。嗜游成性的著名散文家袁宏道，任吴县令期间踏访苏州近郊山水。辞官后，袁氏追忆两年的旅游经历，作游记十多篇，收于《锦帆集》中，主要有《虎丘》、《上方》、《西洞庭》、《东洞庭》、《灵岩》、《阳山》、《阴澄湖》、《荷花荡》、《光福》、《天池》、《横山》、《穹窿》、《岸峉崿》、《楞伽》、《锦帆泾》、《姑苏台》等。王士禛于清初任扬州府推官，公事之暇，遍访南京、镇江等地名胜，以畅襟怀，也写有《游牛首山记》、《游鸡鸣山龙潭诸胜记》、《游摄山记》、《登燕子矶记》、《游献花岩祖堂记》、《游金陵城南诸刹记》、《游钟山灵谷寺记》、《游瓦官寺记》、《雨登木末亭记》、《游宝华山记》、《红桥游记》等游记12篇。

　　明清的长江三角洲地区，有一支庞大的乡绅队伍。长三角教育发达，人才甲于天下。每二年一度中式的进士，其数量、名次，均居全国前列。② 仅以苏州一府为例，明代苏州有进士341人，状元8人；清代有进士六百多人，状元24人，其状元占全国状元总数的25%。这些人通过科举取得官位，致仕后又回到乡里，成为乡绅。乡绅作为官员的变体，"谢政以来，相

　　①　龙文彬：《明会要》卷三一《职官·南京吏部》。
　　②　参见范金民：《明清江南进士数量、地域分布及其特色分析》，《南京大学学报》1997年第2期。

知多约往游"①。他们不甘寂寞,"观山水,作文章自娱"②。如昆山人方鹏,宦场四十余年,"涉世途,罹尘网,忧劳疾痛……忽乎不知有生之乐",嘉靖初年乞归后,方能"徜徉容于山水之间"③,作有《游大石记》、《游善权洞记》、《观海记》、《游西山记》、《看梅记》等游记数篇。常熟人丁奉致仕后,于嘉靖十四年、十五年间频频出游,有《游天平山记》、《游石湖记》等作品记其游踪胜景。又明嘉定人、礼部尚书徐学谟解职后,虽已古稀之年,但仍出游镇江、宜兴、无锡、苏州等地,作有《游金山记》、《游石亭步记》、《游玉阳山记》、《游惠锡二山记》等游记6篇。清文学家汪琬、袁枚等人,归田后也都著有多篇游记,他们在游览作记活动中享受人生的欢愉。

文士在本地区是支重要的游记创作力量。明中叶后,随着江南城市经济的发达,文化也趋于繁荣,形成了一批未入仕途的以山人墨客为核心的文士阶层。他们皆身怀技艺,书画诗文各有所长,常年结伴往来山水间,酬答游嬉。如万历间著名旅游家王叔承,早年即弃举子业,纵游大江南北,足迹半天下,作有《金陵游记》、《游玉女潭记》、《游张公洞记》、《游善权洞记》、《游无锡杂记》、《礼茅君记》、《游金焦两山记》等有关本地区的游记7篇。"嘉定四先生"之一的李流芳,擅绘山水,会试落第后绝意仕途,长年游于风景地,摹写采真,写有《游焦山记》、《游玉山记》、《游石湖记》、《游虎丘记》等6篇游记。清诸生邵长蘅,工诗文,曾客于江苏巡抚宋荦幕下。此人好山水之乐,游山玩水之余,作文记游事,写有《游张公洞记》、《灵岩山游记》等游记多篇。

事实上,写作游记并不是件容易的事。曹能始在《洪汝含鼓山游记序》中就说:"作文惟游山纪最难",既要"如作画家,必须摹古间出新己意,着色生彩,自然飞动",又要在未落笔时搜索传志资料。④ 所以,无论是官员,还是乡绅、文士,热衷于游记创作的大多是好散文创作者。如"弇州山人"王世贞,明中叶文坛主将,长于山水散文的创作。袁宏道提倡"独抒性灵",不拘格套,是"公安派"文学革新运动的领袖。其

---

① 杨一清:《游宜兴二洞记》。
② 姚鼐:《惜抱轩文集后集》卷七《苏献之墓志铭》。
③ 方鹏:《游善权洞记》。
④ 《曹能始集》卷一。

他如晚明著名小品文作家王思任、"竟陵派"领袖谭元春及清代的汪琬、王士禛、邵长蘅等皆文坛宿将，写作游记是他们文学创作的重要内容之一。

一些具有艺文之才者，则因无心于此，少有此等"性情"而没有或者较少作记，如戏剧家汤显祖、李渔等人。据邹迪光《临川汤先生传》，汤显祖乐于金陵山川，在任南太常博士间，闲策蹇驴，搜异探胜，雨花台、木末亭、燕子矶、莫愁湖、秦淮河、长干寺等皆一一览遍，写有不少览景抒情诗赋，以至"都人士展相传诵，至今纸贵"，但就是未见留下游记之作。

一心研习经史的大家也少有游记作品，这在清代表现得最为突出。清乾隆中叶以后，海内兴汉学，"大江南北尤盛"①，使得不少文人皆尽聪明才智于经史考据之学，如惠栋、孙星衍、钱大昕、段玉裁、王念孙、戴震等，为游作记不为他们所重，他们的成果主要在经史学术方面。如江藩"好游，好客，时人称为儒林、文苑、游侠三传，令后世难于位置"②，但从根本上来说，江藩"淹贯经史"，是位著名经学家，他未曾作有一篇游记。又如"生平亦好乐山水"的姚鼐，主扬州书院，常往来于南京、扬州、镇江之间，"过北固、金、焦山，每与客登眺，爱其山川雄秀而旷深……"③，惜也未留下有关本地的游记之作。其他如黄宗羲、卢文弨、朱彝尊、阮元等经史大家莫不如此。有意思的是，这类人即使作有一两篇游记，也不免带有考据之癖，学究味浓厚，而较少泼墨于普通的景观风物上。如自称"夙有山水癖"④的钱大昕，一生中仅写有《游茅山记》一篇。钱大昕游茅山，志在访碑，山中名胜所到不及一半。在这独篇游记中，难觅茅山山水风景，作者几乎将所有的笔墨都用在了古碑寻访上，所以钱大昕游茅山非为神仙，也不为风景，而在搜访古碑，可称之为"茅山五日访碑游"。

此外，一些身居高位的通显者，他们传掌帝制，"手版匆忙，未及亲赴林壑而领略其胜"⑤，整日忙于政务，不问游事，也就鲜有游记作品。

---

① 《魏源集》上册《武进李申耆先生传》。
② 小横香室主人：《清朝野史大观》卷一〇。
③ 姚鼐：《惜抱轩文集后集》卷四《许春池学博五十寿序》。
④ 钱大昕：《潜研堂文集》卷二四《泰山道里记·序》。
⑤ 沈德潜：《游渔洋山记》。

　　由上可知，游记这种休闲文体，不同于即兴而作的诗词歌赋，它不仅需要较高的写作技巧，而且要有充裕的时间进行实地踏访、细细摹写。能为此道者，大多是仕不通显的一般官僚、归田乡绅，或醉心于山林的散文作家、高士山人。

第六章　文士的旅游观

　　与悠久的旅游活动史相比，我国旅游理论建设稍显滞后。自古以来，人们讨论最多的莫过于山水哲学与美学方面的话题。如，孔子"知者乐水，仁者乐山"① 的"比德说"，孟子"观水有术，必观其澜，日月有明，容光必照焉"② 的观水术。唐代柳宗元较早对旅游活动进行了评判，提出了"游观有益为政"的理论，他说："邑之有观游，或者以为非政，是大不然。夫气烦则虑乱，视壅则志滞。君子必有游息之物，高明之具，使之清宁平夷，恒若有馀，然后理达而事成。"③ 但总的说来，明以前有关旅游理论的论述不多，许多问题尚未涉及。明中期以后，伴随着旅游活动的勃兴，对旅游理论的讨论也渐次展开并不断深入，文士们由关注景观客体转向对旅游主体——旅游者及其旅游行为方面的讨论。就今天看来，其许多观点带有明显的时代局限，但仍有不少见解意蕴深厚，耐人咀嚼，对推动我国旅游理论建设，繁荣旅游学术研究有着重要的意义。

一、"形游"、"神游"与"天游"

　　旅游应该追求何种境界，达到什么样的目的，采用怎样的游法？这是为明清人所热议的话题之一。在佛、道、儒多元思想大行其道的明清时期，有关这方面的论点皆带有浓厚的佛、道、儒烙印，人们各抒己见，所论纷然。

---

① 《论语·雍也》。
② 《孟子·尽心》。
③ 柳宗元：《柳宗元集·零陵三亭记》。

明代大儒、历任南京吏、礼、兵三部尚书的湛若水，在《送谢子振卿游南岳序》中提出了"形游"、"神游"与"天游"的"三游"理论。什么是"形游"呢？湛若水以为："形游者，步趋之间"，就是一趟外出的旅行。他在回答将游南岳的谢振卿询问时说：

> 如子之之楚，若干程过清远；若干程过连州；取捷径，若干程至茶陵，访罗子钟；乃同子钟一泉，若干程，谒衡山守蔡白石，谒兵宪潘石泉；若干程抵衡山；又若干程入衡山精舍，登祝融峰以息焉。此之谓形游也。

"神游"不需劳体力，是"心思"之游：

> 神游者，心思之间，不疾而速，不行而至，如子之思一泉，即是到茶陵；仰企石泉、白石，即是到衡州；怀精舍上封，即是登祝融，此之谓神游也。

与"神游"相比，"天游"则属子虚乌有的幻化之游，湛氏说：

> 天游者，与道同流，天地万物同体。勿忘勿助之间，无在无不在之妙。不疾不徐，浑与道俱。所过者化，所存者神。化故不滞，神故不测，无人而不自得。昊天曰明，及尔出王；昊天曰旦，及尔游行，此之谓天游也。①

稍后的王士性提出的"三游"，与湛氏"三游"稍有出入，即"天游"、"神游"与"人游"。王士性在《五岳游草自序》中说：

> 夫太上天游，其次神游，又次人游……上焉者，形神俱化；次焉者，神举形留；下焉者，神为形役。然卑之或玩物，高之亦采真。

---

① 湛若水：《湛甘泉先生文集》卷一七。

接着，王氏又列举了"三游"的具体案例：

> 若士汗漫于九垓，是天游也；轩辕隐几于华胥，是神游也；尚子长
> 敕断婚嫁，谢幼舆置身丘壑，是人游也。

费元禄抛出的"三游"观，与上述也无多大差异，他说：

> 夫游道有三：曰天，曰神，曰人。天游则形神俱化，神则意往形
> 留，人则抗志绝俗，玩物采真而已。①

由此可知，湛、王、费三人所提的"三游"中，"天游"、"神游"都
属于"精神游法"，非普通旅游。"天游"要"与道同流"、"形神俱化"，
即《庄子·天下》所说的"独与天地精神往来而不敖倪于万物"，形神完全
融化于天地之间。"神游"强调"意往形留"，意念游离于形体之外，漫游
于四海之内。《列子·黄帝》载黄帝昼寝，梦游于几千万里之遥的"华胥氏
之国"，"盖非舟车足力所及，神游而已"。可见，神游即为梦游。其梦中之
畅游，如尤侗在《天下名山游记序》中所说："意南而南，意北而北，不瞬
息而周流于圹埌之野，无何有之乡。三岛十洲，犹咫尺也！""神游"也好，
"天游"也罢，从哲学的角度看，实际上都是一种不受物质条件限制的自由
驰骋的精神思想活动。梁辰鱼有言道：

> 寂然凝虑，思接千年；悄焉动容，视通万里。盖时代虽寥，流风犹
> 在；山川徒阻，妙象可求。是以游神所至，则上古并于当今；极目所
> 穷，则遐方亦为近地。②

说得更白一点，"天游"、"神游"就是"行则逍遥太清"，"登虚蹑景，云
辔霓盖"的道家神仙生活③，其所达到的快愉，远在实地游览之上。所以，
俞允文强调，梦游山水的"空胜"，要胜于实实在在的"目胜"。他说：

①　费元禄：《鼂采馆清课》。
②　梁辰鱼：《江东白苎》卷下《二郎神·秋怀·序》。
③　葛洪：《抱朴子·内篇·对俗》。

　　虽然，余好为名山之游久矣，而卒不获一至焉。吾尝梦而游焉，真若凌千仞之崖，而逐乎云岚之表。时固未尝有山也，而胜界果在山乎？是山与我乎果孰胜耶？且吾未始遇乎山，而徒以梦得其胜，是挟吾之空胜，以超乎实也。若必待与山遇而胜始出焉，是又以目胜也，则不若吾梦之犹有神之说者存也。①

　　齐周华雍正年游泰山，历览岳庙、一天门、五大夫松、三天门、丈人峰诸景，每游一景，即呼"美哉"，遂了终身之愿。28 年后，齐氏在阅《岱宗图记》时，恍忆前游，似乎又回到了泰山，开始了"独异"的泰山梦游之旅：

　　忽若身轻上举，泠然望山东而飞焉。随徐徐下，渐及峰顶，视之乃孔子崖也。……当更有丈人峰与无字碑也，视之果然。当更有青帝宫元君殿也，视之果然。……斯时余忽耸身至顶，仍然四望觉大地上烟九点耳，诵杜少陵"齐鲁青未了"句，其真与造物者游耶？忽闻空洞中雷声、鼓声、钟声、磬声、琴声、笛声、笑声、语声、欢乐声、悲叹声、禽兽和鸣声，飒飒入耳。骇而欲穷其际，不觉凌空而归。乃蘧蘧然一梦也。

看得出，齐氏此次"神游"泰山之乐，远在 28 年前的"人游"泰山之上。②

　　所谓"形游"，则指"神为形役"，"神"与"形"一道进入山水之中。"形游"又分两种，一种是远离人间烟火，芒鞋竹杖，历险采真，此游属于隐士式之游。游者澹泊无营，易粉黛以诗书，变丝竹为吟咏，喧杂之声不入于耳，尘垢之色不寓于目，三衢九陌嚣沸嘈秽之境不及于心胸，境与心会，即使是莽苍之际，小丘卷石，古树数株，花落水流，也能神思爽然，恍然振衣千仞之上而置身鸿蒙怀葛之间。如上文湛若水所举的汉末隐士尚长（字

――――――――――

　　① 俞允文：《题梁伯龙游越中诗后序》，见梁辰鱼：《梁辰鱼集》附录，上海古籍出版社 1998 年版。

　　② 齐周华：《名山藏副本》上卷《东岳泰山游记》。

子平），好通老易，隐居不仕，待其儿女嫁娶成家，更是敕断家事，与同好游五岳名山不知所终。东晋名士谢鲲（字幼舆），好老庄，善弹琴，寄迹山林。独坐水畔，观潺潺水流，听阵阵松涛，意态悠然，神性超脱。所以，隐士式游法专为一些高人韵士所设。这些人寄情于山水、曲蘖、诗文、书画而有所乐，所谓："借怡于物，以内畅其性灵者。"① 其旅游地点、旅游内容多为常人难以接受，对于普通游客来说，其空洞性、局限性，也是十分明显的。

另一种大众式之游，在正常生活范畴之列，其"游廊庙者，以功业为先图；游山林者，以咏属为良务"②。当然，大众式之游也有两种之分，一为"俗游"，另一为"清游"。"俗游"者，邹迪光在《游吴门诸山记》中说：

> 靡曼当前，钟鼓列后。丝嶂延衰，楼船披靡。山珍水错，充溢圆方。男女相错，擩而杂坐。涟漪不入其怀，清音不以悦耳，是谓俗游。

不言而喻，邹氏所谓的"俗游"，即是专讲排场、讲感官享乐的贵人商家之游。他们不去领略山水之美，诉求的不是山水之乐，而是"逐冠盖，赴宴饮，乏济胜，喜博弈，群粉黛"③。"清游"者，也称"人游"，行此游者，大多为文人士子，他们以山水为寄情之所，听禽坐卉，登高能赋，感官所受为的是性情。所谓"路入仙茅坞，清游得自怡。翠光流石壁，秋影落天池。意会真如画，神情总是诗。山翁惯延客，肴蕨竟忘疲"④。也即邹迪光所说的：

> 天宇晴空，惠风时至。朗月继照，诸品一涤。枕石漱流，听禽坐卉。横槊抽毫，登高能赋。野老与之争席，麌麌因而相狎，是谓人游。⑤

---

① 袁中道：《珂雪斋集》卷九《赠东奥李封公序》。
② 岳岱：《阳山志》，见杨循吉等：《吴中小志丛刊》。
③ 邹迪光：《调象庵稿》卷三〇《西湖游记》。
④ 徐贲：《北郭集》卷六《路入仙茅坞二首之一》。
⑤ 邹迪光：《游吴门诸山记》。

邹迪光"大厌俗游","不能天游",只求"人游",在《游吴门诸山记》
中,他说:

> 无町无畦,无畛无域,审乎无假,挥斥八极;出入六合,挠挑无
> 垠,乘夫莽眇之鸟,而息夫亡何有之乡,是谓天游。余不能天游而大厌
> 俗游,庶几人游已乎。

二、论"游道"

"山水可以形游,亦可以神游"①。本节所讨论的当是有关"形游"方
面的理论。古往今来,人们都把旅游看成为天下第一等乐事,所谓"登高
望云,览山水之奇变,娱耳目于清旷寥廓之表,而窅然失一世之混浊,天下
之乐宜无此逾者"②。可是,"人知游山乐,不知游山学"③。旅游是门学问。
邹迪光说:"夫游亦有道,不惜杖头,不计时日,不较远近,不萦家室,为
游助……逐冠盖,赴宴饮,乏济胜,喜博弈,群粉黛,为游病……穷山之
脉,探水之源,极于蹄轮之所不至,而即于耳目记载之所不及,不独好游,
称善游云;……退陬写壤必资符传将告给于津上,而赧然汗出也,僮仆之必
欲给使令也,此皆游累也"④。潘耒也说,"游,未易言也……近游不广,浅
游不奇,便游不畅,群游不久"⑤。可见,明清时已有一些文人开始关注如
何出门旅游、观赏景物,他们从各自的经历、认知出发,对"游道"相关
问题进行讨论,发表自己的高见。如,陈梦说道:"非行役过从,则虽欲游
而不能;非清明春色,则虽欲游而不果;非宾朋偕往,则虽欲游而不乐;非
导引居停,则虽欲游而不易",只有"值其地,适其时,遇其人",才能做
到"游事成"、"游兴遂"、"游志惬"⑥。江贝在《游山记》中也认为,要遂

---

① 吴伯舆:《内南城纪略》,见《明文海》卷三五八。
② 王慎中:《游清源山记》,见《明文海》卷三五五。
③ 《魏源集》下册《游山吟》。
④ 邹迪光:《调象庵稿》卷三〇《西湖游记》。
⑤ 潘耒:《遂初堂集》卷七《徐霞客游记序》。
⑥ 陈梦说:《游雁荡记》,见张声和:《温州名胜游记》。

登临之乐，需"具"、"时"、"地"皆备，"有其具而无其时，不乐也；有其时而无其地，亦不乐也"。文征明的《上巳日袁氏诸昆仲邀游天池历一云天平而归》诗中，道出了"上巳节"、"空山灵迹"、"胜友"、"良辰"的"四美"观，曰：

> 天池日暖白烟生，上巳行游春服成。试共水边修禊事，忽闻花底语流莺。空山灵迹千年秘，胜友良辰四美并。一岁一回游不厌，故园光景有谁争？①

嘉靖十四年八月中秋，丁奉由海虞至苏州，与吴江姜时川不期而遇，遂同赴虎丘赏月，两人是同年友，"各无由至郡城"，又恰逢中秋，丁奉甚感乐甚，以为"良夜"、"良朋"、"良景"，"三罕"也。② 袁宏道所提出的天下大败兴事，连"破国亡家"也不在其内，这就是旅游方面的"三败兴"：

> 山水朋友不相凑，一败兴也；朋友忙，相聚不及，二败兴也；游非其时，或花落山枯，三败兴也。③

归纳上述所论，涉及游地、游具、游时、游伴、游术诸旅游理论，这些理论在文士们的实践与认识中不断得到丰富与发展。

1. 游地

"游地"，即旅游活动所在地。游地空间大小不等，可以大到一座旅游城镇，小到一个景区、景点。对于前者，多为一些政治、文化、经济及交通中心城镇、通都大邑，是人们所向往的旅游目的地。如孔尚任在《郭匡山广陵赠言而有信序》中说："天下有五大都会，为士大夫必游地，曰燕台，曰金陵，曰维扬，曰吴门，曰武林。"这些地方山水古迹甲于天下，游客登临凭吊，可一睹都会之风情，因而游者接踵相继；另一方面，士大夫到此也

---

① 《文征明集·补辑》卷八。
② 丁奉：《虎丘赏月记》。
③ 《袁宏道文集笺》卷一一《解脱集之四·吴敦之》。

非但侈情观览，都会集聚天下英才，因而有同好相与抒写赠答，并可交天下之友朋。如此，"凡其言为其地之所传诵者，即为天下之所传诵"。士大夫游览都会，既满足了目欲，也达到了传扬名声之目的，一举两得，因而乐于千里迢迢往来都会，"而再至三至其地者"。①

景区景点吸引力之大小，除了本身的景观美学素质外，与距离城镇远近有关，这就是讲究景点的地理区位。吴宽认为："其地美，虽远不可不游。"② 冷士眉也说："士各有志，非其志，咫尺若秦越，如其志，千里犹堂室间，岂咫尺远而千里近哉？"③ 但在古代，因交通食宿诸原因，吴宽等人的高论难为大众所接受。当时，人们选择的景区点，通常是城郭周围、交通便利之处。那些有着数千里之遥，于荒远遐僻陋处的景区点，因远偏，如北岳、南岳之类的名山，也是"至者较稀"，"非祭告而至者无几人"。④ 甚至像浙江雁荡山这样一座处于长江三角洲客源地边缘的名山，也免不了"其地险远，至者绝少"的冷漠。⑤ 王世贞以无锡惠山为例，以为这些移一棹即能到达的城市近郊景点，不必专事搜讨风景的"游客"才能光顾，凡皇华之奉使、郡邑之沿檄、行旅的淹途者，均能顺便览胜。⑥ 明末清初寓居南京的程正揆，也认为人们选择游览地，除了风景素质之外，还受到交通等各方面综合因素的影响。程氏说："山水之妙，无地不曲尽其致，但以近江河通游人为易显尔。吴浙间，拳石土阜，鲜有奇特，不过因舟楫之便，随意可到，兼有山寺雅僧精舍借榻，文人墨客题咏点缀，遂冒名山"。因此，程氏为其家乡湖北孝感深感惋惜，孝感风景天生丽质，其地幽邃险僻，奇区异境，不可枚举。"有生片石，广里许者；有洞深千百层不可窥穷者；有山顶成潭，罔测者；有瀑流数里，曲折万状者；有独石成峰，如莲花种种相者。春夏间，山花红绿四匝，兰蕙香风氤氲，溪涧可望不可即；秋深红叶如云，回环千百重，映带村庄，若十三洲之室"，既可以避世，也可以修静，吴越山水与此无法比拟。然只因处于

① 《孔尚任诗文集》卷六。
② 吴宽：《家藏集》卷三九《送章廷佐还金华序》。
③ 冷士嵋：《江泠阁文集》卷二《送宗子发游泰山序》。
④ 潘耒：《游南岳记》，见《小方壶斋舆地丛钞》第四轶。
⑤ 陆容：《菽园杂记》卷一一。
⑥ 王世贞：《弇州山人四部稿》卷六六《惠山续集序》。

深山之中，"习而忘之，无复有灵运开山、桃源问渡者矣"！终成不了游览名区。究其原因，程氏进一步解释道：

> 但憾溪河迅急，舟行可一日二三百里，不敢登；去县七八十里，舆马多劳；山中乏主，人不能竟日；或少深入，辄见虎豹足痕，且闻哮声，震人心胆；其泉流至平畴者，多从农家沟灶边行，与牛溲马渤相乱，此山水一大厄。①

所以，作为理想的景观，就应处于城镇附近，既不宜在城镇闹市之中，也不应远离城市，因为，"近者迫于市嚣"，游女贩夫杂沓，尘嚣若市，"斯其趋不能以逸"；②"远者车马怠，而供张易竭"，且舆夫不便攀跻，佳丽也不愿游。③"生平性嗜山水"的经学家洪亮吉，也说浅薄深邃、缩幽凿险之景，都"非养性乐生之境"，不是理想的游览地。洪氏崇尚的是：

> 山不甚高，而石豚万窍；水不甚广，而泉灵一盂；林壑之美，无心自呈；日夕所需，不求已给。升山采菌，便可盈斛；沿境拾果，先能满怀。④

可见洪亮吉理念中的山水是近郊中小尺度的地形地貌，这里谷岩幽窅，流濑清激，既有寂静的环境，又不太荒远；既离开了都市，又僧舍布列，可随意眠餐，不愁吃住，无途穷之苦，真乃"养性乐生之境"也！苏州虎丘、扬州保障湖、杭州西湖是其代表，这些地方风流华丽，天工人巧，并臻其妙，"而且舟车如意，饮馔自然，止愁杖头无物，不愁呼应不灵，吴中之极乐国也"。⑤

　　当然，对于那些处闾阎闹市之中的景点，只要能自成一统，内部环境幽雅，也能为人们流连顾盼。文震孟分析寒山寺名冠苏州就是这个道

---

① 程正揆：《青溪遗稿》卷二四《自题卧游卷》。
② 汪琬：《登玄墓傍小丘记》。
③ 王世贞：《越溪庄园记》，见崇祯《吴县志》卷二三。
④ 洪亮吉：《游京口南山记》。
⑤ 齐周华：《名山藏副本》下卷《海内名山评》。

理，他说：

> 寒山寺之名冠姑苏也，实系于江枫渔火之句，然亦以其地当孔道，舟车鳞集，非若深谷穷岩，窈冥阒寂，游者易于涉足。顾虽处闾阎嚣杂中，一入其门，清幽萧远，别为一境，以是从来名公韵士，往往乐之，为之题咏，为之记志，而寺愈益有声。①

总之，人们"所恒游者，特其至近人迹者耳，至于幽僻奇绝之境，固莫至也"②。地偏境奥，游者罕至。一些路途遥远的险绝奇异之景，皆为常人所"不能游"。陈继儒在《卧游题辞》中指出：

> 大抵巨灵五丁洗凿之地，半出于神鬼护呵，俗子命车，则风雷雨电随其后，非夙具灵根者，不能游；猱岩虎窟、蛟穴鼍宫，与夫族冢丛祠之林，狐狸啸而休啼，非有胆智者，不能游；栈腐梯残，葛枯萝脆，非捷如猿鸟，而顽如樵牧者，不能游；寒暑载途，变色而进，喘不续吁，胸与膝柱，非精爽壮旺而好奇者，不能游。③

2. 游具

古人出游，泛称代步工具及携带的生活器具为"游具"，诸如车船、肩舆、茶酒器、生活器具之类。游具中之生活器具、茶酒器等，又称之为"游山具"。沈括的《梦溪忘怀录》中有《游山具》一章，专门探讨三位"游山客"出游应配置以木漆器皿为主的轻简游山具：

　　行具二肩——
　　甲肩：左衣箧一：衣，被，枕，盥漱具，手巾，足巾，药，汤，梳；右食匮一：竹为之，二鬲，并底盖为四，食盘子三，每盘果子楪十，矮酒榼一，可容数升，以备沽酒，铇一，杯三，漆筒合子贮脯修干

---

① 文震孟：《寒山寺重建大雄殿记》，见崇祯《吴县志》卷二五。
② 杨循吉：《灯窗末艺·西山游别诗后序》。
③ 见《名山胜概记》卷一○。

果嘉蔬各数品，饼饵少许，以备饮食不时应猝。惟三食盘相重，为一扁，其余分任之。暑月果修合皆不须携。

乙肩：竹扁二，下为匮，上为虚扁。左扁上层书箱一，纸，笔，墨，砚，剪刀，韵略，杂书册。匮中食碗碟各六，匕箸各四，生果数物，削果刀子；右扁上层琴一，竹匣贮之。折叠棋局一，匮中棋子，茶二、三品，腊茶即碾熟者，盏托各三。

附带杂物——

小斧子，斫刀，劚药锄子，腊烛二，柱杖，泥靴，雨衣，食铫，虎子，急须子，油筒。①

明人屠隆的《游具笺》中所列游山具有：笠、杖、渔竿、舟、叶笺、葫芦、瓢、水火篮、衣匣、叠卓、提盒、提炉、备具匣、酒尊等。曹庭栋《老老恒言》卷二《出门》也载有茶具、果饵、食籚、小舟、游山鞋、折叠凳、笠、将军套等游山具若干。

游具方便旅行，满足生活。如竹杖，为游人登高落下的重要辅助工具，如袁枚《杖铭》所说的："自得此君，山之巅，水之薮，俱为吾有。"② 洞穴旅游则需备些特殊的游具。潘耒一行游太湖林屋洞，就特地置办了游山洞所需的"短后衣"、"犊鼻裤"、"草屦"等"游具"。③

游具还兼有为旅游者提供旅途享受的功能。如苏州观音山有一种肩舆叫观音山篼，此篼由两人担肩以行，无帷盖，虽不挡风日，但可沿路观赏林峦风景，故游者多赁而坐之。对于不同游具的舒适功能，明清人还作了专门的比较。《石湖志》卷三道：山舆"轻便安稳，随高下远近，无适不宜"，水舫则"行住坐卧任意所如"。文震亨《长物志》卷九也说，舟车旅行为人生适意之事：

用之祖远饯近，以畅离情；用之登山临水，以宣幽思；用之访雪载月，以写高韵。或芳辰缀赏，或靓女采莲，或子夜清声，或中流歌舞，皆人生适意之一端也。

---

① 沈括：《梦溪笔谈》，岳麓书社 2002 年版。
② 袁枚：《小仓山房文集》卷三一。
③ 潘耒：《游西洞庭记》。

就舟车而论，人们更偏爱舟。因为，陆行则劳，水行则逸，游居于山水间，"莫宜于舟"①。只要"饱挂顺帆，良骥无此疾，肩舆亦无此稳"②。所以，康熙帝游金山时作《操舟说》道："器之利用而致远者，陆行莫如车，水行莫如舟。舟之为用也，逸于车。"③且舟游可随处而憩，又能于寝宿时赶路，方便不耽误时日。如魏源所说："游湖贵以舟为屋，切莫住城与住陆。夜移湖畔晚就山，所至湖山同寝宿。"④潘子恒半生游吴越，大都水宿舟居，对舟游体会颇深，以为舟居胜于岩楼陆处，"以游以邀，无昼无夜，可坐卧，而行远也"！⑤而舟行途中，边赏风景边诗酒取乐，还可读书创作，是舟游之又一长，为任何代步工具所无法企及。邹迪光舟游吴门诸山，一行七人个个身怀艺技，舟行途中，相互行酒取乐，"同行有微酡者，有既醉者，有傞傞以舞者。酒半，各以技进，先歌，次琴，次管，次诗"。邹氏吟诗一章，令人用羽声嘘之，悠扬之声，"渚云不流，汀鸟群集"⑥。袁中道好舟游，他常备两舟，一舟载自己与宾客书画，一舟载粮食、仆人。赖"舟中力"，舟行之中，袁中道思维活跃，创作颇丰。袁氏比较道："凡居城市，则炎炎如炙，独登舟即洒然。居家读书，一字不入眼；在舟中，则沉酣研究，极其变化。或半年不作诗，一入舟，则诗思泉涌。"万历间，袁氏买一小楼船"泛凫"，载书画其中，由公安老家东下南京，一路上尽览长江两岸风光，"当其波光皓淼，远山点缀，四顾无际，神闲意适，或驾长风，一刻百里；或泛明月，积雪照人，曷尝不快"？真可谓"天下之乐莫如舟中"！⑦正因此，舟游成了人们躲避尘世的一大良策。陈继儒在《岩栖幽事》中，就将舟游江南作为"避喧谢客之一策"：

　　　　住山须一小舟，朱栏碧幄，明棂短帆，舟中杂置图史鼎彝，酒浆蔬脯。近则峰泖而止，远则北至京口，南至钱塘而止。风利道便，移访故

①　厉鹗：《樊榭山房文集》卷五《舟庵记》。
②　金之俊：《游洞庭西山记》。
③　见康熙《金山志·宸翰》。
④　《魏源集》下册《西湖夜月吟》。
⑤　潘子桓：《南陵六舟记》，见《说郛续》卷二八。
⑥　邹迪光：《游吴门诸山记》。
⑦　袁中道：《珂雪斋集》卷一五《前泛凫记》。

人。有见留者，不妨一夜话，十日饮。遇佳山水处，或高僧野人之庐，竹树蒙茸，草花映带，幅巾杖履，相对夷然。至于风光淡爽，水月空清，铁笛一声，素鸥欲舞。斯也避喧谢客之一策也。

游船有画舫、楼船、划船、小船之分。据《扬州画舫录》、《吴郡岁华纪丽》、《秦淮画舫录》等记载，明清时，扬州、苏州、南京等地的画舫，其样式、结构及陈设大同小异。通常，画舫皆四面垂帘挂帷，船顶为方棚，可载香舆。有厕坐食屉之设，洁净精工，以备名姬美妓之用。婢仆挨排船头，以多为胜。舱内男女杂坐，箫管并奏，宾朋喧笑。紧随画舫之后的为酒船，穹篷如亭榭，载以酒肴，凡厨具材料一切靡不毕具。又有歌船者，通常在座船画舫之前，"歌船逆行，座船顺行，使船中人得与歌者相款洽"。凡歌船中艺人所表演的清唱、十番鼓、小曲、摊簧、对白、评话之类，"皆济胜之具也"。① 当然，对于这些有曲房露台、畅如熙春式的画舫楼船，也有一些文士不以为然。如"爱野航"的潘子恒，"憎画鹢"，在他看来，一些轩敞无障蔽之水筏游船，更与水贴近，更具自然味，"水嬉之大观备是矣"②。文震亨也以为"楼船、方舟诸式皆俗"。在《长物志》卷九中，文氏提出了划船、小船两种游船规制。划船底平长，可三丈有余，头阔五尺，分为四仓，中仓可容宾主六人，置桌凳笔床鼎彝盆玩之属，以轻小为贵。前仓可容僮仆四人，置壶榼茗炉茶具之属，后仓中置一榻一小几，小厨上搁板可置书卷笔砚之属。小船长丈余，阔三尺许，置于池塘中，或时鼓枻中流，或时系于柳阴曲岸，执竿把钓，弄月吟风。可见，划船宜于远泛，小船仅能近地而游。苏州城内外有各种大艑小舫，袁景澜以为："便于游赏者，春时则推荡湖船。"这种船不桨不帆，小者受五六客，大者可置二筵，"如小阁子，户之绮，幕之珠帘，窗之琼绣，金碧千色，岿眼晃面。……于堤柳疏缺处，时见红幕青盖，闲游士女，掩映往来，真济胜之具也"！③

---

① 李斗：《扬州画舫录》卷一一。
② 潘子恒：《南陔六舟记》。
③ 袁景澜：《吴郡岁华纪丽》卷三。

3. 游时

有了景观器具，尚待"游时"。游时非常有，明人沈懋功在《山游十六观》中说，"有家者累在眷属，在官者累在功名，富者逐持筹之利，贫者营糊口之计。若待事毕而为五岳游，则时乎不再来。夫时也者，往而无待者也"。因无游时，欲作游事，"亦无缘展其好"。官至首辅的明人徐阶，曾先后任延平府推官、黄州同知、浙江按察佥事、江西按察副使、浙闽二省学政等地方官，具备了顺访福建、湖北、浙江、江西等地风景名胜的条件，但均因"游时"不合而未果，他说：

> 自予走仕途，太岳既无因而至，雁荡、匡庐幸尝吏其土矣，而雁荡以试事严，不暇游；匡庐以病，不克游；武夷尝造其下，以雨不果游。窃自怪叹，以为天下之事其制于天，吾不可得而必矣！①

乾隆四十二年（1777），任户部尚书的歙县人曹文埴曾欲借回家服父丧一游黄山，时游具已备，但困于尘事未能如愿。事过十年之后的乾隆五十二年（1787），这位大员不阿附权臣和珅，以母老为由请辞归养故里。与一位叫后村者约来年七月游黄山。及期后村生病不能行，又订于下年七月。但适天气极为旱燠，"随作毁约诗致倦游意"。事后连下半月大雨，暑气减半，"复以诗理前约"，七月二十四日终发往黄山一游。② 一波三折，曹氏了了游黄山之愿。可见，"山水之乐，未易有也"！都穆在《游观音岩记》中解析道：

> 疾病患难，欲游而不可得。出而游也，风雨冥晦，虽游而不能乐。必暇而游，游而乐。

陈继儒也发表意见：

---

① 徐阶：《世经堂集》卷一二《游太岳山诗序》。
② 曹文埴：《游黄山记》，见《小方壶斋舆地丛钞》第四轶。

> 诸游具矣，而纠于俗务，顿于老疾，左于非时，甚则兴尽者，才尽，才尽者，山川之秀亦尽。①

人们会心山水，也要行乐适时。陈继儒等人认为游赏之乐应在适宜的时候进行，这个"时"，既要符合游者的个人情况，即没有俗务缠身，身体素质良好，又不能错过山川秀丽的时节。只有具备强健的体质、风和日丽，又有充裕的时间，才能得游赏之乐。

一趟旅行游览，是否适意，是否悦目，离不开好的天气。曹庭栋总结有"四不出"，即大风、大雨、大寒、大热不出。② 胡震亨在《江上杂疏叙》中也说："夫人生世不过百年，其中大半家食，阅岁或一出游，游或不及旬日，至有风雨为祟，未达所届而中返者。"③ 清人赵怀玉与洪亮吉的洞庭山之旅，就属"未达所届而中返者"。赵怀玉欲游太湖东西洞庭山一直未果，深秋之季，适逢洪亮吉造此且"有同好"，遂结伴一游，赵氏十年所愿"始得遂"。他们一行三人游览了林屋洞、毛公坛、石公山、莫厘峰诸胜，但"会天雨甚，未竟所游而归"。赵氏虽觉得"此游之未畅"，但也为能有机会前往一游而稍感宽慰，他说：

> 湖之峰七十二，惟洞庭最胜。然询之郡人，以风涛故至者十不逾一二，即至焉，而或非其人。甚矣！游之难也。庄子曰："人有能游且得不游乎？人而不能游且得游乎？"余好游，怀此愿十年而始得游，使客不至，或将不果游。客至而风雨于数日之前，又将不果游。何能徘徊于两山之间而咎此游之未畅也！然则天下诿谢于事机之阻，而以怠失之者岂少哉！惟勉其力之所可逮而不竭其情之所欣，斯又有进乎游者在矣。④

王思任于万历四十一年（1613）游西洞庭山，连日晴好，深感为一大"游福"。他说："风日清美，船如天上，湖山之状，朝暮五色，悉饱共度。

---

① 陈继儒：《卧游题辞》，见《名山胜概记》卷一○。
② 曹庭栋：《老老恒言》卷二《出门》。
③ 彭宗孟：《江上杂疏》卷首。
④ 赵怀玉：《游洞庭两山记》。

且夜夜月明，秦镜透飞，而无纤云滓秽，万里寒流，濯濯孤玉壶之魄，予盖有游福者哉！"①潘耒游西洞庭山，览尽一山之胜，总结起来，也在于选择的游时好，他列举此行"数快"中，皆与"时"相关：

> 适当水落时，尽见山根，一也；数日皆晴朗，无风雨阻，二也；来往皆便风，不买山舟，无波涛之恐，三也。若夫碧螺、石蛇，人所不及游；隔凡深处，人所不能游；蟠龙石梁、龙门石壁，人或不得游，而余皆纵游之。意者瑰奇诡怪之观，天固蓄以供闲散寂寞之人，而非他人所得争乎？余之得乎天者厚矣！②

　　许多景观与日月时辰密切相关，景观的形成，景观的观瞻，有着强烈的时间特性。所谓"晓看山，则青葱而玲珑，山如树也；晚看树，则盘郁而溟蒙，树如山也"③。张岱在《岱志》中说泰山有"七变"：由泰安城出发时"漆漆大雨"，到红门雨过云散，到朝阳洞日出东方，到御帐坪天又转为阴沉。期间，一天门遇大风，三天门生云雾，绝顶登封台又是冰天雪地。"雨旸变幻，寒燠错杂"，此景是天之所为，也是山之高下所致。太湖石公山，山小只里许，三面临水，以石奇擅名天下。但水浅时，玲珑石未见其奇。待秋水时至，渺茫浩淼，"四山麓凡嵌空玲珑，奇诡秘妙，皆汩没波涛中，独得其噌吰镗鞳、砯戛击之声"④。《锡山景物略》卷二也记载了黄公涧（一名春申涧）的"时景"：每当山雨欲来或秋水时注，急流湍飞，自峻岭争道而下，势如奔马，声如轰雷，愈上愈奇，游人"须逆流疾赴，始竟其妙，迟则逝矣"。袁宏道还专就赏花的时间要求，提出了自己的看法。他说：

> （赏花）不得其时，而漫然命客，皆为唐突。寒花，宜初雪，宜雪霁，宜新月，宜暖房；温花，宜晴日，宜轻寒，宜华堂；暑花，宜雨后，宜快风，宜佳木荫，宜竹下，宜水阁；凉花，宜爽月，宜夕阳，宜

---

① 王思任：《游洞庭山记》。
② 潘耒：《游西洞庭记》。
③ 吴从先：《小窗自纪》。
④ 张海珊：《林屋纪游》。

空阶，宜苔径，宜古藤巉石边。

袁宏道以为，赏花如不论风日，不择佳地，随时随地而赏，"此与妓舍酒馆中花何异哉？"①

　　就一年旅游时节来说，大部分节令期间适宜人们出游观光。清人郎廷极《胜饮编》所列的"良时"达几十个之多，其中有许多即是固定的传统节日，如上元灯宴、探春宴、踏青、春秋社会、修禊、泛浦、观竞渡、避暑会、巧夕、中秋等。就时序而言，虽然宋人周密《武林旧事》有言："西湖天下景，朝昏晴雨，四序总宜。"但相比而言，冬夏还是最不宜出游的季节。古人云"冬夏不兴师"，旅游也然，最多只能说："游亦宜然哉！"② 春秋为旅游旺季。春天，大地回暖，百花竞放，人们争先恐后走出户外，感受明媚的春光；秋天，高爽明洁，色彩斑斓，又是游赏的好季节。当然，不同季节，游人身份也略有差异。孔尚任说，春游多为豪华士女，秋游则多是吟眺之诗人，因为"秋之气，高洁爽朗，多合于诗人之致，故古人篇什，于秋得其五，于春得其三，于夏冬仅得其一二"③。清人裘君弘所撰《春游所宜》中，在"游最宜春"的"游时"下，又提出了不同景观于游人、游时的区分：

　　　　春游有三：游山宜幽人，游湖宜风雨，游园宜伉俪。

裘氏重墨浓彩，描绘了一幅士女游春图："万花深处，百草丛中，燕燕于飞，莺莺巧唤，怜香踏去，齐齐带月归来，真一刻千金也。"④ 秋中佳日多。李渔十分提倡秋季出行游赏，在《闲情偶寄》中，他的"秋季行乐之法"，讲的主要是秋游：

　　　　过夏徂秋……又值炎蒸初退，秋爽媚人，四体得以自如，衣衫不为桎梏，此时不乐，将待何时？况有阻人行乐之二物，非久即至。二物维

---

① 《袁宏道集笺校》卷二四《十一清赏·瓶史》。
② 齐周华：《名山藏副本》上卷《南岳衡山游记》。
③ 孔尚任：《湖海集》卷九《徐松之秋吟跋》。
④ 裘君弘：《妙贯堂余谈》。

何? 霜也, 雪也。霜雪一至, 则诸物变形。非特无花, 亦且少叶, 亦时有月, 难保无风。若谓"春宵一刻值千金", 则秋价之昂, 宜增十倍。有山水之胜者, 乘此时蜡屐而游, 不则, 当面错过。何也? 前此欲登而不可, 后此欲眺而不能, 则是又有一年之别矣。

4. 游伴

结伴而游, 披烟云, 辨古迹, 品评山水, 其乐趣要远远超过一人独游。清人王晫在《雁山杂记》中说:"古人游览, 必携胜侣, 一以穷山水之趣, 一以取倡和之乐。"前文所述邹迪光一行七人泛舟吴门诸山, 七人皆非俗物, 或善绘, 或善诗, 或善琴, 或善管, 或善歌, 或擅丝竹, 这简直是一支艺术观光团, 一路上, 他们诗酒歌舞, 热闹非凡。万历二十六年(1598)夏, 谢肇淛、袁中道会同调之士数十人于仪征天宁寺, 其中有善饮者, 会丹青者, 善歌者, 善琴者, 又有善奕善医、善幻戏及擅鸡犬之人,"命酒赋诗, 百技毕举, 月上钟鸣, 然后袒跣行歌, 归休莫所"。如此赏景文会持续三个多月,"穷快心意耳"。① 若一人孤赏, 则游趣全无。李流芳夜游虎山桥, 月下清景甚美, 但因其四位"贪游好奇"的文友未能前来共此"清缘"②, 游趣自然减半。王晫游雁荡山, 事先谋约同游的当地诸友艰于裹粮相从, 王氏身为杭州人又不能做东道主茗酒款洽, 最终"胜侣"未能同游。"虽对佳山水, 未免孤寂", 成为此次雁荡山之游"未畅者二"之一。③ 而一旦得不到合适的游伴, 游事更有作罢的可能。清天津人龙震总角年代就有乐山癖, 曾南下江南, 来往历九月, 但江南诸名胜未能一游,"盖所附者非乐山人也";又曾谋划游历山东名山, 也因"皆不得其人而止"。④

"觅侣政自难", 觅得好侣伴同游并不是件容易的事。袁中道在《偶游图小序》中曰:

---

① 谢肇淛:《重游天宁寺记》。
② 李流芳:《游虎山桥记》。
③ 王晫:《檀几丛书初集》卷三五《雁山杂记》。
④ 龙震:《游盘山记》, 见《盘山志补遗》卷一。

顾觅侣政自难。忙不与吾之闲相契，则不可侣；闲不与吾之闲相
值，则亦不能侣。不得已而携笻孤往，亦寂寞甚矣。①

所谓的好侣伴，一般认为，应是同调之人，最好"须藉同调地主，或要丘
壑高僧"②。归庄赏花吴中，所主同游者，往往皆骚客酒人、道流名僧，"无
一俗士"，他感叹道："亦穷愁中一快事也！"③ 对于不同的游览对象、不同
的活动内容，选择游伴的标准也不尽一致。明常州人吴从先在《小窗自纪》
中，提出了应视游览物差异而择定不同的游伴：

　　　赏花须结豪友，观妓须结淡友，登山须结逸友，泛水须结旷友，对
　　月须结冷友，待雪须结艳友，饮酒须结韵友。

只有这样，才能策杖扶藜，惟意所适。当然，即便是同好友朋，在游览中，
要兴趣目的完全一致，也是难以做到的。有的"事事求精，常欲求所为洞
天福地、瑶阶玉房者，非是则不乐"；有的"志在栖隐，一树一石皆可盘礴
以终日"。对于游伴之间的这种"小异"，张海珊以为无碍大局，应把它看
成是培养旅游者情操的好机会，即"或小异而不害同，所以增长道心，消
除习气"。④
　　觅游伴时，应注意下列人士不得入选，即"勿偕酒人，勿携屩伴"，且
"携友勿太多，多则意趣不同"。一些仕宦出游，因游伴多而杂，无法统一
步调，丽景胜赏，"十不能得其一二也"。个中原因，谢肇淛剖析得一清
二楚：

　　　侍从既多，不得自如，一也；供亿既繁，彼此不安，二也；呵殿之
　　声，既杀风景，冠裳之体，复难袒跣，三也。舆人从者，惮于远涉；羽
　　士僧众，但欲速了。⑤

<hr>

①　袁中道：《珂雪斋集》卷一一。
②　谢肇淛：《五杂俎》卷四《地部二》。
③　归庄：《观梅日记》。
④　张海珊：《林屋纪游》。
⑤　谢肇淛：《五杂俎》卷四。

5. 游术

"游名山固未易言也"①。游山自有游山术，简称为"游术"。游术的核心是赏景技巧。如何赏景才能娱狎嬉笑，畅适欢愉？对此，明清文人论述颇多。

游览景区讲究先后次序，即要符合景点内在的机理。袁宏道对仙源游览的空间次序，就作了精辟的分析：

> 游仙源者，当以渌萝为门户，以花源为轩庭，以穿石为堂奥，以沙萝及新湘诸山水为亭榭，而水心崖乃其后户云。大抵诸山水之秀雅，非穿石、水心之奇峭，亦无以发其丽，如文中之有波澜，诗中之有警策也。②

在遵循景区内各景点空间先后关系的前提下，人们提出了游线的设计方案。如苏州元墓探梅，袁景澜经实地考察，编排了探梅的程序与路线。他在《吴郡岁华纪丽》卷二中曰：

> 探梅路径，由光福至费家湖，抵涧里乌山头，寻铜坑吟香阁遗址。阁为宋高士顾仪凤建，今废，其地为梅花最深处。复过巉山头及草庵、金鱼涧，登官山岭，趋董份墓，至元墓山，从蔡家坞抵柴庄岭、老虎洞、姚家河头止宿。越日，从姚家河头经光福凤鸣冈，上峙崦岭，入司徒庙柏因社，看清奇古怪四古柏。上香雪海。由倪家巷、铜井山下，至潭东。经弹山，陟石楼，瞰太湖，转天井，看红梅绿萼，寻和丰庵，凭六浮阁，经潭西，访五侯公墓。缘蟠螭山，蹑大石壁，归绣球山，循潭东，历长圻岭，过钱家碛，仍越柴庄岭，归舟。梅花数十里，历历在目。若误趋他途，则不能遍览其胜也。

在这条元墓探梅游线路中，袁景澜不仅指点了游览最佳路线，而且还介绍了

---

① 洪若皋：《南沙文集》卷四《鲍让侯天台山游草序》。
② 《袁宏道集笺校》卷三七《潇碧堂集之十三·由水溪至水心崖记》。

沿途所观赏的主要景点。

在旅游技巧处理上，董闻京主张：善游者，"乘兴往，择地息，留余返，与木石鹿豕相燕处焉"①。清人何永绍也以为，像衡山之类广达几百里的大山，处极远之域，"将何法游之而尽也"？他得出的"游山览胜法"："宜以其一时兴会游之"，不必穷搜冥讨，所谓"居者不必尽游，游者不必期尽也"。② 而谢肇淛的观点则与此相反：

> 一境在旁，勿便错过；一步未了，莫惮向前。宁缓毋速，宁困毋逸。宁到头而无所得，毋中道而生厌怠。……每列境界，切须领略，时置笔砚以备遗忘。此游山之大都也。③

可见，董氏等人主张旅游者乘兴而往，不必勉强，且忌一览而尽，应留有余景，任人遐想，或作再游。这也就是沈德潜所讲的："得半而止者，转使人有无穷之思也。"④ 谢氏则提醒游人，赏景要尽可能一览而尽，宁到头而无所获，不能中途而废。二家所说，各有道理，一个强调应留有余意，一个强调不能带走遗憾。

嘉庆道光年间京江画派画师周镐在《游北固山记》中则提出了"实景实看"的理论："善游者，目无虚视，耳无虚听，足无虚步"，强调旅游作为一项实践活动，应身体力行。且山川古迹，各有独特异境，"非亲览不知"，仅依据前人或他人所作记文图画，难以得到旅游的欢愉。⑤ 而谭元春的游山之术，则更多了一点人情味的体贴，即："足力竭，即目之；目力竭，即耳之；足与耳目会，即心思之。"⑥

具体如何赏景，景观不同，赏法也有差异。以游山为例，唐顺之以为看山有肉眼、法眼、道眼之分。但不论何"眼"，总离不开"眉发相山川"与"精神相山川"两种。他说：

---

① 董闻京：《复园文集》卷四《游西山记》。
② 何永绍：《游浮山记》，见《小方壶斋舆地丛钞》第四轶。
③ 谢肇淛：《五杂俎》卷四《地部二》。
④ 沈德潜：《游虞山记》。
⑤ 姚鼐：《惜抱轩文集后集》卷一〇《宁国府重修北楼记》。
⑥ 《谭元春集》卷第三《游九峰山二首引》。

若以眉发相，则谓剑阁之不如秦中，而金陵、吴会之不如剑阁，可也；若以精神相，则宇宙间灵秀清雅环杰之气，固有秦中所不能尽而发之剑阁，剑阁所不能尽而发之金陵吴会，金陵吴会亦不能尽而发之遐陋僻绝之乡。①

实际上，山景的欣赏，除受旅游主体观念的影响外，也不能忽视山体自身美的表现，因为，"凡物之生而美者，美本乎天者也，本乎天自有之美也"。②其中，山有以"外景而增胜者"，有"直自本体而称胜者"。前者只能远视，如镇江金山；后者则非进入山中不能领略其美，如焦山。③ 所以不同的山，应有不同的赏法，所谓"曲山看水，幽山看云，密山看雨，旷山看雪，髡山看石，淡山看烟，亢山看月"④。只要人们善于把握不同的自然形态，就能领略到各种风景之美学特质。

再如赏花之法，文人们也有不同凡响的见解。丁奉发表的"赏桂之道"就属其中之一。丁奉在《赏桂家燕记》中说：

> 予谓赏桂之道有二：赏其质者，象乎其贞；赏其花者，象乎其馨。其贞也，炎凉四时而苍翠一色，有子然自守之操；其馨也，藏于叶底而溢于风前，有闇然日章之美。赏斯二者，其诸善赏也耶。

尽管明清文人所热议"游道"，详备而精深。但"游道如海"，"游何容易也，而亦何容易告语人也"。⑤ 因为，影响"游政"难易成败的因素相当复杂。明末长洲人杨补有言道：

> 景象晦明，伴侣静躁，胜具艰易，兴志坚堕。随所遭而乖合攸分，游政之成败系焉。⑥

---

① 唐顺之：《荆川先生文集》卷七《答茅鹿知门县》。
② 叶燮：《己畦文集》卷六《泾水园记》。
③ 慎蒙：《镇江纪行》。
④ 程正揆：《青溪遗稿》卷一八《白云看月记》。
⑤ 王思任：《游唤·纪游》。
⑥ 杨补：《游黄山记》。

"游道"的综合性与复杂性，使得形神一致的高质量的旅游难上加难，因而，十全十美的旅游几乎没有。王思任在《游唤·纪游》中就列举了二十三种有缺陷之游：

> 官游不韵，士游不服，富游不都，穷游不泽，老游不前，稚游不解，哄游不思，孤游不语，托游不荣，便游不敬，忙游不慷，套游不情，挂游不乐，势游不甘，买游不远，赊游不偿，燥游不别，趁游不我，帮游不目，苦游不继，肤游不赏，限游不逍，浪游不律。

旅游，真可谓难也哉！所以，赵士麟以为，人们谈论游道，只能算是以蠡测海，"今之所谓游，则宜酌衷于上述数者之间，避所忌而趋所吉，释其回而增其美。游道如海，庶几乎蠡测"。①

三　谈景观

景观作为旅游活动的客体，是人们游赏的主要对象物，其形态与内涵素质的高低，直接影响到游客的游兴，关系到旅游的质量。

明清文士眼中的景观，其外延是相当宽泛的，举凡山水花鸟、风俗古迹，自然的、人文的、社会的，只要有可观赏之处，皆成为人们游览之对象，也即今人所讲的旅游目的物、旅游吸引物或旅游资源。与董其昌齐名的文学家陈继儒，在《笔尘》卷二中所排列将要择日游览的松江名胜，就足以说明这一点，它们是：

> 观音阁、龙树庵、桥柳堤、超果紫藤、嘉树林、孙汉阳东皋雪堂、竹素园、濯锦园、熙园、文园、楚园、宝胜园、宝莲庵、郭外禅居、庵山、雪山、小昆山、天马山、佘山、小赤壁、白龙潭、唐氏拙圃、陆君策畸墅、泖塔、范象先梅花楼、神山云香书屋、金泽寺、洙泾钓滩、机山下平原村、莱峰书屋、瑶潭、白石山房。

---

① 赵士麟：《读书堂全集》卷一〇《河阳游记》。

对于各类景观，文士们就景观组合要素、自然与人工景观的美学机理等一一作出了深入而较全面的研究，从而基本奠定了我国旅游景观学的基础理论。

1. 复合景观之景观要素组合

文士们十分强调景观的组合特色。由若干个单元景观或景观要素集合为一整体的称为复合景观（或叫组合景观）。组合后的景观在谐和统一的空间内，集中了各单元景观之所长，"其美学的作用来自景观的一切现象，如固体地表的外相、水、天空、植被和动物界、居民点和人类的作品"①。青山绿水，金碧楼台，因而整体观赏价值大增。如袁宏观称扬天目山，是因为此山具有山石、悬岩、白云、树木、茶香、笋味、庵宇等"七绝"。有此"七绝"，天目山遂成名山，成为修真栖身的佳地。杭州西湖为东南佳丽，也不仅是湖里山中、山屏湖外的绝妙空间结构，还在于有城郭做伴、亭台点缀。

作为复合景观，最完美的应是自然与人文的组合。虽然，自然景观与人文景观各有所胜，"地之胜，有天胜，有人胜，崇山大川，殚秀蓄奥，凭望寥廓，灵异所栖，胜以天也；遐陬僻土，一丘一壑，昔贤所憩厥壤用彰，胜以人也。"② 但两者若能进行合体的组合，则为尤胜，否则缺一便是憾事。齐周华以天台山为例：论高大，天台山不可谓不高，也不可谓不大，天台山上的石梁、琼台、明岩、螺溪等景观，"较之五岳，应叹瑜、亮并生。所逊者，特乏封禅之碑、驻跸之宫而已矣"！③ 因而世人旅游盛赞五岳，将天台山遗忘一边了。与山水结合最多的人文景观主要是寺观、亭园及历史古迹。"地必古迹，名必古人"④。明人张岳在《信芳亭记》中也说：

> 盖凡湖山以胜名，则必带林麓，穷岩壑，有宫室亭榭之观，而前世

---

① 阿尔夫雷德·赫特纳：《地理学，它的历史、性质和方法》，商务印书馆 1983年版。

② 施润章：《学余堂文集》卷一三《青溪庵记》。

③ 齐周华：《名山藏副本》上卷《台岳天台山游记》。

④ 张岱：《陶庵梦忆》卷五《范长白》。

又有高人逸士留故事以传……然后其名始盛，而游者踵至。①

亭馆楼台、宝刹庵堂、前贤故事与山水一道，编织成了多姿多彩的主体风景。

“山之胜，莫大于寺”②。山川幽险，为仙佛所依。莫是龙在《笔尘》中，以为一山虽具高峻幽深之姿、流泉云雾之态，也不能算作名山。山上有了林泉，有了人烟，有了寺观，列刹相望，梵宇琳宫无数，才算是灵山、名山，是人世中的山，是可亲近的山。也就是齐周华所说：“大凡名山，多藉梵刹丹房，凿空妆点。”③ 寺庙或居峰顶，或嵌岩阿，成为山地最主要的建筑物、生活场所与文化吸引物。叶燮说苏州“属内丛林以百数”④，其中相当一部分都位于山水之区。如横山，环以荐福、楞伽、冶平、宝华诸刹，洞庭西山有上方、翠峰、水月等十多座刹庙，非六季之遗规，则唐宋之故址，皆为一地之胜景。虎丘更是云岩寺占尽一半风光。南京栖霞、牛首、鸡鸣诸山，也因梵刹林立、清音不断而成为名胜地。洞天福地的茅山，三茅宫占据三峰，为茅山第一胜景。镇江南郊，“无数乱山藏寺小，几多篱径入门深”⑤。“金山寺裹山，焦山山裹寺”之说，更是形象地说明寺庙与金焦二山所组合成的完全两样的景观特色。

山川传名，多因人杰。所谓“夫美不自美，因人而彰”⑥。一方名山胜水，往往曾有著名人物活动过，他们在此留下的诗章足迹，成为山水重要的旅游吸引要素。清人董以宁指出，苏东坡未游赤壁，赤壁仅一顽石，“苏公既游之后，虽荒台残树，赤壁一名山也”！苏州灵岩山的西施故迹、镇江北固山之孙刘故垒、金山的韩世忠抗金故址、扬州平山堂的欧苏遗迹等，皆为这些山水景观的重要吸引内涵。

一些山水长期积淀的历史文化，同样是这些山水景观不可或缺的元素。泰山为我国历史文化名山，张岱说它不以玲珑洞府见长，因古代帝王封禅天

① 《明文海》卷三三二。
② 《慧山志》卷二《寺》。
③ 齐周华：《名山藏副本》上卷《中岳嵩山游记》。
④ 叶燮：《己畦集》卷七《积善庵改建律院碑记》。
⑤ 汪懋麟：《百尺梧桐阁诗集》卷五《竹林寺》。
⑥ 钱兆鹏：《述古堂文集》卷七《游北山记》。

地而引导出的泰山文化，元气浑厚，是泰山最主要的旅游吸引所在。处于汉唐邦畿之地的中岳嵩山，古迹尤多，测景台、候日表及数十通六朝、唐、宋名碑等着实为中岳增胜不少。至于人们评议的峨眉山神灯、佛光景观，其本质虽说是一种自然物象，但其名称及内涵也完全赋予了浓厚的人文色彩。对此，晚明"竟陵派"代表作家钟惺在给其丽友曹学佺《蜀中名胜记》所作序文中作了精彩的理论总结：

> 一切高深，可以为山水，而山水反不能自为胜；一切山水，可以高深，而山水之胜反不能自为名。山水者，有待而名胜者也，曰事，曰诗，曰文。之三者，山水之眼也……①

钟惺以为，"事"、"诗"、"文"，也即历史故事、民俗风情、诗词文赋，是使山水能成为"名胜"的"眼"，有了这"山水之眼"，单一的自然才会丰富多彩、有血有肉，山水景观也才会名传天下。"金山名天下，名大山则小"。金山为长江中之一拳石，但因有众多"山水之眼"而成天下名山。这当中，包括苏东坡与佛印了元和尚赌四大禅床故事的传说。据载，清初王曰高游金山，在留带阁，僧人说苏东坡所输的玉带即藏在塔上"以作镇"，或云"元兵乱时攫去"。对此种种说法，王曰高主张不必考究真伪，留此故事可为山寺增胜，他说："理或然也。事不必考，唯留此韵事于千古，亦足以永镇山门矣！"②

可见，人们欣赏自然、荒落，但作为社会的人，又离不开文明，人们所崇尚的风景就是二者的和谐结合。只有山水精神与人文精神的融洽搭配，才能更便于人们深入把握自然与人文的神韵与美学本质。因而，明旅游家姚希孟把那些单一、自然与人文互不渗透或不甚和谐的景观，称为"小漏"现象，即有"小小阙陷"。他说：

> 夫有山不得水，有山水不得古刹，有古刹不得嘉禾，皆漏也。③

---

① 见曹学佺：《蜀中名胜记》卷首，重庆出版社 1984 年版。
② 王曰高：《游金山记》。
③ 姚希孟：《循沧集》卷一《洞庭小漏记》。

姚氏用其"小漏"理论，对为许多人称赞不已的西洞庭山作了实例分析。姚氏以为，西洞庭山尽管各类景观皆备，但就其单个景观而言，尚有一些缺陷，从而影响了西洞庭山的整体旅游素质，这就是：

> 缥缈峰头无净庐可憩，仅破庙颓坦，殊不韵；石公、大龙诸无树石之新，洁者无苔藓斑；诸名刹俱少精舍，不能撮湖山之全；石公庵负壁而瞰湖，所踞最胜，惜梵宇稍隘；消夏湾，湖中佳处，名最古，乃多町畽，秋末枯菱败菰，颓唐水次。

姚希孟在《游洞庭诸刹记》中，还陈述了他的"名刹之胜"理论，以为对于寺庙来说，即使"小有颓落"，只要"不伤静窈"，便于"搜讨幽怀"，也不失为理想的宗教景观。所以，能称名刹者，不在金碧烁睛，"不在焜炫，而在古雅"。所谓的"古雅"，就是"老树插天，连章合抱，霜皮绉理，滴溜成瘕，一古也。殿阁参差，丹艧闇淡，女萝陵苕，赤纷绿骇，二古也"。可见，姚氏的"名刹之胜"，是胜在自然与人文的有机组合。

翻检文献可知，为明清时人所仰慕的著名景观，几乎无一不是自然与人文和谐组合的典范。如无锡惠山听松庵，"胜迹最多，绣岭亭故址一也，双古松二也，石床三也，松风阁四也，王中秘孟端书壁五也，竹茶垆六也，千金槖趾亭七也"[1]。镇江招隐寺，不仅"寺境丽秀"，而且有真珠、虎跑泉，有玉蕊花，有昭明太子读书台等点缀其间。[2] 焦山，也是这方面的代表之一。焦山为江中一岛，既有山石洪波，又有琳宫金刹、历史故事。李流芳《游焦山小记》中所设定的"焦山之胜"，正是从这几方面来界定的：

> 因思焦山之胜，闲旷深秀，兼有诸美。焦光岭上，一树一石，皆可彷徨追赏。其风涛云物、荡胸极目之观，又当别论。且其地时有高人道流……可与谈禅赋诗，直遥物外。

---

[1]　王永积：《锡山景物略》卷三。
[2]　笪重光：《重兴招隐鹿泉寺碑记》，见《丹徒县志摭余》卷一六。

　　即使是纯一的自然景观，也应是各种自然物的优美集合。"山以水袭为奇，水以山袭尤奇"①。在自然景观中，最值得称道的是山水相兼、山容水色。明人胡敬辰强调，"灵山之性"，一方面要"以石而古"，顽石布列，山有苍古感；另一方面则"以水而悦"，流水潺潺，山有愉悦感。②所谓"山之有水，犹美人之有妆也，山不水不色，水不大不姿"③。散文家归有光《游宝界山居记》中不仅认为"天下之山，得水而悦"，而且"天下之水，得山而止"，水为山拓宽了空间，山为水增添了层次。故邵长蘅称"山与水相遭，则大奇遭"，"山与水势足相敌，则益奇"。④焦竑评价南京牛首、弘济、栖霞三名蓝，以为"牛首以山名，弘济以水名，兼山水之胜者，莫如栖霞"，因而京人胜流，率栖迹于栖霞。⑤当然，山水有各种组合法。太湖湖光三万六千顷，山有七十二峰，层峦叠嶂，出没翠涛，弥天放白，拔地插青，此为山水交错之合。武夷山、庐山与水相遭，也同为名山中山水映发之典范，两山不同的是，庐山水在山外，尽管长江、鄱阳湖浩浩荡荡，然"终是主客相偶，不能尽发其奥"；武夷山中盘绕九曲清溪，山环水绕，难舍难分，"一石一木，皆相映左右"。⑥对于武夷山的这种山水关系，钟惺则更多地注意到水体所起的作用。在《游武夷山记》中，钟氏说："山之情候在溪，溪九曲，山或应或违，而无所不相关。"一些景观，若有山无水，或有水无山，山水相违，就显得单调乏味。

　　在自然景观中，地形地貌与花草树木、鸟语蝉鸣，皆为重要的组成部分，缺一难成美景。清人顾云一行三人游南京清凉寺，所"顾之乐甚"的，就是山石花草的组合美。他有《游一拂祠记》道：

　　　　至祠前，席地以坐，而林叶之黄者、惨碧者、红者，竹之绿者，石之青者，草之白者，山色之绀者、苍翠者，纷糅其间，目不给于瞩。

①　蔡羽：《销夏湾记》，见《明文海》卷三五三。
②　胡敬辰：《游虎丘记》。
③　程正揆：《青溪遗稿》卷一八《洪山寺记》。
④　邵长蘅：《青门剩稿》卷四《金焦集序》。
⑤　焦竑：《澹园续集》卷四。
⑥　吴拭：《武夷游记》，见《武夷山志》卷二〇。

其中，秀木嘉卉所扮演的角色尤为重要。尤其是像黄山、盘山等名山上的奇松，能“令观者改视，闻者耸听”①。因而，明清文人十分注重树木在风景中的作用。袁中道以为，名山不在“整丽”，当以古怪老树为胜。苏州光福邓尉山麓司徒庙，庙内有相传东汉司徒邓禹手植的四株古柏，经两千年的风雨，或挺拔屹立，或作两半之分，或半伏大地，或盘藤错结盘旋而上，表现出旺盛的生命力。清乾隆南巡时叹其形态，分别赐名“清、奇、古、怪”，成为光福的一大胜景。清人黄安涛有诗描绘道：

> 司徒庙前古柏四，千百年来阅人世。交柯骈干羞雷同，造物生材讵无意。拿云一株高出檐，赤日行天昼亏蔽。偻身一株俯至地，自甘颓唐骨不媚。一株挺立龙鬐疏，滴尽香脂剩空翠。一株透漏如湖嵌，呀然叶鏬通游骑。②

姚希孟说：“树为山之衣”，“好山无美树，如天女无五铢衣，而太真无霓裳。”姚氏在《游京口诸山记》中分析品山者多驾焦山于金山之上的原因，不在寺，也不主要是具有万壑千岩，而是“其在树”也。汪缙也将栖霞山之胜，归之于山中所拥有的千姿百态的松树，“寒翠苍绿，深青浅碧，偃崖挺涧，升林坠壑，不可名状”③。钟山虽无拒石蔽云之峰，然而朝岚夕翠，瞬息殊观。每当雨过晴初，烟霞异色。如在秋冬之际，红黄斑驳，烂然玉锦，为天下奇观。

　　应指出的是，景观的复合性，并不排斥景观的主题特色，对于许多景区来说，复合景观构成其风景的基调，事实上，每个景区都有它最耀眼夺目的核心景观。“天台山人”齐周华，遍游名山大川、仙都佛国，被沈德潜称为“似江阴之徐霞客”④。他的《海内名山评》，就较好地抓住了构成天下著名风景区的主题特色景观，曰：高寒莫过太白，险壮莫过华山，浑厚莫过泰山，灵峭恬雅、肖物精工莫过桂林、雁宕；华丽风流、天工人巧莫过杭州西湖；金山秀丽，佳于多屋；焦山莽苍，佳于多木；君山幽情，普陀静穆，皆

---

①　程瑶田：《通艺录·游盘山记》。
②　黄安涛：《吴下寻山记》，见杨循吉等：《吴中小志丛刊》。
③　汪缙：《游江上诸山记》。
④　沈德潜：《半山学步序》，见齐周华：《名山藏副本》附录。

因水而胜；南昌滕王阁、巴陵岳阳楼、武昌黄鹤楼，藉于江湖；武当山重楼叠阁，藉于山；又有明知人力所为而机不可测识者，如牛首山之倒塔影、灵谷寺之琵琶街、武当金殿顶篷之金铃自走自鸣等。①

2. 自然山水的美学表现

对于自然山水所呈现的自然形态与内涵意蕴之美，明清文士也展开了广泛的讨论。

袁宏道以为，山体应高矮相适，要有神态，他说："山远而缓，则乏神；而削，则乏态。"② 袁氏还提出了"山之病"的病态：

> 凡山深僻者多荒凉，峭削者鲜迂曲，貌古则鲜妍不足，骨大则玲珑绝少，以至山高水乏，石峻毛枯，凡此皆山之病。③

清人胡薇元在《峨眉山行记》中则以为，高寒绝险之地才生佳境，"凡境之可以一蹴至者，必非佳境"。可见胡氏崇尚的是那些高山边塞之地，这里人迹罕至，山高水急，风景奇丽。

"山像物形多"④。明清文士重视一峰一石的物象造型，常将一些山石与他类事物作"因物肖形"的比较研究。清人谢章铤有《华封寻石记》论道：

> 石之奇，以理、以形、以态、以窍。五色成文，理具矣；比物能似，形具矣；起伏千里，垒砢百仞，若拱若揖，偃蹇一拳，态具矣；离缀数穴，窈若灵洞，陷者池，断者峰，穿窿者为岫为坑，窍具矣。

谢氏上述山石"四奇"，除了"窍奇"外，"理奇"、"形奇"、"态奇"皆与"肖形"有关。在黄山、华山、泰山、雁荡山等名山中，物象景观甚

---

① 齐周华：《名山藏副本》下卷。
② 《袁宏道集笺校》卷三七《由水溪至水心崖记》。
③ 《袁宏道集笺校》卷一〇《解脱集之三·天目一》。
④ 袁枚：《小仓山房诗集》卷二六《苏州徐西圃居士招同翁东儒文学游西洞庭同宿石公山房作》。

多，或略拟之，或如刻如塑。如桂林地区的象形山石景观，由山峰到岩石，"其态有万，殊形无一"，有状若笋、菌者，有如城郭、宫室者，有似塔幢者，又有貌猊、蛟螭者。① 七星岩的石景，如花果山、须弥山、仙人田、银丝网，至于曰佛、曰仙、曰盘、曰床、曰犀、曰象、曰狻猊之类，皆形容肖似，不可言状。为明清文人所熟游的宜兴张公洞，石景不逊七星岩。王世贞曾对张公洞玲珑晶莹、"诡不可胜纪"的钟乳石，作过传神尽意的刻写：

> 石乳之下垂者，愈益奇，为五色自然，丹膜晃烂刺人眼。大者如玉柱，或下垂，至地所不及者尺所；或怒发，上不及者亦尺所；或上下际不接者仅一发。石状如潜虬，如跃龙，如奔狮，如踞象，如莲花，如钟鼓，如飞仙，如僧胡，诡不可胜纪。②

苏州天平山遍山奇石，俗称"万笏朝天"：

> 试以笏类拟之，有环其首，若琬圭者；有半锐半圆，若琰圭者；有方正而下空，若冒圭者；有米粒碎斑，若穀圭者；有齿痕，若牙璋者；有双植，若桓圭者；有花纹，若蒲璧者。其次渐微，有若大夫执象简者；又其次益微，有若士执槐简者。凡此类，矗矗层层，莫可殚述，而皆作势向上，以朝乎天。③

西洞庭山碧螺峰，高百余丈，自巅及趾，奇石错立，"如百千猿猴连臂下饮，如万马群戏跳蹩奔腾，大抵一石各具一态"。"洞庭多胜概，最是石公奇"。④ 石公山，也是奇石无虑万计，大多皆中空多窍，水漱水淫，有石云、石姁、剑楼（又名风弄，一线天）等著名石景。

而对于这些经过人文包装的拟物景观，也有部分文人颇不以为然。"扬州八怪"之一的郑板桥在《题程羽宸黄山诗卷》中就批评给黄山诸峰所加

---

① 陈仲麟：《阳朔永邨记》，见张家璠等：《古代桂林山水文选》。
② 王世贞：《游张公洞记》。
③ 丁奉：《游天平山记》。
④ 《归庄集》卷三《石公》。

的封号："天都强名目，芙蓉谬借奖。"沈德潜的《登狮子峰望石笋矼》也有句云："物象随人名，俚俗半堪哂。"

明清时，人们还就景观的内涵意蕴作深层次的讨论。如把西湖比作美人，鉴湖为神仙，湘湖是隐士之类。张岱以为，湘湖为未嫁之处子，眠娗羞涩；鉴湖为名门闺淑，可钦不可狎；西湖为曲中名妓，脂粉纨绮，虽声色俱丽，然倚门献笑，人人得而媟亵之。金山与焦山，在明清时同为长江中点大拳石，它们同处于长江激流中，为天下奇景，但两山各有所长，风韵各别。金山壁立小巧，挤满寺院庵堂，胜在琳宫梵宇、殿阁浮图点缀；焦山旷野坡缓，处处嘉树翠竹，因而长在乔木烟萝、嘉树蒸郁。两山景观视觉效果之差别，从根本上说，是缘于"金小而丽"，"焦旷而幽"。① 王士禛评议道："焦山幽冶，金山绮艳；焦山骨胜，金山肉多。"② 钱兆鹏直呼焦山为"梅花雪后"，冷气彻骨；金山如"妃子新妆"，妖媚动人。③ 王思任在《游焦山记》中，则对金焦二山作了更为精细详尽且形象的比较分析，曰：

> 金以巧胜，焦以拙胜；金为贵公子，焦似淡道人；金宜游，焦宜隐；金宜月，焦宜雨；金宜小李将军，焦则大米；金宜神，焦宜佛；金乃夏日之日，而焦则冬日之日也。

与京口山水相比，南京诸山尤显雄壮，牛首雄野幽郁，祖堂清雅寂寥，栖霞深邃古奥，燕子矶凌险欲飞，钟山王气逼人。朱察卿《游金陵诸山记》是这样评价的：

> 牛首旧称天阙，石鲜莹琇，地香幽郁，若良贾坐肆中，玮宝杂陈，辉煌过客；祖堂花岩，凄清寥寂，若高僧面壁枯坐，外息诸缘；栖霞深僻古奥，若贞士幽人，孤褾洁操，不为玄纁所屈；燕矶高峙昭旷，凌险安危，若怒夫烈士，倚剑而歌，睥睨天地；若夫钟山独尊，王气郁郁，诸山环拱若星，真天子攀髯处也。

---

① 董传策：《游金焦两山记》。
② 王士禛：《渔洋山人文略》卷四《金山题名记》。
③ 钱兆鹏：《后浮江记》。

综上可知，无论是山水的物象比拟，还是内在意蕴，是自然形象，更是人们对山水的文化理解。所谓的山水景观美，在很大程度上来自于人们的主观认识。所以，清人张星鉴《游齐山记》中论山，有"以雄壮胜"、"以幽瘦胜"、"以古怪胜"、"以空灵胜"，这"雄壮"、"幽瘦"、"古怪"、"空灵"并不仅仅是山体的直观自然形态，而主要是人们对山体的理性认知。我们从明清文士的笔下，可以发现许多他们以自己的好恶、情趣对各种自然景观所作类似的思考。

3. 人造景观的真、善、美

人造景观自古即有。明清文士们对一些人造景观也发表了许多颇有见地的观点。在自然山水之人造景观点缀、园林的内在结构与组成要素诸方面展开了真、善、美的评说。

"山水之有亭榭，犹人之高冠长佩也，在补其不足，不得揜其有余"。①恰当的人工景观，能为自然山水增胜添色。但山水中的人工所为不能损"天成"。那些在山体上凿壁为仙佛貌相，游客自镌题名及其诗赋，甚或施以色彩，凡此种种"愚僧俗士"对山体剥凿、有损天巧之行为，皆不为许多文人所接受，他们纷纷斥之为"山中俗客败人佳兴"②。"桐城派"创始人、散文家方苞认为，能使游客欣然而乐者，是有明媚、太古容色之山川，安徽的浮山、南京的栖霞山、杭州的飞来峰等，非崖洞不秀美，只是愚僧多为仙佛形貌，俗士又自镌名字诗词，疮痕入目，败人游兴。所以对于栖霞山千佛岩镂满的诸佛像，邹迪光以为"无论工拙，大都以人力损天成"③。明太仓人陆容在《菽园杂记》中指责为"破碎山壁"，"令人可厌"。归庄也极不欣赏刻石为文字图画这种于山水无所增益之做法。康熙五年（1666）二月，归庄探梅游苏州华山，见山上奇石"皆镌大字而朱涂之"，"所镌字如菩萨面、夜叉头之类，又极不雅"，甚是不满。他在《观梅日记》中说：

① 费元禄：《鼌采馆清课》。
② 盛时泰：《栖霞小志》。
③ 邹迪光：《游摄山栖霞寺记》。

余尝谓山川洞壑之奇，譬见西施，不必识姓名，然后知美。今取天成奇石，而加之镌刻，施以丹垩，是黥劓西子也！岂非洞壑之不幸乎？

袁宏道对刻石毁损山林现象的谴责更为激烈，呼吁对此恶习应绳之以法，曰：

齐云天门奇胜，岩下碑碣填塞，可厌耳。徽人好题，亦是一僻。仕其土者，熏习成风，朱书白榜，卷石皆编，令人气短。余谓律中盗山伐矿，皆有常刑，俗士毁污山灵，而律不禁，何也？佛说种种恶业俱得恶报，此业当与东盗同科，而佛不及，亦是缺典。青山白石，有何罪过，无故黥其面、裂其肤？吁，亦不仁矣哉！①

如此，即使像泰山汉《无字碑》、唐《纪泰山铭》、《金刚经》这样的国之瑰宝，一些文人从保护山体景观的角度也提出了严厉的批评。如刻于斗母宫东北深谷山涧中巨大石坪上的《金刚经》（此石坪因名"经石峪"），残存的 1067 个字，字大 50 公分见方，以隶书为主，兼有篆、行、楷、草意态，苍劲古拙，丰润雄浑。其书艺之高，规模之巨，自古罕见，世称"大字鼻祖"、"榜书之宗"。齐周华却以为，人们刻《金刚金》、《大学》于地上，"迂甚！忌甚！此皆黥泰山者，泰山奚罪焉"？②张岱尚质朴自然，坚决反对历史古迹的随意杜撰与改造。他游泰山，满眼所见皆为乞丐、立碑者，前者"求利于泰山"，后者或立小碑，或刻崖石，如"万代瞻仰"、"万古流芳"之类，以"求名于泰山"，"处处可厌"，"无一字堪入眼"。在《岱志》中，张岱说："泰山清净土，无处不受此二项人作践，则知天下名利人作践世界也，与此正等。"

　　另有一些文人则较谨慎，他们建议视石刻价值大小而采取不同的态度，对于那些有着重要历史文化价值的石刻应加以适当保护。如钟惺在《岱记》中说："碑者，山川之眼也，"虽然，"碑不易佳，佳者尤不易古"，对泰山现存的摩崖碑铭、石刻经文，急着要做的不一定是"审定佳恶"，而是对于已有一定年限的古物加以保护起来。他主张："请从元、宋以前，虽不以为

---

① 《袁宏道集笺校》卷一〇《解脱集之四·齐云》。
② 齐周华：《名山藏副本》上卷《东岳泰山游记》。

佳，亦念其年寿而保存之。"同时，对那些"俗子"糟蹋破坏碑刻古物的现象，则应予以纠正，并书"某某毁碑刻处"，"明正其刑，以告愚忍者。后有所犯，按所坏碑之久近，为其刑之差可也"。看得出，钟惺不禁止崖壁上题铭刻字，反对的是"俗子"败笔。正因此，在万历四十四年（1616）的泰山四日游期间，他自己就择石题写了"岱不无松，松至此始涛焉。泉壑映蔚，奇为幽豁"、"晴雨所覆，白云之上。冬爱其源，阙流斯养。石穹其中，俟时而响。岱实为之，劝登弘奖"等句。

"园林之道，与学问通"①。园林是门综合艺术，要在纤小的空间里，营造一个色彩斑斓的大千世界。园林有第宅园林与别墅园林之分。第宅园林，又称"甲第园林"，通常位于街市中的住宅之后，或"辟居第之偏为园"②，是为地道的假山假水，其功能主要在于扩大生活空间，模拟自然达到愉悦身心之目的。别墅园林则建于乡野山水间，或踞胜湖山，或取幽郊野。苏州近郊诸山、无锡慧山、南京盍山、昆山马鞍山、常熟虞山、宜兴南山、扬州保障湖等地都是园林错杂、亭台相望。别墅式园苑建置真山真水之中，自然意蕴远重于第宅园林，山水与建筑的结合也更为巧妙。值得关注的是，这种别墅式园林在江南园林中的数量要超过第宅园林。以苏州为例。苏州明清两代位于城外四郊山水中的园林达95座，占总数的63%，园林业主对自然环境诉求之强烈也由此可见。

表9　　　　　　　　　　　苏州园林分布情况表

地址	明代		清代		明清合计	
	园林数	百分比（%）	园林数	百分比（%）	园林数	百分比（%）
中心城区	30	33.7	26	42	56	37
城外四郊	59	66.3	36	58	95	63

不论是完全假山假水的第宅园林，抑或建于真山真水之中的山水园林（别墅园林），园林的本体，就是人文与自然的完美结合物，是各种自然与人工要素组成的有机统一体。唐代大诗人白居易在《池上篇》中道：

---

① 袁枚：《小仓山房文集》卷一二《随园三记》。
② 光绪增修《甘泉县志》卷一〇《古迹下》。

　　　　十亩之宅，五亩之园。有水一池，有竹千竿。勿谓土狭，勿谓地偏。足以容膝，足以息肩。有堂有庭，有桥有船。有书有酒，有歌有弦。……灵鹤怪石，紫菱白莲。皆吾所好，尽在吾前。

杨循吉也以为，园林是组合山水、建筑与植物以适游观，山水、亭台、花木为园林之必备要素，缺一不可，他在《周氏池亭记》中说：

　　　　有名园而无水，是尘土犹未涤也；有水而无临观之亭，亦弃水耳。所谓园者，林木一胜也，水二胜也。有是二胜，又必亭馆点饰，而后可游。①

作为浓缩万水千山于一畦之间的园林，妙在具体而微，使一卷代山，一勺代水，"水则潦泓明瑟，石则刻削峥嵘"，"一壑一丘，辄令人作濠濮间想"。②要协调好山水、建筑、植物诸要素的关系，避免务宏大者，鲜幽邃；人力胜者，少苍古；多泉水者，艰眺望，达到"虽由人作，宛自天开"的艺术效果。在造园中，尤其切忌过分的人工造作。所谓园林如同美女，"其一，冶容靓服，脂粉涂抹，非不耀人目精，然终不离外饰；其一则冲淡闲雅，负本天成，愈玩愈不可厌"③。一座质朴的古典园林，崇尚的是山水之趣，追求的是自然情愫，要以山水为载体，建筑仅作"点饰"，不假人力，景自天成。著名画家沈周指出"为园之道"，关键在于"多种树，少起屋"。④即使是必要的人工建筑，也要务求不冲淡闲雅的天然韵味，要合乎自然场境。袁枚寓居南京，常有"首丘之思"，便在随园中仿家乡西湖之景，"为堤为井，为里、外湖，为花港，为六桥，为南、北峰"，以期实现"居家如居湖，居他乡如故乡"之愿。但能否达到这样的效果，袁枚一开始也心存疑惑："以人功而仿天造，其难成乎？"⑤可见园林中人工点作达到天成效果之

---

①　杨循吉：《攒眉集》。

②　乾隆《元和县志》卷一八《园亭》。

③　沈恺：《游东园记》。

④　褚人获：《坚瓠秘集》卷六。

⑤　袁枚：《小仓山房文集》卷一二《随园五记》。

不易。

无锡愚公谷，不"花树故故"、"特特为园"，极具天然之趣，张岱以为"其园亭实有思致文理者为之"，为文人园中之佳作。绍兴东郊的西施山，即土城山，传越王勾践为教西施歌舞而筑。明嘉隆年间，造园者始作园亭于这个"歌舞善地"之上，搜剔山石，山上遍铺波涌浪蹴、龈龈腭腭之石，匾额、门帖皆与西施有关，如"响屧廊"、"脂粉塘"、"锦帆"、"苎罗"。对此，张岱在《西施山书舍记》中斥之甚厉："将西施、范大夫句句配合，字字粘捻，见者无不哕噫欲呕。我西子绝代佳人，如此刻画，真村庄农妇之不若矣！"张氏以为，造园者以一肚皮学问故典任意着落，"是则好事者之过也"！所以，对于穷极工巧的园亭山子，外美炫而本质亡，多数文人颇不以为然。谢肇淛批评某些拘儒俗吏为园，极意修饰，胸无丘壑；贾竖阉宦辈为园，必壅蔽以亭树，妆砌以文石，缭绕以曲房，堆叠以尖峰，甚至猥联恶额，累累相望，这些都为"滋胜地之不幸，贻山灵之呕哕耳"。谢氏又以园林中叠石为例，进一步阐述自己的造园观：

> 工者，事事有致，景不重叠，石不反背，疏密得宜，高下合作。人工之中，不失天然，偏侧之地，又含野意。勿琐碎而可厌，勿整齐而近俗，勿夸多斗丽，勿太巧表真。令人终岁游息而不厌，斯得之矣。①

莫是龙在《笔尘》抛出的"天然"观中，则明确表示"最不喜叠石为山"，以为"纵令纡回奇峻，极人工之巧，终失天然，不若疏林秀竹间置盘石，缀土阜一仞，登眺徜徉，故自佳耳"。沈复僻爱自然，注重山林本色。对于苏州狮子林奇巧百态的山石，他在《浪游记快》中发出了不同常调的评议，曰："其在城中最著名之狮子林，虽曰云手笔，且石质玲珑，中多古木，然以大势观之，竟同乱堆煤……全无山林气势。"② 汪琬直指吴中园居"大抵涂饰土木，以贮歌舞，而夸财力之有余"，此为"庸人之所尚"，行且荡为玲风，化为蔓草，汪氏连呼："何足道哉！何足道哉！"③

景观取尚，虽有其同一性，但人情好尚各不同，因人们素养、兴趣的差

---

① 谢肇淛：《五杂俎》卷三《地部一》。
② 谢肇淛：《五杂俎》卷三《地部三》。
③ 汪琬：《尧峰文钞》卷二三《姜氏艺圃记》。

异，造成各人的旅游目的物也千差万别。如德国地理学家阿尔夫雷德·赫特纳所说："美学评价在不同的时代、不同的民族、不同教养阶层的不同的人是有变化的。"① 有人留恋山水，有人好吊古迹，有人喜仿俗，有人爱赏花。孔尚任在《琼花观看月序》中举例说，游扬州者，各搜访名胜以侈归口，然雅俗不同，"雅人必登平山堂，而俗客必问琼花观"②。祝允明好观云，他在南京鸡鸣山，"剧观"云图万变：

> 夫峦者，岩者，岫者，陂者，洼者，潮者……揖者，坐者，拱者……舞者，戏者，斗者，翔者，驰者，泳者。……以青，以丹，以黄，以碧，以绯，以赤，以苍，以紫，以绿。……察之而益繁，况之而不穷。③

袁宏道生长水乡，百里无片石，见山丘则欣喜不已，故其"野性癖石"，每登山，首问的便是"山岩几处，骨几倍，肤色何状"？④ 魏源尚月，他说："骨山终不俗，得月即幽静。"⑤ 在《游虎丘后吟六首》中又说："雨山潋艳云山幻，雪山清寒耸璀璨。三者皆暂不可久，惟有月山终岁有。"魏源还以为不仅月山美，月光下的水景也很奇特，他作《西湖夜月吟》道："青湖不及雨湖好，雨湖不及月湖窈。"而即便是同一人，前后不同时间内，也会因晴雨寒暑、欢愉顺逆等不同的遭际出现不一样的取尚标准，即"景物一致，而态度屡变"。⑥ 如袁枚两次游桂林，所尚迥异，第一次，"其时年少，不省山水之乐"，五十年后再度重游，则"一丘一壑，动生感慨"。⑦ 这也就是阿尔夫雷德·赫特纳认为的美学评价，"甚至同一个人在不同年龄和不同的时刻，根据他的心情和外部环境，也有着变化"。所谓"盖境与志合，虽不乐犹乐；境与志违，虽乐犹弗乐也"！⑧

---

① 阿尔夫雷德·赫特纳：《地理学，它的历史、性质和方法》。
② 孔尚任：《湖海集》卷八。
③ 祝允明：《怀星堂集》卷二一。
④ 《袁宏道集笺校》卷三七《由舍身岩至文殊狮子岩记》。
⑤ 《魏源集》下册《虎丘夜月》。
⑥ 周晖：《金陵琐事》卷四。
⑦ 袁枚：《随园全集·小仓山房续文集》卷二九《游桂林诸山记》。
⑧ 孔尚任：《湖海集》卷八《海光楼记》。

四　说"游人"

旅游活动是人与景沟通交流的过程，人是旅游活动的主体。"有其地矣，苟无其人，则不能赏"①。邵长蘅也说："设非其人，强而处之山咀水涯之间，孑孑焉不能终日，甚者导忧而增慨者有之。"② 徐邵二人所讲的"其人"，即明清文人通常特指的"游人"。

作为"游人"，应是"闲人"，有时间，还要有好的身体与资费盘缠，即"济胜具"与"资斧"旅费，若迫于程期，或艰于资斧，就"不能称心"出游。③ 而更必不可少的是"性灵"与"兴会"。正因此，自古来尽管"闲人"不少，富者不乏，但"游人""卒少"，"无济胜具及资斧且弗论，大率乏性灵与兴会耳"。④

"游人"首先要有充分的闲暇时间专心游事，也就是归庄所说的"专以游为事"⑤。他们有胜情，不为功名富贵所累，专行其志，挟资裹粮，寻幽缒险，目极天下奇观，足穷千年胜迹。一般公卿大夫"志乎功名，处乎富贵，方汲汲焉，日不暇给，乌知其所谓山水之乐也哉！"⑥ 清人法嘉荪进一步说，惟荒寒之士能采究风景，"若达官长者，既限于势分，又诎于时日，岂能得其真哉？"⑦ 这些都是强调，一些有意于山水的士大夫，因他们志在功名，无暇旅游，即使仆仆于陂台亭馆之间，但日餍酒食，频进丝竹，讼狱烦嚣，酬应不断，终究因形怠意烦而胸中早已无有万水千壑了，因而不能算作"游人"。

其次，"游人"要在游览中有所作为，能找出自然或社会的变化与发展轨迹，而不是到此一游的匆匆过客。唐顺之就说，游人应"以极幽遐诡谲

---

① 徐阶：《少湖先生文集》卷一《登北固山望金焦诗序》。
② 邵长蘅：《青门旅稿》卷四《问津园记》。
③ 齐周华：《名山藏副本》上卷《台岳天台山游记》。
④ 黄安涛：《吴下寻山记》，见杨循吉等：《吴中小志丛刊》。
⑤ 《归庄集》卷三《山游诗自序》。
⑥ 史鉴：《西村集》卷六《题钱塘记后寄吴原博》。
⑦ 法嘉荪：《养疴闲语》，见《丹徒县志摭余》卷二一。

之观，博搜山川、草木、鸟、兽变化之情状为快"①。对此，凡游"必穷高极深"的潘耒，专以"游人"与"贾人邮卒"作了比较，潘氏认为虽然两者都是旅行者，都是"贵于足迹之远者"，但"游人"与"贾人邮卒"的活动内容有很大区别，他说：

> 以能原本山川，谘询风俗，大而阨塞利病，小而草木虫鱼，靡不究其情形，穷其变态，然后可以言游。如第日至其地而已，则贾人邮卒所历较多，亦可以为游耶。

潘耒还批评当时一些"喜言游览"的士大夫，浮慕司马迁、司马相如诸辈风流，"比有公私行役，远者或数千里，所过山川名胜不知其几也，而意趣不在是，往往觌面失之，则亦贾人邮卒之为而已，于游何预焉"。② 如潘耒批评的所谓"游人"自古来就不少，他们意趣并不在山水，既畏险，又不劳身体，浮光掠影而已，或多携牲酒朋从，任情骄恣，腥秽僧寮，或任由舆人引导，一知半解，以博高雅之虚名。这些人虽打着"游人"旗号，但"无出尘之胸襟，不能赏会山水；无济胜之支体，不能搜剔幽秘；无闲旷之岁月，不能称性逍遥"，"虽游犹弗游也"。③ 因而与那些"不居游之名，而巧于收游之实者"④ 相比，就显得异常浅薄了。

　　有些文人提出，"游人"要摒弃浮靡的游览生活，因为"驺从之盛，失之华；声妓之乐，失之纵；行厨之丰，失之侈"。⑤ "若流连剧戏，如六代滔游，真可鄙"。⑥ 同时，"游人"不能简单停留在耳目感官愉悦上，即"匪直耳目之娱"。⑦ 也就是说，并不是置身于山水风景中，就能以"游人"相称。"山川台榭之胜，惟有情者能领会之"，"情生于景，景亦生于情，情景相生而风韵见焉"。作为游人，应弃绝百事，割断世缘，厌尘离俗，摒弃一切私心杂意，逍遥忘我，恣意岩栖，娱心景物，以花为婢仆，鸟当笑谭，溪

---

① 唐顺之：《荆川先生文集》卷一〇《前后入蜀稿序》。
② 潘耒：《遂初堂集》卷七《使粤日记序》。
③ 潘耒：《遂初堂集》卷七《徐霞客游记序》。
④ 胡震亨：《江上杂疏叙》。
⑤ 方鹏：《游大石记》。
⑥ 吕柟：《游白鹤道院记》。
⑦ 史闰章：《学余堂文集》卷一二《趵突泉来鹤桥记》。

蕺涧流代酒肴烹享，雨声云影、松风萝月为一时豪兴之歌舞，山自为宾我为主，"处以人世不争之居，享以山川自然之味"，"地成洞府，人似羲皇"，①最终达到"山水误人，人误山水"②之境界。否则，"虽知其胜，而不能乐也"！③ 明人徐献忠道：

> 夫性耽丘壑，志慕烟霞，非有绝云凌晨之思，遗世离形之识者，不能也。五岳名山之间，轨辙寻至，苟其所操不能脱略世愿，弃其秽迹，则虽日藉芳草，长穿白云，亦何取焉?④

唐顺之在给其二弟的家信中就说，"游人"若不能谢遣世缘，澄彻俗心，或止游玩山水，笑傲度日，是以有很日力作却无益靡费，即与在家何异?⑤ 不然的话，"缁流住山"，"妇孺面山"，"庸俗人狎山"，都能"强目之曰游山"了。⑥ 对此，"雅好山泽游"的袁中道，以自己的游历生涯为案例加以剖析。袁中道在《西山十记·记十》中说，自己二十岁时即由长江历吴会，北走塞上，游历较广，但当时"性爱豪奢，世机未息，冶习未除，是故目解玩山色，然又未能忘粉黛也；耳解听碧流，然又未能忘丝竹也"，载携声妓，盘餐百金，虽目及山石洞壑之奇，却"此与不游正等"，因而只能算为俗客。"游山，自西山始"，游北京西山时，袁中道已厌弃世膻，少年豪习，扫除将尽，他朝采暮归，"以法喜为资粮，以禅悦为妓侍，然后澹然自适之趣，与无情有致之山水，两相得而不厌，故望烟峦之窈窈突兀，听水声之幽闲涵澹，欣欣然沁心入脾，觉世间无物可以胜之"。⑦ 此时的袁中道已进入"游人"队列了。

旅游是项有苦有乐的野外活动。在游览设施、社会保障不完善的明清时期，旅游所受的艰苦自然不小。对此，魏源的《游山吟》一语道破：

---

① 沈懋功：《山游十六观》，见何伟然：《广快书》卷三六。
② 吕柟：《游高座记》。
③ 何乔新：《锦溪小墅记》，见嘉靖《太仓州志》卷一〇。
④ 徐献忠：《长谷集》卷六《刘子游山序》。
⑤ 唐顺之：《荆川先生文集》卷五《与二弟正之》。
⑥ 单思恭：《寓摄山游记》。
⑦ 袁中道：《珂雪斋集》卷一二。

人知游山乐，不知游山悲。郁律槎牙枯树枝，湍风石籁吟无时。尽日无人呼不应，一应谷响风霆驰。孤光惨惨照衣袂，赏心独往无人知。幽洞老僧眉一尺，扣之不语如扣石。缥缈绝壁似有人，欲往从之绝行迹……

所以，"游人"要与徐霞客一样，扶筇裹粮，徒步千里，凌绝壁，冒丛菁，"攀援上下，悬试绠索，以釜岩为床席，以溪涧为饮沐，动经年岁"。①

不仅如此，外出旅游还有危及生命之虞。以乘轿舆为例，坐上肩舆行走在山高路陡处，虽然省却了脚力辛劳，但危机四伏，"念舆差逸而听于人，且神惧焉，与形劳正等，毋宁步而听于己"。② 水上旅行历来被认为是最安适的方式，但是水能载舟，也能覆舟。一旦遇上狂风大浪，就有船沉命丧的可能。"平生山水心"的王鏊，在《鍫舟记》中就谈及一次难忘的经历："昔者吾尝泛舟涉江湖，傲然枕席之上一日千里，固自以为适也。不幸怪云欻起，飓风陡作，鱼龙出没，波涛如山，而吾方寄一叶以为命，茫然不知所归。幸而获济，犹心悸神悚而不能已。"吴江同里有周子肇者，此人以鬻书为业，喜交天下文人，时时载书以游，足迹几半天下。然"年甫六十，即制一椟，极其精美，所至辄载以自随。谓逆旅旦夕不测，身后可无虑也"。周氏自携棺材而游，其为旅游而敢于牺牲性命的精神可嘉。《搜神记》中记载了这样一个故事：

> 吴人费季，客游数年。时道路多寇，妻常忧之。季与同辈旅庐山下，各相问去家几时，季曰："我去家数年，临来与妻别，就求金钗以行，欲观其志，当与吾否耳？得钗，仍以著户楣上。临发，忘道此钗，故当在户上也。"尔夕，妻梦季曰："吾行遇盗，死已二年。若不信，向吾取汝钗，遂不以行，留在户楣上，可往取之。"妻觉，探钗得之，家遂发丧。后一年余，季来归还。

宋懋澄雅好远游，"兴之所至，辄竟千里"，于陆风雨，于水波涛，不分昼夜，奔波于大江南北。客吴门时，为避盗贼，宋氏曾夜半取道湖泖间，双桨

---

① 沈德潜：《半山学步序》，见齐周华：《名山藏副本》附录。

② 钟惺：《岱记》，见徐柏容、郑法清：《钟惺散文集》。

若飞，巨舰中点燃两桦灯，宋懋澄本人则衣冠危坐，盗贼以为神人，终不敢冒犯。总结一生的旅游经历，宋懋澄说："会有天幸，得不死于盗贼险阻。"① 如此艰险游程，曾使许多游客畏难而退，即"大凡游山者，多失之疎脱，失之草率，穷日则疲，畏险则却。虽有奥渺，咫尺悬绝，以倦眼对残晖成厌物尔"。②

所以，明清文人强调游人的"济胜具"，不仅在于有矫健的"足力"，有灵巧的双手，有过人的"识力"，还应有不怕艰难险阻的胆量；③ 强调善游者，要"决必往之志，毋为人挠，毋为风雨燠阻"④，身履危径，踯躅空山，穷山之脉，探水之源，甘愿"以青鞋布袜军持为供亿，以高人逸老山僧樵客为伴侣，以孤情绝照苦吟小饮为资粮，与山水之性情气韵自相映发"⑤。只有这样，才能览遍天下奇山丽水。这样的"游人"，也是古人所俗称的具有"山兴"、"山足"、"山腹"、"山舌"的"山人"：

　　　癖耽山水，不顾功名，可谓山兴；瘦骨轻躯，乘危涉险，不烦筇策，上下如飞，可谓山足；目击清辉，便忘醉饱，饭才一溢，饮可旷旬，可谓山腹；谈说形胜，穷状奥妙，含瘦咀隽，歌咏随之，若易牙调味，口欲流涎，可谓山舌……⑥

"古明达士游览所至，必记其见闻，所以益智识"⑦。一个善游之人，不仅要好游，"而且善著书，以鸣其游"⑧。胡震亨在《江上杂疏叙》中就以为，"游人"要有时间、有游资，还要能用笔墨描摹风景，"以举其景"。没有文字记录的旅游，时间久了会遗忘，是游与不游相等，也便是"有游名而无游实"。他说：

---

① 宋懋澄：《九籥集》卷二《积雪馆手录序》。
② 程正揆：《青溪遗稿》卷二七《杂著二》。
③ 齐周华：《名山藏副本》上卷《西岳华山游记》。
④ 袁中道：《珂雪斋集》卷九《送吴生游豫章序》。
⑤ 钱谦益：《牧斋初学集》卷三二《越东游草引》。
⑥ 李绍文：《皇明世说新语》卷五《栖逸》。
⑦ 朱逢吉：《游石湖记》。
⑧ 潘耒：《遂初堂集》卷七《使奥日记序》。

盖世称为游者，非宦游，则客游耳。然宦游也，而畏简书，则有游资，而无游晷；客游也，而困糇粮，则有游晷，而无游资。即有其晷与资矣，而其人不文江山之胜，能以展尽，而不能以笔留，转盼之间，昔之所徘徊叹咤，以为奇绝者，尽付之梦境，而杳然无以举其景，向是又为有游名而无游实。

大部分文人在游览中多有诗文之作，他们餐风宿雨于山巅水湄之间，绘图削稿于僧房馆舍之中，"游必有作"①，抒写从胸臆中流出的真情。如有姜秋岛者，游武夷山等名胜，有诗有记，"以诗为经，而记纬之"。因而，时人就称姜秋岛："今之诗人，游人也。"② 当然，游览后能有所作，并不是人人所能做到的。善记者与能游者一样，需要"性情学问"。陈天颜在赞齐周华及其《台岳天台山游记》为"奇士奇文"时说：

能游固难，遍游尤难。游而能记又难，记而能处处曲肖，无美不备，尤难。或谓土著人遍游亦易，详记亦易，此无学人语也。试思何处无名山胜境，何处无土著名公，卒之可传者之作寥寥，且可传者，多不尽出土著名公之手，此何故耶？前者予在馆中，合土著吾儒十余人，共览斯记。内有九人，未游一半者，尚有四五人，虽游一半，言之未尽了者，何况其他。是知性情学问有一不足，必不能游，必不能记。③

总观明清两代，符合"游人"标准者，当首推徐霞客。潘耒在《徐霞客游记序》中说，徐霞客置身物外，专心游事。出游考察途中，不走官道，但有名胜辄迂回曲折寻访，"一丘一壑，支搜节讨"。登危峰，入幽洞，寝树石之间，啖草木之实，不避风雨，不惮虎狼，不计程期，不求伴侣。徐霞客"以性灵游，以躯命游，亘古以来一人而已"。其所撰写的游记，"精详"、"真实"，钱谦益赞之为"古今纪游第一"。

---

① 都穆：《游观音岩记》。
② 齐周华：《名山藏副本》上卷《太白山纪游》附《钱塘弟姚远翱羽丰氏评》。
③ 齐周华：《名山藏副本》上卷《台岳天台山游记》附《同学弟陈天颜咫亭志》。

五　议旅游活动

旅游活动的勃兴，尤其是日益高涨的大众性旅游热潮，引起许多明清文士从民俗之贞淫敦薄、政教之优劣成败角度给予倍加关注。从士大夫们赞同或贬斥声中，我们可以看到旅游活动在明清社会上所造成的较为广泛而深远的影响。

1. 市民旅游伤风败俗，理当禁戢

对于广大民众参与游赏活动，这种与传统农业社会格格不入的生活方式，文人士子们鄙薄嘲讽之声时时可闻可见，认为市井小民问于游事，红尘瀚然，是对山灵圣迹的亵渎不敬，是无益于世界的"无益之事"。

中秋的虎丘，游人嘈杂，笙歌笑语终夜不绝。李流芳以为这使丘壑化为了酒场，"秽杂可恨"①，他在《江南卧游册题词》中，直指游人皆附膻逐臭而来，"非知登览之趣者也"，虎丘名地，"第令烟花粉黛翩翩其间"，"辜此宝剑三千矣"！② 徐干学说虎丘山水固佳，但徒为好事者的游宴之地，车马轰阗，佣贩杂处，"嘉山美树，举湮没于声歌醋饮之中，其识最夯鄙不足道耶"！③ 这些文人喊着名山"以静为安"的高调，以为月夕花朝，游人挤压，使山灵无法解脱声音之缚、游观之扰，实际上是出于个人独占旅游地、静心眺望游览之私心。因而一旦景区没有了市民身影，他们莫不为能徜徉清赏而欢欣鼓舞。崇祯十四年正月，汤传楹偕尤侗游虎丘，时正春寒凄然入人襟袖，连绵一旬左右的雨雪天，使得"春风多厉，冻阳犹滞，层阴未开"，因而山屐无声，游纂匿影，阒如无人。汤传楹与尤侗为虎丘没有"俗物"游览这一"胜事"大加赞赏，从他们的一唱一和中，可见对市民旅游的鄙视态度：

---

① 李流芳：《游虎丘小记》。
② 宋懋澄：《九籥集》卷四《虎丘禅悦楼募缘疏》。
③ 徐干学：《虎丘山志序》，见乾隆《元和县志》卷三三。

予顾而言："兹山苦俗久矣。芳春之朝，清秋之夜，围珠捧翠，载酒征歌，犬吠驴鸣，间不容膝，此辈俗物败意，予曾有祢生尸之叹。今日青山主人忽舒青眼，幸无恶客污我洞门，此间一片石，差许吾辈借生公麈尾一挥，为山灵解秽，良云胜事。"展成颔曰："然乎哉！然乎哉！生公之徒，犹有存焉。备闻此言，故当点头而悟。吾将勒之檐下，回俗士驾，以代清耳。"①

康熙时人邱嘉穗以为，占据名山的浮屠老子之宫，每以仙佛诞日，号召四方男妇奔波聚会其间，"其为名山之辱也莫大焉"②。妇女游寺登山，更为一些士大夫所不容。袁景澜在《吴俗箴言》中就对妇女出游有伤风化的举止给予了谴责：

何乃吴俗习于游荡，少妇艳妆，出行无忌。兜轿游山，灯夕走月，游观寺院，做会烧香，跑所讲经，僧房谈笑。或宿神会结缘，或翻佛经为求福，或宿山庙而求子，或点肉灯以禳灾，或舍身后殿寝宫，朔望供役，僧道款待，恶少围观，本夫亲属，恬不知羞，深为风俗之玷。③

在此观念下，不少文人不愿与百姓同道观景。如钱兆鹏游南通军山，"耻于进香人逐队，而于人迹所不到处，惮穷足力，以涉艰险，亦欲为狼山洗出真面目耳"！④

每逢节令，小户倾家，百工废业，城乡士女成群结队，杂沓于山水之间，穷极奢靡。旅游活动的这种讲究耳目口腹享受，不事生产，也就自然被一些人视为社会风气奢败之源。早在元至正间，陆梳山在《居家制用》右下篇中，就列"居家之病"者七："曰呼，曰游，曰饮食，曰土木，曰争讼，曰玩好，曰惰慢，有一于此，皆能破家。"⑤ 陆氏在这里把旅游及其与之有关的饮食、土木、玩好、惰慢列入了"破家"之列，这种观点正代表

① 汤传楹：《游虎丘记》。
② 邱嘉穗：《东山草堂文集》卷一《庐松土先生罗浮山囊序》。
③ 见袁景澜：《吴郡岁华纪丽》。
④ 钱兆鹏：《游军山记》。
⑤ 转自李诩：《戒庵老人漫笔》卷六。

了传统的伦理观念。即便是异端思想活跃的明清时期，仍然有不少人在应和着这种思想，他们将山水声伎看成与樗蒲博弈、盘玲剧戏一样，是社会的祸根。如袁宏道曾忧心忡忡地说："夫俗奢必荡，荡则穷；民泰必骄，骄则僭；民穷而僭，乱从生焉。司世道者，不能无隐忧矣。"① 明代吴山登高节，游人如潮，"万钱决赌争肥牸，百步超骧逐帝骢"，"呼卢蹴鞠恣喧哗"，"沿溪晚市出鱼虾"。申时行目睹如此奢侈消费，深为忧虑，他在《吴山行》中写下了自己的感叹：

> 此日遨游真放浪，此时身世总繁华。道傍有叟长太息，若狂举国空豪奢。比岁仓箱多匮乏，县官赋敛转增加。间阎凋瘵谁能恤，杼轴空虚更可嗟。何事倾都涸丘壑，何缘罄橐委泥沙。白衣送酒东篱下，谁问柴桑处士家。②

钱兆鹏虽然以为一地有名胜，"以恣登眺，供赏玩，非大妨民也"，但如果一事至极端，则往往会走向事物的反面，造成社会奢变、人心变坏，以至有碍正常的工商生产秩序。他举虎丘游事为例道：

> 然未有终岁嬉戏，举国若狂，如虎丘之甚至者。风俗由是而奢侈也，心术由是而败坏也，工商由是而废业也，闺壶由是而诲淫也，宾旅由是而丧财用也。守斯土者，或能留心于政教，其必自废虎丘始。③

一些文人由不能认同到惊骇，进而敦请封建政府从正反两方面加以防治。如明人顾起元在《客座赘语》卷二中，主张对南京寺庙讲经说法时男女混殽、昼夜杂沓之事，"尤当禁戢"；而僧道无端创起的奉迎观音等法会，倾街动市，奔走如狂，认为"亦非京邑所宜有也"，应"表立法规，楷正流俗"。面对全国和各地民众蜂拥远程进香泰山、武当山，河南按察使沈起元在劝谕无效的情况下，为"不致误农耗财"，使"人心风俗益归于淳朴"，于乾隆四年（1739）五月上了《为请禁越省进香陋习事奏折》，请皇帝下诏，宣谕

---

① 《袁宏道集笺校》卷四《锦帆集之二·岁时纪异》。
② 崇祯《吴县志》卷一〇《风俗》。
③ 钱兆鹏：《游虎丘记》。

百姓不越省进香：

　　……小民越省进香，于一岁之中稍有蓄积，即留为来年进香之资……自正月至二月，每日千百为群，先至省会城隍庙申疏焚香，名曰挂号，然后分投四出，纷纷结队，填塞街衢，鸣金击鼓，树帜扬幡，结僧野道，前后导引。或赴武当、南海，或赴九华、泰安。其程途则有千余里以及二三千里之遥，时日则有一月以及二三月之久。迨回至乡井，已值春暮。以乡农有限之盖藏，坐耗于妄希邀福之举；以三春最紧要之时日，消磨于无益奔走之中，失业耗财，莫此为甚。而且男女杂沓，奸良莫辨，斗殴拐窃，易滋事端，万一匪人从中倡为邪说，煽惑愚民，尤为人心风俗之害。……今河南等省，以越省进香，竞相趋逐，若不早为禁遏，其流弊将无底止。臣目击情形，现与抚臣谆切化导，多方劝谕，但小民习俗既深，而邻省查禁非易。伏乞皇上敕下各省督抚，宣谕群黎，俾知神灵随处降格，不必远求，即欲奉佛祀神，亦止许于本境祠庙虔诚。诚祈祷，毋得越省进香。庶不致误农耗财，而人心风俗益归于淳朴矣。①

　　道光时人朱绶在《吴中风俗利病说》中，以为城市中有茶坊、酒店、梨园等，"则事变安得不多，而物力又安得不耗也"。尤其妇女好为嬉游，面不知蔽，每天船轿之费不下数缗，"此又风俗之可伤者也"。朱氏以为，杜绝祸端不能光靠一道禁令，只有使"害俗之本"之"游民"无暇而游，则游观可绝。他说："游民"乃害俗之本，去俗之害，莫如禁民之游；欲民之不游，莫如养民之廉耻，养民之廉耻，莫如导之以俭德，导民之俭，莫如治生；民之治生，莫如务本：士以旧德为本，农以先畴为本，商贾以平易不欺为本，工艺以勤作为本，妇人以女红蚕绩为本。罢无名之举，节无益之用。本业劳则日少暇，日少暇则放心敛，放心敛则游观绝，游观绝则夸诈衰，夸诈衰则事易举，事易举则吉凶时，吉凶时则人道备，而廉耻不为之生，而俗害不为之去未之有也。朱氏特别强调："今世风俗之变，

————————
　　① 中国第一历史档案馆：《乾隆初年整饬民风民俗史料（下）》，《历史档案》2001年第2期。

始于倡优下贱，而成于士大夫。"因此，他建议："治之者，请从士始。"①

迫于舆论的影响，终明清两代，一些地方不时发出了刹游风的政令。举苏州为例，早在明隆庆二年（1568）十月，苏州地方政府就勒石刻碑，严禁士大夫以外人士至虎丘游玩：

照得虎丘山寺，往昔游人喧杂，浪荡淫佚。今虽禁止，恐后复开，合立石以垂永久。今后除士大夫览胜寻幽、超然情境之外者，住持僧即行延入外，其有荡子挟妓携童、妇女冶容艳妆来游此山者，许诸人拿送到官审实，妇人财物，即行给赏；若住持及总保甲人等纵容不举，及日后将此石毁坏者，本府一体追究。②

清康熙九年（1670）春，当地政府又颁布严禁妇女烧香令，一时间香客稀少，百业萧条。有人戏作竹枝词道："城中名胜路非遥，北寺玄都尽寂寥。灌口二郎任土地，一时香火半萧条。"③ 陈维崧《清明虎丘竹枝词》也有句曰"愁杀丛祠诸圣女，晴春不放出城来"，下并小字注道："吴俗是日赛会，诸社神悉至虎丘。今岁当事偶禁。"在打压旅游活动的运动中，汤斌是个积极分子。康熙二十三年（1684），他巡抚苏州，即对吴中地区的游冶之风采取了系列措施。鉴于当时吴中风俗不古，佻巧者作淫词艳曲，坏人心术，蛊愚之民，敛财聚会，迎神赛社，且妇女有游冶之习，靓妆艳服，联袂寺院，汤斌"以实心行实政，禁冶游，则嚣者胥靖。如赛会演剧、博戏灯市、龙舟酒船员等一时屏息"④，"寺院无妇女之迹，河下无管弦之声，迎神罢会，艳曲绝编，打降之辈亦稍稍敛迹"⑤。乾隆时，巡抚陈宏谋订《风俗条约》，再次下令禁止旅游。但这些都未能保持长时间的行之有效，禁止旅游风潮，要么"官之怠于其职"⑥ 而未行其事，要么舆夫舟子之辈"无以谋牛，物议哗然"⑦ 而弛禁。其最大阻力自然还是来自于官僚缙绅的竭力抵

---

① 《清文汇》卷八。
② 见王国平、唐力行：《明清以来苏州社会史碑刻集》。
③ 褚人获：《坚瓠王集》卷二。
④ 张大纯：《吴中风俗论》，转自袁景澜：《吴郡岁华纪丽》。
⑤ 汤斌：《奏毁淫祠疏》，乾隆《长洲县志》卷三。
⑥ 于慎行：《谷山笔麈》卷三。
⑦ 顾公燮：《消夏闲记摘抄》卷三。

制与反对。

2. 士女游观，富民安邦

与部分官僚绅士出于个人享乐考虑反对禁游政策所不同的是，明清时确有一部分人，能从政治学、社会学、经济学的角度，将旅游活动与社会安定，旅游消费与"小民"收入加以综合审视，把生产与消费作为一个整体来看待，认为旅游活动及其消费，对营造国泰民安气氛、增加部分"小民"收入起到了积极的作用，不能轻易采取"禁游"政策。

明中叶的杭州，"每值歉岁，则禁人游湖，以为撙节民财"。对此，田汝成以为不是"通达治体之策"。他举北宋范仲淹在杭州纵人游观，以发有余之财惠及贫民的故事，以为游湖者都是些殷阜之家，他们饶于衣食而能行游玩之事，从来未有揭债典衣出游者。且富人宴游，穷人仰给甚厚。他说：

> 游湖者多，则经纪小家，得以买卖趁逐，博易饶有馈口，亦损有余补不足之意耳。假令游湖之禁行矣，豪冶之子，就其室而酣沈达旦，所费宁减于西湖哉？①

叶权在《贤博编》里，也就明中叶禁止百姓游西湖事，发表了个人看法。他说，杭州城里市民不以耕种为业，如果禁止四方宾旅游玩西湖，"则小民生意绝矣"。且湖中寂寞，"便非太平气象"。并指出："逾游逾盛，小民逾安乐耳，何烦禁之？"稍后的王士性持同样的观点，认为"游观虽非朴俗"，但"细民"依赖游者而生，政府有关部门以易俗为由禁止游玩，则"渔者、舟者、戏者、市者、酤者咸失其本业，反不便于此辈也"。② 谢肇淛也是位具有经世实用思想之人，他反对禁止游玩，认为通过旅游支出与收入，使富人钱财平稳地转移到贫民手中，既有益于社会安定，又使贫民得益。他说："大抵习俗所尚，不必强之，如竞渡、游春之类，小民多有衣食于是者，损富家之羡镪，以度贫民之馈口，非徒无益有害者比也"，更何况"士女游

---

① 田汝成：《西湖游览志余》卷二〇。
② 王士性：《广志绎》卷四《江南诸省》。

观，亦足占升平之象，亦何必禁哉"？① 明松江人陆楫在《蒹葭堂杂著摘抄》一书中告诫人们，不要眼睛只盯着豪奢之家的奢华，要看到因他们的奢华，留给了贫民吃的与穿的，他阐述道：

> 博观天下之势，大抵其地奢，则其民必易为生，其地俭，则其民必不易为生者也。何者？势使然也。……只以苏杭之湖山言之，其居人按时而游，游必画舫肩舆，珍馐良酿，歌舞而行，可谓奢矣。而不知舆夫、舟子、歌童、舞妓，仰湖山而待爨者不知其几。故曰，彼有所损，此有所益。

陆氏坚决反对对旅游等奢侈活动的禁止政策，认为"奢俭之风起于俗之贫富"，"先富而后奢，先贫而后俭"，基于社会财富之上的"奢俭"是不能随意泯灭的，也是禁止不了的，"若使倾财而委之沟壑，则奢可禁"。而事实上，富商大贾、豪家巨族以粱肉纨绮奢，则耕者、庖者、鬻者、织者分其利，如此"上之人胡为而禁之"？在农业社会里，通过旅游消费安抚了一群贫民，其功效确实为一些有识之士所认可。

和明代一样，在清代能认识到旅游消费对社会、对民众积极作用的，仍然是苏杭等旅游发达地区的文士们。清初苏州文人顾公燮从观察游客身份入手，以为："盖凡出游者，必其力足以游者也！"这些人有能力进行旅游消费，他们用于游览中的饮食、交通、娱乐等支出，即使"游者一人"，也足以"活者无数"了。顾氏认为，这样的人有千万，"即有千万人之生理"，因而不能随意下令禁止旅游。否则，"若欲变千万人之奢华而返于淳，必将使千万人之生理亦几于绝"。这样，原本靠旅游为生，以经营酒肆、游船、茶座、戏园、衣饰生意的千万市民势必失业，最终"流为游棍，为乞丐，为盗贼，害无底止矣"！所以，"此天地间损益流通，不可逆转之局也"！虽然，顾公燮提倡旅游，崇尚奢华，其根本出发点是为了他的"第一要务"，即"安顿穷人"，② 使穷人有生存空间，从而达到从根本上治理好社会的目的，但客观上，也为穷人生计找到了一条新路。与顾氏"损益流通"理论相似，乾嘉时苏州人袁景澜，也反对当道者的禁游政策，提出了"贫富相

---

① 谢肇淛：《五杂俎》卷二《天部二》。
② 顾公燮：《消夏闲记摘抄》上卷。

资"的观点，并对那些"迂远之见"作了批驳：

> 顾吴俗华靡，而贫民谋食独易。彼其挥霍纵恣，凡执纤悉之业，待以举炊，而终身无冻馁者比比也，此亦贫富相资之一端。为政者，殆不可执迂远之见，以反古而戾俗也。①

在吴中地区，相同的论调很多，他们都认为豪民富贾出游等奢华之举，既驱役一部分无业游民，解决了他们的就业问题，又使得百工技们因此而有了起码的衣食保证，"亦穷民之所藉以生也"②，是件应该值得肯定甚至提倡的事。

① 袁景澜：《吴郡岁华纪丽》卷五。
② 乾隆《吴县志》卷二四《风俗》。

第七章　旅游炽盛原由

　　旅游活动炽盛不是偶然的，它有着深刻的社会经济与文化背景。明中期以后，由于长江三角洲社会经济结构变化、商品经济的发展，该地区的旅游环境有了较大改善，旧有的社会观念、伦理观念及生活方式遂之也发生了很大变异，俗尚奢华，旅游成为人们生活的一种新时尚。而明清封建政府的用人政策，又直接导致大批文士游离于政治权力结构之外，这些人无所事事，终日嬉游于山水之间，成为当时旅游队伍的核心力量，并产生了巨大的榜样效应。

　　考察旅游活动炽盛原因，是我们把这个问题放置于社会历史环境中的重要一环，也是体现旅游活动社会性的重要方面。它有助于人们全方位审视旅游活动发生、发展之轨迹。

一　"民称富庶"：旅游兴盛的经济基础

　　一切社会现象，无不根植于经济基础之上。明清长江三角洲游风炽盛，是这个时期较发达社会经济的产物。因丝棉织品加工、销售而发展起来的商品经济，使得该地区城市经济与社会经济空前繁荣，经济发展一直处于全国领先水平，因而使人们有了从事旅游享乐的经济来源。

　　明初，封建政府就鼓励经济作物的栽种，要求"凡农民田五亩至十亩者，栽桑、麻、木棉各半亩，十亩以上者倍之，其田多者率以是为差"[1]。在江南，由于明政府实行"重赋"政策，"赋税日增"，"民命不堪"，[2]

---

① 《明太祖实录》卷一七。
② 何良骏：《四友斋丛说》卷一三。

经济作物的收入往往要几倍于稻麦，可以以此来抵偿高额赋税，且苏州、松江等地更宜于植桑种棉（如松江近海沙土，不宜种稻）。迫于生计，这些地区的农家遂遍种棉桑之类农业经济作物。如据乾隆《吴江县志》载，洪武二年（1369），吴江境内植桑仅 18032 株，到宣德七年（1432）就增至 44746 株。吴县洞庭诸山，也"以蚕桑为务，地多植桑"①。明代苏松两府所属嘉定、昆山、常熟、华亭、上海诸县则种植大量的棉花，为著名的棉作区。桑棉的栽种为手工业生产提供了必要的原料，因而手工业生产最先在江南地区发展起来。据乾隆《震泽县志》卷二五载，远近闻名的丝绸之乡震泽镇，"至明熙、宣间，邑民始渐事机丝，犹往往雇郡人织挽。成、弘而后，土人亦有精其业者，相沿成习。于是，震泽镇及近镇各村居民，乃尽逐绫绸之利。有力者雇人织挽，贫者自织"。与此相似，松江等地区的农户种植棉花，并进行棉花加工，"俗务纺织，他技不多"②，棉布生产和棉花种植一同成为农家的主要经济来源。到 16 世纪后期，即嘉靖、万历时期，随着商品生产的进一步扩大，商品种类、数量激增，大量的棉花、生丝、布匹、绸缎等商品纷纷投入市场买卖交易。这样，以生产、推销本地丝绸棉布产品为主的市镇遂大量涌现，商品经济趋于繁荣。如丝织业中心苏州，东半城为手工业生产中心，西半城为繁华商业区，商人、手工业者"多流寓于此"③，"市人肩摩毂击如蚁，百货、巨航鳞次，填委市肆如山。四方商贾，言语嘈杂如沸，往来冠盖之伦河干接迹如云"④。因而时人给予苏州极高的评价："繁而不华汉川口，华而不繁广陵阜。人间都会最繁华，除是京师吴下有。"⑤ 嘉定外冈镇，嘉靖时已是"四方之巨贾富弈，贸易花布者皆集于此，遂称雄镇焉。"⑥ 松江朱家角镇，"商贾凑聚，贸易花布，京省标客往来不绝"。⑦ 吴江盛泽镇，四方大

① 王鏊：《震泽编》卷三《风俗》。

② 正德《松江府志》卷四《风俗》。

③ 黄省曾：《吴风录》。

④ 王心一：《重修寿生庵记》，崇祯《吴县志》卷二五。

⑤ 《韵鹤轩杂著·戏馆赋》。转自范金民：《明清江南商业的发展》第 145 页，南京大学出版社 1998 年版。

⑥ 朱士楷：《新塍镇志》卷一，转自王家范：《明清江南市镇结构及历史价值初探》，《华东师范大学学报》1984 年第 1 期。

⑦ 崇祯《松江府志》卷三《镇市》。

贾辇金至者无虚日，"每日中为市，舟楫塞港，街道肩摩"。① 据统计，至清代中叶，仅苏州府、松江府、常州府就有市镇288个。② 马克思说："商业依存于城市的发展，和另一方面城市发展以商业为条件。"③ 明清时期上述市镇的发展正是丝棉等商品经济发展的结果，而商业的发展最终带来了城市经济与社会经济的繁荣。

社会经济发展的必然结果，是社会财富的高速增长，表现在：一方面，本地区于明清时期涌现出来的无数富家大族，财力充盈，几可敌国。据载，当时的江宁、苏州、常州、松江各府，"多富家大族"④，甚至于偏僻小镇，也富户若干。如偏居海边小镇松江漕泾，"昔年最富庶，有四巨姓，曰：张、杨、包、顾"。⑤ 富户中，有地主型的，商人型的，产业家型的三种。⑥ 地主型富户又以缙绅地主（包括官僚地主与乡绅地主）财势巨大。本地文化昌盛，读书做官的多，有权有势的缙绅地主也自然就多。产业经济仅是农业经济的补充部分，明清江南虽然手工经济发达，已有了一批产业主，但单一产业主数量并不很大，缙绅地主、商人也往往投资于产业，因而不少产业主同时又是缙绅地主或商人。明清时，本地商家之多，几于缙绅大族相等。众所周知，镇由军事戍所而来，但江南地区的镇，一开始就没有军事意义，而是商贾贸易之地。对此，明人在给镇的定义中已作了明示。如正德《姑苏志》、成化《湖州府志》等称："商贾所集谓之镇"、"商贾聚集之处，今皆称为市镇"。市镇因商而兴，各市镇中都聚居了大量的商人，如嘉定南翔、罗店二镇，皆为"徽商凑集"⑦。常熟各乡镇中也多侨寓贾客、典商。苏州作为明清江南最繁华的工商业城市，"民物浩穰，商旅辐辏"⑧。可见，发达的商品生产与较高的生活水平，吸引了徽商、晋商、宁绍商人、河南商人、福建商人等著名商人商帮在此经营食盐、粮食、丝绸、棉布、煤炭、香烟、线业、蜡烛等商品贸

---

① 乾隆《吴江县志》卷四《镇村市》。
② 樊树志：《明清长江三角洲的市镇网络》，《复旦学报》1987年第2期。
③ 《资本论》卷三，第410页。
④ 孙承恩：《文简集》卷三二《东庄记》。
⑤ 曹家驹：《说梦一》。
⑥ 傅衣凌：《明代江南市民经济试探》，上海人民出版社1957年版。
⑦ 万历《嘉定县志》卷一《市镇》。
⑧ 申时行：《赐闲堂集》卷一一《赠郡守周侯考绩序》。

易，因而本地聚集的本阜、侨寓富商大贾无数。

"富家豪民，兼百室之产，役财骄溢，妇女玉帛、甲第田园、音乐，拟于王侯"。① 而到底是什么样的"豪家富民"最饶于财呢？缙绅地主徭役优免，享有各种封建特权，并可依仗这种特权，用飞洒、诡寄、投献等办法来非法扩大优免田范围，因而财力雄厚，常常膏腴连延，布泉流溢，几埒素封。"其曰缙绅豪右之家，大者千百万，中者百十万，以万计者，不能枚举"。② 如嘉靖隆庆年间华亭首富徐阶父子利用手中政治特权，侵占苏松一带几十万亩良田，拥有财产之多，超出严嵩之上，"令人骇异"。③ 另一位董份，也是富冠三吴，田连苏湖诸邑，达千百顷，家中畜僮仆不下千人，大船三百余艘。还有如"太仓陆中丞，家富累巨万"；"昆山顾相国，家资无算"，④ 等等。商人通过经商、投机贩卖、开设作坊等方式积聚大量的财富。本地商业繁荣，活跃于此的盐商、茶商、米商、绸布商，无一不家财万贯，"富几敌国"。如明代无锡富商邹望，有田产三十万亩，僮仆三千人，别墅四十。据《花村谈往》所记，邹望与当时大官僚顾尚书荣僖公构讼，竟以其赀力使"郡城内外十里，悉令罢市"，搞得顾尚书"几无菜腐鱼肉以为飧"。⑤ 商人中尤以盐商财力最雄。对此，顾炎武曾作过比较分析，他在《苏松上》中说：

> 农事之获利倍而劳最，愚懦之民为之；工之获利二而劳多，雕巧之民为之；商贾之获利三而劳轻，心计之民为之；贩盐之获利五而无劳，豪猾之民为之。⑥

有关扬州盐商富有，前文已作讨论，在此不再赘述，以免重沓。

另一方面，社会经济发展也给江南一般的民户带来不错的经济条件。如南京民舍，正德以前矮小破旧，到嘉靖末年，"百姓有三间客厅费千金者，

① 归有光：《震川先生集》卷一一《送昆山县令朱侯序》。
② 《明史》卷二五一《钱士升传》。
③ 《海瑞集》下编《复李石麓阁老》。
④ 《归庄集》卷三《旌孝编序》。
⑤ 转引自傅衣凌：《明清时代商人及商业制度》，人民出版社1956年版。
⑥ 顾炎武：《天下郡国利病书》。

金碧辉煌，高耸过倍，往往重檐兽脊如官衙然，园囿僭拟公侯"。① 姚廷遴《历年纪》载有明末松江民户的有关情况：

> 极小之户，极贫之弄，住房一间者，必有金漆桌椅、名画古炉、花瓶茶具，而铺设整齐。无论大家小户，早必松萝芫荽，暮必竹叶青、状元红。毋论贵贱男女，华其首而雅其服焉，饮食供奉，必洁其器而美其味焉。

姚氏是在诉说明清之际改朝换代的那场战争给社会带来灾难时讲这番话的，所述内容不免有所夸张，但也不会距离事实太远。

明中期以后，长江三角洲地区社会财富的膨胀，导致社会各阶层人等具备了相对盈实的经济实力，这就是不仅大小富户人家，就是部分普通市镇居民，也有了从事旅游消遣活动的物质条件。

二 "豪门贵室，导奢导淫"：越礼逾制的社会风尚

社会经济的发展，为人们生活质量的提高提供了必备的物质基础。而商品经济的繁荣，则开阔了人们的眼界，刺激了人们的消费欲望。随之，人的价值取向与生活欲求发生了前所未有的变异，越礼逾制、竞尚奢华风气在明中叶以后愈演愈烈。

我国自古就有一套约束人们行为的制度规定。《荀子·王制》曰："衣服有制，宫室有度，人徒有数，丧祭械用，皆有等宜。"这些制度，愈到后来愈详备，成为确保社会有序化的重要法则，甚至是国家兴亡之所系。明初，朱元璋吸取元末风俗因"流于奢侈，闾里之民服食居住与公卿无异，贵贱无等，僭礼败度"最终导致统治衰败②的教训，在建立新政体、打击豪富的同时，对服饰、车舆、房舍、器用等礼制风俗也作了新的严格规定。在洪武十三年（1380）颁行的《明律》中，就列有"服舍违式"条：服饰方

---

① 顾起元：《客座赘语》卷五。
② 宋濂：《洪武圣政记》。

面，规定市民庶人不得僭用金锈、锦绣、馆丝、绫罗，止许袖绢、素纱；其靴不得裁制花样、金线装饰；首饰、钗、镯不许用金玉、珠翠，止用银。酒具不许用金盏，只能用锡、银或漆器品；房舍方面，规定公侯七间九架，一二品五间九架，三品至五品为七架，六品至九品三间七架，庶民庐舍，不过三间五架，不许用斗拱、彩绘。① 凡越级僭用者，庶民笞五十，官宦杖一百。如此修养禁制百余年，"前时奢侈之俗渐以革矣"。② 如饮食上，不论百姓，就是为官者也十分俭朴。据何三畏《云间志略》卷七载，某日周忱拜访家居的给事中蒋性中，蒋氏请周忱用午膳，"设不过五品"，其中一碟菜即用草头做成。万历松江人何良俊回忆说："余小时见人家请客，只是果五色，肴五品而已。惟大宾或新亲过门，则添虾蟹蚬蛤三四物，亦岁中不一二次也。"③ 可见，明初的长江三角洲地区，"民风淳厚，上下恬然"④，少见奢华之举。

可是，明中叶以后，随着社会经济的发展、消费能力的提高，人们不再满足于吃饱穿暖的极起码的生理需求，他们不顾封建政府颁定的礼教规矩，开始尽兴享用奢华的生活。有关社会风尚由朴而奢的转化过程，当时文人笔记中多有记载。王锜就苏州的有关情况，在《寓园杂记》卷五中详细记述道：

> （明初，苏州）邑里萧然，生计鲜薄，过者增感。正统天顺间。余尝入城，咸谓稍复其旧，然犹未盛也。迫成化间，余恒三四年一入，则见其迥若异境。以至于今，愈益繁盛，闾檐辐辏，万瓦甃鳞，城隅濠股，亭馆布列，略无隙地。舆马从盖，壶觞罍盒，交驰于通衢。水巷中，光彩耀目，游山之舫，载妓之舟，鱼贯于绿波朱阁之间，丝竹讴舞与市声相杂。……若刻丝累漆之属，自浙宋以来，其艺久废，今皆精妙。人性益巧，而物产益多。

嘉靖三十九年（1560），溧阳耆社聚会，与会者皆年七八十以上，他们各陈

① 见《明史》卷六七、卷六八。
② 嘉靖《太仓州志》卷二《风俗》。
③ 何良俊：《四友斋丛说》卷三四。
④ 严有禧：《漱华随笔》卷二。

五十年前之一事，与当时作比较：

> 陈廷禄记：当时无纨绮之士，布衣衫袴，赤足芒鞋，非久别相见，则拱手不拜揖；今皆帷裳大袖，金线巾云头履，虽家庭骨肉，揖拜数十，务为足恭。吕讷记：当时人皆食力，市廛之民，布在田野……而今田野之民聚在市廛，张拳鼓舌……儿女长成，宛歌修容，无复常业。……陈桂记：当时富家房舍，不过工字八间，或窖圈四围，十室而已；今富贵之家，重堂邃寝，园亭池馆之胜，糜费僭踰。史巩记……当时府庠生，南京往返数百里，徒行旅宿；而今生儒辈横臂骀……车马簇从，赫奕临之。□□记：当时近村数姓，惟事耕读……而今游手好闲妄生讥议，自托清谈晋流，败俗之俑也。①

其他各地淳风渐散、转为偷薄之态与上述差仿，其开始变化的时间，均在成化至嘉靖间。如弘治时的上海，崇华黜素，"虽名家右族，亦以侈靡争雄长，往往逾越其分。……尤好崇饰其外，以耸观视，而肆然无所惮焉……而浑厚之风衰矣"。② 常熟也是经过明初的淳朴后，"迨天顺成化之际，民称富庶，颇矜侈相高尚"③。所以，嘉隆时人归有光直呼："东吴之俗，号为淫侈。"④ 刊行于万历年间的话本小说总集《绣谷春容》，在杂录中收有《训俭文》：

> 古人以俭为美德，今人以俭相诟病。嘻！异哉！近世风俗尤为多靡，走卒类士服，农夫蹑丝屦。……士大夫家，酒非内法，果殽非远方珍异，食非多品，器皿非满案，不敢会宾友。常数月营聚，然后敢发书。苟或不然，人争非之，以为鄙吝。故不随俗靡者鲜矣。嗟乎！风俗颓弊如是。

嘉靖万历年间，倭寇几次侵掠吴中地区，太仓、常熟、松江、上海等县邑

① 马一龙：《耆社记略》，见嘉庆《溧阳县志》卷一。
② 弘治《上海县志》卷一《疆域志·风俗》。
③ 康熙《常熟县志》卷九《风俗》。
④ 归有光：《震川先生集》卷一三《陆思轩寿序》。

郡城，均遭兵洗，庐舍焚毁殆尽，酒楼茶肆废为瓦砾，社会上渐少"华衣鲜履"，"习俗一变"。① 当然，这是暂时现象。明末，吴中地区的奢靡之风演至鼎盛。崇栋宇，丰庖厨，溺歌舞，嫁娶丧葬，任情而逾礼者，各地皆然。

清兵南下，战火摧毁了江南地区的繁华，而且政治经济秩序的重新建构，社会生活颇受影响，奢侈之风在清初有所收敛。所谓"近者兵祲相仍，赋役交困，疲敝已极，四民皆俭思……侈将不能矣"②。并且，清代开国时严格规定百姓不能"逾越其份"。如在冠服之制方面，再次限定庶民不得服用蟒缎、妆缎、金花缎、片金倭缎等上等衣料，一般官民也禁用黄、米等色彩，上可兼下，下不能僭上，"违者各治以罪"③。康熙、雍正两位皇帝也都不止一次颁发"去奢反朴"之谕诏。如康熙二十三年，首次南巡的康熙帝，在虎丘向侍臣谕道："向闻吴阊繁盛，今观其风土，大略尚虚华，安佚乐。逐末者众，力田者寡，遂致家鲜盖藏，人情浇薄。为政者，当使之去奢返朴，事事务本，庶几家供人足，可挽颓风。"④ 雍正元年（1723）八月，即位不久的胤禛极力倡导俭约之风，把崇尚节俭作为国家安定黎庶百姓的第一要事。实际上，浮竞之习主要源于百姓可支配收入的提高，因而仅靠一两道强制性行政指令是难以收到预期效果的。康熙及其以后，随着社会秩序的稳定，经济的复苏，居游服馔由颛朴崇俭趋向侈靡奢华。康熙时人张大纯在《吴中风俗论》中排吴俗能称于天下者有三，除了赋税甲天下、科第冠海内外，第三个就是"服食器用兼四方之珍奇，而极一时之华侈也"。至乾隆年间，吴地风俗复争尚奢侈，僭拟无节。珍异罗列，服竞华丽，食必丰美，以至"寻常宴会，动辄必用十肴，且水陆毕陈，或觅远方珍品，求以相胜"⑤。乾隆《元和县志》卷十记道：

今则安逸乐，竞侈靡，虽舆台贱隶，高门大宅，御舆乘马……饮馔

---

① 万历《上海县志·风俗》。
② 嘉庆《松江府志》卷五《疆城志·风俗》。
③ 《清经世文编》卷一四四。
④ 《清圣祖实录》卷一一七。
⑤ 何良俊：《四友斋丛说》卷三四《正俗一》。

无度。即妇人女子，轻装直髻，一变古风。或冶容炫服，有一衣之值至二三十金者。

明清丽靡之俗，缙绅富商是始作俑者。松江范濂说："嘉隆以来豪门贵室，导奢导淫，博带儒冠，长奸长傲，日有奇闻叠出，岁多新事百端。"① 豪门富室，奢华成习，凡饮食起居，珠玉宝玩，必多方选胜，务在轶群，不同侪偶。如明嘉靖间无锡安国，巨富甲于江左，"号安百万"。安氏最豪于食，于宅旁另筑一庄，专豢养牲畜以供膳，子鹅常畜数千头，日宰三四头充馔。② 万历常熟人钱岱，以湖广道监察御史告归故里。他在常熟西城，拥有集顺堂、怡顺堂、百顺堂、其顺堂四处宅第，"皆前后相望，犟习斗角"。其集顺堂内四照轩，庭园中有池有轩，池中湖石，名舞袖、翔鹤，玲珑耸秀。轩周为湖石假山，"山径幽折，峰峦隐秀"。又有园林小辋川，"中多曲港，方为之洼，圆为之沼……石梁木槎，或造台观以架其上，水边植柳桃李梅芙蓉等。……洼之中有亭无基址，以大木作椿，凌空结撰，所谓空心亭也。其铺板不用实心，俱雕镂花胜如窗棂，以透水面凉风，为夏日避暑所在"。钱家有女优十三名，能歌善舞，每酒筵后，摆列舞桌，女优起舞，"衣袖旖旎，彩裙闪烁"，"檀板清歌，管弦齐响，无日不洋洋盈耳"。③ 又有徐汝让者，富甲一邑，此人性豪奢，挥金如粪土。据《柳南随笔》载，他曾于春日买飞金数斛，登塔顶随风散去，一时满城皆为金色，好事者有"春城无处不飞金"之咏。商人发家后，一方面招名士课子弟，以期中举改换门庭，另一方面则刻意追求感官刺激，惊世骇俗。他们绮襦鼎食，修亭筑园，广蓄声妓，骄盈自姿。如《锡金识小录》所说，商家"或携妓出游，或点优演剧，或纵鹰逐犬，或走索秋千"，动辄"探梅光福，采茶天池，踏青西湖，竞渡扬子"。上海在清初海禁松弛、通商通海以后，百货盈集，旅居于此的各地商贾大发横财，一些大船户，一年中只要出船一次，便能获利数万乃至数十万，因而他们在上海纷纷建筑豪华公馆宅第，服食夸美，度曲赏景无虚日，穷极奢华。明清扬州盐商"于正供完纳而外，仍优然有余力，

---

① 范濂：《云间据目抄》卷二《记风俗》。
② 王应奎：《柳南随笔》卷三。
③ 佚名：《笔梦叙》。

以夸侈而斗靡"①，"动辄数十万"②，凡"衣服屋宇，穷极华靡，饮食器具，
备求工巧，俳优伎乐，恒舞酣歌，宴会戏游，殆无虚日。金钱珠贝，视为泥
沙"。且"骄奢淫佚，相习成风"。③

　　逐新慕奇、崇尚奢华之风，肇端于上，浸漫于下。江南名家右族的奢侈
僭越，开社会风气之先。随之而来中人之家、庶民之辈依次摹仿，上下效
应。如万历人申时行所说："今贵臣大家，争为侈靡，众庶仿效，沿习成
风"。④ 中下层市井百姓，追潮逐流，以奢侈相尚，群起而效之，他们"家
才儋石，已贸绮罗，积未锱铢，先营珠翠"。⑤ 龚炜《巢林笔谈》卷四
记道：

　　　　予少时，见士人仅仅穿裘，今则里巷妇孺皆裘矣；大红线顶十得一
　　　二，今则十八九矣；家无担石之储，耻穿布素矣；团龙立龙之饰，泥金
　　　剪金之衣，编户僭之矣。饮馔，则席费千钱而不为丰，长夜流湎而不知
　　　醉矣。物愈贵，力愈艰，增华者愈无厌心。

"强饰花丽，扬扬矜诩，为富贵容"⑥，在大江南北成为一种时尚。如在苏
州，"贫儿打扮富儿形"，为当时一大"好新闻"⑦；在扬州，少年郎学盐
商，讲享受，摆阔气，乾隆时人董伟业《扬州竹枝词》道："谁家年少好儿
郎，岸上青骢水上航。犹恐千金挥不尽，又抬飞轿学盐商。"这股强劲的奢
华之风，又由都会城市刮向乡村，以至乡村"嚣陵靡敞之习，与城市同风
矣"!⑧ 所以，在全社会崇尚奢靡的氛围中，人人都自觉或不自觉地成为奢
侈生活的发起者、追随者甚至推动者，成为奢侈分子之一。正如方象瑛所指
出的："苟非勤俭性成，鲜能自奋于习俗之外者。"⑨

---

① 李澄：《淮鹾备要》卷七。
② 李斗：《扬州画舫录》卷八。
③ 嘉庆《两淮盐法志》卷一八。
④ 《明神宗实录》卷一七二。
⑤ 顾起元：《客座赘语》卷二。
⑥ 张瀚：《松窗梦语》卷七《风俗记》。
⑦ 褚人获：《坚瓠补集》卷六。
⑧ 金友理：《太湖备考》卷六。
⑨ 方象瑛：《健松斋集》卷五《寿广陵章君序》。

旅游作为一种享乐行为，在这样竞尚奢华的氛围中，自然也就兴盛不衰了。

三　相对安逸的社会局势

旅游是项享乐活动，它需要有一个相对安逸的环境。在天灾人祸、兵荒马乱的年月里，人们不可能，也不会有兴致游山玩水，所谓"士大夫皆无心娱玩"。[1]

历史上，江南地区游事兴旺，是与该地区安定的社会环境分不开的。如文征明所说："余惟吴中山水深秀，自昔多文人游寓，于时未被兵，故得从容文酒如此。"[2] 全祖望在《厉太鸿湖船录序》中，特别注意到了社会安定对旅游活动的影响，他说："江南佳丽，西湖实出广陵、平江之上。至若……淮张割据，虎丘亦遭城筑。独湖自开辟以来，并无血瀑魂风之警，画舫笙歌不震不动，是固浮家泛宅之徒所不能不视为福地者。"与杭州相比，历史上扬州、苏州所受的兵戈之灾要多得多，可在明清时期，又相对平静。明清天下多故，但"江左尚晏然"[3]，除了倭寇侵扰、清兵南下外，基本"无兵火之警"[4]，不像魏晋、唐末，人乱日滋，居者常忧。徐有贞道："而我辈幸当太平之世，以时游衍，而兼有诗酒赓酬之乐。"[5]所以，明朝末年，尽管内有农民军起义，外有后金南侵，北方地区战事愈演愈烈，炮声隆隆，偏居一隅的江南地区，依然是一派莺歌燕舞气象。享受太平已久的汤传楹，为能在安逸环境中过着山水诗酒生活而不无自傲，他说：

> 今吾与子（指尤侗）寄生大江以南，遂得闭户寝息，出门登啸，终日强饭，造物之于我辈，护亦周矣，恩亦厚矣。幸其无事，暂尔赋诗

① 《归庄集》卷三《春帆草序》。
② 《文征明集》卷三六《冒辟疆五十序》。
③ 吴伟业：《吴梅村全集》卷二六《冒辟疆五十寿序》。
④ 方鹏：《游善权洞记》。
⑤ 徐有贞：《云岩雅集记》。

饮酒，消此清福。①

承平日久，社会安定，和平康乐，人们能自由尽兴地优游于山水樽俎之间，游人熙熙，笑语盈路。

四　"江南是极乐国"：一流的旅游环境

环境是个综合境况，所谓旅游环境，是指提供给游人的游览生活环境。人们出行游览观光，涉及方方面面，故游览环境可细分为景点、交通、食宿、购物、娱乐诸子类项目。一个好的旅游环境，应该是上述子类项目的优化组合。明清长江三角洲地区旅游活动的兴盛发达，是该地拥有良好旅游环境的必然结果。

"人生江南是极乐国"②。长江三角洲地区无高峦巨谷、奇伟魁杰的自然地貌，但山川秀美，玲珑丽质，袁宏道评价为"如少女时花，婉弱可爱"③。名山胜水，禅侣诗朋，芳园精舍，新茗佳泉，对好于寻幽吊古、诗酒唱和的文士来说，吸引力尤强。钱谦益说道：吴中有"佳山水以供游览，有图书子史充栋温籍以资其诵读，有金石彝鼎书法名画以博其见闻，有春花秋月名香佳茗以陶写其神情"④，是士子文人理想的旅游和寓居之地。如宜兴，文征明称"昔人有乐死之愿，其胜有可想者"⑤。陈继儒在《笔记》卷二中，以为松江郡城内外有观音阁、白石山房诸名胜，"每月一游，则日日可度，每岁一游，则可阅三十年也"。因而不必作远游，惟买舟带幞被于郡城内外，即可获得游赏。且长江三角洲地区非奥区僻境，大运河纵贯全境，无论是区际水陆交通还是区内交通，都相当发达方便。加上该地区地域不大，景观集中，城镇众多，险途荒蛮之地甚少，旅途安全系数大。士民又尚交游，基本上能解决游士的食宿需求，从而构成了良好的旅游环境大框架。这就是

---

① 汤传楹：《游虎丘记》。
② 陈继儒：《太平清话》。
③ 《袁宏道集笺校》卷一一《吴敦》。
④ 钱谦益：《牧斋初学集》卷四〇《石田诗钞序》。
⑤ 文征明：《甫田集》卷一七《宜兴善权寺古今文录叙》。

《明斋小识》卷十二所说的:

> 江左数千峰,蹑屐可达,倚闾可望,裹粮易办,跋涉匪遥。又无旅
> 次之艰,车马之惫,似将朝发夕至,而犹有未遑者。

这里,试举南京、扬州、苏州等地的旅游环境说明之。

南京曾作为明朝首都、留都,城市基础设施较好,"广衢修巷,石甃如浣,江潮通城,艅艎便利,市廛万货辐辏,空无游尘"①。南京城内外分布众多山水古迹,其山,虽无高岩截云、层崖断雾之势,然多妍媚而郁纡,烟容岚气,林莽绵蒙;其水,虽无寒泉瀑布,映带林薄,而四境回绕,大者如长江西来,一泻千里,小者也澄湖练明,清潭镜澈,加上夹塘崇峻,邃岸静深,堤杨洲葭,绰约撩人。尤其秦淮河作为一个综合消闲娱乐区,更使得南京旅游吸引力倍增。对此,吴宽评价道:

> 九州之地不能兼美,文物之盛者,或不足于山水,山水之奇者,或
> 不足于文物。而金陵固天子之都也,海内文物于是乎聚。而钟山、石
> 城、长江、秦淮流峙而被带之,盖古所谓佳丽地也。②

正因"金陵佳丽会心处,在在有之"③,因而章缝之儒、湖海之豪、辞赋之客、百氏九流之家,皆"往往结辙于道"④,游赏于古都街市山水间。

扬州以盐码头及南北交通孔道著称于世,自古为笙歌粉黛繁华之地。清前期,盐业经济的昌盛,使该地的文化建设、园林建设达到鼎盛,城市内外园林遍布,平山、竹西、甘泉、九曲池、二十四桥诸名胜皆近在几斋,使得本无岩壑幽邃、江湖浩渺之观的扬州,有了无数以假山假水为特色的胜景。"名肆吴烹夸酒美,精庐闽焙斗茶甘"⑤。扬州为游客服务的餐饮业十分发达,除了街坊闹市,作为当时名胜保障湖一带,酒楼茶肆林

---

① 王叔承:《金陵游记》。
② 吴宽:《家藏集》卷三九《送章廷佐还金华序》。
③ 王世懋:《二酉委谭摘录》。
④ 余孟麟:《秣陵集序》,见《明文海》卷二六四。
⑤ 詹肇堂:《虹桥》,见李坦:《扬州历代诗词》。

立，为游客提供最便利的服务。如里人韩醉白就于莲花埂（今莲花桥附近）构"小山亭"，游人多在此聚饮。应时食品供应，风景地随地可买，如清明前后，卖豆腐脑、茯苓糕，夏天卖洋糖豌豆，秋季卖芋头苗子等，"唤声柔雅，渺渺可听"。一些临水而建的食肆也均以游客为主要客户。甚至，当时扬州还出现了"外卖"，画舫游人可向城内酒肆"订菜"。许多颇通文墨的扬州盐商，他们好崇峻居室，雕文刻镂，凿坡池，治台榭，以招致天下文人冶游流连、赏景听曲，"故四方游士过此者，必治肴榼，携酒征伎，管弦丝竹之声，终岁未尝绝也"①。明歙人汪秋田，去太学生籍代父于扬州经商盐业，有"淮扬盐策祭酒"之称。汪氏因父"好客，户外屦满，幸舍不足以内客"，乃筑别圃于扬州城南，"若自为游止计者，客至，则辍以馆之"，曾接待了冯梦祯、邹元标、李维桢等名士。② 厉鹗也说，他三游镇江，每次都是由大盐商马曰管、马曰璐兄弟二人"为之主"，供其吃住游玩的。③

"吴多佳山水，莫不可游观"④。吴中号称"山水窟"，城郊四周山川秀丽，古迹众多，如汪琬所说：

　　大海距其东，具区汇其西，加又有崇冈，环麓修篁，平林乳泉怪石，与夫阖闾、夫差、孙仲谋之遗址，莫不郁然幽深，而苍然秀润，相与映带于远迩，遂为游人所乐趋。于是画舫篮舆、芒鞋竹杖，日夜不绝于百里之内。⑤

吴中景观一年四季皆有胜赏，春时，光福梅花盛开，芳馥数十里，弥望若琼瑶；迨秋，观月虎山桥，空水相映，如坐冰壶。明清吴中经济繁荣，商业发达，据《清嘉录》等文献记载，苏州各市镇，有着良好的购物与饮食环境，商贾骈集，物货辐辏。多屋宇芦棚，安排酒炉茶桌。饼肆书摊，以迎游冶。即使是乡村小镇，也都可随处食宿，出入方便。如吴江八斥市，地当

① 施闰章：《学文堂文集》卷八《爱园记》。
② 钟惺：《秋田汪翁墓志铭》，见徐柏容、郑法清：《钟惺散文选集》。
③ 厉鹗：《樊榭山房文集》卷三《焦山纪游集序》。
④ 皇甫信：《游金碧山记》。
⑤ 汪琬：《钝翁类稿》卷二九《江南游草序》。

南北要冲，居民三百余家，"多设酒馆，以待行旅"①。盛泽镇也是茶酒肆不啻百计，"触处皆是"②。位于苏松间的青浦县双塔市，为供商旅往来，"镇民多驾船为生"③。朱家角镇也有专为人操舟者，称"船户"④。苏州盘门外十余里的石湖，作为优秀风景旅游区，明人莫震在所撰《石湖志》的《总叙》中评价道：

> 　　当飓风倏起，云涛雪浪振动林麓，而雾雨空蒙之际，则四顾莫辨，如在混沌中；迨风止波平，则一碧如镜。其横山、上方、茶磨、拜郊台诸峰，如屏如戟，如龙蛇狮象，浮青滴翠，气势与湖相雄。两涘皆幽林清树，绿阴团团，而村居野店，佛祠神宇，高下隐见。至其桥路逶迤，阡陌鳞次，洲渚远近，与夫山舆水舫之往来，农歌渔唱之响答，禽鸟鱼鳖之翔泳，皆在岚光紫翠中，变态不一，殆与画图无异，故号吴中胜景。丁晋公、范崇公皆创别业于此，而真、孝两朝皆有宸翰之赐，至今为湖上光。……而古今名笔，若诗若文，厓镌野刻者亦多。……说者以为与杭之西湖相类，然西湖止水游者，必舍舟于十里之外，而又买舟以游，不若石湖之四通八达，无适而不舟也。

　　无锡惠山同样是江南地区的著名旅游区，各类风景资源、服务资源都堪称上品。在明话本小说总集《绣谷春容》的杂录中，收有《惠山景白》一篇，文中"贫僧"对惠山优秀旅游环境所作的全面而轻松活泼的宣讲，也为一则不可多得的精彩导游词：

> 　　人间好话说不尽，天下名山僧占多。贫僧乃是无锡县惠山寺一个住持的是也。常年大开祝圣都道场，自正月而始，三月而止。或有邻近地方良家子女，各府州县公子贵商，皆来赴会，解厄延生，真个是名山胜境，诸福无穷。
> 　　但见轻风淡淡，瑞日融融。碧油油芳草齐抽，渐觉阳和随地转；语

---

①　乾隆《吴江县志》卷四《镇市村》。
②　沈云：《盛湖竹枝词》卷下。
③　万历《青浦县志》卷二《镇市》。
④　嘉庆《珠里小志》卷三《风俗》。

间间流莺初至，报将春信自天来。曲径芳堤，浓蔼蔼千红散绮；茂林修竹，锁重重万绿团云。九龙峰下，金勒骏驹嘶晓日，五仗楼前，珍珠酒旆卷东风。五里街头，挑担着琵琶蹴鞠，金弹雕弓，来的来，去的去，都是风花雪月之人；二泉亭畔，摆列着茶炉酒斝，方胜春罗，歌的歌，吟的吟，尽是诗酒琴棋之客。但见白云堂，漪澜堂，扫拂得干干净净，无半点尘埃。

已见名山胜概，又见尚书祠、孝子祠，修理得齐齐整整，自万年气象，端的是盛世先贤。罗汉泉边有秀亭，青郁郁，挂孤鸿，巢野鹤，千千年的长松落落。仙人洞口，有翠棱烟冉冉锁苍苔，悬两脚万万层的怪石碌碌。禅悦庵，听松寺，高低松杉掩楼台。祠塘泾，大德桥，南北舟航堆陇陌。

佛殿上有一班游僧老衲，用着冥钱圣马，设供修斋，鸣起钟，击起鼓，齐拜念，《梁王忏》；山门下有无数游手闲郎，将这玩器佳窑，摊场招赌，呼着三，叫着四，齐喝采，喜神方。有一样民座船，玲珑剔透，驾浮楼尽是富家子弟，挟妓追欢；有一样太师轿，软杆轻风飘翠盖，都是林下闲官，寻僧适兴。

登慧山之顶，望太湖之波，远则东胶山相对西胶山，华藏湾，石皮岭，安锡峰，仙女墩，诸山如虎踞；近则南禅寺相对北禅寺，洞虚宫，妙阁观，钟鼓楼，尊经阁，万屋似蚶齐。正是天开图尽江山丽，地萃膏腴花草香。

值得强调的是，本地乡绅文士有雅兴与各地游子交往唱和，他们盛情接待远道来的游客，成为旅游接待的生力军。昆山叶慕焕，分得祖产茧园，嘉卉林立，清泉绕除，有客来昆山者，叶氏均设宴款待，"与之游"①。顺治十八年四月，归庄历昆山、太仓、嘉定三州县，"看遍三十余家之花"。据《看牡丹记》载，这些大都为书香仕宦家，如马进士、郑进士、叶刑部、叶秀才、叶进士、顾秀才、王秀才、陆巴州、李尧禄、徐翰林、吴孝廉、吴司成、张给事、王太学、张太学、张刑部等。他们热情延请归庄赏花，"置酒召客"，"挥翰弈棋"。②此外，如前文所述，在具有良好经济条件与淳朴民

---

① 姜宸英：《小有堂记》，见道光《昆新两县志》卷一二。
② 《归庄集》卷六《看牡丹记》。

风的吴中地区，热情接待素不相识的外来旅游者，已演绎为一种社会风尚，以至普通村民也竞相参与接待，惟恐致后。

以上足以表明，吴中地区拥有一流的旅游环境。对此，崇祯《吴县志》卷二二作了十分精辟的评语：

> （吴中）以有游地、游具、游伴也。游地则山水园亭，多于他郡；游具则旨酒嘉肴，画舫箫鼓，咄嗟立办；游伴则选妓征歌，尽态极研。富室朱门，相引而入。

五　放意山水，文士倡导

旅游活动有赖全社会各阶层人士的参与，更离不开文士这个中坚阶层的先导与引领作用。自古以来，文士游山访水，与所受传统思想灌输不无关联。《诗·墉·定之方中》曰："终焉允臧"，毛传称大夫有"九能"，其五为："升高能赋"。《汉书·艺文志》更是明言："登高能赋，可以为大夫。"登高赋吟，铺陈形势，是做大夫风雅之事，即"名山大川，登高能赋，是谓修大夫之事"①。明清文士们开展轰轰烈烈的旅游实践活动，就是在践行士大夫"九能"之一。他们自放于山巅水涘，览云物之华，穷山水之趣，游目弋钓，笑咏移日。如"吴中四才子"的祝允明、徐贞卿、唐寅、文征明皆不能随世俗营营利欲之中，放任性情，好游成性。唐伯虎在蒙冤科场，及因此而出现的继室离去、家弟分户，亲身体验人心浇薄的冷酷现实后，豪宕不羁，不问产业，"放浪形迹，翩翩远游，扁舟独迈祝融、匡庐、天台、武夷，观海于东南，浮洞庭彭蠡"②，以山水熨帖受伤的心灵。唐伯虎晚年所作诗："不炼金丹不坐禅，不为商贾不耕田；闲来就写青山卖，不使人间造孽钱"③，既是其穷困潦倒、靠写字卖画度日的真实记录，也是其愤世嫉俗、傲骨清风之写照。与袁枚、赵翼并称"乾隆三大家"的诗人蒋士铨，为乾隆二十二年进士，官至翰林院编修，性乐林泉，一生畅游大江南北。他

---

① 田艺蘅：《游北高峰记》，见曹文趣：《西湖游记选》。
② 祝允明：《怀星堂集》卷一七《唐子畏墓志并铭》。
③ 《唐伯虎轶事》卷三，见《唐伯虎全集》，中国书店1985年版。

有《游记》道：十一岁始游，游太行山、王屋山；二十岁，游赤壁；二十
一岁，游鹅湖峰；二十二岁，游庐山等江西诸山；二十四岁，游康郎山；二
十七岁，游西湖、虎丘、灵岩、金山、焦山、惠山、平山堂、大明湖、鹊华
山、锦屏山；四十岁，游南京诸胜；四十一岁，游焦山；五十六岁，携子再
游庐山。清安亭人叶开五，长期在苏州以教书为业，自号"委羽丈人"、
"西来一老"、"六无道人"、"一也木叉"，以诗、酒、弈、友朋、山水五者
为性命，秉姿卓荦，超然尘外，七十四岁时，犹不顾年高南游八闽地区。①
所以，探究明清长江三角洲地区旅游活动兴盛之原因，不能忽视广大文士所
起到的兴波助澜作用。由此，我们还要进一步分析文士频频出游的深广
背景。

　　明初，知识分子境况尚好。当时，明廷在打击江南豪富的同时，减免
秀才赋役，规定官办学校的学生享受物质补贴。在江南，士子的待遇更是
优厚，"教授以下至府，以宾礼见，不庭参，燕科贡士时皆上坐，见部使
者长揖不跪，使者莅学进讲，坐学之西序"②。因而明初士子皆能一心学
业，视科举为显宦的唯一途径。明中叶后，商品经济的发展，社会上拜金
风气浓厚，在崇尚财货的氛围中，士子的社会地位受到动摇。甚至明中叶
直至清初，封建政府为减轻朝廷财政危机，施行纳钱为监生政策，这就造
成一部分士子放弃场屋，以"末技"换取功名。当然，江南号为人文渊
薮，士子众多与科场有限始终是对无法解决的矛盾。对于绝大多数士子来
说，一生皓首穷经，到老仍是一介布衣，无以成就功名。这些科场失意
者，除了有殷实家产者外，多耻于钱谷，不肯为生产之道，他们只能以处
馆课童、鬻文卖画为业，或充任官富人家的幕僚、门客。不论是何种结
局，对于这些"不为当时所指目者"③的士子来说，断却了子孙田宅之
想。心态的失衡，使得他们常将胸中郁闷一一倾注于山水，借山水以发其
清恬闲旷之趣，以至一生所好，"惟岩壑坎第，遗踪遍四游"④。这就是史
承豫所说的："人生于世，未能得志，便当纵游天下名山大川，以涤其襟

①　《安亭志》卷一七《人物》。
②　正德《松江府志》卷四《风俗》。
③　吴伟业：《吴梅村全集》卷三一《余澹生海月集序》。
④　刘仕义：《新知录摘抄》。

抱"，舒幽忧抑塞之气，遂"向禽之愿"。① 凭吊古迹，诗酒流连，最合乎文人的本性需求。所以，文人好山水，是性情所使，实也社会境遇所迫。对此，吴伟业一针见血地指出：

> （古来文人自负其才）往往纵情于倡乐，放意于山水，淋漓潦倒，汗漫而不收。此其中必有大不得已，愤懑悖郁，决焉自放，以至于此也。②

明清有很多如吴伟业所讲的人。如，长洲人陆焕再试场屋不利，"遂弃举子业，不复以仕进为意"，家居后，搜考经史，"佳时胜日，纵浪山水间，雅歌畅饮，怡然自适"。③ 丹徒人钱应娄，屡踏省门不第后，结社读书，考订经史，旁及鼎彝书画，每风日晴和，与社友共登"三山"，分体赋诗，以为乐。嘉定南翔人张鸿盘，少负隽才，中年时弃贴括功名，肆力诗文创作，"性好山水，时为汗漫之游，足迹半天下"。由于他的诗文书俱佳，以至文震孟、范景文、黄道周、徐石麒等达官名流皆"争折节下交"。④ 又如桐城人方文，明末未及出仕，入清后寓居镇江、南京、常州等地靠游食、卖卜、行医为生，因"世不能用其材"，"无所抒其意，则往往从酒人侠客，旗亭萧寺，以及名山大川，春树暮云，醋嬉流连而不厌，故游履所至，无论达官贵人、高僧贫士，赋诗赠答，咸得其欢心"。⑤

自汉晋六朝以来，吴中故多隐君子，他们不得志于世，其心超然出尘器之外而有所寄，或以山水，或以曲蘖，或以著述，或以养生，或以奕，或以色，或以技，皆借物怡心。其寄山水者，"以芳林为台榭，峻岫为大厦，翠兰为绸床，被褐代衮衣，薇藿当嘉膳"。⑥ 如东晋有郭文者，"少爱山水，尚嘉遁。年三十，每游山林，弥旬忘反"。郭氏不娶家室，不饮酒食肉，历华阴之崖，入穷谷无人之地，结庐余杭、临安山中，与猛兽为邻。温峤问他：

---

① 史承豫：《游善卷洞记》。
② 吴伟业：《吴梅村全集》卷二九《宋辕生诗序》。
③ 《文征明集·补辑》卷二八《太学上舍生陆君思宁寿藏铭》。
④ 《南翔镇志》卷六《人物》。
⑤ 吴百朋：《徐杭游草序》，《鬴山续集》。
⑥ 葛洪：《抱朴子·内篇·释滞》。

"人皆有六亲相娱，先生弃之何乐?"答曰:"本行学道，不谓遭世乱，欲归无路，是以来也。"① 江南一些好游之士，有高世之志、清旷之怀，追循晋宋士大夫息隐山林的故事，离开嚣嚷的城邑，长年卜居山水，辟地数亩，筑室数楹，栽花莳果。他们遵守"不责苛礼，不见生客，不混酒肉，不竞田宅，不问炎凉，不闹曲直，不征文遣，不谈仕籍"的所谓"山居八德"，"挟书砚以伴孤寂，携琴奕以迟良友"，升高而啸，入林而嬉，优游湖山卒岁。② 如明"雅宜山人"王宠，正德嘉靖间八试场屋皆不售，性恶喧嚣，不乐尘井，先居林屋三年，后筑草堂石湖，一住就是二十年。除了岁时省侍，不数数入城。"遇佳山水，辄欣然忘去，或时偃息于长林丰草间，含醺赋诗，倚席而歌"。③ 岳岱结隐于近郊阳山，自称"秦余山人"，常出游留都，遍历恒山、泰山、四明山、天台山、雁荡山、武夷山、庐山等名山，乐游不疲。

即使是入仕官员，许多人也因官场黑暗仕宦不达而无心为官。明中后期的政治与明初截然不同，朱元璋疯狂推行中央集权专制，集政治、经济、军事诸权于一身，整个官僚机构都能有序运转。明中后期的天子们却大都不勤朝政，尚佛道，好游乐。如明武宗构豹房，建镇国府，微服巡幸，整日纵欲淫乐，不理朝政。明世宗好方术鬼神，日事斋醮，不亲郊庙，不跟大臣见面。明穆宗也是嗣位二年"未尝接见大臣，咨访治道"。④ 明神宗更是三十年不理朝政，各级官员尽失其职。万历三十年（1606），大学士沈鲤等上书说:"今吏部尚书缺已三年，左都御史亦缺一年，刑、工二部仅一侍郎兼理，大司马既久在告，而左右司马亦有代匮者，礼部止一侍郎李廷机，今亦在告，户部止有一尚书。盖总计部院堂上官三十一员，见缺二十四员，其久注门籍者尚不在数内，此犹可为国乎?"⑤ 其结果，边防士卒的军饷无人签发，各处的解银，无人征收，外蕃的进贡，无人接待，刑部长年不理案，监狱里长满了青草，"职业尽弛，上下解体"⑥，社会完全处于无序状态，国已

---

① 《晋书》卷九四《列传·隐逸》。
② 陈继儒:《岩栖幽事》。
③ 文征明:《甫田集》卷三一《王履吉墓志铭》。
④ 《明史》卷二一五《周弘祖传》。
⑤ 《明神宗实录》卷四一九。
⑥ 《明史》卷二一八《方从哲传》。

不国。皇帝的昏聩无能，导致宦官干政，首辅专权，党争激烈，吏治败坏，官吏的陟黜任免之权全掌握在得势者手中。如严嵩专权时，卖官鬻爵，受贿成风，"凡文武迁擢，不论可否，但衡金之多寡而界之"，以致"贿赂者荐及盗跖，疏拙者黜逮夷、齐，守法度者为迂疏，巧称缝者为才能，励节介者为矫激，善奔走者为练事"。①一些官员同流合污，一心为己为家经营。如《绣谷春容》杂录《仕意篇》中所说：

> 古之仕也以民，今之仕也以身；古之仕也以国、以天下，今之仕也以其家。仕与古均，而意与古缪。挥霍一溢耀，作骄发狂益甚于古人。而贪襟墨抱、虎临而狼寝者，何其纷纷也！

有正直良心的官员，则遭排挤，被打击，不得柄用。面对官场如此腐败，为免尘俗喧嚣，保全名节与身家性命，不少官员纷纷以身体不佳，或守丧省亲为由，提早辞职归里，因而在文人集子中，"乞归"之辞随处可见。辞去官位的文人没有了一官半职，视游山览水为政治失意后的人生慰藉，将剩下的大部分光阴在山水酒觥中度过，及时行乐，所谓"十年吏隐今真隐，湖上青山笑白头"②。他们或陶情于声伎，或肆意于山水，或学仙谈禅，或求田问舍，有酒便酌，有诗便吟，及时行乐，求得的是一方净土，抒发的是一腔情怀与牢骚不平之气。如，曾任翰林院待诏的文征明，"却千金而不顾，弃名爵其如屣，坚辞玉署，高卧江东"，"每及春时，风日和畅，招携名辈，选胜游邀"③，优游林壑三十余年，旅游成了文征明消遣时光的最好方法。"池亭闲坐久，烦郁顿消除。水气侵衣薄，山光入座虚。浅沙眠白鹭，细藻跃金鱼。最喜无尘染，吟哦趣有余"④。这首《西园池亭》诗，真切记录了文征明沉浸游事而忘却尘世的超然心境。南京吏部郎中丁奉，丁内艰归，虽有旨谕擢用，但丁奉借此机会，硬是疏恳乞归，时年仅三十八岁。归乡后，丁奉终日"寄傲湖山，沉酣六籍，训注五

---

① 《明史》卷二〇九《杨继盛传》。

② 姜节：《丁巳解组归山自述》，见金友理：《太湖备考》卷一一。

③ 何良俊：《何翰林集·奉寿衡山先生三首序》，见《文征明集》附录。

④ 《文征明集补辑》卷五。

经……"① 嘉靖间，宜兴人吴仕在提学副使任上，"坐不能俯仰，故早乞身焉"②。吴县人杨循吉，成化二十年（1484）举进士，授礼部主事，未过几年，即于弘治初年致仕，年仅三十一岁。杨氏于支硎山结庐，自号"南峰"。苏州人申时行，官至太子太傅、武英殿大学士、吏部尚书、建极殿大学士。他入阁柄政，成为继张居正、张四维之后的朝廷首辅。后因立储君事遭排挤，五十七岁时辞职归里，筑园自娱，直至八十岁寿终。对于这位被钱谦益称为"太平宰相"的申时行，人们评价为："未壮而仕，未艾而相，未耆而归。勇退于急流，大隐于嚣市。"③ 万历间思南知府王尧封，也是"乞休归"，于南京购万竹园居之。范仲淹十七世孙范允临，万历二十三年进士，历官南京兵部主事、云南提学金事，迁福建布政司参议，厌于官场繁务，未到任而归。于天平山下范文正公墓旁修筑别业，名曰"天平山庄"。范允临携夫人徐媛在此徜徉山水，款洽名士。袁宏道为官吴县，勤政爱民，《江南通志》说他"轻刑省讼"，"定惩赋法"，口碑不错，算得上是一位良吏。但袁宏道身在官场心却在山水之中，他不恋仕宦，所崇尚的"五快活"，没有一条与远大政治抱负有关，皆属游乐享受之类。这就是：目极世间之色，耳极世间之声，身极四间之鲜，口极世间之谭，一快活也；堂前列鼎，堂后度曲，宾客满席，男女交舄，烛气熏天，珠翠委地，金钱不足，继以田地，二快活也；箧中藏万卷书，书皆珍异，宅畔置一馆，馆中约真正同心友十余人，分曹部署，各成一书，三快活也；千金买一舟，舟中置鼓吹一部，妓妾数人，游闲数人，泛家浮宅，不知老之将至，四快活也；荡尽家资田地，然后一身狼狈，朝不谋夕，托钵歌妓之院，分餐孤老之盘，往来乡亲，恬不知耻，五快活也。袁中郎以为："士有此一者，生可无愧，死可不朽矣！"④ 因此，即使为官，中郎理想中的"官"也应是有"山水文章之乐"的"仙令"。他在给管宁初的信中道：

　　　　若仙令则以美才遇美地，门无过客，巷无争民，山水文章之乐，不

① 康熙《常熟县志》卷一七《人物》。
② 唐顺之：《荆川先生文集》卷一二《吴氏石亭埠新阡记》。
③ 金埴：《不下带编》卷二，转自王稼句：《苏州山水》。
④ 《袁宏道集笺校》卷五《锦帆集之三·龚惟长先生》。

减于昔人。而循良声誉，常出诸同事之上。虽未必出凫入舄，然而栽花鸣琴，则已宽然有余闲矣！①

然而，苏州为天下剧邑，吴县所辖的苏州西城区，又为官署公廨商贾集聚地，钱谷案牍无数，且监司驻节殆无虚日，过客如猬，送迎供亿，"县官甚苦之"②。袁宏道朝夕以仆役行事，也就成了名副其实的"奔走之令"。他在致丘长孺书中说：

> 弟作令备极丑态，不可名状。大约遇上官则奴，候过客则妓，治钱谷则仓老人，谕百姓则保山婆。一日之间，百暖百寒，乍阴乍阳，人间恶趣，令一身尝尽矣。苦哉！毒哉！

袁宏道厌恶为"奴"作"妓"是一方面，关键还在于身处山水之区，不能自如徜徉其间，近水楼台难得月，这才最是心痛处。他在致兰泽、云泽叔书中道：

> 金阊自繁华，令自苦耳！何也？画船箫鼓，歌童舞女，此自豪客之事，非令事也；奇花异草，危石孤岑，此自幽人之观，非令观也；酒坛诗社，朱门紫陌，振衣莫厘之峰，濯足虎丘之石，此自游客之乐，非令乐也……身非木石，安能长日折腰俯首，去所好而从所恶？③

袁宏道性耽烟水，爱念光景，追求精神自由，遂七次上疏辞官。归田后，浪游二十年，栽花鸣琴，寻山问水无休日。昆山人张安甫，"素性闲旷，不乐与时征逐"。他以祁州知州致仕，于横塘家居三十五年。其间，有人与他谈论时事，"辄起僻去，若将浼焉"。当时，闲居士大夫多攀附骤贵，而安甫又有故人为当路者，且"有意致之"，但安甫"谢不与通"。"闻有佳山水，虽远必至，或浃旬累月忘返，三吴胜迹，登览殆遍"④。看来，这位张安甫

---

① 《袁宏道集笺校》卷五《锦帆集之三·管宁初先生》。
② 嘉靖《吴邑志》卷首《吴邑治廨图说》、《吴邑城郭图说》。
③ 《袁宏道集笺校》卷五《锦帆集之二·兰泽、云泽叔》。
④ 《文征明集补辑》卷二九《明故祁州知州封奉直大夫刑部员外郎张公墓志铭》。

真是看破红尘了。又如费元辂，丹徒人，乾隆五十三年（1788）举人，授翰林待诏。此人不慕荣利，家居养亲，绝意仕进。家有园亭之胜，春秋佳日，招朋燕集其间。又好游，常放迹山水之间，兴尽乃返。费氏曾自挽一联：

> 何事尚关心，最难抛满架图书、一庭花木；
> 而今方撒手，好去寻未游山水、先逝亲朋。

　　明清之际的江山易色，给江南文人的打击是很大的。据叶梦珠《阅世编》记载，松江地区六十七家士大夫"望族"中，经清初战乱，家道中落破败、尽付劫灰的有二十多家。如云间陆氏、华亭徐氏（徐阶）、松江林氏、钱氏（钱龙锡）、沈氏、杨氏、莫氏、张氏、王氏，上海杜氏、徐氏（徐光启）、唐氏等。李洵估计江南地区因明清易代的战乱和清初政治变动中衰败的望族约占全数的三分之一左右①，这是个很保守的数字，单就清兵南下的扬州十日、嘉定三屠等毁灭性摧毁，就足以说明受损的士大夫家族要远远超过三分之一。失权失势，甚至倾家荡产的前朝士大夫们，无法接受残酷的现实而纷纷转寻山水，以排遣其故国思念与身世之痛。上海人吴盘在为好友方山重修逸老堂所撰长联道：

> 山川无恙，叹前辈风流何处，见冷烟衰碣，古道斜阳，尽悲凉人物，止剩寒鸦；
> 台阁重新，问苍穹英雄谁是，有补天巨手，回日珊戈，待整顿乾坤，再来杯酒。②

悲壮愤世之意由此可见。上元人杨廷俊，甲申之变，号恸数日，弃儒冠，"怡情山水，不闻时事"③。无锡人许仪，为崇祯朝中书舍人，值鼎革，遂弃家，放浪山水间，自号"歇公"，又称"了尘道人"。冷士嵋在国变兄亡的打击下，绝意仕进，终身不入镇江城，筑江泠阁于江干，躭玩书帖，

---

① 李洵：《论明代江南地区士大夫势力的兴衰》，《史学集刊》1987 年第 4 期。
② 小横香室主人：《清朝野史大观》卷九《清朝艺苑》。
③ 道光《上元县志》卷二〇《隐逸》。

著书其中。冷氏又好山水，常任步自适于吴越之地。但不论晦明寒暑，均蓑衣箬笠，竹杖芒鞋，时人或怪之，他说："吾戴箬笠，痛胜国之天不复见；着芒鞋，痛胜国之地不复履。"冷士嵋把对故国的一腔情思全寄托于山水花草之中，"蹢绝壑，出悬峦，倚仰长松，夷踞危石；听山禽，往来于空谷之中，看浮云卷舒于太虚之际，惟意去来，略无留凝……不复知有人间世矣"。① 归庄适国恤家忧，穷困流离，伶仃孤苦，其游观实为"不得已而寄其无聊"。②《虎丘山三首》诗充分表达了归庄以游解愁、以游餬口的哀戚心情：

> 读书仰苏楼，忆在岁壬午。越今廿八年，山川已易主。祸难不可言，痛定更凄楚。此身未可死，安顿无处所！人羡我遨游，不知我心苦。只今来虎丘，稍以抒愁绪。服饰及缔构，景象岂堪□。闻东增悲欷，始信非虚语。更遇旧馆僧，讶我颜如许。含凄不能言，入舟泪如雨。③

"风俗之变，自贤者始"④。费正清曾指出："在过去 1000 年，士绅越来越多地主宰了中国人的生活。"⑤ 文士中的名人，其地位、名望，足以使他们的一言一行，成为一种标准、一种模式为全社会所效仿、遵循。各阶层的纷纷效尤，最终形成较普遍的社会现象。所以说，明清众多文士身体力行，倡导旅游，带来了全社会的旅游热潮。

六　传统习尚

旅游，是长期以来相沿成习的一种生活方式。杭州山川秀雅，景物华丽。尤其南宋都杭州时，风景建设、游赏娱乐无以复加。此习延续不废，入

---

① 冷士嵋：《江泠阁文集》卷三《记山居乐事》。
② 《归庄集》卷四《题尤远公寻梅图》。
③ 《归庄集》卷一。
④ 顾璘：《息园存稿文》卷一《关西纪行诗序》。
⑤ 费正清：《美国与中国》（第四版），世界知识出版社 1998 年版，第 33 页。

元成为江浙行省省会的杭州，其"士女出游，仍故都遗风，前后杂沓"。①
《明一统志》也说：西湖至今四时邦人士女嬉游，歌鼓之声不绝。综观本地
区的旅游活动，如同西湖有着悠久的历史传统。

　　"吴中自昔号繁盛……以故俗多奢少俭，竞节物，好游遨"，以至四
时八节，"士女阗咽，殆无行路"②。据文献记载，早在春秋末，吴王阖
间、夫差于苏州大兴土木，筑姑苏台、海灵馆、馆娃宫，盛致妓乐千人，
为长夜之饮。《吴地记》云："吴王春夏游姑苏台，秋冬游馆娃宫、兴乐、
华池、南城之宫，又猎于长洲之苑"，宴游无度，开天下宴游风气之先。
魏晋以后，北方大乱，许多世家大族携巨资家产迁入江淮、吴中地区，他
们与当地缙绅世家、达官贵人一道，构亭筑园，览景寄情，开始了纯粹的
山水旅游活动。南朝时，挟妓之风已盛行于南京、扬州等地。隋唐时的扬
州，极尽繁华之最，隋炀帝视扬州为陪都，筑行宫，拥宫女，欢宴无度。
入唐时，扬州为东南第一大都会，有"扬一益二"之称，政客士子、商
贾使节纷然杂沓，流连风俗。李白数游扬州，登顿忘返；杜牧为官扬州，
做尽三年美梦。与此同时，白居易守苏州，携容、满、蝉、态等十妓数游
虎丘，又泛舟太湖五日游，有诗寄于好友元稹道："报君一事君应羡，五
宿澄波皓月中。"白氏游兴很大，他有记游诗曰："领郡时将久，游山数
几何？一年十二度，非少亦非多。"③ 唐开元时人陶岘，为东晋诗人陶渊
明之后。此人不谋宦达，好游成性，逢山水，必穷其胜。曾自备女乐一
部，"自制三舟，备极工巧，一舟自载，一舟置宾客，一舟贮饮馔"，成
年驾舟，优游湖泖江河之间，往往多年不归，以致叫不出子孙名号，时人
称为"水仙"④。有宋一代，韩琦、欧阳修、苏东坡在扬州平山堂集豪杰
游燕，尤其欧阳修于平山堂上击鼓传花，觞咏风流，传为文坛佳话。元代
社会等级森严，南人处于"四等人"之末，社会地位低下。当时，政府
选官重"根脚"，许多贵族子弟由宿卫径任显官要职，南人即使中进士，
重用显宦者也不多。时人陶安说："国朝重惜名爵，而铨选优视中州人，
刀笔致身，入拜宰相，出自科第，往往登崇台，参大政"，"唯南人见扼

---

　　① 郑元佑：《遂昌杂录》卷一。
　　② 范成大：《吴郡志》卷二。
　　③ 龚明之：《中吴纪闻》卷一。
　　④ 陈继儒：《古今韵史》卷三《韵事》。

于铨选，省部枢宥风纪显要之职，悉置而不用，仕者何寥寥焉"！① 故即使延祐间一度设科取士，许多南方士子"亦有所不屑，而甘自沉溺于山林之间"②。歧视南人、压制儒士的政策，使得大批有济世之才的江南士子，无用武之地。政治上的冷落，遂纷纷转向田野之乐，寻求山水之趣。在元代江南，高赀富户园池亭榭僭于禁御，饮食器用侔于列侯，又"顾能好士，延致名胜，以夸诩于东南噫"！③ 富户与文士唱和游宴，成为当时一大胜景。如据孔克齐记载，元时溧阳有很多富户"好事者"，他们在家中"专设宾馆，欸留名士"，赋诗作画，饮馔无虚日。④ 至正八年（1348），杨维桢、张雨、顾德辉、袁华、陆仁、秦约、于立、郭冀等文士，加上伎人琼英，雅集苏州石湖。集间，张雨为琼英赋《点绛唇》词，杨维桢作《花游曲》，成为吴中文人之美谈。而最典型者莫过昆山顾瑛。顾氏构玉山草堂三十六景自娱延客，自至正八年至二十年间，草堂中曾举行五十多次大小诗宴，参加文士近一百五十人，其中擅一时名者，有张翥、杨维桢、柯九思、李孝先、张雨、于彦成、琦璞等。"囿沼台观，藻以丹绿，供张华侈，声乐尽妙选，长袂利屣，招摇若狂，诗歌间作，才艺相若，人皆慕之"⑤。元代吴中文人雅游风气之盛，由此可见。

　　文化的传承性告诉我们，文化的割裂是暂时的，延续是永远的，今天的习俗是历史传统的存续与发展。明清长江三角洲游风炽盛，是春秋以来该地区旅游习俗的承继与发扬。对此，明正德嘉靖之际思想家、"五岳山人"黄省曾在《吴风录》中追根溯源，一一梳理，他说：

　　　　自吴王阖庐造九曲路，以游姑胥之台，台上立春宵宫，为长夜之饮。作天池，泛青龙舟，舟中盛致妓乐，日与西施为嬉。白居易治吴，则与容满蝉态辈十妓游宿湖岛。至今吴中士大夫画舡游泛，携妓登山；而虎丘则以太守胡缵宗创造台阁数重，增益胜眺。自是四时游客，无寥寂之日，寺如喧市，妓女如云。而它所则春初西山踏青，夏则泛观荷

----

① 陶安：《陶学士文集》卷一二《送易生序》。
② 余阙：《青阳先生文集》卷三《杨君显民诗集序》。
③ 嘉靖《常熟县志》，见康熙《常熟县志》卷九。
④ 孔齐：《至正直记》卷二。
⑤ 刘凤：《续吴先贤赞》卷八，见谢国桢：《明代社会经济史料选编》。

荡，秋则桂岭九月登高，鼓吹沸川以往。

自梁武帝好佛，大兴塔寺，竺道生虎丘聚石为徒，讲《涅槃经》，石皆首肯，支遁入道支硎山，海上浮二石像于开元寺。至今虎丘、开元每有方僧习禅设会讲，二三月，郡中士女浑聚至支硎观音殿，供香不绝。

自王谢、支遁喜为清淡，至今士夫相聚觞酒，为闲语终日。然多浮虚艳辞，不敢实干务。

自席谦善棋、石荆山善琴、吕彦直善双钩、张珙善刊镵，至今吴中多棋客、琴师、双钩。然逐利而为，无古人自得之妙。

自朱勔创以花石媚进建节钺，而太湖石一座得银碗千，役夫赐郎官、金带，石封为盘固侯，垒为艮岳。至今吴中富豪竞以湖石筑峙，奇峰阴洞，至诸贵占据名岛以凿，凿而嵌空妙绝，珍花异木，错映阑圃。虽闾阎下户，亦饰小小盆岛为玩，以此务为饕贪，积金以充众欲。而朱勔子孙居虎丘之麓，尚以种艺垒山为业，游于王侯之门，俗呼为花园子。其贫者岁时担花罾于吴城，而桑麻之事衰矣。

游风传统延续之事迹，举不胜举。如苏州石湖，宋范成大"少长钓游其间，结茅种树，久已成趣"①，自宋以来即为吴门游览胜地，"盖自范成大罢相于此，好游以成其俗"②。元代石湖游俗炽盛，明人朱逢吉在《游石湖记》中是这样追述当时游况的：

> 自前代时，城内外暨村落百余里间，男女稚耋，当春夏月，远近各相率舟行，载酒肴杂乐戏具，徒行，乘马驴竹兜，竞以壶榼食器自随；或登以乐神日，肩摩迹接，毕则宴游，以乐太平，逮今如之。

到了明代，石湖游俗不变，一如前元，所谓"逮今如之"③也。常熟地区明清时期的游风，也源于宋元，邓韨嘉靖《常熟县志》曰：宋时，常熟物产

---

① 范成大：《御书石湖三大字跋》，见《范成大佚著辑存》，中华书局 1983 年版。
② 周鼎重：《重游石湖记》。
③ 朱逢吉：《游石湖记》。

富庶，"士民之好事，以岁时节序相竞……已数百年来，习尚未之有变"①。"吴俗好花"，早在宋朝时，吴中花木已是不可殚述，一些士大夫家尤多牡丹、芍药等名品花草。如提刑官蓝叔成家有花三千株，号"万花堂"，林得之知府家有花千株，其他胡氏、吴氏、韦氏等皆种花数百株以上。每当谷雨花开之时为"看花局"，主人置酒招宾赏花，"习以成风"②，直至明清不变。上述元代文人观风景、征文献之"衣冠之会"，在明清时更为频繁活跃，影响也更大，游观作文蔚然成风。

　　总之，明清长江三角洲地区旅游活动之兴盛，是时代之产物，同时，我们也应该认识到这是一种传统文化的延续。

---

① 康熙《常熟县志》卷九《风俗》。
② 陆友仁：《吴中旧事》，见杨循吉等：《吴中小志丛刊》。

结　语

　　明清时期的长江三角洲地区，经济发达，文化繁荣，在全国占有重要的地位。伴随着经济文化的昌盛，该地区的旅游活动异常兴旺，且长盛不衰。因此而培植起来的饮食业、商业、娱乐业、交通服务业及众多旅游景区景点，使其成为全国最发达的旅游地之一。

　　长江三角洲旅游活动，具有较强的时代特色与地域特色。当时，组成旅游者队伍的，主要为官僚富商、乡绅文士及市镇居民。官僚商子多在宦游、商游途中顺道观光览景；乡绅文士因有充裕的时间与精力，能够随兴访山寻水，是为纯一旅游观光者；市镇居民，则大多于传统节令期间，行游观娱乐之事。但不论上述三种人出游主题与行为方式差异多大，旅途中寻求感官愉悦都是他们主要或重要的兴趣所在。作为旅游客体的景观，长江三角洲拥有数量众多、融自然与人文于一体的山水景观、寺院景观，它们与众多私家园林一道，构成了该地区最主要的、独特的旅游吸引群体。由于受时代制限，直到清中期尚没有出现专业旅游中介机构或组织，当时的旅游多为自发行为，旅游者自己组织、自己实施旅游活动，地方官衙、寺观僧道、亲朋好友承担了大量旅游接待任务。需指出的是，这种接待基本上不属于商业行为，也不是政治任务，而是一种出于交友为目的的文化行为。

　　通过本课题研究，我们可以得出这样几点启示：一、旅游这种生活方式，是城镇商品经济繁荣的产物，它并非"无益之事"，而是有益于人身，有益于社会。由旅游活动所产生的系列消费，进一步促进了商品经济的发展，带动城镇工商业的繁荣，这充分说明旅游活动自古所具有的、积极的社会经济带动效应。二、封建政府对旅游活动这种有悖农业文明崇尚俭朴风尚所采取的干预政策，收效甚微，旅游活动屡禁不止，正表明旅游这种根植于社会经济之中的文化现象，是社会发展的必然，任何强制性的行政干预不会起到太大的实质性效果。三、旅游活动所存在的地域差异，有其历史的根源、经济的原因，也与地理环境、民风所尚不无关系。鉴于此，我们既要看到旅游产业是一地国民经济不可或缺的有机组成部分之一，也不能忽略发展旅游所受当地社会经济、地理环境诸因素的制约。四、明清旅游活动开展过程中的得与失，十分明显，其中，尤其是旅游活动所造成的社会风尚转化、旅游资源与环境保护等问题，对今天的旅游发展不无参考价值，应引起学界、业界的深思。我们认为，只有将旅游放置于整个社会环境之中，旅游业才能健康发展，也才能迈向辉煌。

主要引用文献

［明］贝　琼　《清江贝先生集》，《四部丛刊》初编本

［明］吴　宽　《家藏集》，《四部丛刊》初编本

［明］王　鏊　《震泽集》，《四库全书》本

［明］祝允明　《怀星堂集》，《四库全书》本

［明］吕　柟　《泾野先生文集》，《四库全书存目》本

［明］文征明　《甫田集》，《四库全书》本

［明］文征明　《文征明集》，上海古籍出版社 1987 年版

［明］宋仪望　《华阳馆文集》，《四库全书存目》本

［明］沈　周　《石田诗钞》，《四库全书》本

［明］史　鉴　《西村集》，《四库全书》本

［明］顾　璘　《息园存稿》，《四库全书》本

［明］唐顺之　《荆川先生文集》，《四部丛刊》初编本

［明］归有光　《震川先生集》，《四部丛刊》初编本

［明］王立道　《贝茨文集》，《四库全书》本

［明］朱存理　《野航文稿》，《四库全书》本

［明］钱　福　《钱太史鹤滩稿》，《四库全书》本

［明］杨循吉　《松筹堂集》，《四库全书存目》本

［明］皇甫汸　《皇甫司勋集》，《四库全书》本

［明］陆　深　《俨山集》，《四库全书》本

［明］顾　潜　《静观堂集》，《四库全书存目》本

［明］张　弼　《东海文集》，《四库全书》本

［明］方　鹏　《矫亭存稿》，《四库全书存目》本

［明］丁　奉　《丁吏部文选》，《四库全书存目》本

［明］郑善夫　　《少谷集》，《四库全书》本

［明］柴　奇　　《黼庵遗稿》，《四库全书存目》本

［明］陈　鹤　　《海樵先生全集》，《四库全书存目》本

［明］袁　衮　　《胥台先生集》，《四库全书存目》本

［明］田汝成　　《田叔禾集》，《四库全书存目》本

［明］程文德　　《程文恭公遗稿》，《四库全书存目》本

［明］胡　松　　《胡庄肃公集》，《四库全书存目》本

［明］沈　恺　　《环溪集》，《四库全书存目》本

［明］朱　豹　　《朱福州集》，《四库全书存目》本

［明］钱　薇　　《承启堂稿》，《四库全书存目》本

［明］汪道昆　　《太函集》，《四库全书存目》本

［明］刘　凤　　《刘子威集》，《四库全书存目》本

［明］徐学谟　　《徐氏海隅集》，《四库全书存目》本

［明］姜　宝　　《姜凤阿文集》，《四库全书存目》本

［明］徐　阶　　《世经堂集》，《四库全书存目》本

［明］王世懋　　《王奉常集》，《四库全书存目》本

［明］王弘海　　《王忠铭文集》，《四库全书存目》本

［明］何良骏　　《何翰林集》，《四库全书存目》本

［明］朱察卿　　《朱邦宪集》，《四库全书存目》本

［明］严　果　　《天隐子遗稿》《四库全书存目》本

［明］李维桢　　《大泌山房集》，《四库全书存目》本

［明］邹迪光　　《郁仪楼集》，《四库全书存目》本

［明］邹迪光　　《石语斋集》，《四库全书存目》本

［明］邹迪光　　《调象庵稿》，《四库全书存目》本

［明］范守己　　《御龙子集》，《四库全书存目》本

［明］冯梦祯　　《快雪堂集》，《四库全书存目》本

［明］王　衡　　《缑山先生集》，《四库全书存目》本

［明］罗洪先　　《念庵文集》，《四库全书存目》本

［明］马之俊　　《妙远堂全集》，《四库全书存目》本

［明］文翔凤　　《文太青先生文集》，《四库全书存目》本

［明］范景文　　《文忠集》，《四库全书》本

［明］单思恭　　《甜雪斋文集》，《四库全书存目》本

［明］胡敬辰　　《檀雪斋集》，《四库全书存目》本

［明］王世贞　　《弇州四部稿》，《四库全书》本

［明］王世贞　　《弇州续稿》，《四库全书》本

［明］王　樵　　《方麓集》，《四库全书》本

［明］宗　臣　　《宗子相集》，《四库全书》本

［明］焦　竑　　《澹园续集》，《四部丛刊》续编本

［明］宋懋澄　　《九龠集》，中国社会科学出版社1984年版

［明］袁中道　　《珂雪斋集》，上海古籍出版社1989年版

［明］袁宏道　　《袁宏道集笺校》，上海古籍出版社1989年版

［明］李流芳　　《檀园集》，《四库全书》本

［明］谢肇淛　　《小草斋文集》，《四库全书存目》本

［明］徐　渭　　《徐渭集》，中华书局1988年版

［明］谭元春　　《谭元春集》，上海古籍出版社1998年版

［明］归　庄　　《归庄集》，中华书局1986年版

［明］张　岱　　《张岱诗文集》，上海古籍出版社1991年版

［清］王永积　　《心远堂遗集》，《四库全书存目》本

［清］王士禛　　《渔洋山人精华录》，《四部丛刊》本

［清］计　东　　《改亭集》，《四库全书存目》本

［清］孔尚任　　《湖海集》，《四库全书存目》本

［清］孔尚任　　《孔尚任诗文集》，中华书局1962年版

［清］陆求可　　《陆密庵文集》，《四库全书存目》本

［清］丘嘉穗　　《东山草堂文集》，《四库全书存目》本

［清］陈维崧　　《陈迦陵文集》，《四部丛刊》本

［清］方　苞　　《方望溪先生全集》，《四部丛刊》本

［清］方　文　　《嵞山续集》，上海古籍出版社1997年版

［清］汪懋麟　　《百尺梧桐阁集》，上海古籍出版社1980年版

［清］厉　鹗　　《樊榭山房集》，《四部丛刊》本

［清］黄之隽　　《㕔堂集》，《四库全书存目》本

［清］许尚质　　《酿川集》，《四库全书存目》本

［清］汪　琬　　《尧峰文钞》，《四部丛刊》本

〔清〕吴伟业　《梅村家藏稿》，《四部丛刊》本

〔清〕顾　汧　《凤池园集》，上海古籍出版社 1980 年版

〔清〕董闻京　《复园文集》，《四库全书存目》本

〔清〕宋　荦　《西陂类稿》，《四库全书》本

〔清〕彭定求　《南畇文稿》，《四库全书存目》本

〔清〕冷士嵋　《江泠阁文集》，《四库全书存目》本

〔清〕陈玉璂　《学文堂文集》，《丛书集成》续编本

〔清〕王曰高　《槐杆文集》，《四库全书存目》本

〔清〕查慎行　《敬业堂诗集》，上海古籍出版社 1986 年版

〔清〕查慎行　《敬业堂文集》，《四部备要》本

〔清〕施闰章　《学余堂文集》，《四库全书》本

〔清〕潘　耒　《遂初堂集》，《四库全书存目》本

〔清〕朱彝尊　《曝书亭集》，《四部丛刊》本

〔清〕邵长蘅　《青门簏稿》，《四库全书存目》本

〔清〕邵长蘅　《青门剩稿》，《四库全书存目》本

〔清〕程正揆　《青溪遗稿》，《四库全书存目》本

〔清〕方象瑛　《健松斋集》，《四库全书存目》本

〔清〕叶　燮　《己畦集》，《四库全书存目》本

〔清〕熊赐履　《经义斋集》，清退补斋刊本

〔清〕章永祚　《南湖集钞》，《丛书集成》续编本

〔清〕沈受宏　《白溇先生文集》，《四库全书存目》本

〔清〕郭振遐　《禹门集》，《四库全书存目》本

〔清〕朱鹤龄　《愚庵小集》，上海古籍出版社 1997 年版

〔清〕古　庞　《天外集》，《四库全书存目》本

〔清〕郑　梁　《塞村见黄稿》，《四库全书存目》本

〔清〕许尚质　《酿川集》，《四库全书存目》本

〔清〕严　果　《天隐子遗稿》，《四库全书存目》本

〔清〕怀应聘　《冰斋文集》，《四库全书存目》本

〔清〕王　晦　《王石和文集》，《四库全书存目》本

〔清〕王时翔　《小山文稿》，《四库全书存目》本

〔清〕钱大昕　《潜研堂文集》，《四部丛刊》本

［清］钱兆鹏 《述古堂文集》，光绪七年刊本

［清］袁 枚 《小仓山房诗文集》，上海古籍出版社 1992 年版

［清］姚 鼐 《惜抱轩诗文集》，上海古籍出版社 1992 年版

［清］全祖望 《鲒埼亭集》，《四部丛刊》本

［清］龚自珍 《龚自珍全集》，上海人民出版社 1975 年版

［清］魏 源 《魏源集》，中华书局 1983 年版

［明］李 诩 《戒庵老人漫笔》，中华书局 1982 年版

［明］杨循吉 《灯窗末艺》，《四库全书存目》本

［明］王 锜 《寓园杂记》，中华书局 1984 年版

［明］陆 容 《菽园杂记》，中华书局 1985 年版

［明］王士性 《广志绎》，中华书局 1981 年版

［明］张 瀚 《松窗梦语》，中华书局 1985 年版

［明］于慎行 《谷山笔尘》，《四库全书存目》本

［明］焦 竑 《玉堂丛话》，中华书局 1981 年版

［明］顾起元 《客座赘语》，中华书局 1987 年版

［明］田艺蘅 《留青日札》，上海古籍出版社 1985 年版

［明］谢肇淛 《五杂俎》，中华书局 1959 年版

［明］王世懋 《二酉委谭摘录》，《丛书集成》初编本

［明］归昌世 《假庵杂著》，上海古籍出版社 1983 年版

［明］文震亨 《长物志》，《说库》本

［明］陈继儒 《太平清话》，《说库》本

［明］陈继儒 《笔记》，《四库全书存目》本

［明］陈继儒 《古今韵史》，《四库全书存目》本

［明］陈继儒 《岩栖幽事》，《四库全书存目》本

［明］何良骏 《四友斋丛说》，中华书局 1983 年版

［明］沈德符 《万历朝野获编》，中华书局 1959 年版

［明］陆 楫 《蒹葭堂杂著摘抄》，《丛书集成》初编本

［明］叶 权 《贤博编》，中华书局 1987 年版

［明］王思任 《游唤》，丛书集成初编本

［明］潘子恒 《南陔六舟记》，《说郛》本

［明］莫是龙 《笔尘》，《四部丛刊》初编本

［明］费元禄　《鼂采馆清课》，《四库全书存目》本

［明］彭宗孟　《江上杂疏》，《四部丛刊》本

［明］张　岱　《陶庵梦忆》，上海古籍出版社1982年版

［明］赤心子、吴敬所　《绣谷春容》，江苏人民出版社1994年版

［明］李绍文　《皇明世说新语》，《四库全书存目》本

［明］田汝成　《西湖游览志余》，浙江人民出版社1980年版

［明］周　晖　《金陵琐事》，文学古籍刻印社1955年版

［明］谈　修　《惠山古今考》，《四库全书存目》本

［明］王永积　《锡山景物略》，《四库全书存目》本

［明］黄省曾　《吴风录》，《丛书集成》初编本

［明］王稚登　《吴社编》，《丛书集成》初编本

［明］吴应箕　《留都见闻录》，《国粹丛书》本

［明］杨　枢　《淞故述》，《四部丛刊》本

［明］范　濂　《云间据目抄》，《笔记小说大观》本

［明］何三畏　《云间志略》，《四库全书存目》本

［明］佚　名　《云间杂志》，《丛书集成》初编本

［清］姚廷遴　《历年记》，《上海史料丛编》本，1962年版

［清］王应奎　《柳南随笔》，中华书局1983年版

［清］叶梦珠　《阅世编》，上海古籍出版社1981年版

［清］徐　崧、张大纯　《百城烟水》，江苏古籍出版社1986年版

［清］顾　禄　《清嘉录》，江苏古籍出版社1986年版

［清］桐西漫士　《听雨闲谈》，上海古籍出版社1983年版

［清］龚　炜　《巢林笔谈》，中华书局1981年版

［清］高　晋　《南巡盛典》，清刊本

［清］钮　琇　《觚剩》，上海古籍出版社1986年版

［清］曹家驹　《说梦》，《清人说荟》本

［清］桓　夫　《寄园寄所寄》，《清人稗录》本

［清］齐周华　《名山藏副本》，上海古籍出版社1987年版

［清］佚　名　《笔梦叙》，《说库》本

［清］焦东周生　《扬州梦》，《说库》本

［清］墨浪子等　《西湖佳话等三种》，江苏古籍出版社1993年版

［清］小横香室主人　《清朝野史大观》，上海文艺出版社 1990 年版

［清］裘君弘　《妙贯堂余谈》，《四库全书存目》本

［清］曹庭栋　《老老恒言》，《四库全书存目》本

［清］褚人获　《坚瓠集》，《清说七种》本

［清］钱　泳　《履园丛话》，中华书局 1979 年版

［清］梁章巨　《浪迹丛谈》，福建人民出版社 1983 年版

［清］欧阳兆熊、金安清　《水窗春吃》，中华书局 1997 年版

［清］黄钧宰　《金壶浪墨》，同治刊本

［清］陈去病　《五石脂》，江苏古籍出版社 1985 年版

［清］余　怀　《板桥杂志》，《四库全书》本

［清］余宾硕　《金陵览古》，道光庚戌本

［清］捧花生　《秦淮画舫录》，民国三年上海有正书局铅印本

［清］捧花生　《画舫余谈》，民国三年上海有正书局铅印本

［清］李　斗　《扬州画舫录》，中华书局 1960 年版

［清］李　斗　《扬州名胜录》，《小方壶斋舆地丛钞》本

［清］顾　禄　《桐桥倚棹录》，上海古籍出版社 1980 年版

［清］顾　禄　《吴趋风土录》，《小方壶斋舆地丛钞》本

［清］西溪山人　《吴门画舫录》，民国四年上海有正书局铅印本

［清］王维德　《林屋民风》，《四库全书存目》本

［清］黄　卬　《锡金识小录》，光绪丙申刻本

［清］杨光辅　《淞南乐府》，《丛书集成》初编本

［清］陈金浩　《松江衢歌》，《丛书集成》初编本

［清］袁景澜　《吴郡岁华纪丽》，江苏古籍出版社 1998 年版

［清］张廷玉　《明史》，中华书局点校 1974 年版

　　　　　　《明实录》，台湾"中央研究院"史语所校勘本

　　　　　　《清实录》，1933—1936 伪满影印本

［宋］范成大　《吴郡志》，江苏古籍出版社 1986 年版

［明］王　鏊　《姑苏志》，《四库全书》本

［明］杨循吉　《吴中小志丛刊》，广陵书社 2004 年版

［明］杨循吉　嘉靖《吴邑志》，天一阁藏明代方志选刊本

［明］王焕如　崇祯《吴县志》，天一阁藏明代方志选刊本

［明］皇甫汸　隆庆《长洲县志》，天一阁藏明代方志选刊本

［清］顾诒禄　乾隆《长洲县志》，地方志集成本

［清］沈德潜等　乾隆《元和县志》，地方志集成本

［清］王学诰等　道光《昆新两县志》，地方志集成本

［明］张　寅　嘉靖《太仓州志》，天一阁藏明代方志选刊本

［清］钱陆灿　康熙《常熟县志》，地方志集成本

［清］沈彤等　乾隆《震泽县志》，地方志集成本

［清］顾　镇　乾隆《支溪小志》，泰州新华书店古旧部手抄本

［清］倪　赐　乾隆《唐市志》，泰州新华书店古旧部手抄本

［清］施若霖　《璜泾志》，民国二十九年铅印本

［清］周之桢　嘉庆《同里志》，民国六年铅印本

［民国］张郁文　民国《木渎小志》，民国十一年苏州利苏印书社铅印本

［民国］程锦熙　民国《黄埭志》，民国十一年苏州振新书社石印本

［明］张　恺　正德《常州府志续集》，天一阁藏明代方志选刊本

［清］秦湘业　光绪《无锡金匮县志》，光绪七年刻本

［清］宁　楷　嘉庆《重刊宜兴县旧志》，嘉庆二年重修本

［明］唐　锦　弘治《上海县志》，天一阁藏明代方志选刊本

［清］张承先　《南翔镇志》，上海古籍出版社2003年版

［清］陈树德　《安亭志》，上海古籍出版社2003年版

［明］王一代　康熙《应天府志》，《四库全书存目》本

［清］汪士铎　嘉庆新刊《江宁府志》，地方志集成本

［清］汪士铎　同治《续纂江宁府志》，地方志集成本

［清］陈　栻　道光《上元县志》，地方志集成本

［明］黄绍文等　嘉靖《六合县志》，天一阁藏明代方志选刊本

［明］张梦柏　万历《江浦县志》，天一阁藏明代方志选刊本

［清］李景峰　嘉庆《溧阳县志》，地方志集成本

［清］吕耀斗　光绪《丹徒县志》，光绪五年刻本

［清］李恩绶　《丹徒县志摭余》，民国七年刻本

［清］雷应元　康熙《扬州府志》，《四库全书存目》本

［清］姚文田等　嘉庆《重修扬州府志》，嘉庆十五年刻本

［明］陆君弼　　万历《江都县志》，《四库全书存目》本

［清］程梦星等　　乾隆《江都县志》，光绪七年刻本

［明］谢绍祖　　嘉靖《重修如皋县志》，天一阁藏明代方志选刊本

［明］顾　盘　　嘉靖《通州志》，天一阁藏明代方志选刊本

［民国］于树滋　　民国《瓜州续志》，民国十六年瓜州凝晖堂铅印本

［清］谢家福　　《五亩园小志》，光绪苏城徐文艺齐精刊本

［民国］张一留　　《灵岩山志》，民国三十七年上海印公纪念会铅印本

［明］邵　宝　　《慧山志》，《四库全书存目》本

［明］张　莱　　正德《京口三山志》，《四库全书存目》本

［清］刘名芳　　康熙《金山志》，雅雨堂本

［清］卢雅雨　　乾隆《焦山志》，乾隆二十七年雅雨堂刻本

［清］释了璞　　道光《北固山志》，道光十五年石公山房刻本

［清］刘名芳　　《宝华山志》，乾隆年刊本

上海市地方志办公室　　《上海寺庙旧志八种》，上海社会科学出版社
2006 年版

［明］葛寅亮　　《金陵梵刹志》，《四库全书存目》本

［清］陈诒绂　　《石城山志》，《续金陵琐志》二种本

［民国］胡祥翰　　《金陵胜迹志》，民国十五年铅印本

［明］盛时泰　　《栖霞小志》，《藕香零拾本》

［清］金友理　　《太湖备考》，江苏古籍出版社 1998 年版

［清］王曼犀　　《金陵后湖志》，宣统二年南洋印刷官厂铅印本

［清］马士图　　《莫愁湖志》，光绪八年刻本

［清］顾　云　　《盋山志》，光绪九年刻本

［清］陈诒绂　　《钟南淮北区域志》，《续金陵琐志》二种本

［民国］陈作霖　　《运渎桥道小志》，《金陵琐志》五种本

［民国］陈作霖　　《凤麓小志》，《金陵琐志》五种本

［清］赵之壁　　《平山堂图志》，光绪九年欧阳氏重刻本

［清］智　朴　　《盘山志》，中国书店 1997 年版

［清］铁　保　　嘉庆《两淮盐法志》，嘉庆十一年刊本

［明］何　镗　　《古今游名山记》，《四库全书存目》本

［明］慎　蒙　　《天下名山诸胜一览记》，《四库全书存目》本

［明］佚　名　　《名山胜概记》，《四库全书存目》本

［明］王世懋　　《名山游记》，《四库全书存目》本

［明］王士性　　《五岳游草》，《四库全书存目》本

［明］姚希孟　　《循沧集》，《四库全书存目》本

［明］钱　榖　　《吴都文粹续集》，《四库全书》本

［明］焦　循　　《扬州足征录》，嘉庆广陵墨香书屋刻本

［明］张应遴　　《海虞文苑》，《四库全书存目》本

［清］黄宗羲　　《明文海》，《四库全书》本

［清］沈粹芬等　　《清文汇》，北京出版社1995年版

［清］陈文述　　《秣陵集》，光绪十年淮南书局刻本

［清］龚立本　　《松窗快笔》，虞山丛刻本

［清］龚立本　　《虞乡杂记》，虞山丛刻本

［清］王锡祺　　《小方壶斋舆地丛钞》，杭州古籍书店影印本

［清］徐　珂　　《清稗类钞》，中华书局1986年版

　　　袁夑若　　《明文汇》，台北中华丛书委员会1958年版

　　　谭其骧　　《清人文集地理类汇编》，浙江人民出版社1986年版

　　　徐中玉　　《华东游记选》，上海文艺出版社1983年版

　　　邹永明　　《太湖西山名胜诗文选》，苏州大学出版社1997年版

　　　曹文趣　　《西湖游记选》，浙江人民出版社1982年版

　　　张声和　　《温州名胜游记》，上海书画出版社2006年版

　　　张家璠等　　《古代桂林山水文选》，漓江出版社1982年版

　　　王稼句　　《苏州文献丛钞初编》，古吴轩出版社2004年版

　　　汤贵仁、刘慧　　《泰山文献集成》，泰山出版社2005年版

　　　陆鉴三　　《西湖笔丛》，浙江人民出版社1981年版

　　　李　坦　　《扬州历代诗词》，人民文学出版社1998年版

　　　徐柏容、郑法清　　《钟惺散文选集》，百花文艺出版社1997年版

　　　《笔记小说大观》，江苏广陵古籍刻印社1995年版

　　　谢国桢　　《明代社会经济史料选编》，福建人民出版社1980年版

　　　张海鹏、王廷元　　《明清徽商资料选编》，黄山书社1985年版

　　　洪焕椿　　《明清苏州农村经济资料》，江苏古籍出版社1988年版

　　　苏州历史博物馆　　《明清苏州工商业碑刻集》，江苏人民出版社

1981 年版

王国平、唐力行　《明清以来苏州社会史碑刻集》，苏州大学出版社 1998 年版

上海博物馆　《上海碑刻资料选辑》，上海人民出版社 1980 年版

故宫博物院明清档案部《关于江宁织造曹家档案史料》，中华书局 1975 年版

后　记

　　本书为作者在南京大学攻读博士学位的学位论文。2005 年被列为国家社科基金后期资助项目后，在原稿基础上又做了进一步的补充和改削，终以现有面目由全国社科规划办统一规划出版。

　　重拾旧稿，百感交集。南京大学的三年寒窗，如同昨日……

　　人的一生有许多幸运或不幸运的遭际，算起来，近十多年幸运之事对我来说可谓接踵而至，其最大幸者莫若能师从史学名家陈得芝先生研修学业。恩师学问宏通，人品高贵，为海内外同仁所仰望。恩师的学养无时不在鞭策着我、激励着我，指引我克服重重困难完成繁重学业。恩师之情，千言万语难以言尽。导师刘迎胜先生对我学业颇多教诲，从选题到写作，不时解惑，催我奋进，学生心存感激。

　　在我攻博、论文写作及工作中，祁龙威、常振江、顾敦信、臧维熙、王洪滨、巢祖奎、周新国、刘立人、李坦、朱宗宙、夏维中诸位先生，张连生、华国梁、吴善中、周志初、孙永如、罗瑛、钱澄、崔剑、蒋星云、濮玉华、荀云珍、尹一隽等学长好友均给予不少指教与饮助，借此机会谨致谢忱。

　　对学兄魏志江、王东平，学姐潘清，学弟屈义军、特木勒、杨晓春等曾给予的兄弟姐妹般的关爱，铭心不忘。

　　感谢杨正泰、姚昆遗、王怡然三位先生，在我落户上海后的工作、生活诸方面多有扶助，尤其在共同开展旅游项目规划研究过程中，三位前辈所表现出的学殖涵养够我学上一辈子。

　　衷心叩谢在课题立项过程中付出心血的专家，中国社会科学出版社黄燕生、立早先生为本书出版椽笔精校，专业专心，让人敬佩。

　　原稿离不开荆室吴晓明的辛劳，从手写稿到打印稿，刚刚学会五笔的她，白天上班，晚上打字，还要操持家务，甚是劬劳，令人感动；家父家母及诸位弟妹们的理解与鼎力相助，使我能安心学业，也再一次让我体会到骨肉情深之意义。家人一贯全心全意助我事业之言行，我将铭感终身。

陈建勤

2008 年 3 月 16 日

于沪上锦灏佳园